Andrea Franc

Von der Makroökonomie zum Kleinbauern

Andrea Franc

Von der Makroökonomie zum Kleinbauern

Die Wandlung der Idee eines gerechten Nord-Süd-Handels in der schweizerischen Dritte-Welt-Bewegung (1964-1984)

DE GRUYTER
OLDENBOURG

Publiziert mit finanzieller Unterstützung des Schweizerischen Nationalfonds zur Förderung der wissenschaftlichen Forschung (SNF)

ISBN 978-3-11-066355-6
e-ISBN (PDF) 978-3-11-066751-6
e-ISBN (EPUB) 978-3-11-066377-8

Das E-Book ist als Open-Access-Publikation verfügbar über www.degruyter.com, https://www.doabooks.org und https://www.oapen.org

Library of Congress Control Number: 2020907683

Bibliografische Information der Deutschen Nationalbibliothek
Die Deutsche Nationalbibliothek verzeichnet diese Publikation in der Deutschen Nationalbibliografie; detaillierte bibliografische Daten sind im Internet über http://dnb.dnb.de abrufbar.

Cover: Peripherie im Inland (1974). Rudolf H. Strahm: Beziehungen Schweiz Dritte Welt: Imperialismus? Gastvorlesung an der Universität Bern (Bern 1974), 10.
Druck und Bindung: CPI books GmbH, Leck

www.degruyter.com

„Die Schweiz wird in Zukunft auf gewisse Privilegien verzichten müssen.“

Erklärung von Bern, 1968

Vorwort

Ende 2011 habe ich den Entschluss gefasst, das Thema Fair Trade in einer Habilitationsschrift anzugehen, im Frühjahr 2019 erteilte mir die Universität Basel die *venia docendi* für Neuere allgemeine Geschichte. Im Herbst 2019 erreichte das noch unpublizierte Manuskript die Shortlist des Hans-Christoph-Binswanger-Preises. Die erfolgreiche Umsetzung dieses Vorhabens wäre nicht möglich gewesen ohne die Unterstützung von Prof. Martin Lengwiler, der mir am Departement Geschichte der Universität Basel ein institutionelles Zuhause geboten hat. Danken möchte ich auch folgenden Personen: Matteo Aepli, Matthew Anderson, Tom Buchanan, Elisabeth Bürgi Bonanomi, Angus Burgin, Martin Conway, Peter van Dam, Hasan Demir, Thomas Dyllick, Manfred Elsig, Christian Gerlach, Martin Geyer, Marco Haase, Christian Häberli, Harald Hagemann, Nicolas Imboden, Mike Jennings, Katharina Karcher, Cassandra Mark-Thiesen, Mattias Meyer, Katharina Michaelowa, Benjamin Möckel, Kevin O'Sullivan, Rabea Rittgerodt, Tobias Straumann, Richard Toye, Chrissie Webb, Rolf Weder sowie anonymen Gutachtern verschiedener Zeitschriften. Rudolf Strahm, Regula Renschler und Anne-Marie Holenstein haben mir offen und freundlich ihre Zeit für ein Gespräch geschenkt. Auch die heutigen Mitarbeiterinnen und Mitarbeiter der Erklärung von Bern (seit 2016 Public Eye) und die Initianten der Eidgenössischen Fair-Food-Initiative, die im September 2018 vom Volk verworfen wurde, haben wertvolles Input geliefert. Meine früheren Arbeitskolleginnen und -kollegen beim Historischen Lexikon der Schweiz möchte ich hier ebenfalls dankend erwähnen, allen voran hat Andrea Weibel dieses Buch sehr viel besser gemacht. Meine Wertschätzung gilt auch den Mitarbeitern folgender Archive: Schweizerisches Sozialarchiv, Zürich, Archiv für Zeitgeschichte, Zürich, Schweizerisches Bundesarchiv, Bern, Schweizerisches Wirtschaftsarchiv, Basel, Institut für Wirtschaftspolitik der Universität Köln, Bodleian Library, Special Collections, Oxford, School of Oriental and African Studies Library Special Collections, London. Die Bibliothekarin des Departements Geschichte der Universität Basel, Andrea Leslie, hat diese Schrift in ihrer Entstehung begleitet und all meine Literaturwünsche erfüllt. Grosser Dank gebührt auch den Stiftungen, welche diese Forschung gefördert haben. Ein Anschubstipendium des Fonds zur Förderung des akademischen Nachwuchses der Universität Basel, ein zweijähriges Marie-Heim-Vögtlin-Stipendium des Schweizerischen Nationalfonds sowie ein Stipendium des Forschungsfonds der Universität Basel ermöglichten mir ein konzentriertes und kontinuierliches Arbeiten an dieser Schrift. Dank einem advanced postdoc mobility fellowship des Schweizerischen Nationalfonds konnte ich das akademische Jahr 2016/17 an der History Faculty der Universität Oxford verbringen und im soeben erst erschlossenen Ar-

https://doi.org/10.1515/9783110667516-001

chiv der britischen NGO Oxfam an der Bodleian Library sowie in verschiedenen NGO Archiven an der School of Oriental and African Studies in London forschen. Mein tiefster Dank geht an meine Familie, die meine Arbeit mitträgt.

Basel, im Juni 2020
Andrea Franc

Inhalt

Abbildungsverzeichnis

https://doi.org/10.1515/9783110667516-002

Abkürzungsverzeichnis

AG3W	Arbeitsgruppe Schweiz-Dritte Welt
AGU	Arbeitsgemeinschaft Umwelt
DANGO	Database of Archives of UK Non-Governmental Organisations since 1945
DEZA	Eidgenössische Direktion für Entwicklung und Zusammenarbeit
ETH	Eidgenössische Technische Hochschule
EvB	Erklärung von Bern
EWG	Europäische Wirtschaftsgemeinschaft
FAO	Food and Agriculture Organization of the United Nations
FDP	Freisinnig-Demokratische Partei
GAP	Gemeinsame Europäische Agrarpolitik
GATT	General Agreement on Tariffs and Trade
GSP	Generalized System of Preferences
IDA	International Development Association
IDS	Institute of Development Studies, University of Sussex
IPRA	International Peace Research Association
ITC	International Trade Center
IUED	Institut universitaire des études de développement
KAG	Konsumenten-Arbeits-Gruppe für tier- und umweltfreundliche Nutztierhaltung
NGO	Non-Governmental Organization
NZZ	Neue Zürcher Zeitung
OECD	Organisation for Economic Co-operation and Development
OPEC	Organization of the Petroleum Exporting Countries
ÖRK	Ökumenischer Rat der Kirchen
OS3	Organisation Suisse Tiers Monde
SBV	Schweizerischer Bauernverband
SP	Sozialdemokratische Partei
UNCTAD	United Nations Conference on Trade and Development
UNO	United Nations Organisations
V3WL	Vereinigung Dritte-Welt-Läden Schweiz
WWF	World Wide Fund For Nature

https://doi.org/10.1515/9783110667516-003

Einleitung

Einführung ins Thema

1964 trafen Vertreter von Entwicklungsländern in Genf zur ersten Konferenz der Vereinten Nationen für Handel und Entwicklung (United Nations Conference on Trade and Development, UNCTAD) zusammen. Die Entwicklungsländer subsummierten ihre Forderungen an die zukünftigen Handelsbeziehungen mit den Industrieländern unter dem Slogan *Trade, not Aid*, Handel statt Hilfe. Der argentinische Ökonom Raúl Prebisch, der seit den 1950er-Jahren als Verfechter des Zentrum-Peripherie-Modells hervorgetreten war, organisierte und leitete die Konferenz. Prebisch und der Entwicklungsökonom Hans W. Singer, der am UN-Hauptsitz in New York erstmals die Verschlechterung der realen Austauschverhältnisse zwischen Nord und Süd festgestellt hatte, hatten bereits seit 1949 gefordert, dass Entwicklungsländer Zugang zu den Märkten der Industrieländer erhalten und ihre Volkswirtschaften modernisieren sollten.[1] Empirisch hatten Prebisch und Singer für die Zeitperiode 1876 bis 1948 eine Verschlechterung der realen Austauschverhältnisse (*terms of trade*) zwischen Rohstoffen und Industriegütern bewiesen und damit das seit 1817 geltende Ricardo-Theorem widerlegt, dass Freihandel stets zu mehr Wohlstand für alle Nationen führe. Die These, dass diese Verschlechterung der realen Austauschverhältnisse zwischen Rohstoffen und Industriegütern ein Gesetz sei, ging als Prebisch-Singer-These in die Ökonomielehrbücher ein und löste in der Handelstheorie eine wissenschaftliche Revolution aus. Sollten nun die Rohstoff produzierenden Länder des Südens in den Aufbau eigener Industrie investieren (*import substitution investment*) und diese Investitionen anfänglich mit Importzöllen schützen (*infant industry protection*)?[2] Einig waren sich Handelstheoretiker einzig darin, dass Industrieländer ihre Märkte für Güter des Südens öffnen und die westliche Privatwirtschaft im Süden nicht nur Rohstoffe abschöpfen, sondern in den Aufbau verarbeitender Industrien investieren sollten. Singers Kollege am UN-Hauptsitz in New York, der polnische Ökonom Michael Kalecki, kritisierte bereits kurz nach Kriegsende, dass der Westen von den südlichen Ländern Marktöffnung verlange und selber Han-

1 Toye, John; Toye, Richard: The Origins and Interpretation of the Prebisch-Singer Thesis, in: History of Political Economy 35/3 (2003) 437–467.

2 Rodrik, Dani: Das Globalisierungs-Paradox. Die Demokratie und die Zukunft der Weltwirtschaft (München 2011) 222–223.

https://doi.org/10.1515/9783110667516-004

delsschranken beibehalte und die eigene Landwirtschaft schütze.[3] Die UN-Ökonomen benannten und erforschten in den 1950er-Jahren die Inkonsistenz in der aussenwirtschaftlichen Haltung der Industrieländer in der Nachkriegszeit. Damit legten sie die Basis für das gemeinsame Vorgehen der Entwicklungsländer innerhalb der Vereinten Nationen und für deren Forderungen.

In den Jahren nach der UNCTAD von 1964 formierte sich in den Industrieländern eine Dritte-Welt-Bewegung, welche die Forderungen der UNCTAD und damit auch die wirtschaftswissenschaftlichen Neuerungen aufnahm.[4] Unter dem Begriff Dependenztheorie versammelten sich verschiedene Denkschulen, welche die Rolle der Entwicklungsländer als Rohstoffexporteure in die früheren Kolonialmetropolen thematisierten. In der Schweiz äusserte sich die Dritte-Welt-Bewegung 1968 mit einem Manifest, der „Erklärung von Bern".[5] Dieses Manifest forderte von der Schweiz die Umsetzung der UNCTAD-Vorgaben und somit Handel, statt Hilfe. Es benannte die Inkonsistenz der aussenwirtschaftlichen Haltung, welche die Schweiz gegenüber den Entwicklungsländern vertrat. Knapp zwei Jahrzehnte später, zu Beginn der 1980er-Jahre wurde jedoch offensichtlich, dass das Gegenteil von dem eintrat, was die UNCTAD, zahlreiche Entwicklungsökonomen und die westliche Dritte-Welt-Bewegung in den 1960er-Jahren gefordert hatten. Gemäss John Toye und Richard Toye war der Dialog zwischen Nord und Süd spätestens 1981 „effectively dead" und eine asymmetrische Machtposition der Staaten der Organisation for Economic Co-operation and Development (OECD) gegenüber den ärmsten Ländern, insbesondere in Afrika, ersetzte den Dialog.[6] Ähnlich wie die anderen OECD-Staaten hat die Schweiz nach 1968 ihre Hilfszahlungen an Entwicklungsländer massiv erhöht und gleichzeitig ebenso massive neoprotektionistische Massnahmen gegenüber diesen Ländern eingeführt.[7] Wie der Politökonom Dani Rodrik in seinem wirtschaftshistorischen Überblick aufzeigt, waren aus globaler Sicht nicht die heutige Zeit, sondern die 1950er- und

3 Toye, John; Toye, Richard: The UN and Global Political Economy: Trade, Finance, and Development (Bloomington (Ind.), 2004) 76.

4 Dam, Peter Van: Moralizing Postcolonial Consumer Society: Fair Trade in the Netherlands, 1964–1997, in: International Review of Social History 61/02 (2016) 223–250.

5 Holenstein-Hasler, Anne-Marie; Renschler, Regula; Strahm, Rudolf H.: Entwicklung heisst Befreiung. Erinnerungen an die Pionierzeit der Erklärung von Bern (1968–1985) (Zürich 2008) 13–15.

6 J. Toye, R. Toye: UN and Global Political Economy, 4.

7 Siehe dazu auf der Webseite der Eidgenössischen Direktion für Entwicklung und Zusammenarbeit (Deza) „Entwicklung der öffentlichen Entwicklungshilfe (APD) und der privaten Spenden der NGOs der Schweiz 1960–2015 (Mio. Fr.)", (https://www.eda.admin.ch/deza/de/home/aktivitaeten_projekte/zahlen_und_statistiken/statistische-tabellen.html) (22.9.2017).

60er-Jahre „das goldene Zeitalter der Globalisierung".[8] Die 1970er- und 80er-Jahre waren das Zeitalter des Neoprotektionismus, der mit abundanter Entwicklungshilfe einherging und insbesondere afrikanische Staaten sozusagen in ihrer Verhandlungsposition einschläferte.[9] „Aid without trade is a lullaby – a song you sing to children to get them to sleep".[10] So wurde dieses Vorgehen vom ugandischen Staatspräsident Yoweri Museveni kommentiert. Politökonomische Studien nennen afrikanische Staaten unterdessen den „sleeping dog" in den internationalen Handelsgesprächen.[11] Während in den 1960er-Jahren der Wohlstandsunterschied zwischen den Industrie- und den Entwicklungsländern bereits von den damaligen Dritte-Welt-Aktivisten angeprangert wurde, ging in den 1970er- und 80er-Jahren die Einkommensschere erst recht auf.[12] Entweder wurden vor allem asiatische Staaten von Entwicklungsländern zu industrialisierten Schwellenländern und schlossen sich dem Wohlstandsniveau des Westens an oder die volkswirtschaftliche Leistung der – meist afrikanischen – Entwicklungsländer stagnierte oder schrumpfte sogar, so dass diese noch weiter vom Niveau des Westens abfielen.[13] Die Einkommensschere zwischen einer Gruppe der ärmsten – meist afrikanischen – Länder und den Industrie- und Schwellenländern vergrösserte sich ständig und es bildete sich die „unterste Milliarde".[14] Volkswirtschaftlich verkleinerte sich somit die Gruppe der ärmsten Länder grob zusammengefasst auf Staaten des afrikanischen Kontinenten. Auch in der Bildsprache der westlichen Hilfsorganisationen wurde Afrika zum „Hungerkontinenten".[15] Bilder indischer Mütter mit ihren Kindern wurden im Laufe der 1970er Jahre durch Bilder mit afrikanischen Müttern ersetzt.[16] Der Anteil des afrikanischen Kontinenten an der globalen volkswirtschaftlichen Gesamtleistung sank kontinuierlich, Jahrzehnte

---

8 D. Rodrik: Das Globalisierungs-Paradox, 108.

9 Bhagwati, Jagdish N.: Protectionism (Cambridge (Mass.) 2000) 1.

10 Ohne Autor: An Addictive Lullaby. Can Aid spur Development?, in: The economist (15.1.2004).

11 Elsig, Manfred; Stucki, Philipp: Low-Income Developing Countries and WTO Litigation: Why Wake Up the Sleeping Dog?, in: Review of International Political Economy 19/2 (2012) 292–316.

12 Pritchett, Lant: Divergence, Big Time, in: Journal of Economic Perspectives 11/3 (1997) 3–17.

13 Stiglitz, Joseph E.; Charlton, Andrew: Fair Trade for All. How Trade Can Promote Development (Oxford 2005) 19–20, J. Toye, R. Toye: UN and Global Political Economy, 257.

14 Collier, Paul: The Bottom Billion. Why the Poorest Countries are Failing and What Can Be Done About It (New York 2007).

15 Zürcher, Lukas: ‚Das Brot des Lebens'. Biblische Metaphorik und die Mediatisierung des Hungers in Afrika (1900–1970), in: Angela Müller, Felix Rauh (Hg.): Wahrnehmung und mediale Inszenierung von Hunger im 20. Jahrhundert (Basel 2014) 35.

16 Gerlach, Christian: Bilder des Hungers. Überlegungen zu Fotografie und Literatur, in: Angela Müller, Felix Rauh (Hg.): Wahrnehmung und mediale Inszenierung von Hunger im 20. Jahrhundert (Basel 2014) 19–34, 24.

abundanter Hilfszahlungen waren mit einer fatalen Ausgrenzung Afrikas aus dem Welthandel einhergegangen.[17] Rodrik spricht vom zentralen Paradox unserer Zeit, dass in vielen Regionen des Südens trotzdem Wirtschaftswachstum stattfand, obwohl die Entwicklungspolitik des Nordens nicht halten konnte, was sie versprach.[18]

Wie kam es dazu, dass nicht Handel ermöglicht, sondern Hilfe geleistet wurde? In dieser Arbeit konzentrieren wir uns auf die Rolle der Dritte-Welt-Bewegung im Westen, genauer genommen: der Fair-Trade-Bewegung *avant la lettre*. In der Schweiz schrieben die frühen Aktivisten 1969: „Für die Entwicklungsländer besteht heute noch kein [...] Interessensverband."[19] Die Aktivisten hatten es sich zur Aufgabe gemacht, die Anwälte der Dritten Welt zu werden. Ziel der Bewegung war, ihre westlichen nationalen Regierungen, die Bevölkerung sowie die internationalen Organisationen auf die Forderungen der Entwicklungsländer aufmerksam zu machen. Weshalb haben die immer professioneller auftretenden Dritte-Welt-Organisationen die oben beschriebene Entwicklung vom Handel zur Hilfe in den 1970er-Jahren nicht klar bekämpft? Die vorliegende Schrift geht dieser Frage nach. Sie beschreibt, wie die Dritte-Welt-Bewegung langsam ihre Idee dessen, was ein gerechter Nord-Süd-Handel ist, änderte. Diese Konzeptänderung leistete der Professionalisierung bzw. der Entstehung von Nichtregierungsorganisationen (Non-Governmental-Organisations, NGOs) sowie dem politischen Einfluss dieser NGOs offensichtlich Vorschub.[20] Denn die Entstehung eines „protest business" und die zunehmende Bedeutung von NGOs im öffentlichen Raum, die „privatization of politics" seit den 1970er-Jahren, wurde bereits klar festgestellt.[21] Die wirtschaftswissenschaftliche Fundierung, insbesondere die Konsequenzen der Prebisch-Singer-These, nämlich die Modernisierung der

---

17 Moyo, Dambisa: Dead Aid. Why Aid is Not Working and How There Is a Better Way for Africa (New York 2009) 5.

18 Rodrik, Dani: One Economics – Many Recipes. Globalization, Institutions, and Economic Growth (Princeton 2007) 85.

19 Fischer, Rahel; Schär, Manuel: Tausende Hungertote – ist die Schweiz mitschuldig? Internationale Solidarität in Bern: Die Arbeitsgruppe Dritte Welt, in: Bernhard C. Schär, Ruth Ammann, Thomas Färber, Stefan Bittner, Markus Hofer, Yves Niederhäuser, Vera Sperisen, Marc Griesshammer, Rahel Fischer, Manuel Schär, Renate Schär, Evelyne Vaudan (Hg.): Bern 68. Lokalgeschichte eines globalen Aufbruchs – Ereignisse und Erinnerungen (Baden 2008) 145–154, 149.

20 Der Begriff Non-Governmental-Organisation entstand parallel zur Schaffung der Vereinten Nationen, einer Inter-Governmental-Organisation, die ihrerseits die Assoziation von NGOs vorsah.

21 Hilton, Matthew: The Politics of Expertise. How NGOs Shaped Modern Britain (Oxford 2013) 1–27, Hilton, Matthew (Hg.): A Historical Guide to NGOs in Britain. Charities, Civil Society and the Voluntary Sector since 1945 (Basingstoke 2012) 326, Jordan, A. G.; Maloney, William A.: The Protest Business? Mobilizing Campaign Groups (Manchester 1997).

Volkswirtschaften in der Dritten Welt und insbesondere die Öffnung der westlichen Märkte für *sämtliche* Produkte und Dienstleistungen aus der Dritten Welt, fielen in diesem Prozess aus der Agenda der NGOs. Stattdessen trat die stereotype Figur des Kleinbauern – mit seinem beschränkten Warenkorb aus tropischen Rohstoffen – in den 1980er-Jahren in der Schweiz und in den 1990er-Jahren auch in der gesamten westlichen Dritte-Welt-Bewegung ihren bis heute anhaltenden Siegeszug an.[22]

Diese Arbeit konzentriert sich auf die Zeitperiode von 1964 bis 1984. Im Jahr 1968 veröffentlichte die Schweizer Bewegung das Manifest „Erklärung von Bern", in dem sie, wie oben erwähnt, die Umsetzung der UNCTAD-Vorgaben von 1964 forderte. Aus der Bewegung ging ab 1969 in vorsichtigen Schritten ein Verein mit dem Namen Erklärung von Bern (EvB) hervor.[23] 1973 verkaufte die EvB in einer Aktion industriell hergestellten Pulverkaffee aus Tansania, mit dem Ziel, für die UNCTAD-Forderungen nach Industrialisierung und Marktzugang ein öffentliches Bewusstsein zu wecken. Danach entwickelte sich aus der Bewegung eine immer professioneller auftretende NGO, die 1977 wiederum die Genossenschaft OS3 (ab 1997 Claro Fair Trade AG) ins Leben rief. 1980 gab die EvB eine erste Studie zur Einführung eines entwicklungspolitischen Gütesiegels für Produkte in Auftrag, 1983 finanzierte das Hilfswerk Brot für Brüder, als Trägerin der Firma OS3, eine weitere, ausführlichere Studie zur Einführung eines Gütesiegels.[24]

These

Die These, die ich in dieser Schrift zu belegen versuche, ist folgende: Die Reduktion der Fair-Trade-Thematik auf ein Gütesiegel mündete darin, dass die abstrakte und akademische Makroökonomie, die der UNCTAD-Doktrin zugrunde lag und auf die sich das Manifest von 1968 berufen hatte, endgültig durch die statische Figur des Kleinbauern ersetzt wurde. Das Gütesiegel „besiegelte" buchstäblich den Abschied von der Makroökonomie. So ergab sich ein impliziter Konsens – eine „unheilige Allianz" – zwischen der grünen Fair-Trade-Bewegung und den konservativen Nationalisten, die nun als gemeinsame politische

22 Dam, Peter Van: The Limits of a Success Story: Fair Trade and the History of Postcolonial Globalization, in: Comparativ 25/1 (2015) 62–77.

23 Zur Unterscheidung des Manifestes von der Organisation wird das Manifest in Anführungszeichen gesetzt, um es als Schrift zu markieren, die Organisation wird ohne Anführungszeichen geschrieben.

24 SozArch, EvB, Ar 430.41.1. Mappe 3, Ein entwicklungspolitisches Label – Chancen und Probleme, Ch. Lanz, 1983.

Schnittmenge den Schutz des Kleinbauern im Inland und somit den westlichen Agrarprotektionismus unterstützten. 1984 sprach sich das Komitee der EvB denn auch für die Unterstützung einer eidgenössischen Volksinitiative, der sogenannten Kleinbauern-Initiative aus, die eine neue, neoprotektionistische Phase in der Schweizer Agrarpolitik einläutete und die Schweiz zum Land mit den weltweit höchsten Agrarsubventionen pro Einwohner machte.[25]

In den 1960er-Jahren öffnete sich in der Dritte-Welt-Bewegung im Westen ein kurzes Fenster, in dem wirtschaftliche Gleichheit von Nord und Süd möglich schien und erwünscht war. Dieses Fenster war durch die „radikale" Entwicklungsökonomie als Folge der Prebisch-Singer-These sowie die UNCTAD 1964 aufgestossen worden. Die sich daraus ergebende soziale Bewegung, akademisch und spontan, übernahm diese Idee der Angleichung des Wohlstandsniveaus. Nachdem die Bewegung diese Idee 1968 in einem Manifest beschrieb, begann sich sowohl die Idee wie auch die Bewegung zu wandeln. Mit dem Wandel einher ging eine Entakademisierung, Professionalisierung und graduelle Reduzierung der Diskussion auf den Kleinbauern bzw. die Reduktion akademischer Texte auf ein schriftloses Symbol, das emotional mit dem Bild des Kleinbauern hinterlegt war. Die Wirtschaftswissenschaften wurden in der Bewegung vom Heilsbringer zum Sündenbock. Anstatt von der nationalen Regierung die Umsetzung der UNCTAD-Anliegen zu verlangen, verteidigten die unterdessen professionalisierten NGOs die nationale Agrarpolitik gegenüber den supranationalen Institutionen. Auch die Direktinvestitionen privater Firmen im Süden machten eine ideelle Wandlung vom Entwicklungsinstrument hin zum Instrument imperialer Ausbeutung durch. Ermöglicht wurde dieser Wandel durch einen ideellen Übergang von einem universalen Verständnis von Kultur zu einem pluralen Verständnis: die Unterschiedlichkeit der Kulturen wurde zur Legitimation von unterschiedlichen Wohlstandsniveaus herangezogen. Auf politischer Ebene wurde der Kleinbauer zum gemeinsamen Nenner zwischen der Dritte-Welt-Bewegung und konservativen Nationalisten. Diese „unheilige Allianz" reduzierte die Entwicklungsproblematik auf die Landwirtschaft, hob das Kleinbauerntum auf einen moralischen Sockel und setzte sich für nationale Autarkie in der Landwirtschaft ein. Das Fair-Trade-Konzept, das sich Mitte der 1970er-Jahre herauszubilden begann, blendete den Industrie- und Dienstleistungssektor genauso wie landwirtschaftliche Konkur-

---

25 Siehe dazu auf der Webseite der Schweizerischen Bundeskanzlei unter der Rubrik „Volksinitiativen" die Eidgenössische Volksinitiative „für ein naturnahes Bauern – gegen Tierfabriken (Kleinbauern-Initiative)" (https://www.admin.ch/ch/d//pore/vi/vis167.html) (22.9.2017). Soz-Arch, EvB, Ar 430.11.5. Protokoll Komiteesitzung vom 13.8.1984, Bern, 13.9.1984. Moser, Peter: Der Stand der Bauern. Bäuerliche Politik, Wirtschaft und Kultur gestern und heute (Frauenfeld 1994), J. E. Stiglitz, A. Charlton: Fair Trade for All.

renzprodukte aus dem Süden aus. Damit haben professionelle NGOs, die eigentlich als Anwälte der Entwicklungsländer agieren sollten, den für Entwicklungsländer ausschliessenden westlichen Agrarprotektionismus mitgetragen und ermöglicht.

Forschungsstand

Der Slogan *Trade, not Aid* wurde 1964 von der UNCTAD vorgegeben. Diese Konferenz schloss erstmals unabhängige Länder des Südens zusammen und liess sie die Erkenntnisse der neuesten Entwicklungsökonomie als politische Forderungen portieren. Die UNCTAD verschwand jedoch als internationale Organisation der Vereinten Nationen ebenso von der medialen Bildfläche wie ihr Slogan und die geeinte Stimme der Länder des Südens. Der ökonomiehistorische Hintergrund, die Anfänge und die ersten Jahre der UNCTAD bilden den zeitgenössischen Hintergrund, vor dem die empirische Forschung für diese Arbeit erfolgte. Im Rahmen des United Nations Intellectual History Projects entstanden verschiedene Studien zur entwicklungsökonomischen Ideengeschichte der Vereinten Nationen.[26] Darunter gleich mehrere mitverfasst vom britischen Entwicklungsökonomen Richard Jolly, einem Kollegen Hans W. Singers, der mit Singer das britische Institute of Development Studies (IDS) an der Universität Sussex aufgebaut hatte und damit ein Pendant des Institut africain, dem späteren Institut universitaire des études de développement (IUED), in Genf.[27] Auf vielfache Weise ragt jedoch die ausführliche Geschichte der UNCTAD aus den Projektstudien heraus.[28] Zunächst haben mit Richard Toye und John Toye ein renommierter Historiker und ein ebenso renommierter Entwicklungsökonom (Sohn und Vater) für eine sehr lange, ausführliche historische Abhandlung kollaboriert. Das Resultat ist ein seltenes Buch, in dem exzellentes geschichtswissenschaftliches Handwerk und profundes ökonomisches Fachwissen zu einer in ihre institutionellen und weltpolitischen Umstände eingebetteten Geschichte des ökonomischen Denkens führten. Die Arbeit der Toyes diente nicht nur als unentbehrliche Grundlageliteratur für meine Forschung, sondern auch methodisch als Inspiration und Vorbild. So wie die Entstehung und gesellschaftliche Bedeutung der UNCTAD anhand ihrer *intellectual history* erzählt werden konnte, sollte auch die Entstehung und gesellschaftliche

26 Siehe die Webseite des Projekts http://www.unhistory.org/ (3.4.2018).

27 Jolly, Richard: A Short History of IDS. A Personal Reflection, in: IDS Bulletin, Discussion paper 388 (2008).

28 J. Toye, R. Toye: UN and Global Political Economy.

Bedeutung einer Schweizer NGO anhand ihrer *intellectual history* erzählt werden können.

Auf internationaler Ebene haben NGOs sowie das Phänomen Fair Trade von Sozialhistorikern vermehrt Aufmerksamkeit erhalten. Hochbedeutsam für diese Arbeit war das sogenannte DANGO-Projekt (Database of Archives of UK Non-Governmental Organisations since 1945), das 2005 bis 2011 unter Leitung des britischen Sozialhistorikers Matthew Hilton durchgeführt wurde.[29] Das Projektteam hat versucht, eine möglichst vollständige Bestandsaufnahme britischer NGOs vorzunehmen, deren Archive zu sichern und zentral zu verzeichnen. Im Rahmen des Projekts sind gleich mehrere Bücher entstanden, zudem hat das Projekt Historikerinnen und Historiker vernetzt, die bis anhin zu NGOs oder verwandten Themen gearbeitet hatten, und regte weitere Forschung an. So etwa Tehila Sassons Arbeit über die Kampagne gegen Nestlés Milchpulververkäufe in der Dritten Welt, in der sie auch den Prozess zwischen Nestlé und einer Gruppe Aktivisten um den EvB-Sekretär Rudolf Strahm in der Schweiz globalgeschichtlich einbettete.[30] Für die Einbettung der hier vorgelegten Schweizer Fallstudie sind die drei Studien relevant, welche generelle Entwicklungen in der Geschichte der britischen NGOs aufzeigen, die auch für andere westeuropäische Länder analog angenommen werden können.[31] Im Rahmen des DANGO-Projekts entstand auch Matthew Andersons Dissertation über die Geschichte des Fair Trade in Grossbritannen.[32] Anderson untersucht darin auch prominent die internationale Zusammenarbeit der nationalen Fair-Trade-Organisationen Westeuropas zur Einführung eines homogenen, kommerziell registrierten Gütesiegels. Bei ihm ist somit die Fortsetzung der hier nur bis 1984 aufgezeigten Entwicklung nachzulesen. Anderson zeigt auch im Fair-Trade-Bereich das vom DANGO-Projekt als Muster erkannte *founder's syndrome* auf. So zog sich mit Roy Scott einer der wichtigsten britischen Fair-Trade-Pioniere 1976 verärgert zurück und kritisierte daraufhin die Reduzierung von Fair Trade auf tropische Nahrungsrohstoffe.[33] Bei Anderson ist das Ringen um die Ausrichtung von Fair Trade in der Gründungsphase der 1960er- und 70er-Jahre klar aufgezeigt. Ebenso klar wird dieses Ringen um die Ausrich-

---

29 Siehe die Projektwebseite http://www.dango.bham.ac.uk/ (3.4.2018).

30 Sasson, Tehila: Milking the Third World? Humanitarianism, Capitalism, and the Moral Economy of the Nestlé Boycott, in: The American Historical Review 121/4 (2016) 1196–1224.

31 M. Hilton: Politics of Expertise, M. Hilton: A Historical Guide, Crowson, N. J.; Hilton, Matthew; McKay, James (Hg.): NGOs in Contemporary Britain. Non-State Actors in Society and Politics since 1945 (Basingstoke 2009).

32 Anderson, Matthew: A History of Fair Trade in Contemporary Britain. From Civil Society Campaigns to Corporate Compliance (London 2015).

33 Ebd., 227.

tung von Fair Trade in der Bundesrepublik Deutschland in der Dissertation von Ruben Quaas.[34] Deutschland unterscheidet sich von den Pionierländern Grossbritannien, Niederlande und der Schweiz, indem die Fair-Trade-Bewegung weniger stark vertreten war und Entwicklungen erst später einsetzten. Doch auch in Deutschland fand in den 1980er-Jahren ein Richtungskampf zwischen „Pragmatikern" und „Utopisten" statt, den die „Pragmatiker" für sich entschieden. Dies führte somit auch in Deutschland zum Vorhandensein von zertifiziertem „Kleinbauernkaffee" in Supermärkten.

Frank Trentman hat darauf hingewiesen, dass Konsumentenkampagnen und -boykotte keineswegs eine Erfindung der 68er-Bewegung waren, sondern unter anderen politischen Vorzeichen eine Konstante auch der ersten Hälfte des 20. Jahrhunderts bildeten.[35] Kühschelm hat dazu etwa die „*buy national*"-Kampagnen in Österreich und der Schweiz verglichen.[36] Der niederländische Historiker Peter van Dam hat zur politischen Einordnung der frühen Fair-Trade-Bewegung in Europa bahnbrechende Arbeit geleistet.[37] In einem vom Netherlands Council for Scientific Research unterstützten Forschungsprojekt hat er zwischen 2015 und 2017 in den Abstellkammern der niederländischen NGOs und sogar Privathaushalten Quellen gesichtet und sich dabei auf die transnationale Vernetzung der niederländischen Fair-Trade-Bewegung konzentriert. Da die Niederlande, im Gegensatz zu Grossbritannien und der Schweiz, bereits seit 1957 der Europäischen Wirtschaftsgemeinschaft (EWG) angehörten, tritt die europapolitische Dimension, oder gerade die Gemeinsame Europäische Agrarpolitik (GAP) als Auslöser der Fair-Trade-Debatte, erst in den niederländischen Quellen in ihrem ganzen Ausmass zu Tage. Während die Auswirkungen der GAP auf den Marktzugang für Entwicklungsländer in den zeitgenössischen Quellen auch der britischen und schweizerischen Bewegung ein zentrales Thema darstellt, so hat sich die historische Forschung zur europäischen Einigung bisher einzig punktuell mit den langfristigen wirtschaftlichen Auswirkungen auf globaler Ebene im Sinne

---

34 Quaas, Ruben: Fair Trade. Eine global-lokale Geschichte am Beispiel des Kaffees (Köln 2015).

35 Trentmann, Frank: Before Fair Trade. Empire, Free Trade and the Moral Economies of Food in the Modern World, in: Alexander Nützenadel (Hg.): Food and Globalization. Consumption, Markets and Politics in the Modern World (Oxford 2008) 253–276.

36 Kühschelm, Oliver: Sagen, Zeigen, Tun. Die Inszenierung patriotischen Konsums in Österreich und der Schweiz während der 1920er und 1930er Jahre, in: X. Franz Eder, Oliver Kühschelm, Christina Linsboth (Hg.): Bilder in historischen Diskursen (Wiesbaden 2014) 195–219.

37 Dam, Peter Van: Goodbye to Grand Politics. The Cane Sugar Campaign and the Limits of Transnational Activism, 1968–1974, in: Contemporary European History 28/4 (2019) 518–534, Dam, Peter Van: Moralizing Postcolonial Consumer Society, Dam, Peter Van: Limits of a Success Story, Dam, Peter Van: It's Not Just About Europe, Sugar. Contesting Global Economic Relations, 1964–1974. Conference paper, Fourth European Congress on World and Global History (2014).

einer Ausgrenzung ärmerer Regionen beschäftigt.[38] Christian Gerlach oder Mark Spoerer benutzten in Bezug auf die GAP den Begriff „Fortress Europe", Martin Rempe hat in einer Fallstudie die Auswirkungen der Bildung der EWG auf den Senegal untersucht.[39] Die niederländischen Aktivisten, zu denen auch der Entwicklungsökonom Jan Tinbergen gehörte, der zur Denkschule der UN-Ökonomen um Prebisch und Singer zu rechnen ist, wandten sich 1968 nicht an ihre nationale Regierung, sondern gleich mit englischen Slogans an die europäische Öffentlichkeit.[40] Das erste, bahnbrechende Treffen europäischer Fair-Trade-Aktivisten im Jahr 1970, an dem auch Anne-Marie Holenstein als Vertreterin der EvB teilnahm, fand denn auch nicht von ungefähr in den Niederlanden, in Egmond aan Zee, statt. Van Dam konnte aufzeigen, dass der Aufbau einer schlagkräftigen transnationalen bzw. europäischen Fair-Trade-Bewegung zunächst scheiterte. Zu Beginn der 1970er-Jahre wandelte sich auch in den Niederlanden die Idee eines gerechten Nord-Süd-Handels, der Fokus auf die Gemeinsame Europäische Agrarpolitik und der Versuch politische Einflussnahme auf europäischer Ebene verlor sich und machte auch in den Niederlanden einem neuen Begriff von Solidarität mit den niederländischen Bauern Platz. Bei van Dam und Quaas sind denn auch die unternehmenshistorischen Aspekte zur ersten „multinationalen" Fair-Trade-Firma, der niederländischen SOS, nachzulesen, die sowohl die Schweizer wie Deutsche Dritte-Welt-Läden mit „alternativen" Produkten belieferte. Während die „Pragmatiker" Kaffee verkauften, bildete sich aus den „Utopisten" jedoch auch eine gewaltbereite Abspaltung, die insbesondere in Deutschland in den 1980er-Jahren Sachbeschädigungen in Form von Anschlägen auf Supermärkte oder Kleidergeschäfte verübte und sich dabei auf Recherchen von gesellschaftliche akzeptierten NGOs stützte, wie Katharina Karcher aufzeigt.[41]

Erst die konsequente Einbettung der nationalen Fair-Trade-Bewegungen in den westeuropäischen Kontext weist auf die Bedeutung des Umbruchjahrs 1968 hin. Van Dam nimmt ganz selbstverständlich 1968 als Ausgangspunkt für seine Forschung, da die niederländischen Aktivisten in diesem Jahr ein erstes Mal ein

---

38 Patel, Kiran Klaus (Hg.): Fertile Ground for Europe? The History of European Integration and the Common Agricultural Policy since 1945 (Baden-Baden 2009).

39 Rempe, Martin: Entwicklung im Konflikt. Die EWG und der Senegal 1957–1975 (Köln 2012), Spoerer, Mark: Fortress Europe in long-term Perspective: Agricultural Protection in the European Community, 1957–2003, in: Journal of European Integration History 16/2 (2010) 143–155.

40 Dam, Peter Van: Moralizing Postcolonial Consumer Society.

41 Karcher, Katharina: Violence for a Good Cause? The Role of Violent Tactics in West German Solidarity Campaigns for Better Working and Living Conditions in the Global South in the 1980s, in: Contemporary European History 28/4 (2019) 566–580, Karcher, Katharina: Sisters in Arms. Militant Feminisms in the Federal Republic of Germany since 1968 (New York 2017).

tropisches Produkt, den Rohrzucker, als Symbol für ihre Kampagne benutzten. Bei Karchers Forschung zu Sachbeschädigungen im Namen gerechter Wirtschaftsbeziehungen zwischen Nord und Süd wird der theoretische, gewalt-legitimierende Unterbau ersichtlich, der auf die 68er-Bewegung zurückzuführen ist. Karchers Forschung ist daher derart bedeutsam, da sie Historiker und Historikerinnen, die bisher zur „pragmatischen" Geschichte des Fair Trade und seiner Ausgestaltung in Dritte-Welt-Läden und dem Verkauf von Kleinbauernkaffee in Supermärkten forschten, aufruft, die Fair-Trade-Bewegung auf antiimperialistische, antizionistische und Gewalt akzeptierende ideelle Fundamente zu hinterfragen. Hier kommt denn auch die Forschung von Mike Jennings und Konrad J. Kuhn zur Haltung der Dritte-Welt-Bewegung im Westen gegenüber dem sozialistischen Tansania zum Tragen: Mitarbeiter des britischen Hilfswerks Oxfam haben die Situation in Tansania Mitte der 1970er-Jahre, als mehrere Millionen Menschen zwangsumgesiedelt wurden, gegenüber den britischen Spendern beschönigt, im Falle der Schweiz haben Aktivisten die Regierungspolitik in Tansania nicht beschönigt, aber weiterhin das theoretische Modell des tansanischen Ujamaa-Sozialismus vertreten.[42] Wie Quaas aufzeigt, wurde der Ujamaa-Pulverkaffee aus Tansania auch 1973 am Deutschen Kirchentag verkauft.[43]

Die Rolle der Kirchen für das Phänomen Fair Trade wird bei Quaas und Anderson sehr deutlich, wobei Quaas genauso wie Urs Hofmann, der über die Umbrüche in der reformierten Kirche in Basel in den 1960er- und 70er-Jahren geforscht hat, den Historiker Benjamin Ziemann rezipiert, der wiederholt zur Rolle der Kirche als Akteurin bei sozialen Umbrüchen publiziert hat.[44] Nach dem Umbruchsjahr 1968, zu dem hier die Forschung aus dem Projekt von James Mark, Robert Gildea und Anette Warring sowie Publikationen von Quinn Slobodian hinzugezogen wurden, folgte mit der Ölkrise 1973 und der Welternährungskrise von 1972 bis 1975 ein weiterer Umbruch.[45] Wiederholt hat Christian Gerlach darauf hingewiesen, dass die Welternährungskrise zu einer Neuorientierung in der Entwicklungspolitik führte, die in einer Fokussierung auf die Subsistenzproduktion

---

42 Kuhn, Konrad J.: Fairer Handel und Kalter Krieg. Selbstwahrnehmung und Positionierung der Fair-Trade-Bewegung in der Schweiz 1973–1990, Lic. phil. I (Zürich 2005), Jennings, Michael: ‚Almost an Oxfam in Itself': Oxfam, Ujamaa and Development in Tanzania, in: African Affairs 101/405 (2002) 509–530.

43 R. Quaas: Fair Trade, 144.

44 Hofmann, Urs: Innenansichten eines Niedergangs. Das protestantische Milieu in Basel von 1920 bis 1970 (Baden 2013), Dols, Chris; Ziemann, Benjamin: Progressive Participation and Transnational Activism in the Catholic Church after Vatican II: The Dutch and West German Examples, in: Journal of Contemporary History 50/3 (2015) 465–485.

45 Gildea, Robert; Mark, James; Warring, Anette: Europe's 1968. Voices of Revolt (Oxford 2013), Slobodian, Quinn: Foreign Front. Third World Politics in Sixties West Germany (Durham 2012).

von Kleinbauern zusammengefasst werden kann.[46] Er hat aufgezeigt, dass diese Neuorientierung nicht nur bei NGOs stattfand, sondern auch bei internationalen Organisationen und spannenderweise auch von multinationalen Agrarkonzernen mitgetragen wurde. Damit einher ging auch eine neue Bildsprache bei den NGOs, die zunehmend erschreckende Bilder hungriger Kinder und ihrer Mütter wegliessen.[47] Stattdessen begann der Kleinbauer auch in der Bildsprache seinen Siegeszug, interessanterweise parallel dazu auch in Werbebildern, die nichts mit der Dritten Welt zu tun hatten, sondern mit einer Neukonzeption der *„buy national*"-Aufforderung als „Swissness".[48]

Die Überlappung der Fair-Trade-Bewegung mit den konservativen Nationalisten bzw. die Mehrheitsfähigkeit der Figur des Kleinbauern ist eine Hauptthese dieser Forschungsarbeit. Daher wird auch die Konstruktion der kulturellen Rolle des Bauern im Industriestaat von Seiten konservativer Denker wiederholt aufgerollt. Der französische Historiker Jean Solchany hat 2015 eine exzellente Habilitationsschrift zum deutschen Ökonomen Wilhelm Röpke vorgelegt.[49] Röpke lebte von 1937 bis zu seinem Tod 1966 in Genf und war über seinen Tod hinaus ein einflussreicher *public intellectual* für die nationalkonservative Schweiz. Solchanys Schrift bietet eine umfassende Werkschau der Schweizer Geschichte zu den Themen Geistige Landesverteidigung, Landwirtschaft und Politik und ordnet sich zudem in die internationale Historiografie über die neoliberale Gelehrtengesellschaft Mont Pèlerin Society ein, die 1947 in der Schweiz gegründet worden ist. Ohne die internationale Forschung zur Mont Pèlerin Society, welche ich bereits in verschiedenen Artikeln über ein Schweizer Mitglied der Gesellschaft, den Direktor des Vororts (des Schweizerischen Handels- und Industrievereins) Gerhard Winterberger, rezipiert habe, ist der Boden, auf welche vermeintlich linke Anliegen der kleinräumigen, landwirtschaftlichen Selbstversorgung zu Beginn der 1970er-Jahre fielen, nicht zu verstehen.[50] Bereits in den 1960er-Jahren spaltete sich um

46 Gerlach, Christian: Famine Responses in the World Food Crisis 1972–5 and the World Food Conference of 1974, in: European Review of History 22/6 (2015) 929–939, Gerlach, Christian: Fortress Europe: the EEC in the World Food Crisis, 1972–1975, in: Kiran Klaus Patel (Hg.): Fertile Ground for Europe? The History of European Integration and the Common Agricultural Policy since 1945 (Baden-Baden 2009) 241–256.

47 C. Gerlach: Bilder des Hungers.

48 Scheidegger, Tobias: Vom ‚Schweizerbauern' zum Produzenten authentischer Swissness: Historische Annäherung an Bilder der bäuerlichen Schweiz im aktuellen Nahrungsmittel-Marketing, in: Yann Decorzant (Hg.): Made in Switzerland. Mythen, Funktionen, Realitäten (Basel 2012) 137–157.

49 Solchany, Jean: Wilhelm Röpke, l'autre Hayek. Aux origines du néolibéralisme (Paris 2015).

50 Franc, Andrea: Agricultural Protectionism on the Neoliberal Agenda? The Approach of the Director of the Swiss Business Federation to Agriculture, in: Rural History 29/1 (2018) 81–98,

Wilhelm Röpke eine neokonservative Bewegung von der Mont Pèlerin Society ab, nachdem sich deren bekannteste Exponenten Friedrich August von Hayek oder Milton Friedman unmissverständlich gegen Agrarprotektionismus geäussert hatten.[51] Röpke hingegen war ein vehementer Vertreter der kleinräumigen Familienbetriebe in Landwirtschaft und Gewerbe und unterhielt ausserhalb des neoliberalen Kreises ein Netzwerk neokonservativer, zuweilen rassistischer Denker, wie Slobodian nachgewiesen hat.[52] Röpkes zentrale Rolle für die Geistige Landesverteidigung der Schweiz, wie sie Solchany aufgezeigt hat, belegt Ursprünge und internationale Einbettung der nationalkonservativen Bewegung in der Schweiz der folgenden Jahrzehnte. Angus Burgin arbeitete derweil ausgiebig mit dem Nachlass des Genfer Gründers der Mont Pèlerin Society William Rappard, der massgeblich am Aufbau Genfs als Heimat internationaler Organisationen und universitärer Institute mit internationalem Lehrkörper mitgewirkt hatte.[53] Rappards marginale Rolle als *public intellectual* wird gerade in einem Vergleich mit der Popularität Wilhelm Röpkes in der Deutschschweiz augenfällig und steht repräsentativ für die merkwürdige Dichotomie der nationalen Identitätskonstruktion in der Losung „Schweizerart ist Bauernart" und der gleichzeitigen Präsenz internationaler Organisationen, international renommierter Denker und privaten internationalen Gelehrtengesellschaften wie der Mont Pèlerin Society.

Die Forschung von Peter Moser und Werner Baumann zur Schweizer Agrarpolitik des 20. Jahrhunderts, die Rolle der Bauern im Industriestaat, war für diese Studie unentbehrlich.[54] Sie haben zunächst die bäuerlichen Organisationen und den politischen Prozess der landwirtschaftlichen Gesetzgebung untersucht. Moser hat bereits vor zwei Jahrzehnten darauf hingewiesen, dass die Geschichte der Schweizer Landwirtschaft im 20. Jahrhundert über eine Untersuchung der Lob-

---

Franc, Andrea: Wie der Vorort zum Agrarlobbyisten wurde. Die Abstimmungskampagne für das ‚Schoggigesetz' im Herbst 1975, in: Gisela Hürlimann, André Mach, Anja Rathmann-Lutz, Janick Marina Schaufelbuehl (Hg.): Lobbying. Die Vorräume der Macht (Zürich 2016) 139–151, Plickert, Philip: Wandlungen des Neoliberalismus. Eine Studie zu Entwicklung und Ausstrahlung der ‚Mont Pèlerin Society' (Stuttgart 2008).

51 Friedman, Milton: Capitalism and Freedom (Chicago 1962), 35, Hayek, Friedrich August von: The Constitution of Liberty (Chicago 1960), 362–363.

52 Slobodian, Quinn: The World Economy and the Color Line: Wilhelm Röpke, Apartheid, and the White Atlantic, in: Jan Logemann (Hg.): More Atlantic Crossings? European Voices in the Postwar Atlantic Community (Washington, D.C. 2014) 61–87.

53 Burgin, Angus: The Great Persuasion. Reinventing Free Markets since the Depression (Cambridge 2012).

54 Baumann, Werner; Moser, Peter: Bauern im Industriestaat. Agrarpolitische Konzeptionen und bäuerliche Bewegungen in der Schweiz 1918–1968 (Zürich 1999), P. Moser: Stand der Bauern.

bygruppen, der *special interest groups*, erfolgen muss.[55] Meine eigene Forschung mit soeben erst frei gewordenen Akten des Dachverbandes der schweizerischen Privatwirtschaft, des Vororts, hat die Rolle des Vororts als kritische Partnerlobby des Schweizerischen Bauernverbandes untersucht.[56] Bereits 1994 hat Moser darauf hingewiesen, dass die Dritte-Welt-Bewegung, darunter die EvB sogar prominent, die schweizerische Agrarpolitik ab den 1980er-Jahren mitgestaltet haben.[57] Historiker und Historikerinnen, die zur Dritte-Welt- und Umweltbewegung gearbeitet haben, weisen auf die Unterstützung des biologischen Landbaus und einen ökologischen Lebensstil durch die Dritte-Welt-Bewegung hin.[58] Auch die Schweizergeschichtliche Forschung zur 68er-Bewegung beschreibt wiederholt Landkommunen.[59] Klar ersichtlich wird die Rolle der frühen Fair-Trade-Bewegung für die schweizerische Landwirtschaftspolitik in den Erinnerungen der ersten drei Sekretäre der EvB: Anne-Marie Holenstein beschreibt selbst, wie sie sich für agrarpolitische Themen einsetzte.[60]

Die Erinnerungen der ersten drei Sekretäre Anne-Marie Holenstein, Regula Renschler und Rudolf Strahm sind gleichzeitig auch eine Geschichte der ersten Jahre der EvB aus deren Warte. Jacques Rossel, Präsident der Basler Mission, Erstunterzeichner und Interimpräsident der EvB, hat eine ausführliche Autobiografie verfasst.[61] Zudem wurden der international bekannte Genfer Soziologieprofessor Jean Ziegler, der Afrika-Kenner Al Imfeld und der Zürcher Wirtschaftsethiker Arthur Rich, der nur am Rande, als Schweizer Delegierter im Ökumenischen Rat der Kirche, an der Bewegung um die „Erklärung von Bern" beteiligt war, biografiert.[62] Nebst Biografien sind mehrere Institutionengeschichten vorhanden, die vielfach im Rahmen von Jubiläen entstanden. So gleich

55 Moser, Peter: ‚Privilegierter Volksstand' oder ‚Untergang des Bauerntums'? Die staatliche Agrarpolitik der 50er/60er Jahre, in: Mario König (Hg.): Dynamisierung und Umbau. Die Schweiz in den 60er und 70er Jahren (Zürich 1998) 51–64.

56 A. Franc: Agricultural Protectionism.

57 P. Moser: Stand der Bauern, 310.

58 Eichenberger, Ursina: Ökologie und Selbstbestimmung. Das Forschungsinstitut für biologischen Landbau (Oberwil, CH) 1970–1984 im Kontext der ökologischen Alternativenbewegung, Lic. phil. I (Zürich 2012), Kuhn, Konrad J.: Entwicklungspolitische Solidarität. Die Dritte-Welt-Bewegung in der Schweiz zwischen Kritik und Politik (1975–1992) (Zürich 2011).

59 Bittner, Stefan: Jenseits der Kleinfamilie – Kommunen in Zürich, in: Erika Hebeisen, Elisabeth Joris, Angela Zimmermann (Hg.): Zürich 68. Kollektive Aufbrüche ins Ungewisse (Baden 2008) 18–27.

60 A.-M. Holenstein-Hasler, R. Renschler, R. H. Strahm: Entwicklung heisst Befreiung.

61 Rossel, Jacques: Ein Leben in ökumenischer Weite. Erinnerungen (Frankfurt am Main 2009).

62 Wegelin, Jürg: Jean Ziegler. Das Leben eines Rebellen (Zürich 2011), Wolf, Walter: Für eine sozial verantwortbare Marktwirtschaft. Der Wirtschaftsethiker Arthur Rich (Zürich 2009), Suter, Lotta: In aller Welt zu Hause. Al Imfeld – eine Biographie (Zürich 2005).

mehrere Arbeiten, die im Rahmen des fünfzigjährigen Bestehens der Eidgenössischen Direktion für Entwicklung und Zusammenarbeit entstanden, oder etwa eine Geschichte der Organisation Solifonds oder der Landwirtschaftskooperative Longo maï.[63] Eine doch beachtliche Anzahl von neueren Lizenziatsarbeiten sowie drei Dissertationen zur Dritte-Welt- und Umweltbewegung zeigen auf, dass unter der jüngsten Generation Schweizer Historikerinnen und Historiker ein Interesse für die Geschichte der NGOs besteht, die bisher noch nicht wie im Falle des britischen DANGO-Projekts von einem Lehrstuhl systematisch in ihrer Gesamtheit für die Schweiz erfasst worden ist.[64] Auch die schweizergeschichtliche Forschung zu 1968 stammt zu grossen Teilen aus der Feder (noch) nicht promovierter Forscher und ist zudem oft populärwissenschaftlich und somit ohne wissenschaftlichen Apparat publiziert.[65] Eine ganze Reihe wegweisender wissenschaftlicher Artikel zur schweizerischen Entwicklungspolitik sind Seminararbeiten mit Quellen des Schweizerischen Bundesarchivs, die unter der Ägide des Schweizer Historikers Peter Hug in einem Sammelband erschienen.[66] Somit hat gleich eine

63 Kuhn, Konrad J.; Elmer, Sara; Speich Chassé, Daniel (Hg.): Handlungsfeld Entwicklung. Schweizer Erwartungen und Erfahrungen in der Geschichte der Entwicklungsarbeit (Basel 2014), Schwab, Andreas: Landkooperativen Longo maï. Pioniere einer gelebten Utopie (Zürich 2013), Waldburger, Daniele; Zürcher, Lukas; Scheidegger, Urs: Im Dienst der Menschheit. Meilensteine der Schweizer Entwicklungszusammenarbeit seit 1945 (Bern 2012), Howald, Stefan: Dieses kostbare Gut der Solidarität. 25 Jahre Solifonds, Solidaritätsfonds für soziale Befreiungskämpfe in der Dritten Welt (Zürich 2008).

64 Wyss, Oliver: Sozialismus ohne Wachstum und Technologie? Die Linke in der Schweiz und die Umweltfrage 1968–1990, Dissertation (Bern 2014), U. Eichenberger: Ökologie und Selbstbestimmung, K. J. Kuhn: Entwicklungspolitische Solidarität, Kalt, Monica: Tiersmondismus in der Schweiz der 1960er und 1970er Jahre. Von der Barmherzigkeit zur Solidarität (Bern 2010), Schär, Manuel: Strukturveränderungen statt Entwicklungshilfe? Rezeption und Diffusion der Dependenztheorie in der schweizerischen Entwicklungspolitik 1968–1978, Lic. phil. hist. (Bern 2007), Mahler, Beat: ‚umdenken – umschwenken'. Zur Genese grün-alternativer Konzepte in der Schweiz 1970–1980 am Beispiel der Aktion ‚Migros-Frühling', Lic. phil. I (Zürich 2005), K. J. Kuhn: Fairer Handel und Kalter Krieg.

65 Hebeisen, Erika; Joris, Elisabeth; Zimmermann, Angela (Hg.): Zürich 68. Kollektive Aufbrüche ins Ungewisse (Baden 2008), Schär, Bernhard C.; Ammann, Ruth; Färber, Thomas; Bittner, Stefan; Hofer, Markus; Niederhäuser, Yves; Sperisen, Vera; Griesshammer, Marc; Fischer, Rahel; Schär, Manuel; Schär, Renate; Vaudan, Evelyne (Hg.): Bern 68. Lokalgeschichte eines globalen Aufbruchs – Ereignisse und Erinnerungen (Baden 2008).

66 Brodbeck, Thomas: Bewahren und beharren – die Schweiz an der UNCTAD. Die erste UNCTAD-Konferenz 1964 in Genf, das allgemeine Präferenzensystem und die Schweiz, in: Peter Hug, Beatrix Mesmer (Hg.): Von der Entwicklungshilfe zur Entwicklungspolitik (Bern 1993) 319–332, Graf, Barbara: Gewerkschaften und Dritte Welt. Die Gründung des Solifonds 1978–1983, in: Peter Hug, Beatrix Mesmer (Hg.): Von der Entwicklungshilfe zur Entwicklungspolitik (Bern 1993) 585–608, Spörri, Renate: Der Einfluss der Erklärung von Bern auf den Bund: Von den Anfängen in der

ganze Gruppe Historikerinnen und Historiker Quellen im Bundearchiv gesichtet und sowohl zur Rolle der Schweiz an der UNCTAD 1964, zur entwicklungspolitischen Haltung der Gewerkschaften sowie zur Rolle der EvB im Vernehmlassungsverfahren um das Bundesgesetz über Entwicklungszusammenarbeit in den 1970er-Jahren geforscht. 2013 habe ich mit Studierenden im Rahmen eines Proseminars Quellen im Bundesarchiv zum Thema Zollpräferenzen für Entwicklungsländer gesichtet. Hier stütze ich mich auf eine in diesem Rahmen entstandene Proseminararbeit über Anträge auf Zollpräferenzen von Entwicklungsländern an den Bund vor der Einführung des entsprechenden Gesetzes 1971.[67] In jüngster Zeit hat die Berner Professorin für Geschlechterforschung Patricia Purtschert angeregt, die *postcolonial theory* auf die Schweizer Geschichte anzuwenden, stiess dabei aber bei Genfer Wirtschaftshistorikern auf methodische Einwände.[68] Die Genfer Wirtschaftsgeschichte ist für diese hier vorgelegte Arbeit sowohl Untersuchungsgegenstand wie Forschungshintergrund. Zum einen hat der Initiator der „Erklärung von Bern" mit einer Arbeit über Calvins Wirtschaftsethik in Wirtschaftsgeschichte an der Universität Genf promoviert.[69] Aus dieser Arbeit sollten Thesen und darauf folgend das Manifest „Erklärung von Bern" hervorgehen. Zum andern hat Paul Bairoch, der in den 1980er-Jahren den Genfer Lehrstuhl für Wirtschaftsgeschichte hielt, zahlreiche Annahmen der Dependenztheorie historisch untersucht und falsifiziert.[70] Allen voran die aus der Prebisch-Singer-These – deren Bezeichnung These nicht von ungefähr kommt – abgeleitete Annahme, dass ein Land mit der Produktion von Rohstoffen automatisch in eine Armutsfalle gelangt und zwangsläufig industrialisieren muss. Gleichzeitig hat Bairoch darauf hingewiesen, dass sich Länder des Südens durch den westlichen Agrarprotektionismus von Rohstoffexporteuren zu Rohstoffimporteuren wandelten.[71] Bairochs empirische Resultate bilden die Basis der aktuellen wirtschaftshistorischen Forschung. Hier wird insbesondere Dani Rodrik zi-

---

ökumenischen Bewegung 1968 bis zum Bundesgesetz über Entwicklungszusammenarbeit und humanitäre Hilfe 1976, in: Peter Hug, Beatrix Mesmer (Hg.): Von der Entwicklungshilfe zur Entwicklungspolitik (Bern 1993) 550–569.

67 Huber, Samuel: Handelshemmnisse gegenüber Entwicklungsländern. Schwierigkeiten bei der Umsetzung von Zollpräferenzen am Beispiel von auf Handwebstühlen hergestelltem Gewebe aus Indien, Proseminararbeit (Basel 2014).

68 Etemad, Bouda; Humbert, Mathieu: La Suisse est-elle soluble dans sa ‚postcolonialite'?, in: Schweizerische Zeitschrift für Geschichte 64/2 (2014) 279–291, Purtschert, Patricia; Lüthi, Barbara; Falk, Francesca (Hg.): Postkoloniale Schweiz. Formen und Folgen eines Kolonialismus ohne Kolonien (Bielefeld 2012).

69 Biéler, André: La pensée économique et sociale de Calvin (Genève 1959).

70 Bairoch, Paul: Economics and World History. Myths and Paradoxes (New York etc. 1993).

71 Ebd., 152.

tiert, der sich auf Bairoch stützt. Ganz in Bairochs Tradition der Widerlegung von ideologischen Mythen, hat Rodrik wiederholt darauf hingewiesen, dass aus wirtschaftshistorisch-empirischer Sicht nicht die unter den Vorzeichen einer neoliberalen Politik stehenden 1980er Jahre, sondern die 1950er und 60er Jahre das „goldene Zeitalter der Globalisierung" darstellen.[72] Die 1970er und 80er Jahre sahen eine Rückkehr des Protektionismus in Form von regulären, aber vor allem auch nicht-tarifären Handelsbarrieren, wie auch der indisch-amerikanische Ökonom Jagdish Bhagwati in seiner Geschichte des Protektionismus aufzeigt.[73] Eine Form dieses Neoprotektionismus war die regionale Blockbildung, welche zwar wie im Fall der EWG einen gemeinsamen Markt und somit regionalen Freihandel schuf, damit gleichzeitig aber die Eintrittsschranken für Aussenstehende erhöhte.[74] Während internationale Organisationen im Rahmen der „conservative counterrevolution" den Entwicklungsländern in den 1980er-Jahren empfahlen, ihre Märkte zu öffnen, bauten westliche Blöcke wie die EWG an handelspolitischen Festungsmauern um ihren gemeinsamen Markt. Westliche Regierungen, die im Nord-Süd-Dialog mittlerweile die Überhand gewonnen hatten, stellten das Argument des Marktzugangs, das die UNCTAD 1964 noch so vehement vertreten hatte, auf den Kopf, wie der Ökonom Joseph Stiglitz in seinem Buch mit dem Titel „Fair Trade for All" kommentiert.[75] Stiglitz beschäftigt sich darin in keiner Weise mit dem Gütesiegel oder Kleinbauernkaffee, sondern zeigt die Rolle der ärmsten Länder im Welthandel auf. Für diese Studie wurden seine Passagen über die handelspolitische Ausgrenzung der ärmsten Länder in den 1980er-Jahren sowie seine globalen Daten zum Agrarprotektionismus verwendet.

Der Hintergrund der auf Bairoch aufbauenden wirtschaftshistorischen und ökonomischen Forschung ist für diese Arbeit deshalb hochrelevant, weil sie es uns ermöglicht, vom in den Geschichtswissenschaften üblichen Narrativ der „neoliberalen" 1980er Jahre zu einer differenzierten Betrachtungsweise überzugehen. Der grosse Block der Entwicklungsländer, der sich erst gerade 1964 gebildet hatte, teilte sich innert zwei Jahrzehnten in industrialisierte Schwellenländer und arme, meist afrikanische Staaten, die zudem von Rohstoffexporteuren zu Rohstoffimporteuren geworden waren. In diesen Staaten waren die von der UNCTAD propagierten Instrumente *import substitution investment* und *infant industry protection* gescheitert und die Bretton-Woods-Institutionen verordneten nun im Namen der westlichen Gläubiger Privatisierung und Marktöffnung.

72 D. Rodrik: Das Globalisierungs-Paradox, 108.

73 J. N. Bhagwati: Protectionism, 1.

74 Baldwin, Richard E.: Regulatory Protectionism, Developing Nations and a Two-Tier World Trade System (London 2000).

75 J. E. Stiglitz, A. Charlton: Fair Trade for All, 13.

Gleichzeitig sahen sich westliche Industrieländer durch die neu entstandene Konkurrenz aus asiatischen Ländern bedroht und griffen zu neoprotektionistischen Massnahmen, um ihre Industrie abzuschirmen. Das Multifaserabkommen im Rahmen des GATT 1974 bildete den Auftakt zum westlichen Neoprotektionismus, wobei Rolf Weder und Simone Wyss aufgezeigt haben, dass die Schweiz im Vergleich mit anderen Industrieländern im Industriebereich wenig protektionistisch war.[76] Die gleichzeitige Welternährungskrise läutete eine globale Neuausrichtung der Agrarpolitik ein, die zu erneutem Agrarprotektionismus führte. In den 1980er-Jahren wurden im GATT bereits erreichte Liberalisierungsschritte im Agrarbereich wieder rückgängig gemacht.[77] Der Neoprotektionismus im Agrar- und Textilsektor und die Blockbildung im Westen stehen somit der Liberalisierung afrikanischer Volkswirtschaften gegenüber. Vor diesem Hintergrund entstanden im Westen zahlreiche professionelle NGOs. Ihre Rolle in der ideellen Legitimierung dieser Entwicklung ist Aufgabe der qualitativen Wirtschaftsgeschichte.

Vorgehensweise

Die Entstehung und Wandlung ökonomischer Ideen ausserhalb des akademischen Rahmens ist bis anhin weder in der *intellectual history*, einem Fachbereich der Geschichtswissenschaften, noch in der *history of economic thought*, einem Fachbereich der Wirtschaftswissenschaften, systematisch berücksichtigt worden. Die *history of economic thought* versteht sich als Wissenschaftsgeschichte des Faches und erhebt keinen Anspruch auf Forschung im ausserakademischen Bereich.[78] Der *intellectual history* haftete in den vergangenen Jahrzehnten der Ruf des Elitismus an, befasste sie sich doch hauptsächlich mit den politischen Ideen von Denkern der Aufklärung und des 19. Jahrhunderts.[79] Mit dem Untertitel *modern intellectual history* sind Historiker zunächst überhaupt in die Ideengeschichte des 20. Jahrhundert vorgestossen und mit Angus Burgin hat erstmals ein Ideenge-

---

76 Weder, Rolf; Wyss, Simone: Do Vertical Linkages Limit Protectionism? Switzerland in the Multifibre Arrangement, in: The World Economy 36/10 (2013) 1261–1277.

77 J. E. Stiglitz, A. Charlton: Fair Trade for All, 47.

78 Kurz, Heinz D.: Geschichte des ökonomischen Denkens (München 2013).

79 McMahon, Darrin M.; Moyn, Samuel: Interim Intellectual History, in: Darrin M. McMahon (Hg.): Rethinking Modern European Intellectual History (Oxford 2014) 3–12.

schichtler ökonomische Ideen für den Fachbereich entdeckt und damit einen erfolgreichen Brückenschlag zur *history of economic thought* geschafft.[80]

Das fehlende Interesse, ökonomische Vorstellungen in gesellschaftlichen Bewegungen zu erfassen, dürfte darauf zurückzuführen sein, dass bisher das Verständnis dafür fehlte, dass in sozialen Bewegungen überhaupt Ideen über die Wirtschaft vorherrschen, diese sich signifikant von der akademischen Lehre unterscheiden und zudem signifikanten Einfluss auf globale makroökonomische Weichenstellungen haben. Wie viele Male wurde auf das Diktum des Cambridge-Ökonomen John Maynard Keynes verwiesen, dass nichts so mächtig sei, wie die Ideen (toter) Ökonomen?[81] Noch bis in die 1970er-Jahre vertraten nicht nur im Osten, sondern auch die meisten Wirtschaftswissenschafter im Westen die Haltung, dass insbesondere in den Entwicklungsländern ein Staat oder eine supranationale Institution die wirtschaftliche Entwicklung planen und aktiv fördern muss.[82] Damit räumten Ökonomen in West und Ost sich selbst eine zentrale und entscheidende Rolle im Weltgeschehen ein. In den 1980er-Jahren setzte nicht zuletzt aufgrund zahlreicher gescheiterter Plänen von Ökonomen ein Umdenken, oder gemäss Toye und Toye eine „counterrevolution“ ein.[83] Erst seit kurzer Zeit hat sich ein Teilbereich der Wirtschaftswissenschaften, die Politische Ökonomie, auch Neue Politische Ökonomie genannt, dem Forschungsbereich angenommen, wie optimale ökonomische Planung durch ein Zusammenspiel von Eigeninteressen der Akteure unterlaufen wird.[84] Dabei untersuchten Politökonomen insbesondere sogenannte *special interest groups*, wie etwa Branchenverbände oder Gewerkschaften, und deren Rolle im Hinblick auf ein wirtschaftspolitisches Ergebnis. 2014 und somit etwa zeitgleich mit dem Beginn dieser Forschungsarbeit, publizierte der Politökonom Dani Rodrik seine wegweisende Studie „When Ideas Trump Interests“, die darauf hinweist, dass *special interest groups* von „Ideen“, die „in der Luft“ liegen, getragen werden und dass nicht eigentlich die Eigeninteressen der Gruppen, sondern die „Ideen“, auf welchen ihre Anliegen dahingleiten, die Durchsetzung der Interessen ermöglichen.[85] Rodriks Studie ist eine

---

80 A. Burgin: The Great Persuasion. Die amerikanische Gesellschaft für die Geschichte des ökonomischen Denkens, die History of Economics Society, zeichnete das Buch mit dem Joseph Spengler Preis aus.

81 Keynes, John Maynard: The General Theory of Employment, Interest and Money (London 1936), 383.

82 Austin, Gareth: The Developmental State and Labour-intensive Industrialization: 'Late Development' Reconsidered, in: Economic History of Developing Regions 25/1 (2010) 51–74.

83 J. Toye, R. Toye: UN and Global Political Economy, 254

84 Kirsch, Guy: Neue Politische Ökonomie (Stuttgart 2004).

85 Rodrik, Dani: When Ideas Trump Interests: Preferences, Worldviews, and Policy Innovations, in: Journal of Economic Perspectives 28/1 (2014) 189–208.

dargebotene Hand für die *intellectual history* und eine implizite Kritik an der *history of economic thought*, die bis anhin mit Keynes davon ausging, dass die Ideen von Ökonomen derart bedeutsam sind, dass sie auch noch lange nach deren Tod nachwirken und sich die Untersuchung der Umsetzung der Ideen bzw. deren eigentliche Rezeption und Umdeutung in der Gesellschaft erübrige. Zwar hatte bereits Keynes wie lange später Rodrik die Vermutung geäussert, dass die Macht der Eigeninteressen der *special interest groups* überschätzt werde gegenüber dem langsamen Vordringen von Ideen. Dabei meinte er jedoch die Ideen von Ökonomen und nicht intrinsisch in der Gesellschaft entstandene Vorstellungen, wie Wirtschaft funktioniert und gestaltet sein sollte.[86] Der neoliberale Vordenker und Wegbereiter der Neuen Politischen Ökonomie Milton Friedman hat sich über diesen ökonomischen Dünkel mokiert und bemerkt, wenn seine Ideen überhaupt umgesetzt worden seien, dann in Form von „unhaltbaren Karikaturen".[87]

Erst dank Rodriks Ergänzung der Idee als Transportmittel für die *special interest group* wird die Erklärung des massiven Agrarprotektionismus westlicher Industriestaaten überhaupt möglich. Erst die „Idee" des Bauern und der Landwirtschaft, die „in der Luft lag", machte die *special interest group* der noch wenigen verbleibenden und finanzschwachen Landwirten in den Industriestaaten zu der als übermächtig wahrgenommenen Bauernlobby, die seit Jahrzehnten multilaterale und bilaterale Handelsabkommen zum Stillstand bringt oder teilweise ganz verhindert.[88] Es ist somit basierend auf Rodrik sinnvoll, nicht nur die Interessensverfolgung der *special interest groups*, sondern die „Idee" auf welcher sie sich fortbewegen, zu untersuchen. Zudem leitet uns Rodrik an, die Idee höher zu gewichten, als die Eigeninteressen einer Lobbygruppe. Die Verfolgung der Eigeninteressen einer buchstäblich verschwindend kleinen Gruppe von Landwirten in Europa wird somit zum Nebenschauplatz, während deren politische Allianzpartner, nämlich Entwicklungs- und Umwelt-NGOs sowie nationalkonservative Gruppierungen der Industriestaaten und deren Weltbild in den Vordergrund rücken. Rodriks Studie ist ein Steilpass an die Geisteswissenschaften.

Hier soll die „Idee" des gerechten Nord-Süd-Handels innerhalb der Dritte-Welt-Bewegung erfasst und beschrieben werden und der Wandel dieser Idee nachgezeichnet werden. Zudem soll der Wandel dieser Idee in Beziehung gesetzt werden mit der Entakademisierung und Professionalisierung der Dritte-Welt-Bewegung und deren Mittragen der widersprüchlichen Entwicklung hin zu Hilfe

---

86 J. M. Keynes: The General Theory, 383. Siehe dazu auch Collier, Paul: The cultural foundations of economic failure. A conceptual toolkit, in: Journal of Economic Behavior & Organization 126 (2016) 5–24.

87 A. Burgin: The Great Persuasion, 218.

88 D. Rodrik: Das Globalisierungs-Paradox, 121, P. Collier: The Bottom Billion, 159–160.

statt Handel. Es bietet sich an, diese Fragestellung anhand der Schweiz und der EvB zu untersuchen. Die Schweiz weist seit Jahrzehnten den weltweit höchsten Agrarprotektionismus auf, während sie gleichzeitig als Gastland für die UNCTAD, das GATT und zahlreiche internationale Nichtregierungsorganisationen wie den Ökumenischen Rat der Kirchen (ÖRK) diente. So prallen gerade in der Schweiz der Widerspruch der Forderung der armen Länder nach Marktzugang und Modernisierung und die gleichzeitige massive Unterstützung der einheimischen Landwirtschaft und damit die Nichtbereitschaft, mit armen Ländern zu handeln, aufeinander. Anhand der EvB und ihrer Professionalisierung lässt sich aufzeigen, wie ein Ansatz wie die UNCTAD-Doktrin in der entwicklungspolitischen Diskussion von einer spontanen sozialen Bewegung zwar aufgenommen, aber schliesslich doch nicht mit Hilfe professioneller Lobbygruppen umgesetzt wurde. An der EvB lassen sich die Veränderungen der entwicklungspolitischen Orientierungen in der Dritte-Welt-Bewegung aufzeigen, die sich in einer Abkehr von den Wirtschaftswissenschaften und der daraus resultierenden Konstruktion eines paraakademischen Fair-Trade-Konzeptes um die Gallionsfigur des Kleinbauern ausdrückte. Insbesondere die Umweltfrage hat in den 1970er-Jahren die Dritte-Welt- bzw. die Handels-Frage überrollt und überdeckt. Das Konzept der EvB hat sich dahingehend verändert, dass die zwei Hauptthemen – nämlich der Marktzugang für die Entwicklungsländer und deren Industrialisierung – von der Agenda gestrichen und durch andere Hauptthemen, den Schutz des Kleinbauern sowohl in Entwicklungsländern als auch in der Schweiz sowie den bewussten Konsum, ersetzt wurden. Die ursprünglich sehr komplizierte, akademische Diskussion des Weltwirtschaftssystems auf makroökonomischer Ebene, die auch in der britischen und niederländischen Forschung festgestellt wurde, verlor an Komplexität und fokussierte sich auf einen kleinen Warenkorb und die Figur des Kleinbauern. Diese Konzeptänderung gilt es zunächst anhand des Quellenkorpus präzise nachzuzeichnen.

Zudem muss diese Konzeptänderung erklärt werden und eine Herleitung erfolgen, wie die Dritte-Welt-Bewegung dadurch die Zunahme des westlichen Agrarprotektionismus mitverantwortete. Die ehrenamtliche Bewegung um die „Erklärung von Bern“ hat konzeptuelle Arbeit geleistet, auf welche die EvB als NGO sich stützte. Daher untersuche ich etwa ausführlicher die Schriften des Genfer Professors Roy Preiswerk, der nicht in die organisatorischen Belange der EvB involviert war, aber mit Präsenz in Workshops, Mitarbeit in grundlegenden Studien und der Ausbildung des „Personals“ für Schweizer Dritte-Welt-Organisationen prägend war. Professoren wie Roy Preiswerk haben als Bindeglieder zwischen akademischer internationaler Bewegung und nationalen NGOs fungiert. Gleichzeitig bildete sich in den 1970er-Jahren auch eine paraakademische Bewegung, die sich in Form von Publikationen, Think-Tanks und eigenen Workshops vernetzte. Auch diese Bewegung kann über ihre Publikationen sowie unpublizierte Quellen aus dem Bestand der EvB erfasst werden.[89]

Zeitlich behandelt diese Schrift die „langen 60er-Jahre" bis Mitte der 70er- sowie die darauf folgenden Jahre bis in die frühen 80er-Jahre und damit die unmittelbare Vorgeschichte des heute bekannten Fair Trade, der mit dem Gütesiegel verbunden wird.[90] Auch wenn sich der Begriff Fair Trade in der Schweiz erst nach der hier untersuchten Periode definitiv durchsetzte, so zeigt diese Arbeit die Vorgeschichte und Entstehungsgeschichte des Fair Trade *avant la lettre*. Die Dritte-Welt-Bewegung im Westen hat – wie diese Arbeit anhand der Geschichte der „Erklärung von Bern" aufzeigt – nach 1968 die ursprüngliche UNCTAD-Doktrin verändert, so dass das Fair-Trade-Konzept der frühen 1980er-Jahre entstand, aufgrund dessen das Gütesiegel überhaupt eingeführt werden konnte.

Quellenbeschrieb

Ausgangsquelle dieser Forschungsarbeit ist das Manifest „Die Erklärung von Bern", das im Frühling 1968 von einer Gruppe Schweizer Theologen verfasst und Ende des Jahres von über tausend bekannten Schweizer Persönlichkeiten unterzeichnet worden war. Von diesem Dokument aus habe ich mich sternförmig in verschiedene empirische Richtungen bewegt. Hauptsächlich gearbeitet habe ich mit dem Archiv der in Folge des Manifests entstandenen Schweizer NGO EvB (seit 2016 Public Eye), das im Schweizerischen Sozialarchiv in Zürich zugänglich ist.[91] Für die Zeit vor und um 1968, als sich die Bewegung sammelte und das Manifest von 1968 aufsetzte, habe ich publizierte Schriften der Initianten als Quellen benutzt, da von keinem der Hauptakteure Nachlässe verzeichnet sind. Einzig der Nachlass von Lukas Vischer, der die Erklärung mitverfasste, ist dank eines Forschungsprojekts an der Universität Bern teilweise digitalisiert und online verzeichnet, allerdings ohne private Korrespondenz.[92] Die sogenannte Vätergeneration wird über ihre Publikationen erfasst, ergänzt durch die im Archiv der EvB vorhandenen Briefe und Texte. Zudem sind die Biografien der Hauptakteure bei

89 Siehe dazu im nächsten Unterkapitel Quellenbeschrieb.
90 Schär, Bernhard C.: ‚1968' als wiederbelebte bürgerliche Revolution, in: Bernhard C. Schär, Ruth Ammann, Thomas Färber, Stefan Bittner, Markus Hofer, Yves Niederhäuser, Vera Sperisen, Marc Griesshammer, Rahel Fischer, Manuel Schär, Renate Schär, Evelyne Vaudan (Hg.): Bern 68. Lokalgeschichte eines globalen Aufbruchs – Ereignisse und Erinnerungen (Baden 2008) 6 – 13, 6.
91 Siehe dazu den Katalog auf der Webseite des Schweizerischen Sozialarchivs (http://findmittel.ch/archive/archNeu/Ar430.html).
92 http://www.lukasvischer.unibe.ch/ (14.9.2017)

der Aufsetzung der „Erklärung von Bern" im „Historischen Lexikon der Schweiz" verzeichnet, was ihre damalige Stellung im Schweizer Zeitgeschehen verdeutlicht.[93] Die internationale Vernetzung der Akteure wird durch ihre Erwähnung in internationalen Bestsellern dieser Zeit, Co-Publikationen mit international bekannten Intellektuellen oder Aktivisten oder Vorworte von renommierten Autoren zu ihren Publikationen deutlich. Ebenso war etwa der erste UNCTAD-Generalsekretär Raúl Prebisch zu Gast in Bern, auf der ersten grossen Konferenz der Bewegung 1970, oder E.F. Schumacher, Autor des internationalen Bestsellers „Small is Beautiful" lehrte zu Beginn der 1970er Jahre an der ETH Zürich.[94] Eine weitere Studie, welche zu einem globalen Bestseller avancieren würde, „The Limits to Growth", wurde 1972 in der Schweiz, an der Hochschule St. Gallen, vorgestellt.[95]

Da die Fair-Trade-Bewegung *avant la lettre* zunächst sehr akademisch war, sind aus der Zeit nach 1968 wissenschaftliche Artikel, populärwissenschaftliche Bücher, publizierte Auftragsstudien sowie in Universitätsbibliotheken hinterlegte graue Literatur vorhanden. Dies ist nicht nur in der Schweiz der Fall, sondern analog auch in Grossbritannen. Auch von Seiten der neokonservativen, „ruralophilen" (Schweizer) Intellektuellen habe ich nebst Korrespondenz auch publizierte Texte benutzt. Das Buch „Zerstörung durch Überfluss" von 1977, das von Anne-Marie Holenstein mitverfasst und der EvB vertrieben wurde, ist eine zentrale publizierte Quelle, welche die ideelle Überschneidung der Fair-Trade-Akteure mit den neokonservativen Nationalisten belegt.[96]

Die unpublizierten Quellen, die Akten der NGO EvB, werden erst ab Mitte der 1970er-Jahre dichter und aufschlussreicher. Allein die Zunahme der Akten versinnbildlicht die wachsende Professionalisierung der NGO. Dies bedeutet jedoch nicht, dass die Akten aus heutiger Sicht ab Mitte der 1970er-Jahre lückenlos vorhanden sind. So fehlen insbesondere die Akten des Deutschschweizer Komitees der Jahre 1974 und 1975, vermutlich, weil damals ein personeller Wechsel stattfand. Gerade diese Jahre waren für die EvB als Organisation jedoch die bedeutsamsten, fand doch 1974 die Tagung in Gwatt statt, auf der die Organisation ihre

---

93 Verwendet werden hier die aktuelleren online-Versionen der Artikel mit der letzten Aktualisierung in Klammer, verfügbar auf http://www.hls-dhs-dss.ch/ (3.4.2018)

94 Schumacher, Ernst Friedrich: Small is Beautiful. A Study of Economics as if People Mattered (London 1973a)

95 Meadows, Donella Hager; Meadows, Dennis L.; Randers, Jørgen; Behrens, William W. (Hg.): The Limits to Growth. A Report for the Club of Rome's Project on the Predicament of Mankind (London 1972). Siehe zur Vorstellung in St. Gallen http://www.symposium.org/pastsymposia (5.4.2018).

96 Holenstein, Anne-Marie; Davis, Joan: Zerstörung durch Überfluss. Überentwicklung – Unterentwicklung am Beispiel unserer Ernährung (Basel 1977).

Schwerpunkte und Ausrichtung für die kommenden Jahre beschloss. Diese Jahre müssen mit den Akten des gesamtschweizerischen Komitees für die Jahre 1974 bis 1977 aufgearbeitet werden – sie bilden ebenfalls nur einen dürftigen Fundus –, und zudem mit den Erinnerungen der ersten Sekretäre ergänzt werden.[97] Die Klassifizierung der Quellen ist teilweise undatiert und uneinheitlich. Von den Finanzen sind einzig die Jahresabrechnungen in den nur unvollständig vorhandenen Jahresberichten erhalten. So kann der Spendenfluss zwar grob über die Jahre hinweg verfolgt werden, doch feinere Analysen, etwa aus welchen Bevölkerungsschichten die Spenden kamen, sind nicht möglich. Stark lückenhaft und unübersichtlich klassifiziert sind die juristischen Grundlagendokumente wie etwa die Statuten sowie Verzeichnisse der Vorstandsmitglieder, der Angestellten und Mitglieder. Eine lückenlose Nachverfolgung der Entwicklung der Vereinsstruktur, der Vorstandsmitglieder und insbesondere der Angestellten ist daher nicht möglich. Handakten sind für die hier untersuchte Zeit, abgesehen von jenen der drei ersten Sekretäre, die auch ihre Erinnerungen publizierten, einzig von Ursula Walter für die Zeit ab 1980 archiviert. Aus der Bezeichnung der Aktenserien geht hervor, dass von 1970 bis 1985 ein gesamtschweizerisches Komitee bestand, ein Deutschschweizer Komitee von 1968 bis in die 1990er-Jahre sowie ein Comité Romand von 1975 bis 1983. Allerdings erhielt François de Vargas, als Sekretär der EvB für die Romandie, bereits 1972 einen Arbeitsvertrag und war seit 1970 aktiv. Für das Tessin findet sich eine einzige Mappe.

Ausführlich lassen sich in den Akten jedoch die einzelnen Kampagnen sowie die Kontakte zum Bund und zu anderen Organisationen nachzeichnen. Ebenfalls sehr genau verfolgen lässt sich, wie die EvB zunächst selbst einzelne Verkäufe von ersten Fair-Trade-Produkten vornahm und dann langsam die Gründung einer externen Import- und Verkaufsorganisation ins Auge fasste. Nach der Gründung der Genossenschaft OS3 (der Vorläuferin der Claro Fair Trade AG) mit juristischem Sitz in Bern 1977 durch die EvB und weitere Schweizer Hilfswerke gehörte jeweils ein Vertreter oder eine Vertreterin der EvB dem Vorstand an. Die EvB war also Gründerin und Genossenschafterin und nahm zugleich eine Aufsichtsfunktion über die OS3 wahr, auch wenn diese von aussen als selbstständige Firma wahrgenommen wurde. Die ersten Bestrebungen bzw. Gutachten über die Einführung eines Fair-Trade-Gütesiegels in der Schweiz finden sich nicht in den Akten der OS3, sondern der EvB, überraschenderweise unter der Rubrik „Textilien" unter dem Titel „Fachbereich Textilien, Entwicklungszusammenarbeit".

Die Akten der OS3 (Claro Fair Trade AG) sind ebenfalls als eigener Korpus im Schweizerischen Sozialarchiv in Zürich hinterlegt, allerdings im Gegensatz zu den

97 A.-M. Holenstein-Hasler, R. Renschler, R. H. Strahm: Entwicklung heisst Befreiung.

Akten der EvB mit einer Sperrfrist. Zum Archiv der OS3/Claro Fair Trade gehören auch die Akten der Vereinigung Dritte-Welt-Läden Schweiz (V3WL), die sich 1976 konstituierte.[98] Weitere Unterlagen zur Dritte-Welt- und Fair-Trade-Bewegung finden sich in den Dokumentensammlungen des Schweizerischen Wirtschaftsarchivs (SWA). Das SWA legt Sammlungen von Zeitungsberichten und Broschüren über Firmen und Sachthemen an. Es bestehen Dokumentensammlungen zur EvB (ab 1968) sowie, interessanterweise, zum Schlagwort „Biomarkt und Fairer Handel" (ab 1972). Diese Dokumentensammlung wurde jedoch 2004 aus verschiedenen anderen Sammlungen unter diesem Schlagwort zusammengelegt. Dass im SWA im Jahr 2004 die Begriffe „Fair Trade" und „Biologischer Landbau" als ein Thema erachtet wurden und das Schlagwort entsprechend angelegt wurde, zeigt exemplarisch auf, wie die beiden Bereiche zu Beginn des 21. Jahrhunderts als untrennbare Einheit verstanden wurden.

Ebenfalls wird in dieser Arbeit hin und wieder auf Akten der Bundesverwaltung im Schweizerischen Bundesarchiv in Bern sowie auf Akten des Dachverbands der schweizerischen Privatwirtschaft, des Vororts (heute economiesuisse), im Archiv für Zeitgeschichte in Zürich zurückgegriffen. Ebenfalls verwendet wurden einige Akten aus dem Archiv der britischen NGO Oxfam in der Bodleian Library sowie Pamphlete aus der Social Science Library in Oxford, um die Einbettung der EvB in die internationale Fair-Trade-Bewegung punktuell aufzuzeigen.[99] Die Überschneidungen mit der bürgerlichen Schweiz erforderten Rückgriffe auf den Nachlass von Wilhelm Röpke, der am Institut für Wirtschaftspolitik der Universität Köln aufbewahrt wird.[100]

Aufbau der Arbeit

Die Arbeit ist in fünf Kapitel gegliedert, die auf dem oben beschriebenen Quellenkorpus basieren. Kapitel 1 behandelt die Vorgeschichte der Organisation EvB bzw. die sogenannte Vätergeneration. Es zeigt auf, wie protestantische Theologen aus der Schweiz sich die Nord-Süd-Frage zu eigen machten und diese als ihre christliche Mission empfanden. In Kapitel 2 wird beschrieben, wie aus der eh-

---

98 Siehe dazu den Katalog auf der Webseite des Schweizerischen Sozialarchivs (http://findmittel.ch/archive/archNeu/Arclaro.html) (14.9.2017).

99 Siehe dazu den Katalog auf der Webseite der Bodleian Library (https://www.bodleian.ox.ac.uk/weston/our-work/projects/saving-oxford-medicine/cataloguing-the-oxfam-archive) (24.4.2018).

100 Siehe dazu auf der Webseite des Instituts für Wirtschaftspolitik der Universität Köln (http://www.iwp.uni-koeln.de/institut/bibliothek/) (14.9.2017).

renamtlichen Bewegung eine NGO entstand und eine neue Generation von Angestellten diese NGO von den spontanen Aktivisten der Vätergeneration übernahm. Das Kapitel 3 zeigt konzeptuelle Übergänge auf, die sich in der Verschiebung des thematischen Schwerpunkts vom gerechten Nord-Süd-Handel zum Umweltschutz sowie das Outsourcen des Produkteverkaufs in eine separate Firma manifestierten. In Kapitel 4 wird nachgezeichnet, wie diese Konzeptänderungen zur Konzentration auf die Figur des Kleinbauern führte und damit zu einem gemeinsamen politischen Nenner der Dritte-Welt-Bewegung mit konservativen Nationalisten. In diesem Kapitel ist auch nachzulesen, wie die EvB 1980 erstmals ein juristisches Gutachten in Auftrag gab, dass die Einführung eines Gütesiegels für gerechten Handel prüfen sollte. Kapitel 5 fasst die vorangegangenen Kapitel in drei Themenbereiche zusammen. Es zeigt auf, wie die Professionalisierung der Bewegung Handlungsimperative mit sich brachte. Ebenso thematisiert es das Primat des Umweltschutzes und die Bedeutung dieses Primats für die organisationale Entwicklung und zeichnet für die untersuchte Periode den Übergang vom politischen Bürger zum passiven Konsumenten nach.

1 Calvinisten und Barthianer: Die Neuauflage der protestantischen Wirtschaftsethik als Nord-Süd-Gerechtigkeit (1964 – 1968)

1.1 Die Nord-Süd-Frage in der protestantischen Theologie der Schweiz

Die „Erklärung von Bern" von 1968 war Ausdruck einer Umbruchphase in der christlichen Theologie der 1960er-Jahre. Einerseits hatten die Kirche, die Religion und die Theologie als Wissenschaft in dieser Zeit in den Industrieländern noch einen hohen und bedeutenden Stellenwert. Andererseits war die Kirche mit dem raschen politischen, wirtschaftlichen und gesellschaftlichen Wandel der Nachkriegszeit konfrontiert. Das rasante globale Wirtschaftswachstum, die Unabhängigkeitsbestrebungen in den europäischen Kolonien, eine neue gesellschaftliche Akzeptanz von Menschen anderer Kultur, Religion und Hautfarbe, aber auch gesellschaftliche Entwicklungen im Westen wie etwa die Emanzipation der Frau oder die Verbreitung des Fernsehers führten zu neuen theologischen Arbeiten, die den Weg für die Umbrüche von 1968 ebnen sollten.[1] Unter anderem öffnete sich die protestantische Theologie gegenüber den Wirtschaftswissenschaften und suchte einen Dialog.[2] Dies zeichnete sich bereits in den 1950er-Jahren ab.

So entschied sich der Walliser Pfarrer André Biéler (1914 – 2006) in den 1950er-Jahren, noch mit über 40 Jahren eine wirtschaftswissenschaftliche Doktorarbeit – bei einem Professor für Wirtschaftsgeschichte – zu schreiben.[3] Vielleicht noch bedeutender als der Fakultätswechsel war, dass ein reformierter Pfarrer eine Arbeit über den Genfer Reformator Calvin bei einem katholischen Professor einreichte. Dies war sozusagen wissenschaftlich gelebte Ökumene. Der Wirtschaftshistoriker und Professor an der Universität Genf, Antony Babel, war Spezialist für die Geschichte Genfs und die industrielle Entwicklung der Region.[4] Die Bedeutung der protestantischen und genauer der calvinistischen Wirtschaftsethik für die wirtschaftliche Entwicklung der Region Genf schlug die

1 Siehe dazu C. Dols, B. Ziemann: Progressive Participation oder U. Hofmann: Innenansichten eines Niedergangs, 79 – 125.

2 Ebd., 89.

3 Marion, Gilbert: Biéler, André, in: Marco Jorio (Hg.): Historisches Lexikon der Schweiz (Basel 2002 – 2014) http://www.hls-dhs-dss.ch/textes/d/D11049.php (29.11.2012), A. Biéler: La pensée économique.

4 Piuz, Anne-Marie: Babel, Antony, in: Marco Jorio (Hg.): Historisches Lexikon der Schweiz (Basel 2002 – 2014) http://www.hls-dhs-dss.ch/textes/d/D31455.php (9.11.2001).

https://doi.org/10.1515/9783110667516-005

wissenschaftliche Brücke zur calvinistischen Theologie. Biélers Aufgabe war es nun, in seiner Dissertation Calvins Wirtschaftsethik grundsätzlich neu aufzurollen und Schlüsse zu ziehen für die zweite Hälfte des 20. Jahrhunderts. Mit seiner Doktorarbeit, die 1959 als Publikation erschien, leistete Biéler die intellektuelle Vorarbeit für die Frage, die ihn als Nächstes beschäftigen und schliesslich zur „Erklärung von Bern" führen würde: Die Frage, ob die calvinistische Wirtschaftsethik auch als Ethik der wirtschaftlichen Nord-Süd-Gerechtigkeit dienen würde. Während sich also in Lateinamerika die katholische Befreiungstheologie langsam formierte, spielte sich in Europa, in einem der historischen Zentren des Protestantismus, eine Hinterfragung ab, welche Voraussetzungen dazu taugten, im aktuellen Verständnis von wirtschaftlicher Nord-Süd-Gerechtigkeit zur Anwendung zu gelangen.[5]

Im Jahr 1964 – in dem die UNCTAD-Konferenz stattfand und in Genf des 400. Todestages Calvins gedacht wurde, was für die Schweizer Protestanten mannigfach wichtiger war als das wirtschaftspolitische Ereignis – stellte Biéler in der Abgeordnetenversammlung des Schweizerischen Evangelischen Kirchenbundes in Biel in einem Vortrag die Resultate seiner Doktorarbeit vor. Er schloss seinen Vortrag, indem er die calvinistische Wirtschaftsethik zur aktuellen Frage des wirtschaftlichen Nord-Süd-Verhältnisses auslegte.[6] Biéler hielt fest, dass er es für die Pflicht der Schweizer Kirchen halte, aktiv zu werden, und er stellte drei konkrete Forderungen, die daraufhin im Evangelischen Kirchenbund für Aufsehen sorgten.[7] Damit legte Biéler sozusagen im Alleingang den ersten Grundstein für die „Erklärung von Bern". Erstens forderte er, dass die Evangelische Kirche zusammen mit den anderen Konfessionen in völlig neuer Form die Aufmerksamkeit ihrer Basis auf die Nord-Süd-Frage lenken müsse. Damit hatte er die „Bewusstseinsbildung" als Hauptpunkt benannt.[8] Zweitens forderte Biéler den Evangelischen Kirchenbund auf, eine aktive Rolle einzunehmen und von den christlichen Kirchen weltweit zu fordern, den progressiven Bemühungen des Ökumenischen Rats der Kirchen (ÖRK) sowie des Vatikans zu folgen. Damit rief er also die Schweizer Protestanten implizit dazu auf, in die Aufbruchstimmung, die 1964 dank des Vatikanischen Konzils und der Befreiungstheologie die Katholiken erfasst hatte, einzustimmen. Und als Drittes und Letztes forderte Biéler, dass die

5 C. Dols, B. Ziemann: Progressive Participation.

6 Biéler, André: Gottes Gebot und der Hunger der Welt. Calvin, Prophet des industriellen Zeitalters. Grundlage und Methode der Sozialethik Calvins (Zürich 1966), 69.

7 A.-M. Holenstein-Hasler, R. Renschler, R. H. Strahm: Entwicklung heisst Befreiung, 13–14.

8 Der Begriff der Bewusstseinsbildung, ein Kernstück des Tiersmondismus, war eine deutsche Übersetzung des portugiesischen Begriffs *conscientização* des brasilianischen Philosophen Paolo Freire. Quaas: Fair Trade, 80.

Kirchen sich an die Regierungen wenden sollten, damit diese Massnahmen ergreifen könnten, „welche eine Umkehr der Tendenzen der wirtschaftlichen Entwicklung in den armen Ländern bewirken".[9] Mit diesen „Tendenzen" umschrieb Biéler die UNCTAD-Doktrin, dass die Verschlechterung der realen Austauschverhältnisse zwischen Rohstoffen und Industriegütern zu einer Vergrösserung des Wohlstandsgefälles zwischen Nord und Süd führen würde.[10] Für diese „Umkehr" sollten mindestens drei Prozent des Nationaleinkommens aufgewendet werden, ein Betrag, der am besten gleich dem Rüstungsbudget entnommen werden solle.[11] Vier Jahre vor 1968 und zeitgleich zur ersten UNCTAD legte somit ein arrivierter Genfer Theologe den Schweizer Protestanten derart radikale Forderungen vor, dass sie in der „Erklärung von Bern" von 1968 schliesslich abgeschwächt wurden. Diese verlangte nämlich von der Regierung nicht, sie solle drei Prozent des Bruttosozialproduktes aufwenden, sondern erklärte ihr gegenüber lediglich, die Unterzeichnenden würden sich sozusagen aus christlicher Selbstaufopferung zur Spende von drei Prozent ihres privaten Einkommens verpflichten. Aus Biélers Forderung an den Staat war das private Vorangehen mit gutem christlichem Beispiel geworden.

Biélers Forderungen wurden allerdings nicht nur auf nationaler Ebene von der „Erklärung von Bern" aufgenommen, sondern flossen 1966 auch ein in die internationale Konferenz des ÖRK in Genf. Nach Biélers Vortrag hatte der Schweizerische Evangelische Kirchenbund eine Kommission gebildet, die eine Studie zuhanden des ÖRK erarbeiten sollte.[12] Zu dieser Kommission gehörten auch drei Schweizer Delegierte an die Weltkonferenz des ÖRK, darunter nebst Biéler der Theologieprofessor Arthur Rich (1910 – 1992), der zur gleichen Zeit, 1964, an der Universität Zürich ein Institut für Sozialethik gegründet hatte.[13] Rich war sozusagen das Zürcher Pendant zu Biéler, hatte er sich doch mit der Wirtschaftsethik des Deutschschweizer Reformators Huldrych Zwingli befasst.[14] Allerdings gehörte Rich, als ein Schüler des konservativen Züricher Theologiepro-

9 A. Biéler: Gottes Gebot.

10 J. Toye, R. Toye: UN and Global Political Economy.

11 A. Biéler: Gottes Gebot, 70.

12 SozArch, EvB, Ar 430.25.1. EvB, Ausarbeitung der Erklärung von Bern: For a concerted and energetic effort in favour of developing countries. Report of the Council of the Federation of Protestant Churches of Switzerland on proposals of Pastor André Biéler, Phd. of Ec. Sci., concerning aid to developing countries, drawn up in preparation for the World Conference on Church and Society (July 12th-26th, 1966).

13 G. Marion: Biéler, André, Kocher, Hermann: Rich, Arthur, in: Marco Jorio (Hg.): Historisches Lexikon der Schweiz (Basel 2002 – 2014) http://www.hls-dhs-dss.ch/textes/d/D10797.php (3.6. 2010).

14 Rich, Arthur: Die Anfänge der Theologie Huldrych Zwinglis (Zürich 1949).

fessors Emil Brunner (1889–1966), der der Gegenpol des sozialdemokratischen Basler Theologieprofessors Karl Barths (1886–1968) gewesen war, nur ganz am Rand zu den reformierten Theologen, die sich aktiv der Nord-Süd-Frage annehmen wollten.[15] Gerade durch seine Nähe zum konservativen Deutschschweizer Unternehmertum verfügte Rich jedoch in der Schweiz der 1960er- und 70er-Jahre über bedeutenden wirtschaftsethischen Einfluss.[16] Er trat in der Öffentlichkeit nicht als Vertreter der „Erklärung von Bern" auf, obwohl er diese unterschrieben hatte, – dies waren Biéler und die Basler Barth-Schüler, von denen später noch die Rede sein wird.[17] Doch Richs Mitarbeit an der Studie zuhanden des ÖRK zeigt auf, wie auch er die Umwälzungen von 1968 vorspurte. Biéler sollte nur wenige Jahre nach Rich, 1967, eine Professur für Sozialethik an der Universität Lausanne erhalten.[18] Damit wird ein Muster sichtbar, wie Theologen und ordinierte Pfarrer in den 1960er-Jahren die Wirtschafts- und Sozialethik an den Universitäten aufbauten. Theologen wie Biéler und Rich unternahmen in den 1950er- und 60er-Jahren die Anstrengung, ihre christliche Theologie an aktuelle Fragestellungen anzupassen.

Der ÖRK in Genf und seine Konferenzen und Berichte boten den Schweizer Theologen wiederum eine Anlaufstelle, um ihre Forderungen auf internationaler Ebene zu deponieren. Durch die Ansiedlung internationaler Organisationen in Genf entstand somit aus Biélers Doktorarbeit über die calvinistische Wirtschaftsethik nicht nur auf nationaler Ebene die „Erklärung von Bern" mit ihren 13 Punkten, erarbeitet wurden auch die 14 Thesen zuhanden des ÖRK im Hinblick auf die Weltkonferenz von 1966. Im selben Jahr legte Biéler schliesslich noch ein populärwissenschaftliches dünnes Büchlein vor, das auf Französisch und Deutsch erschien und seine Thesen zu Calvin, die er in seiner Dissertationsschrift dargestellt hatte, nochmals einfacher fasste, aber auch zuspitzte.[19] Im Anhang des Büchleins fanden sich auf mehreren Seiten die 14 Thesen zuhanden des ÖRK. Als Herausgeber der „Evangelischen Zeitbuchreihe", in der Biélers Büchlein „Gottes Gebot und der Hunger der Welt – Calvin, Prophet des industriellen Zeitalters" erschien, zeichneten die drei Basler Barth-Schüler Max Geiger (1922–1978), Lukas

15 Schoch, Max: Brunner, Emil, in: Marco Jorio (Hg.): Historisches Lexikon der Schweiz (Basel 2002–2014) http://www.hls-dhs-dss.ch/textes/d/D10450.php (13.11.2012), Blaser, Klauspeter: Barth, Karl, in: Marco Jorio (Hg.): Historisches Lexikon der Schweiz (Basel 2002–2014) http://www.hls-dhs-dss.ch/textes/d/D10517.php (29.11.2002).

16 W. Wolf: Für eine sozial verantwortbare Marktwirtschaft.

17 SozArch, EvB, Ar 430.25.1. EvB, Anfangszeit: Erklärung von Bern.

18 G. Marion: Biéler, André.

19 A. Biéler: Gottes Gebot.

Vischer (1926–2008) und Heinrich Ott (1929–2013).[20] Ott, der 1962 Barths Lehrstuhl übernommen hatte, war als Sozialdemokrat in der lokalen Politik aktiv. Geiger und Vischer bildeten zusammen mit Biéler den Kern des Redaktionsteams der „Erklärung von Bern".

Schon fast symbolträchtig mutet das Todesjahr des einflussreichen Basler Theologen Karl Barth an: 1968. Sein Tod markierte in vielerlei Hinsicht sowohl Ende wie Beginn einer Ära.[21] Karl Barth hatte sich im Kampf gegen den Nationalsozialismus und die Vereinnahmung der Kirche durch die nationalsozialistische Ideologie gestemmt. Er war einer der Begründer der evangelischen Oppositionsbewegung „Bekennende Kirche". Nachdem er in die Schweiz zurückgekehrt war, äusserte er sich weiterhin auch gegen die Gesinnungsneutralität im eigenen Land. Er hatte sich nicht nur vom Nationalsozialismus, sondern auch klar vom religiösen Sozialismus abgegrenzt, war jedoch Mitglied der Sozialdemokratischen Partei. In der Nachkriegszeit wehrte er sich etwa im „Berner Kirchenstreit" von 1949 bis 1951 dagegen, dass die Berner Kirchen eine politische, anti-kommunistische Haltung einnehmen sollten.[22] In der Folge dieser Kontroverse formierte sich denn auch in Bern eine Gruppe Berner Pfarrer, darunter etwa Kurt Marti, die später als „Barthianer" zum Umfeld der „Erklärung von Bern" gehörten.[23] In den Jahren vor seinem Tod setzte Barth sich für die Ökumene ein, ein Engagement, das von seinem Schüler Lukas Vischer übernommen wurde. Ebenfalls engagierte Barth sich für Christen hinter dem Eisernen Vorhang, was ihm in der Zeit des Kalten Kriegs in der Schweiz den Vorwurf einbrachte, selbst ein versteckter Kommunist zu sein.[24] Seine Kontroverse mit dem Zürcher Theologen Emil Brunner, mit dem er bis Anfang der 1930er-Jahre befreundet war, war zwar theologischer Natur, doch im Endeffekt begründeten beide ihre jeweilige Haltung

---

20 Kuhn, Thomas K.: Geiger, Max, in: Marco Jorio (Hg.): Historisches Lexikon der Schweiz (Basel 2002–2014) http://www.hls-dhs-dss.ch/textes/d/D10628.php (26.5.2015), Kuhn, Thomas K.: Vischer, Lukas, in: Marco Jorio (Hg.): Historisches Lexikon der Schweiz (Basel 2002–2014) http://www.hls-dhs-dss.ch/textes/d/D10895.php (31.7.2013), Pagotto-Uebelhart, Jan: Ott, Heinrich, in: Marco Jorio (Hg.): Historisches Lexikon der Schweiz (Basel 2002–2014) http://www.hls-dhs-dss.ch/textes/d/D33700.php (28.11.2013).

21 Tietz, Christiane: Karl Barth. Ein Leben im Widerspruch (München 2019) 415

22 Ficker Stähelin, Daniel: Karl Barth und Markus Feldmann im Berner Kirchenstreit. 1949–1951 (Zürich 2006).

23 Schär, Benz H.R.: Marti, Kurt, in: Marco Jorio (Hg.): Historisches Lexikon der Schweiz (Basel 2002–2014) http://www.hls-dhs-dss.ch/textes/d/D10749.php (17.2.2017).

24 Siehe K. Blaser: Barth, Karl sowie D. Ficker Stähelin: Berner Kirchenstreit, 124.

politisch, wobei Brunner, der 1966 verstarb, seine eigene, neokonservative oder zuweilen neoliberale Haltung theologisch legitimierte.[25]

Es ist somit nicht überraschend, dass Biélers Forderungen, die von den Delegierten des Schweizerischen Evangelischen Kirchenbunds als radikal empfunden wurden, in Basel auf fruchtbaren Boden fielen. Bereits während des Zweiten Weltkriegs hatte Barth an seinem Lehrstuhl eine progressive Theologie gelehrt und zahlreiche Schüler sowie ein unterstützendes Basler Publikum herangezogen. Barth hatte sich nach dem Ersten Weltkrieg bahnbrechend für eine neue Lesung der Bibel eingesetzt – er verstand Gott als den „anderen", der entfernt ist vom Menschen, – und damit den Protestantismus im 20. Jahrhundert nachhaltig geprägt. Trotz theologischer Differenzen gelang es Barth und Brunner in der Deutschschweiz gemeinsam, eine Gruppe junger reformierter Theologen zu formen, die sich in den 1960er-Jahren unmissverständlich zu aktuellen politischen, wirtschaftlichen und gesellschaftlichen Themen äusserten.[26] Vor allem aber bildeten sie Theologen aus, die sich nicht davor scheuten, die protestantische Theologie auf aktuelle, unvorhergesehene Fragestellungen zu untersuchen und ihre Resultate in der Öffentlichkeit zu vertreten. Nicht zuletzt die Umbrüche der 1960er-Jahre führten zu einer Profilierung der politischen Theologie in Basel.[27] Die Barthianer sahen es geradezu als ihren christlichen Auftrag an, in der Bevölkerung unliebsame „Bewusstseinsbildung" zu leisten, wie es die Übergabe der „Erklärung von Bern" an den Bundesrat im Januar 1969 beispielhaft aufzeigte. Die Basler Theologen handelten klar und offensichtlich im Geiste Barths. Als sie sich zu Beginn des Jahres 1968 daran machten, eine Erklärung zu redigieren, hielt jemand in einer Notiz fest, die Erklärung solle sofort an Karl Barth zur Unterschrift geschickt werden.[28] Tatsächlich hat Barth, der im Dezember 1968 verstarb, die Erklärung auch als einer der Ersten unterschrieben.[29]

So trafen sich die Barth-Schüler Max Geiger, der einen Lehrstuhl in Basel hielt, und Lukas Vischer, der in Basel habilitiert hatte, mit dem Calvinisten André Biéler auf einer gemeinsamen Gesinnungsebene. Wie Biéler und Rich hatte sich auch Geiger mit der protestantischen Wirtschaftsethik beschäftigt; 1969 publizierte er unter anderem den Aufsatz „Calvin, Calvinismus, Kapitalismus".[30] In den

25 M. Schoch: Brunner, Emil, Petersen, Tim: Die Sozialethik Emil Brunners und ihre neoliberale Rezeption, in: Hamburg Institute of International Economics (HWWI) Working Paper (2008).
26 Siehe dazu die weiter unten beschriebene Polis-Buchreihe.
27 U. Hofmann: Innenansichten eines Niedergangs, 89.
28 SozArch, EvB, Ar 430.25.1. EvB, Anfangszeit: „Déclaration de Gwatt", Projet de procédure, ohne Datum, ohne Autor.
29 SozArch, EvB, Ar 430.25.1. EvB, Anfangszeit: Erklärung von Bern, Entwurf, ohne Datum.
30 Geiger, Max: Calvin, Calvinismus, Kapitalismus (Basel und Stuttgart 1969).

Jahren zuvor hat Geiger vor allem über klassische Barthsche theologische Themen publiziert.[31] Dies bedeutet jedoch nicht, dass Geiger sich nicht früh mit der Nord-Süd-Frage beschäftigt hätte. So gab er in derselben Reihe, in der Biélers Schrift erschien, mehrere Bände zu Nord-Süd-Themen heraus. Anhand dieser Polis-Buchreihe, die ab 1958 im Züricher Theologischen Verlag erschien und von Max Geiger mitbetreut wurde, lässt sich ablesen, wie die Schweizer Protestanten Themen vorspurten, die später von säkularen gesellschaftlichen Bewegungen einzeln aufgenommen werden sollten. So begann die Reihe 1958 mit der Frage „Atomwaffen für die Schweiz?" und mit einem Buch über den Algerienkrieg, im nächsten Jahr folgte „Hilfe für technisch unterentwickelte Länder" (1959).[32] 1965 publizierte der nonkonformistische Basler Philosoph Arnold Künzli (1919–2008) einen Band zu „Vietnam. Wie es dazu kam", 1971 legte der Zürcher Kommunist Konrad Farner (1903–1974) eine Reihe von Aufsätzen zu Marxismus und Christentum vor.[33] Sehr schön zeigen die Titel dieser Buchreihe auf, wie die Themen der Nord-Süd-Gerechtigkeit und der Friedensbewegung sowie eine intellektuelle Offenheit gegenüber dem Sozialismus einen ganzheitlichen Themenkomplex bildeten, der von einem christlich-bürgerlichen Publikum Barthscher Prägung getragen wurde. Gleichzeitig lasen spätere Aktivisten wie Rudolf Strahm (*1943) zunächst diese Bücher. Sie bildeten das intellektuelle Fundament des späteren Aktivismus.[34]

Lukas Vischer verkörperte diese christlich-bürgerliche Progressivität bestens. Er habilitierte in Basel, hatte jedoch lange keine Professur inne, sondern wirkte als Forschungssekretär des ÖRK in Genf. Vischer veröffentliche 1966 „Überlegungen nach dem vatikanischen Konzil" und zahlreiche weitere Texte zur Öku-

---

31 Geigers Schriftenverzeichnis findet sich bei Vischer, Lukas; Furler, Frieder; Mettler, Armin: Max Geiger zur Erinnerung ([Schweiz] 1979), 30–36.

32 Amacher, Paul: Hilfe für technisch unterentwickelte Länder (Zollikon 1959), Dumas, André: Der Krieg in Algerien (Zollikon 1958), Wildbolz, Eduard: Atomwaffen für die Schweiz? (Zollikon 1958).

33 Sidler, Roger: Künzli, Arnold, in: Marco Jorio (Hg.): Historisches Lexikon der Schweiz (Basel 2002–2014) http://www.hls-dhs-dss.ch/textes/d/D45420.php (3.12.2009), Bürgi, Markus: Farner, Konrad, in: Marco Jorio (Hg.): Historisches Lexikon der Schweiz (Basel 2002–2014) http://www.hls-dhs-dss.ch/textes/d/D22745.php (17.11.2004), Farner, Konrad: Marxistisches Salz für christliche Erde, christliches Salz für marxistische Erde. Aufsätze von einem Marxisten im Auftrag von Christen für Christen geschrieben (Zürich 1971), Künzli, Arnold: Vietnam. Wie es dazu kam (Zürich 1965).

34 A.-M. Holenstein-Hasler, R. Renschler, R. H. Strahm: Entwicklung heisst Befreiung, 116.

mene.[35] Wie Geiger trat Vischer als Herausgeber von Schriften der christlichen Nord-Süd-Bewegung hervor, insbesondere von solchen des ÖRK. In den 1960er-Jahren diente er auch physisch, durch seine Arbeit beim ÖRK, als Bindeglied zwischen Basel und Genf und damit auch zwischen der Deutschschweiz und der internationalen Bewegung für Nord-Süd-Gerechtigkeit. Zudem fungierte Vischer auch als Vermittler zwischen der älteren und der jüngeren Generation in der Dritte-Welt-Bewegung, zwischen den konservativen Theologieprofessoren und den jugendlichen Aktivisten.[36]

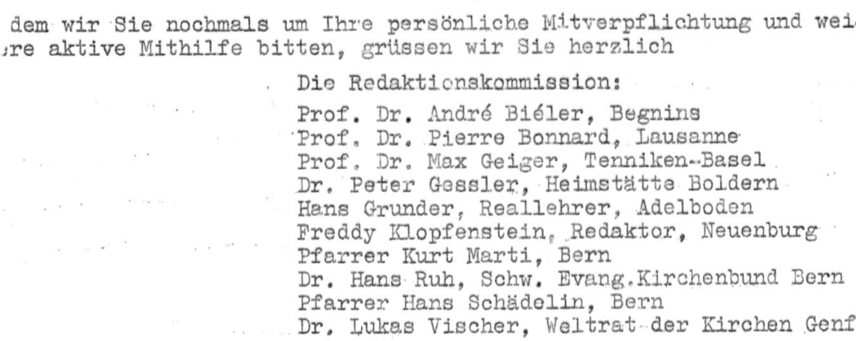
dem wir Sie nochmals um Ihre persönliche Mitverpflichtung und wei-
re aktive Mithilfe bitten, grüssen wir Sie herzlich

Die Redaktionskommission:
Prof. Dr. André Biéler, Begnins
Prof. Dr. Pierre Bonnard, Lausanne
Prof. Dr. Max Geiger, Tenniken-Basel
Dr. Peter Gessler, Heimstätte Boldern
Hans Grunder, Reallehrer, Adelboden
Freddy Klopfenstein, Redaktor, Neuenburg
Pfarrer Kurt Marti, Bern
Dr. Hans Ruh, Schw. Evang.Kirchenbund Bern
Pfarrer Hans Schädelin, Bern
Dr. Lukas Vischer, Weltrat der Kirchen Genf

Abb. 1: Die Redaktionskommission der Erklärung von Bern (1968)

Mit Biéler, Geiger und Vischer bildeten somit arrivierte Theologen der „Vätergeneration" das Kernteam der sogenannten Redaktionskommission, welche die „Erklärung von Bern" verfasste und in der Öffentlichkeit bekanntmachte.[37] Zur Redaktionskommission gehörten zudem der Lausanner Theologieprofessor Pierre Bonnard, die Berner Pfarrer Kurt Marti und Hans Schädelin, Peter Gessler, der Leiter des evangelischen Tagungszentrums Boldern in Männedorf, Hans Ruh, der nach der Promotion bei Karl Barth gerade an seiner Habilitation in Theologie an der Universität Bern arbeitete, sowie der Lehrer Hans Grunder und der Journalist Freddy Klopfenstein. Sowohl die Verankerung dieser Gruppe im seit jeher „progressiven" Bildungsbürgertum als auch ihre radikale Aufgeschlossenheit gegenüber Querdenkern in der eigenen Gesellschaft kann nicht genug hervorgehoben

35 Vischer, Lukas: Überlegungen nach dem Vatikanischen Konzil (Zürich 1966). Zu Vischers Schriftenverzeichnis siehe die ausführliche biografische Webseite http://www.lukasvischer.unibe.ch/liste_download.html (18.1.2018).

36 A.-M. Holenstein-Hasler, R. Renschler, R. H. Strahm: Entwicklung heisst Befreiung, 70.

37 A.-M. Holenstein-Hasler, R. Renschler, R. H. Strahm: Entwicklung heisst Befreiung, 38.

werden. Die radikale Offenheit gegenüber Neuem, in Verbindung mit der Verankerung in den gegebenen Institutionen, verlieh den Theologen Flügel und Wurzeln, um die Forderungen des Südens in Form der UNCTAD von 1964 aufzunehmen und zu verbreiten.

1.2 Die Mission übt Selbstkritik: Jacques Rossel

Im Vorfeld der „Erklärung von Bern" lässt sich mit André Biéler, Max Geiger und Lukas Vischer ein personelles und intellektuelles Netzwerk ausmachen, das sozusagen über den früheren Weg der Hugenotten Basel und Genf verband. Etwas loser zu diesem Netzwerk gehörte der bereits erwähnte Arthur Rich in Zürich oder etwa der jurassische Pfarrer und frühere Missionar Jacques Rossel (1915–2008), der 1959 das Präsidium der protestantischen Basler Mission angetreten hatte.[38] Als Netzwerk, in dem die Fäden gespannt werden konnten, diente das Christentum, und zwar sowohl die Theologie als Wissenschaft als auch in gleicher Weise die kirchliche Administration und Gemeindearbeit, in der der christliche Glaube praktisch gelebt wurde, etwa beim Schweizerischen Evangelischen Kirchenbund auf nationaler sowie im ÖRK auf internationaler Ebene. Eine in dieser Hinsicht ebenfalls bedeutende Institution war die 1815 gegründete Basler Mission.[39] Aufgrund ihres Hauptsitzes in der Schweiz, welche Missionen frei gewähren liess, war die Basler Mission zu einer der bedeutendsten evangelischen Missionen in Übersee geworden.[40] Auf ihren Missionsfeldern stellte die Schweizer Organisation sozusagen eine frühe europäische Nichtregierungsorganisation im Süden dar.[41] In der Nachkriegszeit arbeiteten Basler Missionare weiterhin in Asien, Afrika und Lateinamerika. In Indien wurden die Basler Missionare bereits in den 1940er-Jahren mit der politischen Unabhängigkeitsbewegung konfrontiert und in Westafrika in den 50er-Jahren. Als 1965 im Hauptsitz in Basel die Feierlichkeiten zum 150-Jahre-Jubiläum stattfanden, hatte sich die Organisation bereits seit längerem auf Druck der Missionare in Übersee tiefgreifend mit einem neuen Missionsver-

38 Rytz, Stephan: Rossel, Jacques, in: Marco Jorio (Hg.): Historisches Lexikon der Schweiz (Basel 2002–2014) http://www.hls-dhs-dss.ch/textes/d/D10806.php (5.1.2012).

39 Siehe zu Abolitionismus und Mission als Vorläufer des Tiersmondismus M. Kalt: Tiersmondismus in der Schweiz, 195–202.

40 Schlatter, Wilhelm; Witschi, Hermann: Geschichte der Basler Mission. Mit besonderer Berücksichtigung der ungedruckten Quellen (Basel 1916–1970) 9–13.

41 Franc, Andrea: Wie die Schweiz zur Schokolade kam. Der Kakaohandel der Basler Handelsgesellschaft mit der Kolonie Goldküste (1893–1960) (Basel 2008).

ständnis befasst.[42] 1967 entstand schliesslich aus der Beschäftigung mit der Frage nach der Mission in der zweiten Hälfte des 20. Jahrhunderts der Verein „Mission gemeinsam tun“, der von da an die Zeitschrift „Der Auftrag“ herausgab.[43] Zu den Denkern, die in diesem Prozess mitwirkten, gehörte Jacques Rossel, der selbst 13 Jahre, von 1946 bis 1959, als Missionar in Indien gelebt und den Übergang in die politische Unabhängigkeit miterlebt hatte.[44] Er gehörte wie Biéler zu den Theologen der Vätergeneration, welche die Umbrüche von 1968 vorgespurt hatten. Rossel verstand die Arbeit der Mission im Süden als Einsatz für die unterdrückte, unterste Schicht der Gesellschaft. Der Auftrag der Basler Mission war seit jeher die Aufwertung des einfachen Bauern oder Handwerkers in den lokalen Gesellschaften in den Missionsfeldern gewesen.[45] Die Deutsche Geistesgeschichte bot den kulturellen Humus für den oft lebensgefährlichen und langjährigen Aufenthalt der Missionare im Süden. Die Verklärung der Bauernaufstände des 16. Jahrhunderts, die Rolle der protestantischen jungen Pfarrer und ihre Idealisierung des in seiner Arbeit aufgehenden Bauern auf dem Land weitab der Städte war typisch für die literarische Phase des Sturm und Drang.[46] Der Sturm und Drang des 18. Jahrhunderts vermochte es, das luthersche Bild des selbstgenügsamen Bauern mit dem Bild des Auflehnens gegen die Obrigkeit zu vereinen und damit die protestantischen Werte für die demokratischen Revolutionen Europas im 19. Jahrhundert aufzupeppen. Zudem transportierten im 19. Jahrhundert protestantische Missionare aus den nordeuropäischen Ländern dieses Bild des idealen Bauern in die aussereuropäischen Missionsfelder und hielten Inder, Afrikaner und Chinesen an, sich durch Landwirtschaft und Handwerk aus den Zwängen ihrer hierarchischen Gesellschaft zu befreien.[47] Vor diesem Hintergrund wird verständlicher, dass Zeitgenossen den Einsatz der Missionen, aber auch die imperialen Besetzungen insbesondere afrikanischer Länder durch europäische Metropolen im 20. Jahrhundert oft als humanitäre Arbeit verstanden.[48]

---

42 Rossel, Jacques: Dynamik der Hoffnung. Eine zeitgemässe Studie zum Thema Christ und Welt (Basel 1967) 28.

43 Kooperation evangelischer Kirchen und Missionen, Verein Mission gemeinsam tun, Mission 21: Auftrag.

44 S. Rytz: Rossel, Jacques.

45 J. Rossel: Dynamik der Hoffnung, 28.

46 Wackwitz, Stephan: Ein unsichtbares Land. Familienroman (Frankfurt am Main 2003) 72.

47 W. Schlatter, H. Witschi: Geschichte der Basler Mission, 9–13.

48 Ribi Forclaz, Amalia: Humanitarian Imperialism. The Politics of Anti-Slavery Activism, 1880–1940 (Oxford 2015).

Die Radikalität und die Aufbruchstimmung liess in der Missionsliteratur der 1960er Jahre nichts zu wünschen übrig. So schrieb Jacques Rossel als Präsident der Basler Mission 1967:

> Christ sein bedeutet, Missionar einer revolutionären Weltordnung zu sein. Diese allgemeine Feststellung erhält eine besondere Bedeutung für die dritte Welt, die sich, um es so auszudrücken, heute in einer totalen Revolution befindet, da sie gleichzeitig die ganze Folge von Revolutionen durchmacht, die sich in Europa im Verlauf von mehr als 1500 Jahren abgespielt haben.[49]

Rossels oft sehr poetische Texte stimmten die bürgerlichen Unterstützer der Basler Mission in Europa mit Bestimmtheit auf die anstehenden Umbrüche ein. Damit gehörte Rossel zu den „Schriftsteller[n] und Kritiker[n], die ihr mit dem Stift prophezeit“. 1964 veröffentlichte der amerikanische Folk-Sänger und spätere Nobelpreisträger für Literatur Bob Dylan das Album „The Times They Are A-Changing“, auf dem sich der gleichnamige Song befindet. Eine Strophe dieses Lieds zeigt exemplarisch die Aufbruch- und Veränderungsstimmung der Jahre vor 1968 auf:

> Kommt Schriftsteller und Kritiker, die ihr mit dem Stift prophezeit.
> Und haltet eure Augen auf, die Chance wird nicht wieder kommen.
> Und sprecht nicht zu früh, denn das Rad dreht sich noch,
> und es ist nicht abzusehen, wer genannt wird.
> Denn der jetzige Verlierer wird später gewinnen,
> denn die Zeiten ändern sich.[50]

Einer dieser „Schriftsteller“, die prophezeiten und später gewannen, war Jacques Rossel. In seinen besonnenen Texten scheint denn auch die Passage „sprecht nicht zu früh, denn das Rad dreht sich noch“ auf. Ohne die christlich-bürgerliche Glaubens- und Spenderbasis der Basler Mission vor den Kopf zu stossen, bereitete er diese sanft aber bestimmt auf ein neues Verständnis der Nord-Süd-Beziehung vor. Er machte es sich zur Aufgabe, die Rolle der Mission in dieser Umbruchzeit zu reflektieren. Davon zeugt nicht nur die Zeitschrift „Der Auftrag“, sondern auch das 1967 erschienene populärwissenschaftliche Bändchen „Dynamik der Hoffnung“.[51] Das Büchlein beginnt mit einer Passage, die einem Dylan-Song nicht unähnlich ist:

---

49 J. Rossel: Dynamik der Hoffnung, 66.

50 Bob Dylan, „The Times they are a-changing“. Deutsche Übersetzung auf http://www.songtexte.com/uebersetzung/bob-dylan/the-times-they-are-a-changin-deutsch-2bd69c4a.html (14.9. 2017).

51 J. Rossel: Dynamik der Hoffnung.

Eine Hoffnung durchzieht die ganze Welt.
Das Alte vergeht.
Neues tritt auf.[52]

Rossel öffnete eine der Türen zu einem Ausnahmejahrzehnt im Missionsverständnis, das unter den Stichworten „Bewegung“ und „Stadt“ subsummiert werden kann. Die Mission, insbesondere gerade die Basler Mission, hatte mehr als ein Jahrhundert lang das lutherische Verständnis des genügsamen Bauern und Handwerkers gepredigt.[53] Die Mission aus der Industriestadt Basel hatte im Süden das pietistische Idyll des Landlebens zu schaffen versucht. Es ist bezeichnend für die Aufbruchzeit und die Modernisierungseuphorie der 1960er-Jahre, dass Rossel in seinem Buch die Stadt als Metapher benutzt. Er versucht, dem Leser seine pietistische Abneigung zu nehmen, die er der Stadt gegenüber empfindet. Er führt die Bedeutung Jerusalems als Stadt und Zentrum an und zitiert aus der Bibel: „Daher schämt sich Gott ihrer nicht, ihr Gott genannt zu werden; denn er hat ihnen eine Stadt bereitet.“[54] Rossel beschreibt die Schönheit New Yorks und stellt sie und das biblische Jerusalem sozusagen als Gegenpol zur Verwerflichkeit Babels dar. Die Verteidigung der Stadt ist sinnbildlich als Verteidigung der Moderne zu sehen, als Verteidigung der Kultur der Nachkriegszeit, die von überbordendem Wohlstand geprägt war. Rossel verteidigt Wachstum, Konsum, Wohlstand, Produktion – kurz: den westlichen Lebensstil, der in den frühen 1960er-Jahren nicht nur die Entwicklungsländer, sondern auch die Menschen in den Industrieländern (im Westen wie im Osten) wie eine Welle erfasste.

Rossels Buch öffnet den Blick in ein Zeitfenster der Modernisierungseuphorie, das sich Mitte der 1970er-Jahre wieder schliessen sollte.[55] Auch hier lässt sich diese Schliessung metaphorisch mit der Rolle der Stadt beschreiben. Als die schweizerischen Entwicklungsorganisationen 1975 ihre gemeinsame Haltung in Buchform publizierten, beschrieben sie die Stadt wiederum als Babel.[56] Jerusalem und New York waren von der Bildfläche verschwunden. Den Bergregionen in der Schweiz und dem Hinterland in südlichen Nationen galt nun die ganze Aufmerksamkeit, wie später noch gezeigt wird. Die Abwanderung in die Stadt und die Strukturveränderungen auf dem Land wurden als schlimmste Szenarien be-

---

52 Ebd., 14.

53 A. Franc: Wie die Schweiz zur Schokolade kam, 241–242.

54 J. Rossel: Dynamik der Hoffnung, 14.

55 Zu diesem Zeitfenster der Modernisierungseuphorie siehe etwa J. Toye, R. Toye: UN and Global Political Economy, 163 und spezifisch zur Schweiz M. Schär: Strukturveränderungen statt Entwicklungshilfe, 22.

56 Bänziger, Andreas: Entwicklungsland Welt – Entwicklungsland Schweiz (Basel 1975).

schrieben. So lehnten die Aktivisten der 1970er-Jahre etwa Privatinvestitionen von Grosskonzernen ab, denn diese „siedeln sich meist in den städtischen Zentren an". Und: „Sie [die Privatinvestitionen von Grosskonzernen] steigern die Landflucht und die Ballung der arbeitslosen Bevölkerung in den städtischen Slums."[57] Die romantische Überhöhung des Dorflebens erfolgte zudem spannenderweise gerade in einer Zeit der Entkirchlichung über religiöse Zuschreibung. Der deutsch-britische Nationalökonom Ernst Friedrich Schumacher (1911–1977), auf den sich Schweizer Dritte-Welt-Aktivisten wiederholt beriefen, idealisierte die buddhistische Gesellschaft:

> Der Statistik nach handelt es sich bei Birma um eines der ärmsten Länder der Welt; ich aber fand eine wohlgenährte, schön gekleidete, unbeschreiblich fröhliche Bevölkerung, die in der überwiegenden Mehrzahl in gepflegten, oft bezaubernd schönen Dörfern lebte, unzählige Pagoden und Klöster besuchte und den Worten buddhistischer Mönche lauschte.[58]

Auf implizite Weise setzte Schumacher der kapitalistisch-urbanen judäo-christlichen Kultur und ihrem Streben nach Grösse und Wachstum das buddhistische, selbstgenügsame Ideal entgegen. Nur zehn Jahre nach Rossels Eloge der Stadt war der Gedanke, die Stadt als Chance und Ort der Möglichkeiten zu begreifen, wieder verflogen.

Was hingegen nachwirken sollte und in Pascal Bruckners „Le sanglot de l'homme blanc" zu Beginn der 1980er-Jahre analysiert wird, war das bei Rossel geäusserte tiefe Schuldbekenntnis und die Aufforderung, für die Geschichte der Väter zu sühnen.[59] Die Sühne ist ein Grundthema der Mission in aussereuropäische Gebiete. So entstand denn die moderne wirtschaftlich geprägte Mission des 19. Jahrhunderts im Gedanken der Sühne für den Sklavenhandel des 18. Jahrhunderts.[60] Dieses Grundmotiv der protestantischen Mission übersetzte Rossel, ähnlich wie Biéler, in den Kontext der zweiten Hälfte des 20. Jahrhunderts. Nun, so Rossel, sollte die Mission wiederum denselben „Auftrag" übernehmen und für den Kolonialismus der ersten Hälfte des 20. Jahrhunderts sühnen:

> Der westliche Christ, der jenseits der Grenzen des Abendlandes seinen Auftrag erfüllt, muss bereit sein, sich mit einer kolonialen Geschichte solidarisch zu fühlen, für die er nicht direkt

57 Ebd., 41.

58 Schumacher, Ernst Friedrich: Es geht auch anders. Jenseits des Wachstums, Technik und Wirtschaft nach Menschenmass (München 1974) 43.

59 Bruckner, Pascal: Le sanglot de l'homme blanc. Tiers-Monde, culpabilité, haine de soi (Paris 1983).

60 W. Schlatter, H. Witschi: Geschichte der Basler Mission, 9–13. Siehe weiterführend auch A. Ribi Forclaz: Humanitarian Imperialism.

> verantwortlich ist. Er hat die damit verbundene Schuld auf sich zu nehmen; denn nur das, was wir auf uns nehmen, kann schliesslich verwandelt und gereinigt werden.[61]

Die Bedeutung der Mission und der Missionare für die entwicklungspolitische Bewegung der 1960er-Jahren sollte nicht unterschätzt werden. So erweist die „Erklärung von Bern" der Mission bereits zu Beginn im ersten Punkt ihre Referenz.[62] Dies nicht nur deshalb, weil das Manifest von etablierten Basler Theologen dieser Zeit aufgesetzt worden war; auch die Jungen, die später dazustiessen, machten vor Ort dieselbe Erfahrung. So hielt etwa die spätere EvB-Sekretärin Regula Renschler (*1935) in Afrika 1966 folgende Beobachtung fest:

> Am anderen Ende des Helferspektrums standen die Missionare, die einen hundertjährigen Vorsprung hatten, die afrikanischen Sprachen beherrschten, Schulen und Spitäler gegründet hatten, mit den Menschen lebten, von ihnen akzeptiert waren und Kontakte nach allen Seiten unterhielten. Und manchmal auch im Hintergrund die Drähte zogen.[63]

In den Jahren vor 1968 haben die etablierten Theologen der Mission ihre Beziehung zum Süden hinterfragt.[64] Dies passierte auch auf internationaler Ebene und spiegelte sich etwa in der Art und Weise, wie im ÖRK die lateinamerikanische Befreiungstheologie und das Vatikanische Konzil rezipiert wurden.[65] Wie Lukas Zürcher aufgezeigt hat, bedeutete das Vatikanische Konzil auch für die katholische Mission eine Bruchstelle.[66] Die katholische Mission verlor damit eigentlich ihren Daseinszweck, vermochte es aber, ihren Auftrag bzw. ihre Mission erfolgreich neu zu deuten. Zürchers These ist, dass die katholische Mission sozusagen den Hunger der Welt nach Gottes Wort umdeutete in einen Hunger nach physischer Nahrung.[67] Anstatt in biblischer Unterweisung übten sich die katholischen Missionare nun in sozialem Engagement. Zürchers These wird personifiziert durch Al Imfeld (1935–2017), der nach seiner Ausbildung zum katholischen Pfarrer 1967 für die katholische Missionsgesellschaft Immensee in Rhodesien,

---

61 J. Rossel: Dynamik der Hoffnung, 134.

62 https://www.publiceye.ch/fileadmin/files/documents/Ueber_uns/EvB_1968_0.pdf (28.3.2018). Siehe auch SozArch, EvB, Ar 430.25.1. EvB, Anfangszeit: Die Erklärung von Bern, März 1968.

63 Holenstein-Hasler, Anne-Marie; Power, Jonathan: Hunger. Die Welternährung zwischen Hoffnung und Skandal (Frankfurt am Main 1976) 89.

64 J. Rossel: Leben in ökumenischer Weite, 240.

65 Ebd., 254.

66 L. Zürcher: ‚Das Brot des Lebens', 48.

67 Ebd., 37–38.

dem heutigen Simbabwe, arbeitete, bevor er zu einem der bekanntesten Dritte-Welt-Aktivisten der Schweiz wurde.[68]

Der intellektuelle Austausch zwischen Nord und Süd fand in den 1950er- und 60er-Jahren gerade in der Theologie und in der Kirche sehr aktiv statt.[69] 1968 stiess Rossel als Schweizer Delegierter zum ÖRK, dessen Exekutivausschuss er angehörte.[70] Auch Rossel stand 1968 als einer der Erstunterzeichner der „Erklärung von Bern" im Licht der Öffentlichkeit und begleitete den Aufbau einer permanenten Organisation auch noch zu Beginn der 1970er-Jahre.[71]

1.3 Die Nord-Süd-Frage als Brücke zwischen Theologie und Wirtschaftswissenschaften

Noch stärker als in seiner Doktorarbeit baut André Biéler 1966 in seinem Büchlein „Gottes Gebot und der Hunger der Welt" an einer Brücke, welche die Theologie mit der säkularen Ökonomie verbinden sollte. Er findet diese Brücke in der wirtschaftshistorischen Forschung zur protestantischen Wirtschaftsethik, auf die er sich bezieht und von der er verlangt, dass sie mit Blick auf die Nord-Süd-Frage weitergedacht wird.

> Wir wollen nur in Erinnerung rufen, dass das Feuer zu Beginn dieses Jahrhunderts eröffnet wurde durch die Veröffentlichung des berühmten Werkes des deutschen Soziologen Max Weber ‚Die protestantische Ethik und der Geist des Kapitalismus'. Autoren aller Richtung aus zahlreichen Ländern haben zu dieser klassisch gewordenen Kontroverse bedeutende Beiträge geleistet, so die Deutschen Sombart und Troeltsch, die Engländer Tawney und Robertson, die Franzosen Hauser, Sée, Lucien Febvre, Doumergue, Goyau, Rougier und Laufenburger, der Ungare Syous, die Amerikaner Barnes, Parsons und Nef und schliesslich der ehemalige italienische Premierminister Fanfani.[72]

Mit dieser Aufzählung stellt Biéler klar, dass er als Theologe an die wirtschaftshistorischen Arbeiten von Nicht-Theologen anschliessen und dieses „Feuer" bzw. die Fackel weitertragen und die Nord-Süd-Frage in diese Tradition setzen möchte. Weiter erwähnt Biéler auch den jungen Wirtschaftshistoriker Jean-François Bergier (1931–2009), der 1963, ein paar Jahre nach Biéler, ebenfalls bei Babel in Genf sein Doktorat abgeschlossen hatte und somit ein jüngerer Studienkollege Biélers

68 L. Suter: In aller Welt.
69 R. Quaas: Fair Trade, 70–75.
70 S. Rytz: Rossel, Jacques.
71 J. Rossel: Leben in ökumenischer Weite, 294.
72 A. Biéler: Gottes Gebot, 30.

war.[73] Bergier übernahm unmittelbar nach seiner Promotion Antony Babels Professur für Wirtschaftsgeschichte. Auf Bergier folgte 1972 Paul Bairoch (1930–1999), der das Departement für Wirtschaftsgeschichte in Genf zu einer international führenden Forschungsstelle für die Geschichte des Nord-Süd-Handels machte.[74] Biéler hatte in seiner Forschungsfrage diese Entwicklung vorweg genommen.

Etwa zur selben Zeit – vor 1968 – besuchte der junge Chemielaborant Rudolf Strahm (1943*) an der Universität Basel als Hörer die Vorlesungen des bekannten Ökonomieprofessors Edgar Salin (1892–1974).[75] Salin, einer der bedeutenden deutschen Ökonomen der ersten Hälfte des 20. Jahrhunderts, war 1927 nach Basel berufen worden. Eigentlich Universalgelehrter, lehrte er nebst Ökonomie sowohl ökonomische Dogmengeschichte wie Soziologie. Er hatte sich für sozialdemokratische Anliegen in der Schweiz eingesetzt und galt als Keynesianer. Hier war er sozusagen ein Gegenspieler der grossen Gruppe der Neoliberalen und Anti-Keynesianer, die in den Jahren nach dem Zweiten Weltkrieg an viele Schweizer Universitäten gewählt wurden.[76] Strahm schreibt:

> Der Besuch einer Vorlesungsreihe bei Edgar Salin gab mir den Anstoss zur Wende in meinem Leben. [...] Die Nationalökonomie, wie sie von Salin gelehrt wurde, interessierte mich brennend. [...] Aus Begeisterung schrieb ich Salin einen Brief – er schrieb mir zurück und riet zum Studium der Ökonomie.[77]

Auch die Ökonomie befand sich, wie die Theologie, in den 1960er-Jahren in einer Umbruchphase. Die Wirtschaftswissenschaften hatten lange eine Randexistenz innerhalb der juristischen oder geisteswissenschaftlichen Fakultäten gefristet.[78] Der Nationalsozialismus hatte zudem bereits in den 1930er-Jahren die sogenannte Österreichische Schule der Nationalökonomie zerschlagen und deren zweite Generation in die Emigration getrieben, bevor sich deren neue wissenschaftlichen

73 Hubler, Lucienne: Bergier, Jean-François, in: Marco Jorio (Hg.): Historisches Lexikon der Schweiz (Basel 2002–2014) http://www.hls-dhs-dss.ch/textes/d/D44591.php (22.12.2011).

74 Hubler, Lucienne: Bairoch, Paul, in: Marco Jorio (Hg.): Historisches Lexikon der Schweiz (Basel 2002–2014) http://www.hls-dhs-dss.ch/textes/d/D44592.php (26.12.2001)

75 Degen, Bernard: Salin, Edgar, in: Marco Jorio (Hg.): Historisches Lexikon der Schweiz (Basel 2002–2014) http://www.hls-dhs-dss.ch/textes/d/D29928.php (23.8.2010), A.-M. Holenstein-Hasler, R. Renschler, R. H. Strahm: Entwicklung heisst Befreiung, 113–166.

76 Franc, Andrea: Neoliberalism as Spiritual Defence. The Swiss Group and the Early History of the Mont Pelerin Society, Working Paper.

77 A.-M. Holenstein-Hasler, R. Renschler, R. H. Strahm: Entwicklung heisst Befreiung, 116.

78 Lengwiler, Martin: Langer Schatten der Historischen Schule: Wirtschaftswissenschaften in Basel, in: Uni Nova 114 (2010) 20–23.

Erkenntnisse in Europa durchsetzen konnten.[79] Der Nationalsozialismus und der Antisemitismus führten neben einer Verlagerung von wirtschaftswissenschaftlichen Innovationen in die USA auch dazu, dass der Durchbruch von neuen wirtschaftswissenschaftlichen Erkenntnissen in Europa verzögert erfolgte. In den 1960er-Jahren erlebten die Wirtschaftswissenschaften in den USA eine grundlegende Neuausrichtung in Richtung empirischer, mathematischer Forschung, woraufhin bedeutende theoretische Durchbrüche erzielt wurden.[80] Intensiv waren die Debatten zwischen der Chicagoer Schule des Neoliberalismus und den Keynesianern. Im Bereich der Handelstheorie vertrat etwa der aus Österreich stammende Harvard-Ökonom Gottfried von Haberler die neoklassischen Modelle und zweifelte stark an der Prebisch-Singer-These.[81] In Europa begannen die Wirtschaftswissenschaften mit einiger Verzögerung ebenfalls, die moderne empirische Ökonomie sowie neue Forschungsfelder aufzugreifen. Die wirtschaftswissenschaftlichen Abteilungen wuchsen und sollten langfristig zu eigenen Fakultäten werden. Rudolf Strahms Weg zur Ökonomie und wieder von ihr weg steht exemplarisch für die Entwicklung der Wirtschaftswissenschaften dieser Zeit. Inspiriert wurde er noch von einem Ökonomen der alten Schule, der Aristoteles, die Bibel, Max Weber und die Frage nach Gerechtigkeit in die Vorlesungen einbrachte und sehr historisch und philosophisch argumentierte. Strahm selbst benutzte aber einen empirisch-quantitativen Ansatz und argumentierte mit statistischen Daten und komplexen Modellen.[82] Mitte der 1970er-Jahre publizierte er noch auf Deutsch, doch seine gleichaltrigen Kollegen begannen bereits damals, konsequent in Englisch zu veröffentlichen, wie ein Blick in die „Schweizerische Zeitschrift für Volkswirtschaft und Statistik“ zeigt, die damals von Strahms Betreuer, dem Berner Ökonomieprofessor Paul Stocker, herausgegeben wurde.[83] Sowohl der frühe Sprachwechsel wie auch die Mathematisierung der Wirtschaftswissenschaften verbauten Laien den Zugang zur Ökonomie, ähnlich wie bei den Na-

79 Hagemann, Harald: Dismissal, Expulsion, and Emigration of German-Speaking Economists after 1933, in: Journal of the History of Economic Thought 27/04 (2005) 405 – 420.

80 Hagemann, Harald: European Émigrés and the 'Americanization' of Economics, in: The European Journal of the History of Economic Thought 18/5 (2011) 643 – 671.

81 Siehe dazu Haberler, Gottfried: International Trade and Economic Development (Cairo 1959) sowie Slobodian, Quinn: Globalists. The End of Empire and the Birth of Neoliberalism (Cambridge, Massachusetts 2018).

82 Strahm, Rudolf H.: Effektiver Zollschutz der Schweiz und die Entwicklungsländer. Untersuchungen über den effektiven Zollschutz der Schweiz auf Produkten der Entwicklungsländer und über die Auswirkungen des schweizerischen Gewichtszollsystems, in: Aussenwirtschaft 26/4 (1971) 436 – 450.

83 Siehe dazu auf der Webseite der „Schweizerischen Zeitschrift für Volkswirtschaft und Statistik“ (http://www.sjes.ch/published_d.php?Search=yes) (14.9.2017).

turwissenschaften, und machten die Ökonomie zur trockenen, emotionslosen und schwer zugänglichen Materie.[84] Rudolf Strahm hatte in den 1960er-Jahren zunächst als Hörer Vorlesungen in Ökonomie besucht und sich daraufhin für ein Studium der Wirtschaftswissenschaften entschieden.[85] Ab Mitte der 1970er-Jahre wurde es für ausseruniversitäre Hörer zunehmend schwierig, einer Vorlesung in Ökonomie zu folgen, und Fachpublikationen gestalteten sich auch für gut ausgebildete Laien zunehmend unzugänglich. Wie später noch ausgeführt wird, verlegte sich Strahm genau wie britische Aktivisten in den 1970er-Jahren zunächst darauf, Ökonomie in verständliche Publikationen für Laien zu übersetzen.[86]

Die 1960er-Jahre und frühen 70er-Jahre waren jedoch noch eine kurze Zwischenphase, in der die Ökonomie zwar bereits mit mathematischen Modellen agierte, aber Publikationen noch auf Deutsch geschrieben wurden und die Mathematik noch nicht computerbasiert und somit für Laien zugänglich war.[87] In den 1970er-Jahren lässt sich nun eine Säkularisierung im Bereich der Dritte-Welt-Literatur feststellen. Schriften oder schlicht Modelle von Ökonomen ersetzten die Schriften der Theologen. Dabei gilt es festzuhalten, dass gerade Theologen wie André Biéler, Arthur Rich oder Jacques Rossel sich den Sozialwissenschaften öffneten und darin äusserst belesen waren. Die Berufung auf Max Weber war für diese Gruppe reformierter Theologen ebenso eine Selbstverständlichkeit wie jene auf die Bibel. Weber steht denn auch exemplarisch für die Überlappung zwischen den Wirtschaftswissenschaften und der Theologie. Dort, an dieser entstandenen Grauzone, sollte sich in den 1970er-Jahren langsam ein akademischer Graben öffnen.[88] Doch für Vertreter der Vätergeneration wie Jacques Rossel war Weber noch zu Beginn des 21. Jahrhunderts eigentümlich präsent. In seinen Memoiren beurteilt Rossel sehr selbstkritisch seinen eigenen Aktivismus gegen die Apartheid in Südafrika und bezieht sich dabei auf Webers Unterscheidung zwischen Gesinnungs- und Verantwortungsethik in „Politik als Beruf“:[89]

---

84 H. Hagemann: European Émigrés, 643.

85 A.-M. Holenstein-Hasler, R. Renschler, R. H. Strahm: Entwicklung heisst Befreiung, 116.

86 In Kapitel 2.5. Vernetzung mit der Jugend- und Politbewegung. Strahm veröffentlichte insbesondere zwei populärwissenschaftliche Bändchen zur Entwicklungsökonomie, nämlich Strahm, Rudolf H.: Industrieländer – Entwicklungsländer. Graphische Tabellen und Kommentare zur wirtschaftlichen Abhängigkeit der Armen Welt. Ein Werkbuch zur Eigeninformation und für den politischen Unterricht (Stein, Nürnberg 1972) und Strahm, Rudolf H.: Überentwicklung – Unterentwicklung. Werkbuch mit Schaubildern und Kommentaren über die wirtschaftlichen Mechanismen der Armut (Stein, Nürnberg 1975). Ähnlich schrieb der britische Aktivist Jonathan Power in den selben Jahren Power, Jonathan: Development Economics (London 1971).

87 H. Hagemann: European Émigrés, 643.

88 Ebd.

89 Weber, Max: Politik als Beruf. Zweiter Vortrag (München 1919).

> Welcher Art ist unsere Ethik? Ist es eine Gesinnungs- oder eine Verantwortungsethik? Oder besser: welche dieser beiden Ethiken, die Max Weber zusammen betrachtet, beherrscht uns? Wenn es die Gesinnungsethik ist, so sollen wir nicht vorschnell glauben, dass es die richtige ist. Die Gesinnungsethik kann uns zu Fanatikern machen.[90]

Damit schickte Rossel sich selbst und seine Leserinnen und Leser zu Beginn des 21. Jahrhunderts wieder zurück an den Start, zu der in der „Erklärung von Bern" geforderten christlichen Selbstreflexion, und zurück in eine Zeit, als diese Selbstreflexion auf eine kleine, belesene und elitäre Gruppe von meist männlichen Akademikern beschränkt war. Die Dialektik zwischen der tiefen Reflexion und der massentauglichen Botschaft sollte auch nach dem Bedeutungsverlust der Kirche in der zweiten Hälfte des 20. Jahrhunderts weiterhin im Raum stehen und deren säkulare Stellvertreter umtreiben. Indem diese kleine elitäre Gruppe von Theologen die Nord-Süd-Frage an eine professionelle, kampagnenbasierte NGO übergeben hatte, entliess sie auch die Wirtschaftswissenschaften aus einem anstrengenden interdisziplinären ebenso moralisch-getränktem wie politisch heiklem Dialog. Die gerade erst erstellte Brücke zwischen der Dritte-Welt-Bewegung (wie sie die ursprüngliche Gruppe der Theologen um die „Erklärung von Bern" gebildet hatte) und den Wirtschaftswissenschaften (wie sie von Antony Babel oder Edgar Salin verkörpert wurden) begann mit jedem Mathematisierungsschub und jeder weiteren terminologiegetränkten englischen Fachpublikation weiter zu bröckeln. E.F. Schumacher sollte dieser fragilen Brücke mit seinem Bestseller „Small is Beautiful" (1973) noch den Todesstoss versetzen und die Abtrennung der Wirtschaftswissenschaften von der Dritte-Welt-Bewegung symbolisch besiegeln. Schumacher, selbst Nationalökonom, warf den Wirtschaftswissenschaften vor, einzig materielle Werte anzuerkennen und „das menschliche Mass" zu ignorieren.[91] Doch die Zeit vor und um 1968 war offensichtlich eine Phase, in der Theologen offen und aktiv auf die Wirtschaftswissenschaften zugingen und den „kompetentesten Volkswirtschaftern" die Lösung der Nord-Süd-Frage zutrauten.[92]

Mit der Prebisch-Singer-These kam in den Wirtschaftswissenschaften erstmals ein bedeutender Impuls von einem Ökonomen aus einem Entwicklungsland – Prebisch war Argentinier –, der zudem aus seiner Forschung weltpolitische

---

90 J. Rossel: Leben in ökumenischer Weite, 292.

91 Schumacher, Ernst Friedrich: Small is Beautiful. Die Rückkehr zum menschlichen Mass (München 2013b), 50–54.

92 „Erklärung von Bern", Punkt 9, https://www.publiceye.ch/fileadmin/files/documents/Ueber_uns/EvB_1968_0.pdf (28.3.2018). Siehe auch SozArch, EvB, Ar 430.25.1. EvB, Anfangszeit: Die Erklärung von Bern, März 1968.

Handlungsempfehlungen ableitete.[93] Als „links“ galt weniger die These der Verschlechterung der *terms of trade*, deren empirische Relevanz durch Haberler höchstpersönlich bestätigt worden war, denn ihr politisches Sprengpotenzial, welches das Selbstverständnis des Abendlandes ins Wanken brachte.[94] Misteli beobachtet den „UNCTAD-Moment“ als einen Wechsel von der technischen, kooperativen Ebene auf die politische, konfrontative:

> ‚Entwicklung‘ wurde so von einem technischen zu einem politischen Problem, und von einer kooperativen zu einer konfrontativen Angelegenheit insofern, als die Veränderung der asymmetrischen Weltwirtschaftsordnung auch gegen den Widerstand der Industrieländer angestrebt wurde.[95]

Erst die UNCTAD hat aus dem noch neuen wirtschaftswissenschaftlichen Feld der Entwicklungsökonomie ein politisches Konzept geschaffen, das nun zur Grundlage der Forderung nach Nord-Süd-Gerechtigkeit wurde und von André Biéler in seine theologische und kirchliche Arbeit aufgenommen wurde.[96]

1.4 Die bürgerliche Schweiz und die UNCTAD

Die Schweiz war 1964 nicht Mitglied der Vereinten Nationen und nur provisorisches Mitglied des GATT. Dennoch war sie 1964 mit Beobachterstatus an der ersten UNCTAD vertreten. Ihre Delegierten wurden von der ständigen Wirtschaftsdelegation gesteuert, einem aus Vertretern der Verwaltung und der Wirtschaftsverbände zusammengesetzten Gremium.[97] Dies ist im Rückblick bezeichnend, wurde die erste UNCTAD doch offensichtlich nicht als Hilfs- oder Entwicklungskonferenz angesehen, sondern als Verhandlungsplattform über die Zukunft des Weltmarkts. Die Schweizer Vertreter reagierten ablehnend auf die Forderungen der UNCTAD und hatten keinerlei Absicht, Präferenzzölle zu gewähren. Die Schweiz war traditionellerweise ausserordentlich stark als Exporteurin und Investorin in Ländern des Südens vertreten, allerdings war ihr Binnenmarkt bereits 1964 stark abgeschottet von Importen aus Entwicklungsländern.

---

93 J. Toye, R. Toye: UN and Global Political Economy, 147.

94 Ebd., 215.

95 Misteli, Samuel: Der UNCTAD-Moment. Die Entstehung des Nord-Süd- Konflikts und die Politisierung des Schweizer Entwicklungsdiskurses, in: Konrad J. Kuhn, Sara Elmer, Daniel Speich Chassé (Hg.): Handlungsfeld Entwicklung. Schweizer Erwartungen und Erfahrungen in der Geschichte der Entwicklungsarbeit (Basel 2014) 185–212.

96 J. Toye, R. Toye: UN and Global Political Economy, 147.

97 T. Brodbeck: Bewahren und beharren.

Die Schweizer Delegation hatte somit die heikle Aufgabe, insbesondere die Schweizer Landwirtschaft nicht preiszugeben und vermehrte Importe aus Entwicklungsländern abzuwehren sowie gleichzeitig die Absatzmärkte der Schweizer Firmen im Süden nicht zu gefährden. Diese Verhandlungsposition sollte sich in den kommenden Jahren zum Grundmuster entwickeln.[98] Auf der UNCTAD 1964 trat dieses Grundmuster zudem noch sehr offen und ungeschminkt zu Tage. So gehörten der ständigen Wirtschaftsdelegation nebst Vertretern der eidgenössischen Verwaltung auch der Vorort und der Schweizerische Bauernverband an.[99] Sowohl die Bauern wie die Privatwirtschaft bestimmten somit direkt die Haltung der Schweiz gegenüber den Entwicklungsländern. Die Schweizer Vertretung an der UNCTAD sah es in keiner Weise als ihre Pflicht an, aus theoretischen Überlegungen der Nord-Süd-Gerechtigkeit handelspolitische Konzessionen einzugehen. Die sehr selbstbewusst auftretenden UNCTAD-Nationen wurden nicht als arm und hilfsbedürftig wahrgenommen, sondern als lukrative Absatzmärkte und politisch heikle Verhandlungspartner, zumal die südlichen Länder ständig drohten, sich an der Sowjetunion zu orientieren.[100]

Obwohl die Schweiz auf der ersten UNCTAD gegenüber Zollpräferenzen zunächst ablehnend reagierte, ersuchten die Botschaften südlicher Länder in der Schweiz um Zollermässigung. Ein Beispiel der indischen Botschaft in Bern, die versuchte, Zollermässigung für die Einfuhr von Stoffen zu erwirken, zeigt auf, wie sich die Bundesverwaltung in der Praxis verhielt: Das Gesuch wurde zwar nicht abgelehnt, aber in einem langwierigen Verfahren über Jahre hinausgezögert. Hauptbestandteil der Diskussion war die Nachweispflicht oder die Kennzeichnung der Stoffe.[101] Diese ersten Einzelfälle sollten denn auch aufzeigen, wie sich die Zollpräferenzen in der Praxis gestalten würden. Zunächst wurden sie jedoch von zahlreichen Ökonomen verschiedenster Denkschulen als gangbares Entwicklungsinstrument empfohlen. So übernahm denn auch das GATT 1971 die Idee der Zollpräferenzen und installierte in seinem Vertragswerk eine Ausnahmeklausel vom Meistbegünstigungsprinzip, das eigentlich für alle Mitgliedstaaten Gleichberechtigung vorsah.[102]

Nachdem die Schweiz 1966 dem GATT definitiv beigetreten war, prüfte sie ebenfalls die Einführung von Zollpräferenzen per 1971. Das Parlament genehmigte

---

98 R. Weder, S. Wyss: Do Vertical Linkages.

99 Nerlich, Daniel; Hofstetter, Philipp: Schweizerischer Handels- und Industrieverein (SHIV), in: Marco Jorio (Hg.): Historisches Lexikon der Schweiz (Basel 2002–2014) http://www.hls-dhs-dss.ch/textes/d/D16467.php (24.3.2016), T. Brodbeck: Bewahren und beharren.

100 Ebd., S. Misteli: Der UNCTAD-Moment.

101 S. Huber: Handelshemmnisse gegenüber Entwicklungsländern.

102 J. Toye, R. Toye: UN and Global Political Economy, 226.

schliesslich wie vom GATT vorgesehen den Zollpräferenzbeschluss für eine Testphase von zehn Jahren.[103] Somit führte die Schweiz das sogenannte *generalized system of preferences* (GSP) zwar ein, allerdings war sie wie alle Industrieländer frei in der Umsetzung. Somit enthält das GSP zahlreiche Ausnahmen und bei den Ausführungsbestimmungen achteten die Handelsabteilung und die Oberzolldirektion in Zusammenarbeit mit dem Vorort sorgfältig darauf, dass keiner einheimischen Branche ernsthafte Nachteile entstehen konnten.[104] Schon rasch wurde klar, dass die Wirkung des GSP als Entwicklungsinstrument sehr limitiert sein würde. Dies einerseits, weil die westlichen Länder in der faktischen Umsetzung zahlreiche Zollpositionen bereits im Vorhinein ausschlossen. Andererseits unterschätzten zeitgenössische Ökonomen die Transaktionskosten, die durch das GSP entstanden.[105] So braucht es für den relativ bescheidenen GSP-Abschlag oft einen recht aufwändigen Formular- und Beglaubigungskorpus. Gerade für arme Entwicklungsländer ist dies eine Hürde, deren Überwindung zu hohe Kosten verursacht. Zeitgenössische Ökonomen, welche in den 1960er-Jahren die Einführung des GSP vertraten, sahen zudem nicht voraus, dass Industrieländer zu neuen, nichttarifären Mitteln greifen würden, um ihre Binnenwirtschaft vor der Konkurrenz der Entwicklungsländer zu schützen. Das GSP war somit lediglich ein – beschränkt taugliches – Mittel, um Zollschranken zu überwinden. Gegen die neoprotektionistischen Instrumente der 1970er-Jahre war es jedoch machtlos, im Gegenteil: Den Industrieländern lieferte es noch ein Feigenblatt.[106]

Das *import substitution investment* und das damit zusammenhängende Konzept der *infant industry protection*, die zweite Forderung der UNCTAD, wurde von der Schweizer Privatwirtschaft hingegen äusserst positiv aufgenommen. Die Entwicklungsländer suchten geradezu nach privaten westlichen Grosskonzernen, die bereit waren, unter Aufsicht, aber auch mit Geldern der meist noch jungen Staaten, neue Industrien aufzubauen.[107] Die staatlichen Investitionen der Entwicklungsländer in den Aufbau einer importsubstituierenden Industrie boten der

---

103 Siehe dazu in der Systematischen Rechtssammlung des Bundes den Bundesbeschluss vom 23. September 1971 über die Gewährung von Zollpräferenzen im Rahmen des allgemeinen Präferenzsystems zugunsten der Entwicklungsländer (Zollpräferenzenbeschluss) (https://www.admin.ch/opc/de/classified-compilation/19710227/index.html) (14.9.2017).

104 BAR, Teilbestand E 6351 (G) Oberzolldirektion. 1987/9, Bd. 87. Diverse Schreiben zwischen der Handelsabteilung, der Oberzolldirektion und dem Vorort.

105 Khorana, Sangeeta: The Developmental Relevance of Tariff Rate Quotas as a Market Access Instrument: An Analysis of Swiss Agricultural Imports, in: Estey Centre Journal of International Law and Trade Policy 9/2 (2008) 101–124.

106 T. Brodbeck: Bewahren und beharren, 331.

107 Decker, Stephanie: Corporate Political Activity in Less Developed Countries: The Volta River Project in Ghana, 1958–66, in: Business History 53/7 (2011) 993–1017.

Schweizer Privatwirtschaft geradezu paradiesische Absatzmärkte für Material, Know-how und Dienstleistungen. Zahlreiche Schweizer Firmen waren in den 1960er-Jahren in Entwicklungsländern präsent. Eine Folge dieser Entwicklung war die hohe Beanspruchung der 1958 eingeführten Exportrisikogarantie sowie die Einführung der Investitionsrisikogarantie 1970.[108] Die Investitionen der Schweizer Privatwirtschaft in Entwicklungsländern wurden im UNCTAD-Geist der 1960er- und frühen 70er-Jahre von Seiten der Bürgerlichen als Modernisierung und somit als Entwicklungshilfe gewertet.[109] In diesem Geiste äusserten sich zunächst auch die Initianten der „Erklärung von Bern".[110] In einem Entwurf für die spätere Erklärung lässt sich nachlesen, wie Max Geiger versuchte, die UNCTAD-Doktrin und die Folgerungen aus der Prebisch-Singer-These in Worte zu fassen:

> Die meisten Entwicklungsländer sind trotz ihrer politischen Selbständigkeit wirtschaftlich von Industrieländern abhängig geblieben. Diese importieren aus Entwicklungsländern billig Rohstoffe und Nahrungsmittel und ziehen daraus wirtschaftlichen Nutzen, der das Vielfache der ganzen Entwicklungshilfe ausmacht. [...] Wir tun uns auf die Welthandelstradition der Schweiz viel zugute und vergessen dabei, dass es für einen ehrlichen Markt ebenbürtige Partner braucht. Solange die Industrieländer wirtschaftlich derart überlegen sind, drücken sie die Entwicklungsländer an die Wand und blockieren ihren Aufbau. [...] Die bisherigen Leistungen aus der Schweiz bestehen grösstenteils in privaten Kapitalanlagen, die sich nach der unmittelbaren wirtschaftlichen Rendite richten und denen ein entsprechender Gegenwert gegenübersteht.[111]

Noch sah Max Geiger die „privaten Kapitalanlagen" in der Dritten Welt als „Leistung" und als Ziel, die „Welthandelstradition" der Schweiz hochzuhalten. Einzig der Import von billigen Rohstoffen und die daraus gemäss Prebisch und Singer resultierende „Blockierung" durch die Verschlechterung der realen Austauschverhältnisse sah Geiger als Problem. Es ist jedoch nicht so, dass die Dritte-Welt-Bewegung systematisch die Einführung und Umsetzung der UNCTAD-Forderungen wie des GSPs in der Schweiz gefordert und langfristig dessen Wirk-

---

108 Siehe dazu in der Systematischen Rechtssammlung des Bundes das Bundesgesetz über die Exportrisikogarantie vom 26. September 1958, aufgehoben 2007 (https://www.admin.ch/opc/de/classified-compilation/19580168/) sowie das Bundesgesetz über die Investitionsrisikogarantie vom 20. März 1970, aufgehoben 2008 (https://www.admin.ch/opc/de/classified-compilation/19700070/index.html) (8.1.2018).

109 T. Brodbeck: Bewahren und beharren, 328–329.

110 SozArch, EvB, Ar 430.25.1. EvB, Anfangszeit, EvB: Die Schweiz und die Entwicklungsländer, Text, der am 14.11.1970 in Bern vom Schweizer Komitee der EvB genehmigt wurde.

111 SozArch, EvB, Ar 430.25.1. EvB, Anfangszeit: Die Beziehungen der Schweiz zu den Entwicklungsländern, Entwurf M. Geiger (Punkt 5 Dr. Peter Gessler), undatiert.

samkeit verfolgt hätte. Die gerade eben eingesetzte Sekretärin des 1971 konstituierten Vereins zur Förderung der Erklärung von Bern, Anne-Marie Holenstein (*1937), schrieb noch einen sehr allgemein gehaltenen Brief an die Aussenwirtschaftliche Kommission der beiden Räte, in dem sie sich im Namen des Vereins für die Einführung des GSP bedankte.[112] Danach brach aber die Beschäftigung der EvB mit der juristischen Umsetzung des GSP in der Schweiz bereits ab. Dies ist umso bezeichnender, als Rudolf Strahm, der das EvB-Sekretariat von 1974 bis 1978 leitete, wissenschaftlich über Schweizer Zollschranken gegen Entwicklungsländer gearbeitet hatte.

In der Frage der privaten Direktinvestitionen in Entwicklungsländern sollte sich wiederum ein tiefer Graben zwischen der Schweizer Privatwirtschaft und der Dritte-Welt-Bewegung öffnen. Dies passierte bereits sehr früh und dürfte auch mit dem marxistisch-leninistischen Hintergrund der Dritte-Welt-Bewegung zu tun haben. Bereits um 1970 vertraten zahlreiche Aktivisten eine kritische Haltung gegenüber Investitionen der Schweizer Privatwirtschaft, und in der Standortbestimmung von 1975 „Entwicklungsland Welt – Entwicklungsland Schweiz" bekräftigten sie diese Haltung nochmals schwarz auf weiss.[113] Zwar unterstützten die Aktivisten noch kurzzeitig, vor dem Einsetzen der Wachstumskritik, den Aufbau von Industrie in Entwicklungsländern, doch sollten die Investitionen staatlich erfolgen. Der Einbezug von westlichen Privatinvestitionen hingegen wurde als Neo-Imperialismus gewertet und abgelehnt.[114]

Die Rolle der christlichen Kirchen und ihre Neuausrichtung in den 1960er-Jahren stellt eine bedeutende äussere Entwicklung für die Fair-Trade-Bewegung *avant la lettre* im Westen dar. Wie die erste Sekretärin der EvB, Anne-Marie Holenstein, sich erinnert, war die ökumenische Bewegung ein wichtiger Wendepunkt in ihrer persönlichen Haltung.[115] Gleichzeitig spielte die Konfession auch unter den 68ern in der Bewegung eine Rolle.[116] Die Konfession war in der Bewegung nicht zuletzt ein Thema, weil Religion und die Theologie eine zentrale Bedeutung hatten. Anders als sich aus heutiger Sicht auf das Jahr 1968 vermuten liesse, bestand etwa die studentische Arbeitsgruppe Schweiz-Dritte Welt (AG3W) nicht aus Soziologie-, sondern hauptsächlich aus Theologiestudenten.[117] Gerade in den Aktivitäten der Berner Bewegung der Zeit um das Jahr 1968 spielten Kir-

112 SozArch, EvB, Ar 430.10.1. Mappe 1: Anne-Marie Holenstein an die Aussenwirtschaftliche Kommission des National- und Ständerates, 13. 5. 1971.

113 A. Bänziger: Entwicklungsland Welt – Entwicklungsland Schweiz.

114 Dezentrale (Hg.): Alternativ-Katalog 3 (Porrentruy 1978) 569.

115 A.-M. Holenstein-Hasler, R. Renschler, R. H. Strahm: Entwicklung heisst Befreiung, 20.

116 Ebd., 39 – 40 sowie 114.

117 M. Schär: Strukturveränderungen statt Entwicklungshilfe, 64 – 65.

chen und Gottesdienste eine zentrale Rolle. Die „Vätergeneration" der Pfarrer und Theologen stellte buchstäblich den Raum bereit, in dem die „Jugendfraktion" rebellieren konnte. Der Pfarrer Kurt Marti, der zur Redaktionskommission der „Erklärung von Bern" gehörte, hat in der Nydegg-Kirche wiederholt gegen den Vietnam-Krieg gepredigt.[118] 1968 wählten junge Aktivisten zwar neue Formen, um die Aufmerksamkeit der Bevölkerung zu gewinnen, blieben aber bei der Kirche als Ort der Aktion: Auf dem Münsterturm hissten Unbekannte die Vietcong-Flagge und Mitglieder der AG3W störten den Münstergottesdienst, um eine eigene Erklärung zur Frage der Mitschuld der Schweiz am Welthungerproblem zu verlesen.[119] Von älteren bürgerlichen Politikern in Kalter-Krieg-Manier in die kommunistische Ecke geschoben, argumentierten manche studentischen Gruppierungen christlich. So schrieb die AG3W 1969: „Wäre zu sagen, dass wir unseren Drahtzieher ohne weiteres und gerne bekannt geben können: Jesus von Nazareth".[120] Gerade das christliche Argumentarium machte wohl die Schlagkraft der studentischen Bewegung aus und erlaubte den Dialog und die organisatorische Zusammenarbeit mit der Vätergeneration.[121] Die schweizergeschichtliche Forschung zu 1968 hat denn auch sehr verdienstvoll die Brücken, die Kontinuitäten und insbesondere die doch auch christlich-bürgerliche Verwurzelung der Aktivistinnen und Aktivisten in der Schweiz aufgezeigt.[122]

In den 1970er-Jahren stellte sich auch in der politischen Mentalität in Westeuropa eine Veränderung ein. 1968 waren beim Prager Frühling noch russische Panzer aufgefahren. Während der Kalte Krieg damals noch die Rahmenbedingung für die westeuropäische Studentenbewegung bildete, verlor er gerade in der Dritte-Welt-Bewegung seine Bedeutung und sollte einer neuen Dichotomie Platz machen, die man unter dem Motto Agrarkonzerne und supranationale Organisationen versus Kleinbauern aller Welt subsumieren könnte. In einer Übergangsphase in den frühen 1970er-Jahren wuchs dann das starke Interesse an alternativen politischen Modellen, die der jungen Dritte-Welt-Bewegung im Westen die Illusion eines Auswegs aus der verhärteten Ost-West-Front des Kalten Kriegs

118 Marti, Kurt: Totensonntag? Predigt zum sechsten Gebot, (Du sollst nicht töten! 2 Mose 20, 13.) (Zürich 1967).

119 Griesshammer, Marc: Unruhe an der Uni: Studentischer Protest im Forum Politicum, in: Bernhard C. Schär, Ruth Ammann, Thomas Färber, Stefan Bittner, Markus Hofer, Yves Niederhäuser, Vera Sperisen, Marc Griesshammer, Rahel Fischer, Manuel Schär, Renate Schär, Evelyne Vaudan (Hg.): Bern 68. Lokalgeschichte eines globalen Aufbruchs – Ereignisse und Erinnerungen (Baden 2008) 99 – 115 sowie R. Fischer, M. Schär: Tausende Hungertote, 146.

120 Ebd., 148.

121 Ebd.

122 B. C. Schär: ‚1968' als wiederbelebte bürgerliche Revolution, 7.

versprachen.[123] Der „Afrikanische Sozialismus", den Julius Nyerere, Präsident des gerade erst unabhängig gewordenen Tansania, in der „Arusha Declaration" ausrief, stiess bei westlichen Aktivisten auf Euphorie.[124] Daher bezeichnete die ehemalige Oxfam-Aktivistin Maggie Black die 1970er-Jahre als „The Age of Alternatives".[125] Mike Jennings spricht in seiner wissenschaftlichen Untersuchung über Oxfam in den 1970er-Jahren von „Tanzaphilia".[126] Der „dritte Weg" der Blockfreiheit in der Dritten Welt bot den sozialistischen Gruppierungen im Westen gerade auch nach dem Prager Frühling von 1968 eine neue Identifikation. Denn die Identifikation der linksintellektuellen westlichen Elite mit der Sowjetunion ging noch auf die 1950er-Jahre zurück und liess sich nach dem Auffahren russischer Panzer in Prag nicht mehr aufrechterhalten. Maggie Black erinnert sich:

> Many of those who would challenge the political and moral order of the 1960s were brought up in left-wing or communist milieux; nevertheless, they were unhappy with the rigidities of Soviet communism alongside their disdain for capitalist and the conventional democratic parties that emerged or re-emerged after 1945.[127]

Die Rhetorik des Kalten Kriegs, die in der Schweiz Mitte der 1970er-Jahre auf die Aktivistinnen und Aktivisten der Ujamaa-Pulverkaffee-Kampagne einprasselte, war somit verfehlt.[128] Die Angriffe der anti-kommunistischen Schweizer Bürgerlichen stellten deshalb einen Anachronismus dar: Ihre anti-kommunistische Kritik an der Dritte-Welt-Bewegung richtete sich auf eine Zielscheibe, die es gar nicht mehr gab. Die Dritte-Welt-Bewegung hatte der Sowjetunion abgeschworen und sich in blinder Euphorie für den dritten Weg der jungen Staaten in der Dritten Welt entschieden. Gerade mit ihrer unüberlegten „Tanzaphilia" machte sich die Bewegung jedoch durchaus angreifbar, klafften Rhetorik und Wirklichkeit doch gerade in Tansania bedrohlich auseinander. Mitte der 1970er-Jahre, als die Schweizer Aktivisten auf der Strasse Ujamaa-Pulverkaffee verkauften, fand in diesem afrikanischen Land die Zwangsumsiedlung von sechs Millionen Menschen statt.[129] Den Vorwurf, das Regime in Moskau zu stützen, konnte man der schweizerischen Dritte-Welt-Bewegung jedoch nicht machen. Aber auch der Sozialismus des dritten Weges wandelte sich bereits zu Beginn der 1970er-Jahre in eine Hintergrundfolie. Der Sozialismus bildete lediglich noch eine kaum er-

---

123 R. Gildea, J. Mark, A. Warring: Europe's 1968, 193.
124 M. Hilton: Politics of Expertise, 99, M. Jennings: ‚Almost an Oxfam in Itself'.
125 Black, Maggie: Oxfam the First 50 Years. A Cause for our Times (Oxford 1992) 132.
126 M. Jennings: ‚Almost an Oxfam in Itself'.
127 R. Gildea, J. Mark, A. Warring: Europe's 1968, 22.
128 K. J. Kuhn: Fairer Handel und Kalter Krieg.
129 M. Jennings: ‚Almost an Oxfam in Itself'.

kennbare und fast vergessen Grundlage einer neuen Lebensform, die weniger Konsum, natürliche und kleinräumige Produktionsweisen und lokale Verankerung suchte. Die Dritte-Welt-Bewegung hatte in der Verfolgung ihrer Ziele für den Sozialismus schon bald kaum Verwendung mehr übrig und nahm damit den Fall der Berliner Mauer um Jahre vorweg.

Zudem setzte in den 1970er-Jahren doch auch zwischen Moskau und dem Westen eine Entspannungspolitik ein, etwa in Form des Atomwaffensperrvertrags, der 1970 in Kraft trat. Während in den USA der McCarthyismus in den 1960er-Jahren in Verruf geriet, gelangte in Westdeutschland die Sozialdemokratische Partei bereits 1966 in die Regierung und initiierte die keynesianische Wende. Auch in der Schweiz setzte mit 1968 eine sehr heftige Auseinandersetzung mit der Mentalität des Kalten Kriegs der 1950er- und 60er-Jahre ein.[130] Die „Geistige Landesverteidigung", die intellektuelle Haltung des Zweiten Weltkriegs, hatte sich in den 1950er-Jahren nahtlos in den Kalten Krieg eingefügt. Doch spätestens 1968 setzte auch in der Schweiz ein intellektuelles Tauwetter ein, in der Öffentlichkeit verkörpert vom Schriftsteller Max Frisch, das etwa im sogenannten Zürcher Literaturstreit seinen Ausdruck fand.[131] Der Literaturprofessor Karl Schmid, ein prominenter Vertreter der Geistigen Landesverteidigung, hatte Frisch 1963 mit seinem Buch „Unbehagen im Kleinstaat" indirekt des Vaterlandverrats angeklagt.[132] Schmid beschrieb das Unbehagen Frischs an seinem kleinen Heimatland, das bei den gewaltigen Umbrüchen aussen vor blieb. Er benannte in seinem Werk indirekt das Bedürfnis der studentischen Bewegung der 1960er-Jahre, der Schweiz eine bedeutende Rolle in der Welt aufzuzeigen. Titel späterer Bücher wie „Das heimliche Imperium" (1968) oder „Une Suisse au-dessus de tout soupçon" (1976) untermauerten Schmids These unfreiwillig.[133] So sprach der sozialistische Nationalrat Jean Ziegler von „l'empire suisse" und bezichtigte dieses der „violonce symbolique".[134] Die Schweizer Linksintellektuellen orientierten sich an internationalen Denkschulen wie etwa der Dependenztheorie oder der

130 Jost, Hans Ulrich: Politik und Wirtschaft im Krieg. Die Schweiz, 1938–1948 (Zürich 1998).

131 Feitknecht, Thomas: Die Förderung der jungen Schweizer Literatur, in: Karl-Schmid-Stiftung, Wohnmuseum Bärengasse (Hg.): Das Unbehagen im Kleinstaat Schweiz. Der Germanist und politische Denker Karl Schmid (1907–1974) (Zürich 2007) 87–104, 97–104.

132 Schmid, Karl: Unbehagen im Kleinstaat. Untersuchungen über Conrad Ferdinand Meyer, Henri-Frédéric Amiel, Jakob Schaffner, Max Frisch, Jacob Burckhardt (Zürich 1963).

133 Siehe dazu auch Kuhn, Konrad J.: Im Kampf gegen das ‚heimliche Imperium', in: Patricia Purtschert, Barbara Lüthi, Francesca Falk (Hg.): Postkoloniale Schweiz. Formen und Folgen eines Kolonialismus ohne Kolonien (Bielefeld 2012) 267–287. Ziegler, Jean: Une Suisse au-dessus de tout soupçon (Paris 1976), Stucki, Lorenz: Das heimliche Imperium. Wie die Schweiz reich wurde (Bern 1968).

134 J. Ziegler: Une Suisse au-dessus, 19, ebd., 87.

marxistisch-leninistischen Imperialismustheorie, die eine Kausalität zwischen Kapitalismus und Imperialismus annahmen. Diese Kausalitätsannahme ist typisch für viele Denkschulen, auch wenn historisch nicht korrekt.[135] Für die Schweizer Intellektuellen bedeutete diese Kausalitätsannahme jedoch, dass sie für die kapitalistische Schweiz auch noch einen „heimlichen Imperialismus" ergänzen mussten.

Die Dritte-Welt-Bewegung stellte sehr offensichtlich in ihren Schriften die Frage nach der Rolle der Schweiz im Nord-Süd-Gefälle. Dabei kam ihr die Theorie der strukturellen Gewalt gelegen. Diese erweiterte den Begriff der Gewalt: Nun war nicht mehr eine Nation, ein militärischer Angriff oder eine politische Besetzung vonnöten, um von Gewalt sprechen zu können. Dank dem Begriff der strukturellen Gewalt konnte die Dritte-Welt-Bewegung nun auch die Schweiz als westlichen Aggressor fassen, zumal auch diese Aggression im Falle der Schweiz gemäss den genannten Publikationen „heimlich" und die Schweiz „über jeden Verdacht" erhaben war, da sich die Nation hinter privaten Firmen versteckte. Nicht nur vereinzelte Schweizer Intellektuelle, die breite Dritte-Welt-Bewegung war Mitte der 1970er Jahre grundsätzlich der Meinung, dass die Schweiz Mitschuld an der Unterentwicklung im Süden trage und in ungerechtfertigter Weise von der Dritten Welt „profitiere":

> Mit moderner Technik und massivem Kapitaleinsatz werden in der Dritten Welt industrialisierte, hochmoderne Enklaven aufgebaut, die nur Wenigen Verdienst und Wohlstand bringen, während sich die Lebensbedingungen der armen Mehrheit, vor allem der ländlichen Bevölkerung, noch verschlechtern. Die Exporteinnahmen steigen, aber die Selbstversorgung der Bevölkerung wird immer prekärer. [...] Die Schweiz als reiches Industrieland hat aktiven Anteil an dieser Fehlentwicklung und profitiert davon.[136]

Das Unbehagen, das bei Max Frisch oder etwas später bei Paul Nizon lediglich literarisch zum Ausdruck kam, wurde von der Dritte-Welt-Bewegung empirisch unterlegt.[137] Gerade auch mit Enthüllungen wie etwa den „Multi-Papers" gelang der Gruppe um die „Erklärung von Bern" ein journalistischer Coup, der ihr in der Bevölkerung hohe Glaubwürdigkeit einbrachte, das „Unbehagen" im Kleinstaat Schweiz in eine sehr konkrete Kritik überführte und diese mit Quellen belegen konnte.[138] Damit untermauerte die Dritte-Welt-Bewegung die neue Dichotomie

---

135 Austin, Gareth: Capitalism and the colonies, in: Larry Neal (Hg.): The Cambridge History of Capitalism (Cambridge 2014) 301–347, 301.

136 A. Bänziger: Entwicklungsland Welt – Entwicklungsland Schweiz, 10.

137 Nizon, Paul: Diskurs in der Enge. Aufsätze zur Schweizer Kunst (Bern 1970).

138 Die EvB publizierte Dokumente, welche ein internationales Netzwerk multinationaler Konzerne zur Interessensvertretung auf Weltebene belegten. Erklärung von Bern, Vereinigung für

Grosskonzerne und supranationale Organisationen versus Kleinbauern. Sowohl die Entspannungspolitik des Kalten Kriegs als auch die Verschiebung des Schwerpunktes in der Dritte-Welt-Bewegung hin zu dieser neuen Dichotomie, liessen die Ost-West-Front ab den 1970er-Jahren in den Hintergrund treten, so dass der Fall der Berliner Mauer 1989, wie auch Ruben Quaas für die Bundesrepublik Deutschland bemerkt, hinsichtlich der Entwicklung der Fair-Trade-Bewegung kaum merkliche Spuren hinterliess.[139]

1.5 Die „Erklärung von Bern“ von 1968

Es überrascht nicht, dass sich die Gruppe Schweizer Theologen Ende der 1960er-Jahre entschloss, ein Manifest zu verfassen. Die Erklärungen der UNO, der als supranationaler Organisation ohne nationale Kompetenzen nichts anderes übrig blieb, als öffentliche Forderungskataloge zu erstellen, wurden zum Vorbild. Nicht nur auf den zahlreich stattfindenden internationalen Konferenzen wurden Erklärungen mit Forderungen verfasst, auch im Umfeld von NGOs wurde das Verfassen von Erklärungen, die einen Forderungskatalog beinhalteten, übernommen. So fand etwa im August 1960 in Oxford eine Konferenz zum Thema „Freedom from Hunger“ statt. Organisiert vom britischen Hilfswerk Oxfam, nahmen 150 Personen aus verschiedenen Ländern daran teil. Diese verfassten eine Erklärung, in der u. a. gefordert wurde, dass jeder britische Staatsbürger ein Prozent seines Einkommens für die Bekämpfung des Welthungers geben solle.[140] Im Mai 1968 forderte der ÖRK auf seiner Konferenz in Uppsala die Kirchgemeinden auf, drei Prozent ihres Einkommens für „Entwicklung“ zu bestimmen.[141] Die „Erklärung von Bern“ hatte somit ihre Vorläufer, es gab aber auch Parallelen. So gab auch die britische Haslemere Group, eine Gruppe von Mitarbeitern von Hilfswerken, Akademikern und Journalisten, im April 1968 eine Erklärung heraus.[142] Die „Haslemere Declaration“ war etwas länger und radikaler als der Katalog der Schweizer Theo-

Solidarische Entwicklung (Hg.): Die ‚Multi-Papers‘: Erfahrungen und Folgerungen. Dokumentation zum Rundbrief 1978/3 (Bern 1978). A.-M. Holenstein-Hasler, R. Renschler, R. H. Strahm: Entwicklung heisst Befreiung, 163.

139 R. Quaas: Fair Trade, 270.

140 M. Black: Oxfam the First 50 Years, 70.

141 J. Rossel: Leben in ökumenischer Weite, 254.

142 Hilton, Matthew: International Aid and Development NGOs in Britain and Human Rights since 1945, in: Humanity: An International Journal of Human Rights, Humanitarianism, and Development 3/3 (2012) 449–472.

logen, nahm jedoch in sehr ähnlicher Weise die UNCTAD-Forderungen auf.[143] Die „Erklärung von Bern“ beinhaltete 13 Punkte.[144] Zusammenfassend lassen sich diese in drei Bereich einteilen: einen theologischen, einen organisatorischen bzw. bewusstseins-technischen und einen theoretischen.

Die Erklärung von Bern, März 1968.*

Die Schweiz und die Entwicklungsländer

1. Eine Herausforderung an unsere Generation

Unter denen, die heute täglich in unserer Welt geboren werden, ist eine grosse Zahl von Menschen, die, nach statistischen Prognosen, sich nicht werden satt essen können, die weder eine Schule besuchen noch einen Beruf werden erlernen können und denen somit die menschlichen Elementarrechte nicht zugute kommen werden. Wir gehören wohl zur ersten Generation, die das Ausmass dieser Not erkennt, die aber zugleich auch über die Mittel verfügt, um ihr begegnen zu können. Wir, die wir zu den Begünstigten in der Welt gehören, versäumen unsere erste Pflicht, wenn wir nicht alles, was uns nur möglich ist, tun, um den Kampf gegen Hunger und Elend zu führen, der zugleich der Kampf für die Rechte und Würde des Menschen ist.

Abb. 2: Die „Erklärung von Bern“ (1968)

Der theologische Aspekt beinhaltet den Aufruf, nicht nur ökumenisch, sondern auch religionsübergreifend zu handeln. Hier wird deutlich das Ende der christlichen Mission ersichtlich, ohne dass die Wurzeln der Bewegung in der Mission verneint worden wären. In Punkt 7 finden sich denn auch Verweise auf die päpstliche Enzyklika von 1964, den Schweizerischen Evangelischen Kirchenbund oder den Weltkirchenrat. Die Erklärung zeigt sehr schön den Übergang vom christlichen in ein tiermondistisches Bewusstsein, ohne dabei in eine

---

143 Bodleian Library, Oxford. Oxfam archive, MS, Oxfam. COM/3/1/12. Folder 3: Haslemere Declaration.

144 https://www.publiceye.ch/fileadmin/files/documents/Ueber_uns/EvB_1968_0.pdf (28.3.2018). Siehe auch SozArch, EvB, Ar 430.25.1. EvB, Anfangszeit: Die Erklärung von Bern, März 1968.

nüchterne Säkularität abzurutschen.[145] Es wird im Gegenteil sehr klar, wie der christliche Grundgedanke des Helfens und Gebens in der säkularen Entwicklungszusammenarbeit kanalisiert wird.

Die Bewusstseinsbildung in der Bevölkerung wird in den Punkten 6 und 8 angesprochen.[146] Die Erklärung fordert die Schaffung eines Instituts zur Erforschung der Entwicklung der Dritten Welt. Dieses soll Studien erstellen und die Anstrengungen der Schweizer Organisationen koordinieren. Ebenfalls soll die Dritte Welt als Thema in der Schule durchgenommen werden. Monica Kalt hat zum oben angesprochenen Übergang von der christlichen Barmherzigkeit zum Tiermondismus in den 1960er- und 70er-Jahren gearbeitet und aufgezeigt, wie sich die EvB später auf die Bewusstseinsbildung in der Bevölkerung spezialisiert hat.[147]

Neben diesen zwei Punkten lässt sich zudem wie erwähnt ein dritter Punkt bestimmen, der das Konzept eines gerechten Nord-Süd-Handels oder eines gerechten Weltwirtschaftssystems umreisst. So verweist das Manifest in Punkt 4 auf die UNCTAD, noch bevor in Punkt 7 die verschiedenen kirchlichen Konferenzen und die päpstliche Enzyklika erwähnt werden. Es fällt auf, dass die Grundforderungen der UNCTAD bzw. die ökonomische Fachterminologie nicht sprachlich korrekt übersetzt wurden. Aus der Verschlechterung der *terms of trade* wurde flugs die urchristliche Forderung nach dem „gerechten Preis", dem *iustum pretium*, wie ihn die mittelalterliche Scholastik untersuchte. Aus dem ökonomischen Argument, wonach sich der Gleichgewichtspreis durch eine Verschlechterung der realen Austauschverhältnisse verändert, wurde somit das moralische Argument des ungerechten Preises. Das heisst, dass die Erklärung 1968 direkt auf die der UNCTAD zugrundeliegenden Ökonomie verweist. Doch indem sie diese bereits im Urtext moralisch und nicht ökonomisch versteht, wird hier die Grundlage für das spätere Fair-Trade-Konzept und die Abweichung vom akademischen bzw. ökonomischen Fair-Trade-Begriff gelegt.

Interessant ist jedoch der nächste Satz in Punkt 4, der die UNCTAD-Empfehlung bezüglich der Modernisierung der Peripherie umschreibt, nämlich: „[Wir] dürfen [...] in den Ländern der Dritten Welt nicht ökonomische Strukturen stützen, die auf weite Sicht die Entwicklung dieser Länder nur hemmen können". Hier wird offensichtlich, dass die Rolle der Entwicklungsländer als Rohstoffproduzenten für die Industrieländer beendet werden soll. In ganz klassischer UNCTAD-Manier

145 M. Kalt: Tiersmondismus in der Schweiz, 268 – 346.

146 Siehe dazu ebd., 161 – 190 sowie A.-M. Holenstein-Hasler, R. Renschler, R. H. Strahm: Entwicklung heisst Befreiung, 289.

147 M. Kalt: Tiersmondismus in der Schweiz, 161 – 190 sowie 268 – 346. Siehe auch A.-M. Holenstein-Hasler, R. Renschler, R. H. Strahm: Entwicklung heisst Befreiung, 289.

wird davon ausgegangen, dass der Rohstoffexport die Entwicklung hemmt. In diesem Punkt lässt sich aus ökonomischer Sicht eine Widersprüchlichkeit feststellen. Offensichtlich haben die Verfasser nicht begriffen, dass Prebisch und Singer nicht einfach höhere Preise für Rohstoffe aus Entwicklungsländern fordern, sondern bei der ökonomischen Argumentation der Bestimmung der Preise durch den Markt – also durch Nachfrage und Angebot – bleiben und die Verschlechterung der Rohstoffpreise im Verhältnis der Preise von Industrieprodukten als unabwendbare Marktentwicklung akzeptieren. Der Verringerung der relativen Rohstoffpreise soll gemäss Prebisch und Singer nicht mit Almosen entgegnet werden, also dadurch, dass die Industrieländer freiwillig einen gerechteren Preis bezahlen, sondern mit Massnahmen zur Schaffung einer verarbeitenden Industrie in den Entwicklungsländern, um die Wertschöpfung an den Rohstoffen selbst vorzunehmen. Die UNCTAD forderte die Modernisierung der rohstoffproduzierenden Volkswirtschaften im Süden in rohstoffverarbeitende Volkswirtschaften.[148]

Dies schien den Verfassern allerdings klar gewesen zu sein, genau wie die Effekte, die diese Modernisierung auf Volkswirtschaften im Norden haben würde. Sehr klarsichtig weist die Erklärung denn in Punkt 5 unter dem Titel „Die notwendigen politischen Umstellungen" darauf hin, dass diese Modernisierung der Entwicklungsländer Auswirkungen auf die Industrieländer haben würde. Sobald die westliche Welt auf billige Rohstoffe aus Entwicklungsländern verzichten müsste und ihre Märkte für Industrieprodukte aus Entwicklungsländern öffnete, würde dies das Leben der Bürger in der Schweiz betreffen. Offensichtlich rechneten die Initianten mit einer erwachsenden Konkurrenz aus den Entwicklungsländern und damit, dass Letztere schon bald gleichauf mit den Industrieländern sein würden. Dies erklärt denn auch die Aussage in Punkt 5, dass die Umstellung auf einen Handel auf Augenhöhe mit den Entwicklungsländern so gestaltet werden solle, dass für die Schweiz „keine allzu jähen Erschütterungen resultieren" würden. Diese Formulierung zeigt, dass die Initianten von Importen von Industriegütern aus Entwicklungsländern und einer entsprechenden binnenwirtschaftlichen Einbusse ausgingen. Sie nahmen an, dass Industrieprodukte in Zukunft aus dem Süden kommen würden und Industriearbeitsplätze im Norden – und somit auch in der Schweiz – verloren gehen würden.

Allerdings wird auch im zweitletzten Punkt, also in Punkt 12, eine Sichtweise angedeutet, die Rudolf Strahm später unter dem Begriff „Peripherie im Inland" zusammenfassen sollte. So wird in diesem Manifest für die Dritte Welt ergänzt, man verpflichte sich aber auch, „alles in seiner Macht stehende zu unternehmen,

---

148 J. Toye, R. Toye: UN and Global Political Economy, 147.

um im eigenen Lande die schlimmsten sozialen Ungleichheiten zu beheben“. Dies ist erstaunlich, hatte die Schweiz doch 1968 zwei Jahrzehnte ungesehenen wirtschaftlichen Wachstums erlebt und sich – im Vergleich zu den Nachbarländern – auch nicht mit dem kriegsbedingten Wiederaufbau beschäftigen müssen. Es ist zu vermuten, dass auch in der radikalen Aufbruchstimmung von 1968 eine pure Selbstaufgabe zulasten der Entwicklungsländer nicht gefordert werden konnte. Die Initianten strebten also bereits damals einen tragfähigen Konsens an, mit dem sie ein breites Bevölkerungsspektrum ansprechen konnten. Hier zeigt sich erstmals eine Konstante der kommenden Jahre: die Bereitschaft zur Spende an die ferne Dritte Welt war stets auch an die Bedingung geknüpft, inländische Gruppen ebenfalls zu berücksichtigen.[149]

Wie bereits erwähnt, wird schon im Manifest von 1968 der Konflikt zwischen dem ökonomischen Lösungsansatz der Modernisierung und dem christlichen Gebot der Barmherzigkeit, des Almosens, sichtbar. Das Manifest hat zwei sehr unterschiedliche Stossrichtungen, deren Widersprüchlichkeit schon in den kommenden Jahren zu Tage treten würde. Die eine Zielsetzung ist die ökonomische, die die Umsetzung der UNCTAD-Anliegen in der Schweiz fordert. Hier verlangen die Initianten eine strukturelle Veränderung und bereiten die Bevölkerung auf die erwarteten Strukturanpassungen vor. Die andere ist eine moralische und statische: Sie sieht eine völlig bedingungslose und diffuse Spende von drei Prozent des Einkommens vor. Den sehr konkreten ökonomischen UNCTAD-Forderungen nach *import substitution investment* (zu Deutsch importsubstituierende Industrialisierung) und Zollpräferenzen, die auf umfassenden empirischen Untersuchungen und einem politischen Entscheidungsprozess innerhalb der UNCTAD beruhten und deren Urheber die Entwicklungsländer selbst waren, diesen Forderungen wurde ein genereller Spendenaufruf aus moralischer Überzeugung gegenübergestellt. Hier wurde denn auch die Ausgangslage geschaffen für die Widersprüchlichkeit der EvB als NGO: Diese predigte einerseits, dass es weniger darauf ankomme, mehr zu geben, während sie sich andererseits jahrzehntelang für eine Erhöhung der privaten wie öffentlichen Entwicklungshilfe einsetzte.[150] Bereits um 1968 gab es eine sehr umfangreiche Fachliteratur, welche den Grundsatz der Entwicklungshilfe und die Verwendung und Verknüpfung der Gelder stark kritisierte.[151] Die UNCTAD von 1964 hatte ausdrücklich den Slogan *Trade, not Aid* ausgerufen.[152] Trotzdem, so schien es, war es der Dritte-Welt-Bewegung im Westen auch im Umbruchs- und Erneuerungsmoment von 1968

149 A.-M. Holenstein-Hasler, R. Renschler, R. H. Strahm: Entwicklung heisst Befreiung, 47–48.
150 Siehe dazu Kapitel 3.6. „Weniger nehmen“: Abschied von der Makroökonomie.
151 P. Plickert: Wandlungen des Neoliberalismus, 242–246.
152 J. Toye, R. Toye: UN and Global Political Economy, 4–5.

schlicht nicht möglich, von ihrem Bedürfnis, Almosen zu geben, abzurücken. Mit der Erklärung, fortan drei Prozent ihres Einkommens zu spenden, schienen die Unterzeichner die unmissverständliche Losung der Entwicklungsländer – Handel statt Hilfe – zu ignorieren und ihre eigenen moralischen Bedürfnisse höher zu gewichten. Allerdings sollte denn auch die UNCTAD von bereits 1968 ebenfalls auf diesen Kompromiss einschwenken und neu die Forderung *Trade and Aid* durchgeben.[153]

Wie nahe die „Erklärung von Bern“ 1968 den Wirtschaftswissenschaften stand, wird nicht nur in einigen Passagen der Erklärung deutlich, sondern insbesondere auch in einer Beilage unter dem Titel „Einige Zahlen zur Orientierung“, die potenziellen Unterzeichnerinnen und Unterzeichnern mitgeschickt wurde.[154] Darin werden Statistiken der zur Weltbankgruppe gehörenden Bank für Wiederaufbau und Entwicklung zitiert. Dies ist umso bedeutsamer im Hinblick auf die Tatsache, dass sich die Bewegung um die „Erklärung von Bern“ bereits ein Jahrzehnt später äusserst kritisch gegenüber der Weltbankgruppe äusserte.[155] An Beispielen wird auf die Ungleichheiten im Bruttonationalprodukt pro Kopf und damit auf das Wohlstandsgefälle zwischen Industrie- und Entwicklungsländern aus dem Jahr 1966 hingewiesen. Auch wird die „zunehmende Verarmung der armen Länder“ aufgezeigt und somit die Entwicklung, die Lance Pritchett später „Divergence, big time“ nennen würde.[156] Die Initianten der „Erklärung von Bern“ nahmen somit ökonomisch-empirische Daten zur Grundlage, um das Wohlstandsgefälle zwischen Norden und Süden aufzuzeigen, das sich in den kommenden Jahrzehnten noch massiv verstärken würde. Dieselben Daten der Bretton-Woods-Institutionen dienen heutigen Ökonomen weiterhin als Grundlage. Die Dritte-Welt-Bewegung hingegen kam im Folgenden von ihren ursprünglichen makroökonomischen Argumenten ab und machte die Wirtschaftswissenschaften zur Zielscheibe ihrer Kritik.

153 Ebd., 226.

154 SozArch, EvB, Ar 430.25.1. EvB, Anfangszeit: Einige Zahlen zur Orientierung, undatiert, ohne Autor (als Beilage der „Erklärung von Bern“ zur Information für Unterzeichner).

155 Siehe dazu Kapitel 3.2. Internationale Organisationen und Unternehmen als neues Feindbild.

156 L. Pritchett: Divergence, Big Time.

1.6 Roy Preiswerk und Christoph Eckenstein: das Institut africain in Genf als neuer Knotenpunkt

Die tiefe Reflexion über die Geschichte der Basler Mission und wie diese Reflexion zu einem neuen Verständnis der Nord-Süd-Beziehung führte, lässt sich exemplarisch an der Person Roy Preiswerks (1934–1982) aufzeigen.[157] Preiswerk gehörte zu den ersten Professoren am Institut africain, dem späteren Institut universitaire des études de développement (IUED); er hat das Institut massgeblich aufgebaut. Vorher arbeitete er für die Vorgängerinstitution der eidgenössischen Direktion für Entwicklung und Zusammenarbeit und wirkte als Professor in einem Entwicklungsland, an einem Institut in Trinidad. Preiswerk studierte in den 1950er- Jahren in Genf und den USA Recht und Politikwissenschaften und promovierte in Genf. Danach lehrte er das Fach Internationale Beziehungen, zunächst auch am Institut universitaire des hautes études internationales.[158] Seine Schwerpunkte sollten im Lauf seiner Karriere die Begegnung der Kulturen auf Augenhöhe und die Reflexion über den Ethnozentrismus in der Entwicklungshilfe werden. Er hat massgeblich den Aufbau der *development studies* und deren gleichzeitige Abgrenzung von der Ökonomie, den Rechts- und Politikwissenschaften geprägt.[159] Preiswerk hatte als Intellektueller die Neufassung der Begriffe „Solidarität“ und „Kultur“ in der schweizerischen Dritte-Welt-Bewegung vorgedacht und damit die schweizerische Entwicklungs-, Landwirtschafts- und Aussenwirtschaftspolitik mitgestaltet.[160]

Gleich nach seiner Promotion arbeitete Preiswerk 1964 als Dozent am neu gegründeten Institut africain, nach seinem Aufenthalt in Trinidad kehrte er 1970 zurück nach Genf. Als Basler in Genf fungierte Roy Preiswerk von da an ähnlich wie Lukas Vischer als Vermittler und Netzwerker zwischen der Deutschschweiz und dem internationalen Genf.[161] Preiswerks Rückkehr in die Schweiz brachte der Bewegung um die „Erklärung von Bern“ Auftrieb. Preiswerk nutzte den Freiraum,

157 Preiswerk, Roy; Rist, Gilbert: A contre-courants. L’enjeu des relations interculturelles (Lausanne 1984).

158 Barrelet, Jacques: Preiswerk, Roy, in: Marco Jorio (Hg.): Historisches Lexikon der Schweiz (Basel 2002–2014) http://www.hls-dhs-dss.ch/textes/d/D44848.php (18.2.2010), Dettwiler, Walter: Preiswerk, Wilhelm, in: Marco Jorio (Hg.): Historisches Lexikon der Schweiz (Basel 2002–2014) http://www.hls-dhs-dss.ch/textes/d/D29906.php (18.2.2010).

159 Nobs-Margairaz, Monique: L’Institut africain de Genève (1962–1973). Une contribution à la problématique du développement (Genève 1993) 46–47.

160 Unter anderem gaben die Schweizer Hilfswerke ihre vorbereitende Studie zur Debatte eines schweizerischen Gesetzes über Entwicklungszusammenarbeit bei ihm in Auftrag, A. Bänziger: Entwicklungsland Welt – Entwicklungsland Schweiz, 6.

161 R. Preiswerk, G. Rist: A contre-courants, 54.

den das Institut africain bot, um mit Workshops, Arbeitsgruppen und Studien die schweizerische Entwicklungspolitik mitzubestimmen.[162] Preiswerks Wirken ist von seiner familiären Verankerung in der Basler Mission und der Basler Handelsgesellschaft nicht zu trennen. Sein Vater Max und sein Onkel William Preiswerk hatten wie zuvor Roys Grossvater Wilhelm die Basler Handelsgesellschaft, bis in die 1970er-Jahre eine der grössten Schweizer Handelsgesellschaften, geführt.[163] Die Basler Handelsgesellschaft war 1859 von der Basler Mission gegründet worden und Roys Grossvater hatte als Mitglied des leitenden Komitees die Basler Mission mitgeprägt.[164] Nach dem Ersten Weltkrieg enteigneten die Briten, die auf den Missionsfeldern in Indien und Westafrika die Kolonialherren waren, die Basler Handelsgesellschaft, die Firma trennte sich statutarisch von der Mission und ein jahrelanger juristischer Kampf um die Rückgabe der Güter begann. Während und nach dem Zweiten Weltkrieg gelangte die Basler Handelsgesellschaft jedoch wiederum zu neuer Blüte und war in zahlreichen Ländern des globalen Südens, insbesondere jedoch in Westafrika mit Kaufhäusern, Autowerkstätten und verschiedensten weiteren privaten Investitionen stark verankert.[165] In den 1950er- und 60er-Jahren, als Roy Preiswerk studierte und an seiner Doktorarbeit schrieb, leiteten sein Vater und sein Onkel somit jene Schweizer Firma, die nicht nur für ihre erfolgreichen Investitionen im globalen Süden, sondern auch für ihre Verankerung in der Mission bekannt war: Ein Passus in den Statuten sah noch in der Nachkriegszeit eine Abgabe eines Teil des Gewinns an „Reichgotteswerke", sprich die Basler Mission vor.[166] In seiner 1963 publizierten Doktorarbeit besprach Roy Preiswerk ausgiebig die Ausgestaltung von Staatsverträgen zum Schutz von privaten Investitionen insbesondere in Ländern des Südens.[167] Implizit diskutierte er damit die Rolle der Firma seiner Familie. Er wuchs bei der Mutter auf, getrennt von seinem Vater und dessen Familienunternehmen.[168] Preiswerk selbst hat seine persönliche Motivation hinter seiner Jahrzehnte währenden Forschung zur Rolle der westlichen privaten Wirtschaft im Süden, zum Kulturkontakt zwischen Nord und Süd und zum Bild des Südens in der Kinder- und Jugendbuchliteratur nicht schriftlich reflektiert, von Preiswerk

---

162 M. Nobs-Margairaz: L'Institut africain, 74.

163 J. Barrelet: Preiswerk, Roy.

164 W. Dettwiler: Preiswerk, Wilhelm.

165 Stettler, Niklaus: Basler Handelsgesellschaft, in: Marco Jorio (Hg.): Historisches Lexikon der Schweiz (Basel 2002–2014) http://www.hls-dhs-dss.ch/textes/d/D43012.php (3.7.2002).

166 A. Franc: Wie die Schweiz zur Schokolade kam, 123.

167 Preiswerk, Roy: La protection des investissements privés dans les traités bilatéraux (Zürich 1963).

168 R. Preiswerk, G. Rist: A contre-courants.

wird die Basler Handelsgesellschaft nicht namentlich genannt. Gleichzeitig hat er aber die Diskussion um die Rolle der privaten Direktinvestitionen im Süden stets weitergeführt. Nach seinem Stellenantritt in Genf führte er 1971 etwa ein Seminar zur Rolle der privaten Direktinvestitionen durch.[169] Die von ihm mitverfasste Studie von 1975 im Hinblick auf die Debatte um das eidgenössische Gesetz über die Entwicklungszusammenarbeit konzentriert sich stark auf das Thema, bei seinen Schülern blieb er in den 1980er-Jahren als Dozent in Erinnerung, der kritisch gegenüber privaten Direktinvestitionen im Süden eingestellt war.[170] Zu Beginn der 1980er-Jahre machte sich die EvB schliesslich daran, die Basler Handelsgesellschaft als negatives Beispiel für private Direktinvestitionen im Süden „unter die Lupe zu nehmen".[171] Damit wird ersichtlich, wie im Bereich der Dritte-Welt-Bewegung eine Entakademisierung und eine Verlagerung der Deutungsmacht von Akademikern wie Roy Preiswerk zu NGOs stattfand. Parallel dazu hatte sich die Basler Handelsgesllschaft nach politischen Krisen vor Ort aus dem Westafrika-Geschäft zurückgezogen und es brauchte buchstäblich eine „Lupe", um die verbleibenden Direktinvestitionen der Firma in Afrika zu finden.

Roy Preiswerks Doktorarbeit ist in mehrfacher Hinsicht – und ähnlich André Biélers Arbeit über Calvin – Zeugnis der frühen 1960er-Jahre, als die Wirtschaftswissenschaften von Dritte-Welt-Aktivisten akademisch genutzt wurden, um die Frage nach einem gerechten wirtschaftlichen Nord-Süd-Verhältnis zu erörtern. Preiswerk war ein profunder Kenner der entwicklungsökonomischen Literatur, die er ausführlich diskutiert und als Grundlage für seine juristische Studie benutzt. Mit Vehemenz kritisiert er die neoliberale Theorie, insbesondere deren Vertreter Wilhelm Röpke (1899–1966), der damals Professor am Institut universitaire des hautes études internationales in Genf war, und sich wiederholt zur abendländischen Überlegenheit geäussert hatte.[172] Preiswerk präsentierte 1963, sozusagen im Vorfeld der UNCTAD, die Forschung von Prebisch und Singer sowie Berichte der Vereinten Nationen und verteidigte die „planification" der Entwicklungsländer, den *developmental state*, wie er in der zeitgenössischen Entwicklungsökonomie postuliert wurde.[173] Preiswerk bestand in der ganzen Dissertation darauf, dass private Direktinvestitionen dem Entwicklungsland dienen müssen

169 A. Bänziger: Entwicklungsland Welt – Entwicklungsland Schweiz, R. Preiswerk, G. Rist: A contre-courants, 52.

170 Ebd.

171 SozArch, EvB, Ar 430.11.5. Entwurf für die Weiterarbeit im Bereich der Wirtschaftspolitik, Termin: Mai – bis Ende 1984.

172 R. Preiswerk: La protection des investissements privés, 85.

173 G. Austin: The Developmental State, 54, R. Preiswerk: La protection des investissements privés, 76.

und präsentiert die zahlreichen Möglichkeiten und UN-Vorschläge, wie ein Entwicklungsland Staatsverträge zum Schutz von privaten Direktinvestitionen ausgestalten könnte. Gerade indem Preiswerk eingehend die Ausgestaltung der privaten Direktinvestitionen diskutiert, macht er deren Unverzichtbarkeit klar:

> Elle [cette étude] est fondée sur l'hypothèse que malgé toute l'aide et l'assistance apportées par eux, les gouvernements occidentaux ne sauront remplacer les entrepreneurs privés dans l'accomplissement du travail concret qui est nécessaire à la réalisation de cette gigantesque tâche qu'est l'amélioration du niveau de vie des peuples du Tiers-Monde. Ce travail ne pourra cependant être exécuté, si le bailleur de fonds n'obtient pas, dans le pays importateur de capitaux, les garanties nécessaires qui mettent ses placements à l'abri des multiples risques non-commerciaux et qui lui permettent de travailler efficacement dans des conditions favorables.[174]

Für Preiswerk bestand kein Zweifel, dass das Wohlstandsniveau in Entwicklungsländern nur mit privatem westlichen Kapital erhöht werden könne und dass private Firmen einzig investierten, wenn sie dazu günstige Bedingungen vorfänden. Hingegen müsse bei der vertraglichen Festlegung dieser günstigen Bedingungen den realen Verhältnissen eines Entwicklungslandes Rechnung getragen werden:

> le pays importateur de capitaux peut être tenu de protéger seulement les intérêts des entrepreneurs qui se déclarent prêts à fournir les garanties que l'on attend d'eux. Il ne peut donc jamais s'agir de protéger n'importe quel placement et n'importe quelle entreprise, mais seulement ceux qui s'accommodent avec les réalités du sous-développlement économique.[175]

Die westliche Privatwirtschaft, so Preiswerk, „un des fondements les plus sacrés de nos sociétés occidentales", müsse sich im Süden bewähren, um zu überleben.[176] Wie bereits seine Vater und sein Grossvater vor ihm hielt Roy Preiswerk die private Direktinvestition im Süden für Entwicklungszusammenarbeit, sofern sie vom westlichen Unternehmer auch als solche gestaltet wird und nicht einzig Rohstoffe extrahiert, sondern zur Berufsbildung und Hebung des Wohlstandes beiträgt.[177]

An Roy Preiswerks Familie lässt sich sowohl Kontinuität wie auch der Strukturwandel in der schweizerischen Beziehung zu den Entwicklungsländern exemplarisch ablesen: Aus Kaufleuten und Missionaren wurden in den 1960er-

174 Ebd., 3.
175 Ebd., 4.
176 Ebd., 87.
177 Ebd.

Jahren technische Experten im Auftrag des Bundes.[178] Insbesondere nach dem Inkrafttreten des Bundesgesetzes über die internationale Entwicklungszusammenarbeit 1976 entstand in der Schweiz der stark wachsende Arbeitsbereich der Entwicklungshilfe, teilweise offiziell beim Bund, teilweise bei den vom Bund subventionierten Hilfswerken.[179] Das Institut universitaire des études de développement wurde in diesem Prozess zu jenem Institut zur Erforschung der Entwicklung, das die „Erklärung von Bern" in Punkt 6 und daraufhin der sozialistische Nationalrat Jean Ziegler in einem Postulat gefordert hatte.[180] Der Bundesrat beschied, anstatt der Gründung eines neuen Instituts solle Bestehendes gefördert werden.[181] So entstand eine Kooperation zwischen Bund und Institut. Pierre Bungener (1919–1975), Pfarrer und Leiter des Institut africain, wurde Mitglied der eidgenössischen Kommission für technische Zusammenarbeit und umgekehrt sassen Vertreter des Bundes im Stiftungsrat des Instituts und es erhielt kontinuierlich Bundesaufträge.[182] Anders als ursprünglich intendiert und auch anders als 1970 an der interkonfessionellen Konferenz im Bundeshaus gefordert, forschten die Dozenten am Institut jedoch nicht ökonomisch zu den Auswirkungen, welche die schweizerische Handelspolitik auf den Austausch mit den Entwicklungsländern hatten. Vielmehr entstanden am Institut africain schon sehr bald Studien, welche die Modernisierung relativierten, die von der UNCTAD gefordert wurde.[183] 1961 gegründet, um afrikanische Führungskräfte auszubilden, war das Institut africain eines der wenigen Institute in Europa, wo eine spezifische Ausbildung zu Afrika möglich war.[184] Allerdings nahm der Anteil an afrikanischen Studierenden kontinuierlich ab und bereits 1971 kamen die Studierenden hauptsächlich aus Europa.[185] 1973 erfolgte die Umbenennung in Institut d'études du développement.[186]

Parallel zur Abnahme afrikanischer Studierender erfolgte auch eine konzeptionelle Neupositionierung. Die europäischen Entwicklungsakademiker des

---

178 Lenzin, René: Schweizer im kolonialen und postkolonialen Afrika. Statistische Übersicht und zwei Fallbeispiele, in: Gérald Arlettaz (Hg.): Die Auslandschweizer im 20. Jahrhundert (Bern etc. 2002) 299–325.

179 Zur Geschichte der Schweizer Entwicklungshilfe siehe K. J. Kuhn, S. Elmer, D. Speich Chassé: Handlungsfeld Entwicklung sowie D. Waldburger, L. Zürcher, U. Scheidegger: Im Dienst der Menschheit.

180 M. Nobs-Margairaz: L'Institut africain, 65.

181 Ebd.

182 Ebd., 63–67.

183 Ebd., 86.

184 Ebd., 72.

185 Ebd., 73.

186 Ebd., 5.

Instituts brachen mit der „linken" Ökonomie und versuchten, neue Zugänge zum Konzept der Entwicklung zu finden.[187] Was zunächst lediglich eine Kritik der insbesondere von Prebisch prominent vertretenen Dependenztheorie war, wurde über die Jahre hinweg zu einer Pauschalkritik an den Wirtschaftswissenschaften an sich.[188] So kritisierte Bungener etwa den niederländischen Ökonomen Jan Tinbergen, der sich dahingehend geäussert hatte, dass in Entwicklungsländern gewisse Traditionen das Wirtschaftswachstum behindern.[189] Bungener sprach im Gegenteil von „eroberten Kulturen", die vom „totalitaristischen westlichen System" „kommerziell penetriert" worden seien.[190] In der Wortwahl des Genfer Pfarrers lässt sich erkennen, wie er die Kulturen des Südens als etwas jungfräulich-unbeflecktes empfand und sich gegen deren Veränderung durch Wirtschaftswachstum wehrte. Die Ökonomie, die kulturelle Hindernisse zum Wirtschaftswachstum nicht als jungfräulich-schön und schützenswert, sondern als ein zu korrigierendes Problem betrachtete, wurde zum Feindbild. Ökonomen gehörten für Bungener in die gleiche Kategorie wie Regierungen, Politiker und Industrielle, die nicht fähig waren, „la pluralité des mondes" zu erkennen.[191] Die Konzentration auf die Neudefinition des Begriffs Kultur und die daraus erfolgende Neufassung des Solidaritätsbegriffs zu Beginn der 1970er-Jahre war zentral in der Abspaltung der Dritte-Welt-Bewegung von den Wirtschaftswissenschaften und in der gleichzeitigen Ausformung der akademischen *development studies.*[192] „Solidarität zeigt sich gerade im Akzeptieren anderer Wertsysteme und kultureller Identitäten", erklärte die Studiengruppe um Roy Preiswerk, welche im Vorfeld der Debatte um das eidgenössische Gesetz über die Entwicklungszusammenarbeit die Haltung der Dritte-Welt-Bewegung festlegte.[193] Damit setzte sich die Autorengruppe um Preiswerk von den Wirtschaftswissenschaften ab, die weder mit dem Begriff Solidarität noch mit den Begriffen Werte, Kultur oder Identität operierten, und transportierte die Deutungshoheit über die Entwicklungspolitik zu den in den *development studies* zusammengefassten Bereichen derjenigen Geistes- und Sozialwissenschaften, welche diese Begriffe zum zentralen Studienobjekt gemacht hatten. Die ursprünglich als „radikal" und von ihren Gegnern gar als „kommu-

187 Ebd., 86.
188 Ebd., 87.
189 Bungener, Pierre: Problèmes dans la relation entre les occidentaux et les peuples du Tiers Monde, in: Pierre Bungener, Jacques Grinevald (Hg.): La pluralité des mondes. Théories et pratiques du développement (Genf 1975) 9 – 30, 15.
190 Ebd., 16, 29, 17.
191 Ebd., 9.
192 K. J. Kuhn: Im Kampf gegen.
193 A. Bänziger: Entwicklungsland Welt – Entwicklungsland Schweiz, 16.

nistisch" qualifizierten Entwicklungsökonomen der 1960er-Jahre, die implizit einen Anspruch aller Menschen auf gleichen wirtschaftlichen Wohlstand angenommen und damit die Wirtschaftswissenschaften in ihren Grundfesten revolutioniert hatten, wurden ausgemustert.[194]

Preiswerk war international, wohl auch über seinen Posten in Genf, sehr gut vernetzt. So steuerte etwa der deutsch-mexikanische Dependenztheoretiker Rodolfo Stavenhagen 1972 ein Nachwort bei zu seiner Schrift „Entwicklungshilfe als Kulturbegegnung".[195] 1979 gab Preiswerk gemeinsam mit dem norwegischen Friedensforscher Johan Galtung ein Buch über die „Hilfe zur Selbsthilfe" heraus.[196] Interessant ist zudem, dass Preiswerk auch weiterhin innerhalb seines bürgerlichen Deutschschweizer Milieus aktiv war. So verfasste er 1971 für die „Schweizer Monatshefte" einen Artikel über afrikanische Literatur. Gerade dieser Text, gerichtet an das konservative Deutschschweizer Bürgertum, zeigt auf, mit welcher Selbstverständlichkeit die westlichen Intellektuellen der Vätergeneration aussereuropäische Literatur aufnahmen und sich von ihr leiten liessen. Die Abkehr vom Primat des Handels erfolgte somit gerade bei Schweizer Intellektuellen wie Preiswerk durchaus im Einklang mit der Entwicklung im Süden, dem Bedeutungsverlust der UNCTAD und dem Thema Handel. In den „Schweizer Monatsheften" schrieb Preiswerk:

> In der heute vorherrschenden Entwicklungskonzeption, die von afrikanischen Eliten im Rahmen der internationalen Zusammenarbeit angewandt wird, spielt – wohl oft unbewusst – eine optimistische Einschätzung des Ausstrahlungseffektes eine bedeutende Rolle. Man glaubt gerne, die Lebensform und die wirtschaftliche Tätigkeit einer verwestlichten Enklave werde sich graduell, aber unaufhaltbar im Sinne eines Modernisierungseffekts auf die gesamte Bevölkerung ausdehnen. [...] Eine von den Eliten gegenüber der Masse praktizierte paternalistische Politik dieser Art kennt man in mehreren lateinamerikanischen Staaten seit langem unter dem Namen ‚indigenismo'. Heute stellt man bei der Anwendung dieser Politik grosse Schwierigkeiten fest. Junge lateinamerikanische Sozialwissenschafter gehen sogar so weit zu behaupten, die Akkulturation an die Lebensform der herrschenden Schicht bedeute für die Masse kulturellen Selbstmord und komme überall dort, wo die Umstellung aufgezwungen werde, einem Kulturmord (Ethnozid) gleich.[197]

Preiswerks Versiertheit in lateinamerikanischer, afrikanischer und karibischer Literatur zeugt von einer jahrelangen Beschäftigung mit dem Süden und einer

---

194 J. Toye, R. Toye: UN and Global Political Economy, 4–5.

195 Preiswerk, Roy: Entwicklungshilfe als Kulturbegegnung (Stein, Nürnberg 1972).

196 Preiswerk, Roy; Galtung, Johan (Hg.): Le Savoir et le Faire. Relations interculturelles et développement (Paris, Genf 1979).

197 Preiswerk, Roy: Zur afrikanischen Identitätskrise. Ein Überblick anhand der neueren Literatur, in: Schweizer Monatshefte 51/7 (1971) 486–495, 486.

tiefen Bereitschaft, sich auf Stimmen des Südens einzulassen. Preiswerk gehörte zu den ersten Vertretern des europäischen Bürgertums, die in der offiziellen Entwicklungshilfe einen „Dialog" forderten und Fragen stellten, anstatt Antworten zu geben. Er praktizierte diese tiefe, christlich anmutende Hingabe an die Stimmen des Südens mit einer klassischen, gutbürgerlichen Ernsthaftigkeit und einer feinen Sorgfalt. Das von Preiswerk beschriebene vielschichtig geführte afrikanische und lateinamerikanische Ringen um Tradition und Moderne in Entwicklungsländern enthielt in seiner simplifizierten Reduktion die Botschaft der Wachstumskritik und die Forderung nach dem Erhalt des Bestehenden. Modernisierung nach Vorbild des Westens als Kulturmord sollte die vereinfachte Botschaft sein, die Preiswerk hinterliess. Preiswerk wehrte sich zu wenig gegen diese Vereinfachung, etwa wenn er Rodolvo Stavenhagen zu Wort kommen liess. Stavenhagen, der 1970 kurz in Genf gelehrt hatte, scheute vor plakativen Botschaften nicht zurück:[198]

> Im 19. Jahrhundert war der Kapitalismus zu einem weltweiten System geworden. Die nichtindustrialisierten, nichtwestlichen Länder der Welt bildeten nun für die industrialisierte Welt ein gewaltiges Reservoir von Arbeitskräften, Rohstoffen und Agrarprodukten. Der im Namen des ‚Fortschritts' (eine westliche Erfindung!) durchgeführte Prozess der Eingliederung der nichtindustrialisierten Völker in das Weltwirtschaftssystem war nur möglich durch die Zerstörung der alten Zivilisationen und die zunehmende Verkrüppelung der nichtwestlichen Kulturen.[199]

Die Genfer Gruppe um Preiswerk stand auch mit dem Basler Juristen Christoph Eckenstein (1933–1974) in Kontakt, der ab 1963 in Lateinamerika für Raúl Prebisch arbeitete.[200] Eckenstein war eine schillernde Persönlichkeit. Wie Preiswerk aus einer Familie des Basler Bürgertums stammend, studierte und arbeitete er in Genf und New York. In den 1950er-Jahren unternahm er ausgedehnte Reisen in südliche Länder und schrieb für verschiedene Zeitungen. Von 1956 bis 1962 arbeitete er als Beamter in der Handelsabteilung des Eidgenössischen Volkswirtschaftsdepartements, ging dann aber wieder auf ausgedehnte Reisen nach Lateinamerika. Von 1963 bis 1964 arbeitete Eckenstein in Santiago de Chile für die Wirtschaftskommission der Vereinten Nationen für Lateinamerika (Comisión Económica para América Latina, CEPAL) und deren Leiter Raúl Prebisch. Ecken-

198 Zu Stavenhagens Biografie siehe http://www.stunam.org.mx/41consejouni/consejo%20universitario15/2015/1%20PLENO%202015/1%20sesionplenocu24mar15/7primeralecturadrhc/4%20CV/10.+Rodolfo+Stavenhagen+CV.pdf (14.3.2018).

199 R. Preiswerk: Entwicklungshilfe als Kulturbegegnung.

200 Eckenstein, Christoph; Gurtner, Bruno: Den Dialog erkämpfen. Industrieländer und Dritte Welt (Genf 1977).

stein war somit in die Vorbereitung der UNCTAD von 1964 in Genf involviert. 1965 ernannte ihn Prebisch zu seinem Sonderberater für handelspolitische Fragen, ab 1968 leitete Eckenstein die Abteilung für die Förderung des Handels und der Integration zwischen Entwicklungsländern der UNCTAD. 1970, nach Prebischs Weggang von der UNCTAD, wechselte Eckenstein jedoch wieder von der UNCTAD zum Bund. Dort war er offiziell Beauftragter des Bundesrats für Information über europäische Integration, tatsächlich galt aber weiterhin ein bedeutender Teil seiner Arbeit den Nord-Süd-Beziehungen. Auch lehrte er ab 1970 am Institut africain und beteiligte sich aktiv an der Vorbereitung und Abhaltung der interkonfessionellen Konferenz Schweiz – Dritte Welt, die im November 1970 im Bundeshaus stattfand.[201]

Eckenstein gehörte somit sehr eng zum Kreis um Preiswerk und Bungener am Institut africain, aber auch zu den Kreisen der „Erklärung von Bern", auch wenn er als zeitweiliger Bundesangestellter und praktischer Jurist etwas ausserhalb der Gruppe stand. Über Eckenstein kamen jedoch die UNCTAD und die ökonomischen Grundthesen und Forderungen Prebischs in der Deutschschweizer Vätergeneration an, bevor sich die jüngere Studentengeneration überhaupt damit befasst hatte. So hielt Eckenstein etwa bereits im April 1967 einen Vortrag vor der späteren Redaktionskommission der „Erklärung von Bern".[202] Insbesondere war er auch bewandert in der Frage der Auswirkungen der Handelspolitik der EWG auf die neu unabhängigen Staaten. So war eines seiner Hauptanliegen die regionale wirtschaftliche Integration Afrikas, die etwa im Gegensatz zu den asiatischen Staaten, die bereits 1967 die ASEAN gründeten, nicht voran kam.[203]

Ganz selbstverständlich haben sich noch in den 1960er-Jahren etwa die afrikanischen Staaten nach ihrer politischen Unabhängigkeit handelspolitisch neu positioniert. So arbeitete Eckenstein in den Jahren von 1962 bis 1964 auch als Berater afrikanischer Regierungen bei deren Verhandlungen mit der EWG.[204] Gerade für manche jungen afrikanischen Staaten nahmen diese Gespräche jedoch einen fatalen Ausgang. Mit dem Wechsel von der Kolonialmetropole zur EWG als Handelspartnerin gerieten die kleinen afrikanischen Staaten vom Regen in die Traufe.[205] Während die Bildung einer Wirtschaftsgemeinschaft und eines gemeinsamen Agrarmarktes ab 1957 von den europäischen Staaten als Friedenssicherung und politischer Fortschritt gewertet wurde, bedeutete diese Entwicklung

201 Ebd.

202 SozArch, EvB, Ar 430.25.1, EvB, Anfangszeit: Peter Gessler: Persönliche Notizen zu den Anfängen der Erklärung von Bern und ihrem Umfeld, 1.12.2008.

203 C. Eckenstein, B. Gurtner: Den Dialog erkämpfen, 238.

204 Ebd.

205 M. Rempe: Entwicklung im Konflikt.

für die ärmsten Länder, dass Europa sich nun hinter einer unüberwindlichen wirtschaftlichen Festung befand.[206]

Für das Schweizer Publikum verfasste Eckenstein verschiedene wissenschaftliche Artikel, die er u. a. in der renommierten wissenschaftlichen Zeitschrift „Aussenwirtschaft" publizierte. Geschickt baute er auf die ökonomischen Arbeiten von Gottfried von Haberler auf und zielte dabei ins Herz der Zürcher liberalen Kreisen um Wilhelm Röpke und Albert Hunold sowie auf die Redaktoren der „Neuen Zürcher Zeitung", bei denen Haberler in Zürich immer wieder gerne zu Gast war.[207] Dabei erhielt er allerdings Sukkurs von Handelsminister Paul Jolles, dem Leiter der Schweizer Delegation an der UNCTAD, der ebenfalls von verlorenem Posten aus für eine Öffnung des Schweizer Marktes für Produkte aus Entwicklungsländern plädierte.[208] Jolles tat dies allerdings aus Sicht der Interessen der Schweizer Privatwirtschaft, die seit jeher eine tiefe wirtschaftliche Integration mit dem Süden aufwies, wie er vor dem schweizerischen bürgerlichen Publikum „gebetsmühlenartig" wiederholte.[209]

Über dieses Basel-Genf-Netzwerk war auch der junge Ökonom und spätere Sekretär der EvB, Rudolf Strahm, in Kontakt zu Eckenstein gekommen. Schliesslich vermittelte Eckenstein Strahm 1974 eine Beraterstelle bei der UNCTAD.[210] Eckenstein spielte als Bundesangestellter eine Doppelrolle. Einerseits war er von der Eidgenossenschaft angestellt und hatte offiziell deren nationale Interessen zu vertreten. Im Privatleben war Eckenstein aber sehr nahe an der Dritte-Welt-Bewegung um das IUED und sympathisierte mit ihr. Nach seinem Tod fanden seine Freunde im Nachlass Dokumente, die neben Eckenstein selbst vor allem Vertreter multinationaler Firmen belasteten. Multinationale Firmen hatten eine Lobbygruppe gegründet, um der zunehmenden kritischen Haltung in der westlichen Öffentlichkeit entgegenzuwirken. In diese Gruppe hatten sie Journalisten, Funktionäre supranationaler Organisationen sowie Eckenstein als Berater eingebunden. Strahm vermutet, dass Eckenstein die Dokumente absichtlich hinterlassen hat.[211] So kamen die „Multipapers" an die Öffentlichkeit, herausgegeben von Strahm und dem Umfeld der EvB.[212]

206 C. Gerlach: Fortress Europe.
207 C. Eckenstein, B. Gurtner: Den Dialog erkämpfen. AfZ, Vorort-Archiv. Handakten Gerhard Winterberger: Korrespondenz Haberler.
208 Perrenoud, Marc: Jolles, Paul R., in: Marco Jorio (Hg.): Historisches Lexikon der Schweiz (Basel 2002–2014) http://www.hls-dhs-dss.ch/textes/d/D14856.php (13. 2. 2007).
209 S. Misteli: Der UNCTAD-Moment, 207.
210 A.-M. Holenstein-Hasler, R. Renschler, R. H. Strahm: Entwicklung heisst Befreiung, 113.
211 Ebd., 163.
212 Erklärung von Bern, Vereinigung für Solidarische Entwicklung: Die ‚Multi-Papers'.

Preiswerk und Bungener, das heisst das IUED-Team und die früheren Freunde Eckensteins, hiessen die Publikation gut. Auf konzeptueller Ebene machte das IUED gleichzeitig auch hier den Wandel von der makroökonomischen Ebene zur Multikritik, zum „anticorporatism", mit.[213] Die Kritik an den westlichen Konzernen und an deren Direktinvestitionen basierte damals aber noch auf der Prebisch-Singer-Prämisse, dass Länder des Südens eine eigene, importsubstituierende Industrie mit Hilfe von *infant industry protection* aufbauen sollten. Das heisst, die Kritik an den westlichen Multis war zunächst ebenso sehr ein Plädoyer für den Aufbau einheimischer Firmen und Industrien und damit sozusagen eine Zwischenphase auf dem Weg zur vollständigen Kritik am Industriewachstum im Süden.

Die Genfer IUED-Gruppe war mit den in Genf ansässigen Institutionen eng vernetzt. Das IUED bildete einen Kontrapunkt zum Institut universitaire des hautes études internationales, an dem Wilhelm Röpke bis zu seinem Tod 1966 noch lehrte. Röpke verteidigte die Apartheid in Südafrika, liess sich für die südafrikanische Propaganda einspannen und pflegte Kontakte zu den US-amerikanischen Neokonservativen, die wiederum die Rassentrennung im eigenen Land verteidigten.[214] 1964 hatte die spätere EvB-Sekretärin Regula Renschler als Studentin in einem offenen Brief gegen den Afrika-Vortragszyklus in Zürich, an dem auch Röpke sprechen sollte, protestiert.[215] Nebst seiner Rolle als Gegenspieler neokonservativer Institute kann das IUED zudem als eine Art Fortsetzung der Mission gesehen werden, indem es sehr aktiv und sehr nahe an den Menschen in den Entwicklungsländern agierte. Am IUED wirkten, wie früher oder weiterhin in der Mission, diejenigen Schweizer, die sich am besten im Süden auskannten und „im Hintergrund die Drähte zogen", wie es Regula Renschler im Falle der Mission beobachtet hatte.[216]

Das IUED als Kontinuität der Mission zu sehen, mag weit hergeholt erscheinen, von der Hand zu weisen ist dies jedoch nicht. So leitete Roy Preiswerk mehrere Jahre lang ein internationales Projekt zur Darstellung der Dritten Welt im Schulunterricht. Er bot auch ein Seminar für Lehrkräfte an.[217] Nachdem die Mission jahrzehntelang den Süden in der Sonntagsschule abgehandelt hatte, fand dieser nun Eingang in den regulären Schulunterricht. Das Bild der Dritten Welt wurde säkularisiert und langsam verschwanden Mission und Christentum als treibende Kräfte in der gesellschaftlichen Konzeption der Nord-Süd-Gerechtigkeit.

213 Klein, Naomi: No Logo. No Space, No Choice, No Jobs (London 2000), xviii.
214 Q. Slobodian: The World Economy.
215 A.-M. Holenstein-Hasler, R. Renschler, R. H. Strahm: Entwicklung heisst Befreiung, 84.
216 Ebd., 88–89.
217 Ebd., 107.

Roy Preiswerk hat im Rahmen des IUED sozusagen den Sonntagschulunterricht der Missionare nicht nur säkularisiert, sondern auch in die 1970er-Jahre hinübergerettet.

2 Von der Bewegung zur NGO (ca. 1968 – 1973)

2.1 1968: Die Barthianer fordern von der Schweiz die Umsetzung der UNCTAD-Forderungen

Im Vergleich zu anderen europäischen Ländern verlief das Jahr 1968 in der Schweiz harmlos.[1] Hier waren die Studierenden nicht mit der Rolle der Elterngeneration im Holocaust konfrontiert wie in Deutschland, aber auch nicht mit der schwarzen Bürgerrechtsbewegung oder dem Vietnamkrieg wie in den USA. Auch bildete sich in der Schweiz nicht wie in Grossbritannien oder den Niederlanden eine Bürgerbewegung als Antwort auf die Aktivitäten in den eigenen Kolonien.[2] Zu Recht schreibt Bernhard C. Schär: „Für die Erforschung und Deutung von 1968 in der Schweiz dürfte es daher ertragreich und spannend sein, neben den Brüchen auch die Kontinuitäten ins Auge zu fassen."[3] Diese Kontinuität sticht bei den Verfassern der „Erklärung von Bern" ins Auge. Es handelte sich bei ihnen um eine durchaus arrivierte, ältere und bürgerliche Gruppe von Theologen. Interessant ist allerdings auch hier, wie Slobodian aufgezeigt hat, der Dialog mit dem Süden, für den sich nicht nur junge Studenten, sondern auch die Vätergeneration einsetzte.[4] Ganz im Sinne der UNCTAD, dem neuen Zusammenschluss der Entwicklungsländer, setzten sich die Initianten der „Erklärung von Bern" für Wachstum, Modernisierung und Industrialisierung ein. Sie forderten das Aufschliessen der Entwicklungsländer zu den Industrieländern. Interessant ist auch, wie hoffnungsvoll die Vertreter der Vätergeneration in die Zukunft blickten und den Umbruch willkommen hiessen.[5]

Die Nähe der Gruppe der Theologen zum Bürgertum zeigt sich auch an deren Haltung zur Schweizer Wirtschaft. Gemäss der „Neuen Zürcher Zeitung" (NZZ) forderten die Initianten auf der Pressekonferenz zur „Erklärung von Bern" im Januar 1969, dass auch die Schweizer Industrie einen Beitrag zur Entwicklung der armen Länder leiste.[6] Dies war ein Modernisierungs- bzw. Industrialisierungsplädoyer. Repetiert wurde gemäss der NZZ der UNCTAD-Vorwurf, die Schweizer Industrie investiere nicht in die Entwicklungsländer bzw. modernisiere dort nicht, sie schöpfe nur den billigen Rohstoff ab. Das heisst, 1968 erwarteten die Initianten

1 B. C. Schär: ‚1968' als wiederbelebte bürgerliche Revolution, 7.

2 R. Gildea, J. Mark, A. Warring: Europe's 1968.

3 B. C. Schär, R. Ammann, T. Färber, S. Bittner, M. Hofer, Y. Niederhäuser, V. Sperisen, M. Griesshammer, R. Fischer, M. Schär, R. Schär, E. Vaudan: Bern 68, 7.

4 Q. Slobodian: Foreign Front, 18 – 26.

5 J. Rossel: Dynamik der Hoffnung, 14.

6 Ohne Autor, Ein Appell zur Entwicklungshilfe, NZZ, 10.1.1969.

https://doi.org/10.1515/9783110667516-006

von den Schweizer Firmen geradezu, dass sie in Entwicklungsländern Fabriken bauen und die Rohstoffe vor Ort verarbeiten sollten. Von Schweizer Firmen wurde erwartet, dass sie ihren Beitrag zur Industrialisierung der Dritten Welt leisteten. Die Privatwirtschaft wurde in der „Erklärung von Bern" nicht explizit, sondern nur mündlich anlässlich der Pressekonferenz erwähnt. Peter Gesslers schriftliche Notizen zur Pressekonferenz sind jedoch unmissverständlich:

> Sie [die Erklärung von Bern] fordert die Bundesversammlung auf,
>
> 1. eine Zoll- und Handelspolitik unseres Landes zu ermöglichen, die eine gerechtere Verteilung der Reichtümer der Erde zum Ziel hat und den wirtschaftlichen Aufstieg der Entwicklungsländer fördert. Die Sonderinteressen der Schweizerischen Wirtschaft müssen dabei unter Umständen zurücktreten.
> 2. den Empfehlungen der Welthandelskonferenz von Neu-Delhi Folge zu leisten und Zoll- und Einfuhrbarrieren besonders bei Industrieprodukten aus Entwicklungsländern fallen zu lassen.
> 3. entsprechend den Empfehlungen der Welthandelskonferenz von Neu-Delhi und der Weltkirchenkonferenz von Uppsala sich dafür einzusetzen, dass bis 1971 aus öffentlichen Mitteln mindestens 1 Prozent des Bruttosozialproduktes der Schweiz zusätzlich zu den Investitionen der Privatindustrie in geeigneter Form für die Entwicklungsländer eingesetzt wird.[7]

Die Barthianer hatten es sich zum „Auftrag" gemacht, die „Empfehlungen der Welthandelskonferenz von Neu-Delhi", der zweiten UNCTAD von 1968, in der Schweiz zu vertreten.[8] Die Schweiz sollte gemäss Manifest „auf bestimmte Privilegien verzichten", nämlich „Zoll- und Einfuhrbarrieren besonders bei Industrieprodukten aus Entwicklungsländern" abschaffen und in Kauf nehmen, dass „Sonderinteressen der Schweizer Wirtschaft" geschädigt werden.[9] Klar sahen die Initianten „Investitionen der Privatindustrie" als Hilfe zum „wirtschaftlichen Aufstieg der Entwicklungsländer", diese mussten jedoch durch einen solidarischen Finanzausgleich ähnlich dem der Schweizer Kantone ergänzt werden, um der Verschlechterung der realen Austauschverhältnisse entgegenzuwirken.[10]

---

7 SozArch, EvB, Ar 430.25.1. EvB, Anfangszeit: Die Erklärung von Bern: Die Schweiz und die Entwicklungsländer. Peter Gessler, 10.1.1969.

8 Zu diesem „Auftrag" siehe SozArch, EvB, Ar 430.25.1. EvB, Anfangszeit: André Biéler, Max Geiger, Lukas Vischer an „Freunde und Brüder", „Anfang" Dezember 1967.

9 Siehe Punkt 5 des Manifests. SozArch, EvB, Ar 430.25.1. EvB, Anfangszeit: Die Erklärung von Bern, März 1968.

10 SozArch, EvB, Ar 430.25.1. EvB, Anfangszeit: Die Beziehungen der Schweiz zu den Entwicklungsländern, Entwurf M. Geiger (Punkt 5 Dr. Peter Gessler), undatiert.

Hauptsächlich forderten die Initianten im Manifest vom Schweizer Staat die handelspolitische Umsetzung der UNCTAD-Forderungen. Dies bedeutete die Forderung nach Marktzugang für die Entwicklungsländer, die Einführung von Zollpräferenzen, die Unterstützung der Modernisierung und deren *import substitution investment.*[11] Nachlesen lässt sich diese Haltung in einem ersten, ausführlichen Entwurf der Erklärung, in dem Max Geiger schreibt, dass die Industrialisierung der Entwicklungsländer nicht erschwert werden dürfe.[12] Interessant im Hinblick auf die kommende Wandlung der Idee des gerechten Handels ist zudem, dass in diesem Entwurf Geigers und Gesslers die Landwirtschaft kurz erwähnt wird, danach aber zugunsten des Themas Handelspolitik und Wirtschaftswachstums gestrichen wurde. In dem ersten ausführlichen Entwurf fordert Gessler nicht nur, dass Entwicklungsländer eigene Industrien aufbauen und auf dem Weltmarkt als Konkurrenten auftreten können, sondern auch einen Strukturwandel der Schweizer Landwirtschaft:

> Der Agrarprotektionismus der Industrieländer führt immer wieder zu Zusammenbrüchen der Weltmarktpreise derjenigen agrarischen Produkte in Entwicklungsländer, die in Konkurrenz zu Produkten der entwickelten Länder stehen (Fettstoffe, Zucker, Textilfasern u.a.). Die Schweiz muss dazu beitragen, dass die Agrarwirtschaft vom kleinräumigen Denken auf eine weltwirtschaftliche Basis umgestellt wird.[13]

Wäre die „Erklärung von Bern" länger gewesen und hätte diese Passage Eingang gefunden, so wäre der Konzeptwandel in den folgenden Jahren augenfälliger gewesen. Klar wird hier der „Agrarprotektionismus der Industrieländer" (und nicht wie später die Agrarkonzerne) für die starke Preisvolatilität der Agrarrohstoffe benannt. Ebenso klar wird das „kleinräumige Denken" noch verurteilt, während die EvB ab Mitte der 1970er-Jahre die „internationale Arbeitsteilung" in der Landwirtschaft verurteilte.[14] Noch sahen die Initianten jedoch die Schweiz als Industrienation, ihren Industrie- und Agrarprotektionismus sowie insbesondere ihre multinationalen Unternehmen und deren „Welthandelstradition" in der Pflicht.[15]

---

11 Siehe dazu S. Misteli: Der UNCTAD-Moment sowie T. Brodbeck: Bewahren und beharren.

12 SozArch, EvB, Ar 430.25.1. EvB, Anfangszeit: Die Beziehungen der Schweiz zu den Entwicklungsländern, Entwurf M. Geiger (Punkt 5 Dr. Peter Gessler), undatiert.

13 SozArch, EvB, Ar 430.25.1. EvB, Anfangszeit: Die Beziehungen der Schweiz zu den Entwicklungsländern, Entwurf M. Geiger (Punkt 5 Dr. Peter Gessler), undatiert.

14 Sieh dazu etwa A.-M. Holenstein, J. Davis: Zerstörung durch Überfluss, 58.

15 SozArch, EvB, Ar 430.25.1. EvB, Anfangszeit: Die Beziehungen der Schweiz zu den Entwicklungsländern, Entwurf M. Geiger (Punkt 5 Dr. Peter Gessler), undatiert.

Im November 1970 wiederholte die EvB in einem schriftlichen, veröffentlichten Positionspapier diese Haltung und setzte eine Passage der Erklärung nochmals präziser in den Kontext der UNCTAD-Forderungen:

> Unsere überseeischen Investitionen: nicht Alibi, sondern Aufgabe
>
> An ihnen ist es, die Infrastrukturen der Entwicklungspartner aufbauen zu helfen und deren Wachstum zu politischer, ökonomischer und kultureller Selbständigkeit zu fördern („Erklärung von Bern", art. 4).[16]

Dieser ursprüngliche Einsatz für private Direktinvestitionen im Süden ging aber bereits in den darauf folgenden Jahren verloren. Die Theologen der Anfangszeit der EvB hatten in erster Linie in ihrer Funktion als Pfarrer in der Gesellschaft agiert. Ihr Engagement für die Erklärung war unbezahlt, ehrenamtlich und dadurch auch entsprechend spontan. Die Medien nahmen vor allem ihren Aufruf, drei Prozent des eigenen Vermögens an die Entwicklungshilfe zu spenden, auf und stilisierten dies zum Hauptpunkt der Erklärung.[17]

Die Menschengruppe hinter der Erklärung blieb weiterhin eine lose Gemeinschaft, die sich im Rahmen von kirchlichen Veranstaltungen weiterhin traf. Im November 1970 organisierten Vertreter der Kirche die interkonfessionelle Konferenz Schweiz – Dritte Welt, die im Bundeshaus bzw. im Nationalratssaal abgehalten werden durfte. Kalt hat diese Konferenz in ihrer Dissertation ausführlich beschrieben und beleuchtet. Sie hat aufgezeigt, wie sich damals erstmals eine „Jugendfraktion" um den jungen Ökonomen Rudolf Strahm und den katholischen Priester Al Imfeld bildete.[18] Die „Jugendfraktion" setzte sich von den Barthianern ab und formulierte eigene Anliegen. Somit bildete sich erst zwei Jahre nach 1968 eine aktive Jugendbewegung im Umfeld der „Erklärung von Bern", die sich durchaus gesittet gegen die Vätergeneration auflehnte. Sie tat dies innerhalb eines bereits seit längerem von der Vätergeneration in Gang gesetzten Prozesses, in dem die Frage nach der Nord-Süd-Gerechtigkeit thematisiert wurde. Der Hauptpunkt, in dem die Jungendfraktion die Vätergeneration kritisierte, war die Frage, ob die Industrialisierung der Entwicklungsländer durch private Direktinvestitionen westlicher Firmen oder staatliche Investitionen der Entwicklungsländer selbst erfolgen sollte. Es gelang der Jugendfraktion, ihre kritische Haltung gegenüber den Auslandinvestitionen der Schweizer Privatwirtschaft bereits in den

16 SozArch, EvB, Ar 430.25.1, EvB, Anfangszeit, EvB: Die Schweiz und die Entwicklungsländer, Text, der am 14.11.1970 in Bern vom Schweizer Komitee der EvB genehmigt wurde.
17 A.-M. Holenstein-Hasler, R. Renschler, R. H. Strahm: Entwicklung heisst Befreiung, 25.
18 M. Kalt: Tiersmondismus in der Schweiz, 296 – 303.

Konferenzbericht einfliessen zu lassen.[19] Mit dem Rückzug der Vätergeneration aus dem Aufbau der Organisation EvB setzte sich die Haltung der Jugendfraktion definitiv durch.[20]

Die interkonfessionelle Konferenz vom November 1970 war zudem der erste Schritt in Richtung einer organisierten Institutionalisierung der Bewegung. Auch dieser Prozess wurde von den etablierten Kirchen ausgelöst und zunächst auch verfolgt. Die Jungen konnten sozusagen auf den Zug aufspringen und sich als Sekretär der EvB (Strahm) oder Geschäftsführer des von der Arbeitsgemeinschaft der Hilfswerke geschaffenen Informationsdienstes Dritte Welt (Imfeld) anstellen lassen.[21] Dieser Prozess der Institutionalisierung und der Beginn des Organisationswachstums – wie er auch bei Hilton als typischer Prozess in der Entwicklung von britischen NGOs in den 1970er-Jahren beobachtet wird – kam nach der interkonfessionellen Konferenz ins Rollen.[22] Die Zeit zwischen 1968 und 1970 war jedoch noch eine Phase, in der die Barthianer Max Geiger, Lukas Vischer oder Kurt Marti, der Calvinist André Biéler oder der Missionar Jacques Rossel in ihrer Autorität als Professoren oder Pfarrer ehrenamtlich das Anliegen der Nord-Süd-Gerechtigkeit vertraten.

Die Konferenz von 1970 beflügelte das Organisationswachstum und war auch ein erster subtiler Schritt hin zu einem Wandel des Fair-Trade-Konzepts innerhalb der Bewegung. Dieser Schritt dürfte denn auch auf den Einfluss der von Kalt beschriebenen „Jugendfraktion" zurückzuführen sein, die sich nach 1968 aktuelle Schriften der kapitalismuskritischen Dependenztheorie, darunter Johan Galtung, Rodolfo Stavenhagen oder Dieter Senghaas, zu Gemüte geführt hatte und diese nun gegen die Barthianer ins Feld führte.[23] Auch Regula Renschler, die 1974 zur Erklärung von Bern stiess, nahm als Redaktorin der „Schweizer Arbeiterzeitung" an der Konferenz teil.[24] Zudem lernten sich Christoph Eckenstein und Roy Preiswerk bei den Vorbereitungen zur Konferenz kennen. Die beiden Männer hatten vieles gemeinsam, sie stammten aus Basler Bürgerfamilien, hatten in Genf Recht studiert und für den Bund, aber auch für Entwicklungsländer gearbeitet. Sie setzten sich etwas von der Gruppe bürgerlicher Schweizer Theologen um die „Erklärung von Bern" ab. Von diesem Zeitpunkt an verband die beiden eine tiefe

---

19 M. Schär: Strukturveränderungen statt Entwicklungshilfe, 84–85.

20 Siehe dazu Kapitel 3.3. Der implizite Konsens zur Ablehnung von Privatinvestitionen in Entwicklungsländern.

21 M. Kalt: Tiersmondismus in der Schweiz, 296.

22 M. Hilton: A Historical Guide, 347–350.

23 Siehe dazu etwa A.-M. Holenstein-Hasler, R. Renschler, R. H. Strahm: Entwicklung heisst Befreiung, 151 oder M. Schär: Strukturveränderungen statt Entwicklungshilfe, 76.

24 A.-M. Holenstein-Hasler, R. Renschler, R. H. Strahm: Entwicklung heisst Befreiung, 97.

Freundschaft und gemeinsam setzten sie sich für die „Jugendfraktion" ein und traten mit Rudolf Strahm und Al Imfeld in einen Dialog.[25]

Diese personellen Veränderungen und Anpassungen spiegeln auch die ersten konzeptuellen Änderungen wider. Wie aufgezeigt, stimmten die Initianten der „Erklärung von Bern" zunächst durchaus mit der Schweizer Privatwirtschaft überein und machten dieser im Gegenteil Vorwürfe, weil sie nicht *mehr* in Entwicklungsländer investierte. Hier ging die „Jugendfraktion" weiter als die UNCTAD-Forderungen und kritisierte die westlichen Grosskonzerne grundsätzlich. Vor allem Roy Preiswerk vermochte den Jungen hier doch bis zu einem gewissen Grad zu folgen, beschäftigte er sich doch bereits zu dieser Zeit mit den kulturellen Folgen der westlichen privaten Direktinvestitionen. Insbesondere aber waren Preiswerk und Eckenstein mit den Bestrebungen der Entwicklungsländer vertraut, eine eigene Industrie aufzubauen. Der Schwerpunkt verschob sich somit in Richtung einer generellen Ablehnung westlicher privaten Direktinvestitionen. Ebenfalls wird bereits 1970 unterschwellig die Suche nach alternativen Formen der Produktion in Entwicklungsländern erkennbar. Diese Alternativen wurden von der jüngeren Generation zunächst noch etwas plump als sozialistische Alternative gepriesen, während Preiswerk die Frage nach der kulturellen Vereinbarkeit von Privatinvestitionen in Ländern des Südens stellte.

2.2 1970: Eine Dritte-Welt-Konferenz im Bundeshaus: erste Anpassungen

Zwei Jahre nach dem Treffen der Initianten der „Erklärung von Bern", das 1968 in Gwatt stattfand, kam es im November 1970 zu einem zweiten, noch grösseren Treffen. Es handelte sich wiederum um eine kirchliche Zusammenkunft, doch diese fand nicht in einem kirchlich geprägten Umfeld, sondern im Bundeshaus statt, und die jungen und die säkularen Vertreterinnen und Vertreter mit ihren Wirtschaftsthemen – beispielsweise Christoph Eckenstein und Roy Preiswerk – waren dabei. Allein der Ort der Tagung, das Bundeshaus, symbolisierte, dass die Bewegung von 1968 den gar nicht so langen Marsch durch die Institutionen angetreten hatte, und besiegelte die Stabsübergabe von der Kirche an noch zu entstehende, säkulare Organisationen. Die schriftliche Ausbeute der Konferenz war diesmal ausführlicher: Das 13-Punkte-Manifest von 1968 wurde zu einem über 100

25 R. Preiswerk, G. Rist: A contre-courants, 50, 54.

Seiten umfassenden Büchlein ausgebaut.[26] Darin war die persönliche christliche Handlung, die im Manifest unter der Spende von drei Prozent festgelegt war, nicht mehr erwähnt. Dafür erhielt die Wirtschafts- und Handelspolitik ein umso stärkeres Gewicht und wurde zum Hauptthema.[27] Die Nord-Süd-Frage war nun gänzlich zur Frage nach einem gerechten Weltwirtschaftssystem und der Rolle, welche die Schweiz darin spielen sollte, geworden. So stellte die Konferenz unter dem Titel „Einige grundlegende Tatsachen" Folgendes fest:

> Jedes Land ist auf den Warenaustausch mit dem Ausland angewiesen. Die armen Länder sind besonders stark von den Exporterlösen abhängig, die ihnen dazu dienen, die für ihr wirtschaftliches Wachstum notwendigen Importe aus den industrialisierten Ländern zu bezahlen.[28]

Damit beugten sich auch die Theologen auf der Konferenz von 1970 dem Primat der Wirtschaft. Ein Prozess, der mit André Biélers Doktorarbeit in Wirtschaftswissenschaften in den 1950er-Jahren symbolisch begonnen hatte, fand hier seinen Kulminationspunkt. Doch die Konferenz von 1970 war nur ein Blitzlicht in der Entwicklung der Fair-Trade-Bewegung oder eine Art kurzes ökonomisches Fenster, das sich bald wieder schliessen würde. Gleich mehrere konzeptuelle Aspekte, die später ins Gegenteil verkehrt werden sollten, bilden hier die Grundlage. Da ist zunächst die Beobachtung, dass jedes Land auf den Warenaustausch angewiesen ist. Gerade dieses Primat des Handels und die positive Sicht des Handels werden später implizit wiederrufen. Nicht nur für Entwicklungsländer wurde die Selbstversorgung, die Abkopplung und das „Weniger nehmen" für die Industrieländer propagiert, auch für die Schweiz bzw. für die Industrieländer wurde die lokale, und damit faktisch die nationale Produktion Mitte der 1970er-Jahre wieder zum Ziel.[29] Der Erhalt Schweizer Arbeitsplätze, die lokale landwirtschaftliche Produktion und die „Bewahrung" der Entwicklungsländer vor Ausbeutung und Umweltverschmutzung sollten diese „Grundlagen", wie sie 1970 noch genannt

---

26 Schmocker, Hans; Traber, Michael (Hg.): Schweiz-Dritte Welt. Berichte und Dokumente der Interkonfessionellen Konferenz in Bern (Zürich, Freiburg 1971).

27 Zu dieser kurzen Phase des Primats der Handelspolitik siehe auch Saunders, Clare: British Humanitarian, Aid and Development NGOs, 1949–Present, in: N. J. Crowson, Matthew Hilton, James McKay (Hg.): NGOs in Contemporary Britain. Non-State Actors in Society and Politics since 1945 (Basingstoke 2009) 38–58.

28 H. Schmocker, M. Traber: Schweiz-Dritte Welt, 103.

29 Siehe dazu Kapitel 4.2. Der Kleinbauer als gemeinsamer politischer Nenner: ein Bio-Gütesiegel 1981, die Futtermittelinitiative und die Kleinbauerninitiative. Siehe auch K. J. Kuhn: Entwicklungspolitische Solidarität, 264.

wurden, ausser Kraft setzen und langfristig die Autarkie zum Idealfall stilisieren.[30]

Auffällig ist im obigen Zitat auch die Formulierung, wonach für die armen Länder „wirtschaftliches Wachstum notwendig“ sei. Wie stark sollten sich die Akzente schon wenige Jahre später verschieben! Die Theologen und jugendlichen Aktivisten der Konferenz sahen das wirtschaftliche Wachstum der Entwicklungsländer als Ziel und erachteten dies als positiv. Dass die Entwicklungsländer dafür der Falle der Produktion von Agrarrohstoffen entkommen und verarbeitende Industrie aufbauen mussten, bezeichnete die Konferenz als „grundlegende Tatsache“. Damit deckte sich die Haltung der Schweizer Dritte-Welt-Bewegung mit der zeitgenössischen wirtschaftswissenschaftlichen Forschung sowie den Forderungen der Entwicklungsländer.[31] Dies zeigt sich auch in Punkt 4 der „grundlegenden Tatsachen“:

> Die Entwicklungsländer weisen darauf hin, dass es nicht nur darum geht, ihre Bedingungen des Warenaustausches zu stabilisieren, sondern diese zu verbessern mit dem Ziel, die Kluft zwischen armen und reichen Nationen kleiner werden zu lassen.[32]

Hier sind wiederum zwei Aspekte interessant. Zum einen wieder die utopische oder zumindest dynamisch-zukunftsgerichtete Aussage, dass die Kluft zwischen den Nationen kleiner werden soll. Bis zu Beginn der 1970er-Jahre gingen die Aktivisten also noch von einem einheitlichen Konzept von Entwicklung oder Zivilisation aus, das für alle Völker der Erde galt und in einem Bruttosozialprodukt gemessen werden konnte.[33] Der Unterschied zwischen den Werten dieses Bruttosozialprodukts sollte kleiner werden. Eine Vorstellung von unterschiedlichen Arten der Entwicklung, die in einem Bruttosozialprodukt nicht zum Tragen kam, schien noch nicht diskutiert worden zu sein. Es gab nur eine Messart für arm und reich, die in den Wirtschaftswissenschaften wiederum weiterbestehen sollte, wenn auch in einer sehr verfeinerten Indexierung. Weder Vorläufer der Wachstumskritik noch des Slogans *Small is beautiful*, der die Armut aufwertete, hatten sich in diesen Text verirrt. Er zeigt, welch grundlegend anderes und auf eine

---

30 Siehe dazu Kapitel 4.5 Für Protektionismus und Autarkie, gegen Freihandel und Grosskonzerne: das Fair-Trade-Konzept der Erklärung von Bern zu Beginn der 1980er-Jahre. Siehe auch M. Schär: Strukturveränderungen statt Entwicklungshilfe, 38.

31 J. Toye, R. Toye: UN and Global Political Economy, 147.

32 H. Schmocker, M. Traber: Schweiz-Dritte Welt, 104.

33 SozArch, EvB, Ar 430.25.1. EvB, Anfangszeit: Einige Zahlen zur Orientierung, undatiert, ohne Autor (als Beilage der „Erklärung von Bern“ zur Information für Unterzeichner). Siehe dazu auch Speich Chassé, Daniel: Die Erfindung des Bruttosozialprodukts. Globale Ungleichheit in der Wissensgeschichte der Ökonomie (Göttingen 2013) 210.

wirtschaftswissenschaftliche Sichtweise basierendes Konzept die schweizerische Dritte-Welt-Bewegung 1971 noch vertrat.

Zweitens wird in diesem Textzitat wiederum deutlich, dass die anfängliche Bewegung eine Reaktion war. Mit der Formulierung „Die Entwicklungsländer weisen darauf hin“ kann nur die UNCTAD gemeint sein, die damals der prominenteste Zusammenschluss von Entwicklungsländern mit geeinter Stimme war.[34] „Die Entwicklungsländer“ werden als aktive und fordernde, als ernst zu nehmende Gruppe betrachtet. Es wurde davon ausgegangen, dass sie ihren Rückstand in Zukunft aufholen würden.[35] Eine „solidarische Entwicklung“, wie es die EvB in ihren Statuten von 1970 nannte, basierte auf dieser Sichtweise.[36] Eine „solidarische Entwicklung“ bedeutete, die Entwicklungsländer in ihrer Entwicklung zu Industrieländern zu unterstützen. Dafür brauchte es, wie es in der „Erklärung von Bern“ von 1968 bereits implizit steht, den Marktzugang zu Industrieländern, den Aufbau einer eigenen Industrie und – dies wird hier im Text von 1971 noch genauer ausgeführt – die regionale Integration, das heisst etwa den Freihandel unter benachbarten afrikanischen, asiatischen oder lateinamerikanischen Staaten. Dies war Christophe Eckensteins Kernanliegen. Bereits 1967 hatte die UNO einen Bericht Eckensteins über die regionale Integration unter Entwicklungsländern publiziert.[37] Die Konferenz setzte sich also wortwörtlich für eine regionale Handelsliberalisierung im Süden ein. Dass der Begriff „Integration“ verwendet wurde, der wirtschaftswissenschaftliche Fachbegriff für Handelsbeziehungen, zeugt vom Fachwissen der Autoren. So forderte die Konferenz von der Schweiz eine Entwicklungspolitik, die sich systematisch für die regionale Integration im Süden einsetzte: „Eine solche Politik systematischer Unterstützung von Handelsliberalisierungs- und regionalen Integrationsbemühungen soll in möglichst konkreter Weise definiert werden.“[38] Gerade die Tatsache, dass sich die Schweizer Konferenz so ausdrücklich für regionale Handelsliberalisierung einsetzte, ist im Lichte der aktuellen Forschung, die Entwicklungsorganisationen als Gegner der regionalen Integration benennt, besonders interessant.[39] Daher ist es wichtig, darauf hinzuweisen, dass sich die Dritte-Welt-Bewegung im Jahr 1971

---

34 J. Toye, R. Toye: UN and Global Political Economy, 233.

35 M. Schär: Strukturveränderungen statt Entwicklungshilfe, 5.

36 Siehe SozArch, EvB, Ar 430.10.1. Mappe 2: Entwurf für die Statuten der EvB.

SozArch, EvB, Ar 430.11.1. Mappe 3: Statuten der schweizerischen Vereinigung zur Föderung der EvB für solidarische Entwicklung.

SoZArch, EvB, Ar 430.10.2. Mappe 3: Neue Statuten 1977: div. Statutenrevisionen.

37 C. Eckenstein, B. Gurtner: Den Dialog erkämpfen, 14.

38 H. Schmocker, M. Traber: Schweiz-Dritte Welt, 115.

39 P. Collier: The Bottom Billion, 157–159.

noch anders präsentiert hatte und sich an die wirtschaftswissenschaftlichen Grundlagen gehalten hatte.

Die Konferenz stellte sich klar gegen wichtige inländische Anliegen. Im Gegensatz zum Manifest von 1968 wird im Text von 1971 auch der Teilbereich Landwirtschaft separat angesprochen und der Agrarprotektionismus, der sich 1971 erst im Anfangsstadium befand, wird aus entwicklungspolitischer Sicht klar abgelehnt:

> Mit Bezug auf die landwirtschaftlichen Produkte, die sowohl in Entwicklungsländern als auch in der entwickelten Welt produziert werden, anerkennen wir, dass die Entwicklungsländer ihren gegenwärtigen Marktanteil bei uns halten können sollten, wenigsten bei all denjenigen Produkten, wo sie ohne Subventionen konkurrenzfähig sind. Auf jeden Fall sollten wirksame Massnahmen getroffen werden, damit nicht-subventionierte Importe aus Entwicklungsländern auf unserem Markt nicht durch Importe subventionierter Produkte aus entwickelten Ländern verdrängt werden können; in dieser Hinsicht werden die Bundesbehörden auch ersucht zu prüfen, inwiefern eine solche Reduktion des Marktanteils der Einfuhren aus Entwicklungsländern in der Vergangenheit schon erfolgt ist. Die Schweiz sollte überdies keine handelspolitischen Abmachungen mit anderen Industrieländern treffen, welche die Absatzbedingungen in der Schweiz von nicht-subventionierten Produkten aus Entwicklungsländern erschweren.[40]

Durch dieses Quellenzitat gelangt man wiederum zu erstaunlichen Einsichten. Ein Bericht über die „Reduktion des Marktanteils der Einfuhren aus Entwicklungsländern in der Vergangenheit“ bei Agrarrohstoffen scheint nie vorgelegt worden zu sein. Und wenn ein solcher Bericht Jahre später erstellt worden sein sollte, dann wurde er von der Dritte-Welt-Bewegung nicht mehr rezipiert. Das Thema Marktanteil der Agrareinfuhren aus Entwicklungsländern fiel nach der Konferenz unter den Tisch bzw. wurde durch die Wachstumskritik und das Aufkommen des biologischen Landbaus im Inland komplett verdrängt. Allein die „grundlegende Tatsache“, dass es „landwirtschaftliche Produkte“ gibt, „die sowohl in Entwicklungsländern wie in der entwickelten Welt produziert werden“, war aus der Wahrnehmung der Dritte-Welt-Bewegung verschwunden.[41] Hochinteressant ebenfalls, wie hier die frühe Dritte-Welt-Bewegung im Bundeshaus aus entwicklungspolitischer Sicht Vorbehalte gegen einen Beitritt der Schweiz zu den europäischen Vertragswerken anbrachte. Denn bei der Gemeinsamen Europäischen Agrarpolitik (GAP) der EWG ging es genau um den Sachverhalt, den die Konferenz beschrieb, nämlich um „handelspolitische Abmachungen mit anderen Industrieländern, welche die Absatzbedingungen in der Schweiz von nicht-sub-

40 H. Schmocker, M. Traber: Schweiz-Dritte Welt, 108 – 109.

41 Dieser Aspekt wird in den untersuchten Quellen nicht mehr erwähnt.

ventionierten Produkten aus Entwicklungsländern erschweren".[42] Hier wurde denn auch die Europakritik der Dritte-Welt-Bewegung sichtbar. Mit der ebenfalls 1971 erschienenen Studie mit dem Titel „EWG und Dritte Welt" wurden die Initianten der „Erklärung von Bern" noch sehr viel konkreter mit ihrer Europakritik.[43] Diese Europa-Skepsis blieb im Fair-Trade-Konzept erhalten, zumal sie auch ein Aspekt war, der mit dem breiten Schweizer Konsens, dem gemeinsamen politischen Nenner, zu vereinbaren war.[44] So hätte sich die EvB die Auftragsstudie sparen können, welche die entwicklungspolitischen Aspekte eines allfälligen Beitritts der Schweiz zur EWG durchspielte. In keiner Weise hatte die Mehrheit der Schweizer Bürgerlichen vor, der EWG beizutreten.

1970, im selben Jahr, in dem die Konferenz im Bundeshaus stattfand, wurde der Berner Ökonom Gerhard Winterberger (1922–1993) als Direktor des Schweizerischen Handels- und Industrieverbandes, des Vororts, eingesetzt, nachdem er bereits seit 1961 als volkswirtschaftlicher Sekretär die Richtung des Verbandes geprägt hatte.[45] Winterberger war seit 1959 Mitglied der neoliberalen Mont Pèlerin Society und pflegte mit zahlreichen neoliberalen Ökonomen freundschaftlichen Kontakt.[46] Winterberger repräsentierte somit nicht nur die schweizerische Privatwirtschaft und die Interessen der bürgerlichen Schweiz, sondern auch die Geisteshaltung neoliberaler Denker im weiteren Sinne. Bereits 1961 hielt er sowohl die seiner Ansicht nach politischen wie auch die wirtschaftlichen Gründe für einen Nicht-Beitritt der Schweiz zur EWG fest:

> Es war von Anfang an klar erkennbar, dass die Schweiz aus politischen und wirtschaftlichen Gründen der Europäischen Wirtschaftsgemeinschaft als Mitglied nicht beitreten kann. Schweizerische Eigenart und Wesensmerkmale der Europäischen Wirtschaftsgemeinschaft stehen einander diametral gegenüber. [...] Es ist vollständig klar, dass eine Abtretung der Souveränität auf diesen Gebieten an supranationale Behörden dem schweizerischen Nationalgedanken und ihren Trägern, dem föderalistischen Staatsaufbau, der Gemeindeautonomie und der direkten Demokratie, den Todesstoss versetzen und unsere politische Lebensform auslöschen würde.[47]

42 M. Spoerer: Fortress Europe.

43 Wagner, Antonin: EWG und Dritte Welt. Die entwicklungspolitischen Implikationen eines EWG-Beitritts der Schweiz (Zürich 1971).

44 Siehe dazu Kapitel 4.2. Der Kleinbauer als gemeinsamer politischer Nenner: ein Bio-Gütesiegel 1981, die Futtermittelinitiative und die Kleinbauerninitiative.

45 A. Franc: Wie der Vorort.

46 A. Franc: Agricultural Protectionism.

47 Winterberger, Gerhard: Schweizerische Eigenart und europäische Integration, in: Schweizer Monatshefte 40/5 (1960) 456–468, 461–462.

Damit hielt Winterberger 1961, zu Beginn seines Aufstiegs zu einem der bedeutendsten Taktgeber der Schweizer Wirtschaftspolitik der 1970er- und 80er-Jahre, die Marschrichtung fest. Diese wies eine sehr breite Übereinstimmung mit den Anliegen der kirchlich-bürgerlichen Dritte-Welt-Aktivisten auf, die sich 1970 im Bundeshaus versammelt hatten. Bereits ein Jahrzehnt zuvor hatte Winterberger – ähnlich wie Paul Jolles als Leiter der Schweizer UNCTAD-Delegation – auf die aussergewöhnliche globale Verankerung der Schweizer Wirtschaft hingewiesen.[48] Gerade diese starke Verankerung der Schweizer Firmen ausserhalb Europas schliesse eine Reduktion auf den europäischen Wirtschaftsraum aus:

> Schliesslich spielen auch rein ökonomische Überlegungen eine Rolle. Die Übernahme des protektionistischen Aussentarifs [der EWG] und die Harmonisierung und Gleichschaltung der Wirtschafts- und Sozialpolitik würde unsere internationale Wettbewerbsstellung beeinträchtigen und die kollektivistischen Tendenzen in der Wirtschaft entsprechend verstärken.[49]

Keine Frage, Gerhard Winterberger, der „achte Bundesrat" der 1970er- und 80er-Jahre, hatte nicht die geringste Absicht – und mit ihm ein breites Feld bürgerlicher Politiker –, der EWG beizutreten, und hielt das europäische Projekt für eine kaum weniger verachtenswerte Variante des Kollektivismus als die Sowjetunion hinter dem Eisernen Vorhang des Kalten Kriegs. Die Vertreter der Schweizer Privatwirtschaft und die Schweizer Anwälte der Dritten Welt vertraten gemeinsam einen breiten und allumfassenden Konsens: Die Schweiz sollte global handeln, nicht nur europäisch. Damit war das Thema Beitritt der Schweiz zur EWG abgeschlossen, bevor es überhaupt je wirklich zur Debatte stand. Weder die Dritte-Welt-Aktivistinnen und -Aktivisten noch die Bürgerlichen hatten vor, dem „vorgesehenen europäischen Superstaat mit seinen explosiven Kolonial- und Grenzkonflikten" beizutreten.[50] Als die EvB im Oktober 1971 schliesslich in einer Pressekonferenz ihre kommissionierte ökonomische Studie zu einem potentiellen Beitritt der Schweiz zur EWG präsentierte, äusserte sich die Presse durchaus wohlwollend und repetierte sozusagen die Argumente, die bereits von bürgerlicher Seite wiederholt vorgebracht worden waren.[51] So schrieb etwa die Basler „National-Zeitung": „Es ist nicht möglich, einen engeren Zusammenschluss Europas durchzuführen, ohne gleichzeitig alle anderen, nicht beteiligten Länder zu diskriminieren."[52]

---

48 S. Misteli: Der UNCTAD-Moment, 207.

49 G. Winterberger: Schweizerische Eigenart, 462.

50 Ebd.

51 A. Wagner: EWG und Dritte Welt.

52 Henri Stranner, Kehrseite der Integration, National Zeitung, 24.10.1971.

Was die Konferenz von 1970 nicht in den Text einbaute und nicht voraussah, war, dass die Ausfuhr subventionierter Agrarprodukte von Industriestaaten in die Entwicklungsländer zum eigentlichen Problem werden würde.[53] Es war im Gegenteil so, dass sich die Konferenzteilnehmerinnen und -teilnehmer 1970 noch allen Ernstes vorstellten, dass die Entwicklungsländer rasch zu Konkurrenten würden und in der Schweiz für die sozialen Verlierer dieser neuen Konkurrenz gesorgt werden müsste. In einer Schrift, welche die EvB als neu gegründeter Verein im Rahmen der Konferenz genehmigt hatte und die sozusagen die Haltung des Vereins 1970 widerspiegelt, steht:

> Ein Strukturwandel ist unabwendbar. Ferner sind Übergangsmassnahmen vorzubereiten für jene Gruppen unserer Bevölkerung und für jene Sektoren unserer Wirtschaft, die am meisten von einer grosszügigeren Importpolitik für Produkte aus Entwicklungsländern betroffen sein werden („Erklärung von Bern", art. 5)[54]

Nicht nur im Jahr 1968, auch noch 1970 waren die Dritte-Welt-Aktivistinnen und -Aktivisten überzeugt davon, dass aus der Dritten bald eine Erste Welt werden würde. Nicht im Traum konnten sich die Konferenzteilnehmer von 1970 vorstellen, dass die Industrieländer so vehement darauf bestehen würden, ihre landwirtschaftlichen Produkte selbst herzustellen. Wohl ebenso wenig konnten sie sich vorstellen, wie schnell aus den vielen rohstoffexportierenden Entwicklungsländern, über die sie diskutierten, rohstoffimportierende Länder werden würden.[55] Kaum ein Aspekt der Nord-Süd-Beziehung der vergangenen Jahrzehnte war überraschender und fataler als die Entwicklungen in der Landwirtschaft.[56]

Tatsächlich wurden Landwirtschaft und Ernährung nach 1971 zu einem Kernthema der EvB und blieben dies bis heute. Doch das Konzept hat sich von den „Grundlagen", die in der Konferenz von 1970 erarbeitet wurden, losgelöst. Unter Beibehaltung der ursprünglichen Haltung zur Schweizer Landwirtschaft wäre der Aufbau einer professionellen NGO nicht möglich gewesen. Zu stark, zu tief und zu emotional erwies sich die Bindung der Schweizerinnen und Schweizer an ihre Landwirtschaft. In der Schweiz erwies sich dieses Band sogar noch als viel stärker als in anderen Industrieländern, was für die kommenden Jahrzehnte die höchsten Agrarsubventionen weltweit zur Folge hatte.[57]

---

53 J. E. Stiglitz, A. Charlton: Fair Trade for All, 45.

54 SozArch, EvB, Ar 430.25.1. EvB, Anfangszeit EvB: Die Schweiz und die Entwicklungsländer, Text, der am 14.11.1970 in Bern vom Schweizer Komitee der EvB genehmigt wurde.

55 P. Bairoch: Economics and World History, 152.

56 P. Collier: The Bottom Billion, 159.

57 J. E. Stiglitz, A. Charlton: Fair Trade for All.

2.3 Vom christlichen Ehrenamt über Frauenarbeit zur professionellen Lohnarbeit

Die „Erklärung von Bern“ war ein letztes Aufbäumen der reformierten Landeskirche, gleichzeitig aber auch eine Bruchstelle, die sich 1968 in der Schweiz auftat. Nachdem sich die reformierten Theologen vor 1968 noch in den herkömmlichen Gremien getroffen hatten, etwa im Rahmen der Jahrestagungen des Evangelischen Kirchenbundes, organisierte der Basler Barthianer Max Geiger im Januar 1968, sozusagen als Auftakt zu diesem ereignisreichen Jahr der Aufbrüche, ein loses Treffen ausserhalb der klassischen Strukturen im Tagungszentrum Gwatt. Zusammen mit Lukas Vischer und André Biéler lud er Gleichgesinnte ein:

> Uns beschäftigt seit längerem die Frage, wie wir dem, was uns aufgetragen ist, gerecht werden können. [...] und nach dem zu fragen, was in unserem Lande und in unserer evangelischen Kirche in diesen Tagen wichtig ist. Wir denken dabei vor allem an die Beziehung zwischen reichen und armen Völkern.[58]

Der „Auftrag“, dem sich die drei Theologen stellten, nährte sich aus der jahrhundertealten christlichen Tradition. Gleichzeitig war er richtungsweisend für die jüngere Generation, die in den darauffolgenden Jahren auf einer scheinbar säkularen Ebene mit einem ebenso tief empfundenen „Auftrag“ „die Beziehung zwischen reichen und armen Völkern“ anzugehen suchte. Im Januar 1968 setzten die Theologen in Gwatt eine erste Erklärung auf, die deshalb in den ersten Entwürfen noch „Déclaration de Gwatt“ heisst.[59] Im März 1968 lud Geiger im Namen der „Redaktionskommission“ dieser Erklärung, die sich in Gwatt gebildet hatte, zu einem weiteren Treffen nach Bern.[60] Nach diesem Treffen, das im November 1968 stattfand, stand schliesslich die „Erklärung von Bern“.[61] Dutzende bekannte Schweizer Persönlichkeiten unterschrieben sie, neben Karl Barth beispielsweise auch der Basler Philosophieprofessor und Gesellschaftskritiker Arnold Künzli, der Berner Chansonnier Mani Matter oder für die Romandie Pierre Bungener, der in

---

58 SozArch, EvB, Ar 430.25.1. EvB, Anfangszeit: André Biéler, Max Geiger, Lukas Vischer an „Freunde und Brüder“, „Anfang“ Dezember 1967.

59 SozArch, EvB, Ar 430.25.1. EvB, Anfangszeit: „Déclaration de Gwatt“, Projet de procédure, ohne Datum, ohne Autor.

60 SozArch, EvB, Ar 430.25.1. EvB, Anfangszeit: Redaktionskommission an „Freunde und Brüder“, „Anfang“ März 1968.

61 SozArch, EvB, Ar 430.25.1. EvB, Anfangszeit: Max Geiger an „Freunde“, 14.10.1968, Einladung zum Treffen.

Genf gerade das Institut africain aufbaute.[62] Am 10. Januar 1969 übergaben die Initianten das Manifest mit über tausend Unterschriften Bundesrat Willy Spühler, dem Vorsteher des Politischen Departements, und organisierten eine Pressekonferenz.[63] Sie alle glaubten, die Bewegung im Kontext des Manifests sei „befristet" und „politisch nicht gebunden".[64] Dabei hatte Max Geiger zunächst übersehen, dass seine Sekretärin, Frau Mundwiler, von schriftlichen Anfragen überschwemmt wurde und mit der Arbeit für die „Erklärung von Bern" nicht nachkam.[65] Daher schlug er vor, sich im Januar 1969 nochmals zu treffen. Genau ein Jahr nach dem ersten Treffen im Januar 1968 in Gwatt markierte diese Zusammenkunft vom Januar 1969 in Bern das Ende des Jahres 1968 und den Aufbruch in die Nach-68-Zeit, welche zu einer Institutionalisierung und Professionalisierung der Dritte-Welt-Bewegung führte. Diese griff zwar noch auf die kirchlichen Fundamente zurück, operierte jedoch losgelöst von diesen bereits auf einer säkularen, nichtgouvernementalen Ebene. So stand im Januar 1969 einerseits die Diskussion über das „weitere Vorgehen" auf der Traktandenliste, andererseits „die Wahl eines ständigen Mitarbeiters", zunächst einmal – in der aus heutiger Sicht rührenden Formulierung – „für die nächsten Monate".[66]

Die weitere Entwicklung und die Umstände sind in den Erinnerungen des „ständigen Mitarbeiters" bzw. der ersten Sekretärin Anne-Marie Holenstein nachzulesen. Zunächst wurde diese von Mitinitiant Hans Ruh angefragt, doch sie kannte bereits mehrere Initianten aus ihrer ökumenischen Arbeit.[67] Als Katholikin und junge Mutter schien Holenstein für die unverbindliche und zunächst temporäre Sekretariatsarbeit geeignet zu sein. So sollte sie einerseits das katholische Milieu der Schweiz noch stärker ins Boot der „Erklärung von Bern" holen, andererseits schien die Sekretariats- und Korrespondenzarbeit für eine junge Mutter, von der eigentlich erwartet wurde, dass sie gar nicht berufstätig war, passend.[68] Die Führung des Sekretariats der EvB war von den Pfarrern zunächst als Frauenarbeit klassifiziert und als eine Art bezahlte Halbehrenamtlichkeit gesehen

---

62 SozArch, EvB, Ar 430.25.1. EvB, Anfangszeit: „Erklärung von Bern", Entwurf, ohne Datum. Als H. P. Matter (Cambridge). Zu Künzli siehe Sidler, Roger: Arnold Künzli. Kalter Krieg und ‚geistige Landesverteidigung', eine Fallstudie (Zürich 2006).

63 A.-M. Holenstein-Hasler, R. Renschler, R. H. Strahm: Entwicklung heisst Befreiung, 23.

64 SozArch, EvB, Ar 430.25.1. EvB, Anfangszeit: Tagung in Boldern, 28.2./1.3.1969. Öffentlickeit und Entwicklungshilfe, ohne Autor.

65 SozArch, EvB, Ar 430.25.1. EvB, Anfangszeit: Peter Gessler an Frau H. Mundwiler-Flückiger, 5.7.1968.

66 SozArch, EvB, Ar 430.25.1. EvB, Anfangszeit: Max Geiger an die Mitglieder der erweiterten Redaktionskommission, 17.1.1969.

67 A.-M. Holenstein-Hasler, R. Renschler, R. H. Strahm: Entwicklung heisst Befreiung, 16.

68 Ebd.

worden. In den Quellen wird dieses Verständnis der Ehrenamtlichkeit auch dadurch ersichtlich, dass kaum Buchhaltung erhalten ist. Dass Holenstein promovierte Germanistin war und für die Arbeit als Sekretärin sowohl überqualifiziert als auch unterbezahlt war, schien trotz der Aufbruchsstimmung von 1968 weder den Theologieprofessoren noch Holenstein aufzufallen. Die Organisation der EvB dürfte teilweise alleine entstanden sein, weil Holenstein unterfordert war und ihre Fähigkeiten einsetzte. Denn faktisch agierte sie von Beginn weg nicht als Sekretärin, sondern als unternehmerische Geschäftsführerin. Im Laufe des Jahres 1969 übernahm sie von Max Geigers Sekretärin Frau Mundwiler die Adresskartei, die im Rahmen der „Erklärung von Bern" entstanden war. Sie entwickelte ein Konzept für die Weiterführung, verfasste Rundbriefe und vertrat die im Entstehen begriffene Organisation in den Medien.[69] Und: Holenstein holte äusserst erfolgreich die katholische Innerschweiz mit ins Boot. Die Bereitschaft, mit der im Laufe des Jahres 1969 eine ganze Reihe von Innerschweizer Frauenklöstern in corpore die Erklärung unterschrieben, zeigt denn auch die Ausweitung der Bewegung von der radikalen Randgruppe um die Barthianer von 1968 auf die zwar durch die äussere Mission globalisierte, aber gesellschaftlich hochkonservative katholische Innerschweiz auf. „Das grosse Anliegen der Entwicklungshilfe schliessen wir gerne und selbstverständlich in unser tägliches Gebet ein", schrieb etwa die Vorsteherin des Frauenklosters Maria Opferung in Zug, Schwester Maria Angelica Moos, an Anne-Marie Holenstein.[70] Unterschrieben hatten auch Schwestern der Frauenklöster St. Joseph Montorge in Fribourg, Maria Hilf in Altstätten, St. Klara in Stans, vom Namen Jesu in Solothurn, St. Maria der Engel in Wattwil und die Kapuzinerinnen St. Karl in Altdorf, um nur einen kleinen Teil der katholischen Unterstützung zu nennen.[71] Insbesondere aber begann Holenstein, sich sofort international mit ähnlichen Bewegungen zu vernetzen. Bereits im Frühling 1970 machte sie in den Niederlanden, wo sie mit der Familie die Ferien verbrachte, einen kleinen Abstecher und nahm an einem im Rückblick bahnbrechenden Treffen holländischer Aktivisten teil, die bereits 1968 mit der Zuckerkampagne ihre EWG-Kritik lanciert hatten.[72] Im Juni 1970 stand Holenstein in Kontakt zu einer ebenfalls in den Niederlanden stationierten internationalen (nichtkirchlichen) NGO namens Tax for world welfare, die sich weiter gegen den Agrarprotektionismus der Europäi-

---

69 SozArch, EvB, Ar 430.11.1. Bericht von Anne-Marie Holenstein an „Mitglieder", Mitte November 1969.

70 SozArch, EvB, Ar 430.19.1. Korrespondenz EvB 1969: Frau Mutter Sr. Maria Angelica Moos, Frauenkloster Maria Opferung in Zug, an Anne-Marie Holenstein, 31.10.1969.

71 SozArch, EvB, Ar 430.19.1. Korrespondenz EvB 1969.

72 SozArch, EvB, Ar 430.10.1. Anne-Marie Holenstein an Novib, 2.1.1970. Siehe dazu auch Dam, Peter Van: Moralizing Postcolonial Consumer Society.

schen Wirtschaftsgemeinschaft einsetzte und auf das Beispiel Zucker hinwies.[73] Gleichzeitig stellte sie weitere Frauen an, die ihr nicht nur bei der Kinderbetreuung, sondern auch bei der Sekretariatsarbeit zu Hilfe gingen.[74] Unter dem Deckmantel der Frauenarbeit war eine bedeutende Schweizer NGO geboren. Im August 1970, nachdem Anne-Marie Holenstein bereits ein Jahr lang an der Arbeit war, wandte sich Max Geiger ein weiteres Mal an die Unterzeichner der „Erklärung von Bern“, und erklärte:

> [Es] drängt sich [...] die Gründung einer ‚Vereinigung zur Förderung der Erklärung von Bern‘ auf; ihre Statuten sollen seinem Aktionsausschuss erlauben, öffentlich im Namen der Mitglieder Stellung zu nehmen.[75]

Im November 1970 wurden die Statuten genehmigt, womit ein Verein entstanden war.[76] Die Barthschen Aktivisten hatten sich der Institutionalisierung ohne Enthusiasmus gebeugt. Dies ganz im Sinne eines im Vorjahr entstandenen Chansons des Berner Chansonniers Mani Matter, der einer der ersten Unterzeichner der Erklärung war:

> Mir hei e Verein, i ghöre derzue
> Und d’Lüt säge: Lue dä ghört o derzue
> Und mängisch ghören i würklech derzue
> Und i sta derzue[77]

Widerwillig und ohne Absicht hatten die Erstunterzeichner um Max Geiger einen Verein gegründet. Doch eigentlich war für sie die Aktion von 1968 bereits wieder vorbei – den Aufbau einer Institution hatten sie weder vorgesehen noch hatten die Erstunterzeichner aufgrund ihres Alters und der ihnen zur Verfügung stehenden Zeit Kapazitäten dafür. Zunächst bestand bis 1971 ein inoffizielles Komitee, das sich aus den ersten Verfassern des Manifests gebildet hatte.[78] Die letzte Sitzung des ursprünglichen Initiativkomitees fand im Juni 1971 statt, allerdings nahm kaum noch jemand teil. Biéler hatte aus Gesundheitsgründen bereits demissioniert, Geiger hegte ebenfalls Rücktrittsabsichten.[79] Anne-Marie Holenstein kam

---

73 SozArch, EvB, Ar 430.11.1. Mappe 1: Korrespondenz mit tax of [sic!] worldwelfare 1970, Bericht über die Common Agricultural Policy, Juni 1970.

74 A.-M. Holenstein-Hasler, R. Renschler, R. H. Strahm: Entwicklung heisst Befreiung, 41–42.

75 SozArch, EvB, Ar 430.11.1. Deutschschweizer-Komitee: Rundbrief 3, August 1970.

76 SozArch, EvB, Ar 430.11.1. Deutschschweizer-Komitee: Statuten vom 14.11.1970.

77 Matter, Mani; Vatter, Ben; Zurbriggen, Silvan: Mani Matter – Liederbuch (Basel 2015) 96.

78 A.-M. Holenstein-Hasler, R. Renschler, R. H. Strahm: Entwicklung heisst Befreiung, 53.

79 SozArch, EvB, Ar 430.10.1. Protokoll der letzten Sitzung des Initiativkomitees, 18.6.1971.

die undankbare Aufgabe zu, einen neuen Präsidenten zu suchen, worauf sie Anfragen an verschiedene Erstunterzeichner schickte. Sie erhielt einen ganzen Stapel Entschuldigungsbriefe. Niemand hatte Zeit, keiner mochte die administrative Arbeit machen. Bezeichnend war etwa das Schreiben des Berner Nydegg-Pfarrers Kurt Marti:

> Ich hatte schon bisher ein schlechtes Gewissen, weil ich da mehr am Rande noch mitschwamm, ohne viel Nützliches beitragen zu können. Aber jetzt ist ja wohl der Moment, um mich [...] in aller Form und mit Anstand aus dem Komitee zu verabschieden.[80]

Lange konnte Anne-Marie Holenstein schlicht keinen Anwärter auf das Amt des Präsidenten der EvB finden, bis sich schliesslich der Genfer Bankangestellte Georges Rossier fand.[81] Dies illustriert, wie die NGO zu einer Institution der Angestellten geworden war, welche die Organisation und ihre Entwicklung prägten und ihr in der Öffentlichkeit ein Gesicht gaben. Die – ehrenamtliche – Arbeit im Aufsichtsorgan über die NGO, die offiziell als Verein konstituiert war, trat von da an stark in den Hintergrund.

Während die arrivierten Theologen und Pfarrer nichts mit dem neuen Verein anfangen konnten, stellte dessen Gründung doch ein Sprungbrett für die Frauen und die „Jugendfraktion" bereit. Die fortdauernde „Frauenarbeit" im Verein illustriert dies. Alle ersten Angestellten waren Frauen und zudem junge Mütter.[82] Die Jahre nach 1968 waren für Frauen in der Schweiz eine bedeutende Aufbruchzeit. 1971 erhielten sie das eidgenössische Stimmrecht, 1972 publizierte das „Magazin" des „Tages Anzeigers" unter der Ägide von Laure Wyss erstmals eine anonyme Umfrage bei Frauen, in welcher deren unbefriedigende Stellung im Arbeitsmarkt als Schwerpunktthema dargestellt wurde.[83] Die Arbeit beim Aufbau der NGO war für die ersten Mitarbeiterinnen ein *empowerment*, das diese selbst überraschte. Es erlaubte ihnen, trotz kleiner Kinder eine ihnen am Herzen liegende Arbeit von zuhause aus zu verrichten und erst noch dafür bezahlt zu werden. Wie froh die ersten weiblichen Angestellten der EvB waren, überhaupt für ihre Arbeit bezahlt zu werden, zeigt sich daran, dass Anne-Marie Holenstein auf einen Teil ihres Lohnes verzichtete, damit Regula Renschler eingestellt werden konnte.[84] Weder in den Quellen noch in den autobiografischen Berichten von Anne-Marie Holenstein und Regula Renschler wird sichtbar, dass diese je ihren

---

80 SozArch, EvB, Ar 430.10.1. Kurt Marti an Anne-Marie Holenstein, 8.7.1971.
81 A.-M. Holenstein-Hasler, R. Renschler, R. H. Strahm: Entwicklung heisst Befreiung, 69.
82 Ebd., 41 – 42.
83 Ergebnis einer Umfrage [Titel der Ausgabe], Tages-Anzeiger Magazin, 11.11.1972.
84 A.-M. Holenstein-Hasler, R. Renschler, R. H. Strahm: Entwicklung heisst Befreiung, 123.

Lohn neu verhandelt oder eine Erhöhung gefordert hätten. Gleichzeitig mit Renschler wurde Rudolf Strahm 1974 als leitender Sekretär eingestellt und damit zum Vorgesetzen der beiden Frauen, obwohl diese älter und zudem im Gegensatz zu Strahm promoviert waren.[85] Strahm beriet seit 1970 das Komitee der EvB in Wirtschaftsfragen.[86] Nach 1970 nahm er immer wieder als Gast an Sitzungen teil und berichtete von seinen Aktivitäten in anderen, ehrenamtlichen Gruppierungen, etwa in der Arbeitsgruppe Schweiz–Dritte Welt.[87] Nach seinem Stellenantritt verfolgte Strahm als erstes Ziel die Rationalisierung und Professionalisierung des NGO-Betriebs.[88] Letztere wurde auch möglich durch einen Know-how-Transfer von der althergebrachten Basler Mission zur EvB. Wie bedeutend der Erfahrungsschatz der 150-jährigen Basler Mission für die noch junge EvB war, sollte Jacques Rossel beiläufig in seinen Memoiren erwähnen:

> Ich wurde Mitglied [der EvB] und später Interimpräsident. Zusammen mit Rudolf Strahm habe ich das Sekretariat der ‚Erklärung von Bern' reorganisiert, und er hat dann die Leitung übernommen. Es gelang mir, einige Mitglieder dazu zu bringen, 3% ihres Einkommens zu geben, um ihm [sic!] einen angemessenen Lohn zu garantieren.[89]

Rossel hat mit seiner Unterschrift unter die „Erklärung von Bern" nicht nur moralisches Kapital an die spätere NGO EvB übertragen, er wirkte auch handfest beim Aufbau professioneller Strukturen mit, nachdem sein Vorgänger, der Theologieprofessor Max Geiger, es zunächst über ein Jahr lang versäumt hatte, überhaupt einen offiziellen Verein zu gründen. So kam es zwischen der Basler Mission und der EvB zu einem Know-how-Transfer im organisatorischen Bereich, der nichts mit dem eigentlichen Auftrag der NGO zu tun hatte.

Diese Professionalisierung wurde überhaupt erst möglich, weil der Passus über die Drei-Prozent-Spende in der Erklärung sowie die ehrenamtliche Arbeit der ersten Generation einen Spendenfluss auslösten.[90] Dies wiederum rief geradezu nach einer Institutionalisierung. Ursprünglich hatten die Initianten der Erklärung eine Liste mit Bankverbindungen der klassischen Schweizer Hilfswerke beigelegt und waren davon ausgegangen, dass jene Personen, die ihren Namen unter die Drei-Prozent-Spende gesetzt hatten, dieses Geld an eines der aufgelisteten Hilfs-

85 Ebd., 113.
86 Ebd., 45.
87 SozArch, EvB, Ar 430.10.1. PV de la séance du comité executif, 6.3.1971.
88 A.-M. Holenstein-Hasler, R. Renschler, R. H. Strahm: Entwicklung heisst Befreiung, 123.
89 J. Rossel: Leben in ökumenischer Weite, 294. Die Löhne der beiden Frauen werden nicht angesprochen.
90 SozArch. EvB, Ar 430.10.2. Schweizer Komitee 1974–77: Rechnung 1974, Budget 1975.

werke überweisen würden. Möglich, dass Frau Mundwiler, Max Geigers Sekretärin, den Grundstein zur Schaffung einer der bedeutendsten Schweizer NGOs legte, indem sie ihren Chef auf den praktischen Aspekt der auflaufenden Druckkosten hinwies und ein Konto bei der Basellandschaftlichen Kantonalbank einrichtete.[91] Auf jeden Fall wandte sich die Redaktionskommission bereits im Dezember 1968 an die Unterzeichnenden:

> Wir ersuchen Sie deshalb höflich, einen von Ihnen frei zu bestimmenden Teil Ihrer 3 % für unsere Unkostendeckung bereitzustellen. Wie aus unserer Erklärung hervorgeht, stellt die Meinungsumbildung in den reichen Ländern eine der ersten Bedingungen für die Entwicklung der armen Länder dar.[92]

Was die Redaktionskommission in ihrem ersten Spendenaufruf noch etwas ungelenk als „Meinungsumbildung" bezeichnete, sollte unter dem Begriff „Bewusstseinsbildung" zur Kernkompetenz der NGO werden. Im Februar 1969 wandte sich Max Geiger wiederum an die „deutschsprachigen Mitglieder der Redaktionskommission", informierte sie, dass Anne-Marie Holenstein nun die Sekretariatsarbeit übernehmen würde, und bat sie, „einen möglichst hohen Betrag Ihrer eigenen 3 % im laufenden Jahr 1969 zugunsten unserer Unkosten zu verwenden".[93] Im November 1969 zahlten auch Hilfswerke, die bis anhin von den Spenden im Rahmen der EvB profitiert hatten, Beiträge an das EvB-Sekretariat, so etwa die Basler Mission.[94] Da die EvB bis November 1970 kein Verein war und auch danach erst langsam in die Strukturen eines Vereins hineinwuchs, sind in den Akten kaum Buchhaltungsunterlagen vorhanden. Die Geldfrage wurde noch bis in die 1980er-Jahre nicht ernst genommen, wie Al Imfeld 1983 kommentierte: „Umgang mit Geld ist für idealistische Gruppen stets ein heikler Punkt. Sehr oft überfordern sie sich, indem sie Eigengesetzlichkeiten nicht ernst nehmen."[95] Erst Schulden von über 80 000 Franken sollten Mitte der 1980er-Jahre zur definitiven Professionalisierung der EvB auch in finanzieller Hinsicht führen.[96] Doch am

---

91 SozArch, EvB, Ar 430.25.1. EvB, Anfangszeit: Redaktionskommission an Unterzeichner, 18. 12. 1968.

92 SozArch, EvB, Ar 430.25.1. EvB, Anfangszeit: Redaktionskommission an Unterzeichner, 18. 12. 1968.

93 SozArch, EvB, Ar 430.25.1. EvB, Anfangszeit: Max Geiger an die „deutschsprachigen Mitglieder der Redaktionskommission", 14. 2. 1969.

94 SozArch, EvB, Ar 430.19.1. Korrespondenz EvB 1969: H. Röthlisberger, Referent für Heimatfragen, Basler Mission, an Anne-Marie Holenstein, 19. 11. 1969.

95 Al Imfeld, Die „Erklärung von Bern" in der Krise, Wochenzeitung, 16. 9. 1983.

96 Siehe dazu Kapitel 5.1. Die Professionalisierung der Fair-Trade-Bewegung. Siehe auch K. J .Kuhn: Entwicklungspolitische Solidarität, 419.

Anfang, zu Beginn der 1970er-Jahre, wurde die EvB mit Spenden derart gut bedacht, dass sie es sich leisten konnte, die Finanzen „idealistisch", sprich gar nicht anzupacken. In den Unterlagen sind einzig eine genauere Vereinsrechnung von 1974 sowie ein Budget für das Jahr 1975 vorhanden. Daraus geht hervor, dass die EvB in der deutschen Schweiz in beiden Jahren über 100 000 Franken an Spendengeldern einnahm. Dazu kam der Verkauf von Büchern der EvB, die hauptsächlich aus der Feder von Rudolf Strahm stammten. Dieser Posten wurde für das Jahr 1975 mit einem Betrag von 20 000 Franken budgetiert.[97] Das dreiköpfige Sekretariat finanzierte sich nach 1974 hauptsächlich aus Geldern, die im Rahmen der Drei-Prozent-Spende von den Unterzeichnern eingingen.

Hier ist zu erwähnen, dass die EvB bereits vor ihrer Gründung durch André Biéler in der Romandie ebenso stark verankert war wie in der Deutschschweiz. So nahm in der Romandie etwa um 1970 der Sekretär François de Vargas seine Arbeit auf.[98] Die beiden Sekretariate operierten unabhängig voneinander und generierten ihre eigenen Spenden. So bildeten sich im Oktober 1971 denn auch zwei Komitees, ein Deutschschweizer und ein Westschweizer Komitee. Zum Komitee in der Romandie gehörten etwa der Genfer Politologe Gilbert Rist (*1938), der 1985 Professor am IUED Genf wurde, oder der junge Deutschschweizer Student Mattias Meyer, der später beim eidgenössischen Staatssekretariat für Wirtschaft die Abteilung Entwicklungszusammenarbeit aufbauen würde.[99]

Als die „Erklärung von Bern" 1968 publiziert wurde, waren die meisten Unterzeichner ehrenamtlich für die Dritte Welt tätig. Sie verpflichteten sich, drei Prozent ihres Einkommens, das sie in „normalen" Berufen erzielten, für die Dritte Welt zu spenden. Die „Erklärung von Bern" war nicht nur der Anfang einer neuen professionellen NGO, sondern gleichzeitig auch die letzte Demonstration der „alten Garde", des wohlhabenden, sozial engagierten Bürgertums, für das wohltätiges Engagement eine Selbstverständlichkeit war. Doch die EvB forderte vom Bund eine Professionalisierung bezüglich des Umgangs mit der Dritte-Welt-Thematik. Sie verlangte im Manifest mehr Steuergelder für Entwicklungshilfe, ein

97 SozArch. EvB, Ar 430.10.2. Schweizer Komitee 1974–77: Rechnung 1974, Budget 1975.

98 SozArch, EvB, Ar 430.11.1. Mappe 3: Korrespondenz Sekretariat Romandie und Deutschschweiz.

99 SozArch, EvB, Ar 430.10.1. Schweizer Komitee 1970–1973. Die offizielle Archivierung der Akten des Westschweizer Komitees beginnt jedoch erst im Jahr 1975. Siehe dazu SozArch, EvB, Ar 430.12.1. Comité romand 1975–1983. Zur Biografie Rists siehe auf der Webseite des heutigen Graduate Institute in Genf
http://graduateinstitute.ch/files/live/sites/iheid/files/sites/admininst/shared/cv-professors/CVGilbert.Rist.pdf (10.4.2018). Zu Meyer siehe etwa seine Publikation Bürgi, Elisabeth; Meyer, Matthias; Ferrarini, Benno: Agricultural Exports as Engine of Growth for Developing Countries? A Case Study on International Trade in Tobacco (Bern 2003).

vom Bund finanziertes Institut für Studien zur Dritten Welt und die Aufnahme der Dritten Welt in den Lehrplan der Schulen. Im Rückblick lässt sich kommentieren, dass die EvB die Geister, die sie rief, nicht mehr loswurde. Was in den Jahren nach der Erklärung von 1968 folgte, war ein starker Anstieg der öffentlichen Entwicklungshilfe. Die Erhöhung der öffentlichen Entwicklungshilfe der Schweiz lässt sich leicht in Zahlen fassen, sie stieg in der hier untersuchten Periode zwischen 1964 und 1984 von 39,7 Millionen auf 670,9 Millionen Franken und damit um das Siebzehnfache.[100] Ausserdem wurde die spätere Eidgenössische Direktion für Entwicklung und Zusammenarbeit (DEZA) rasant ausgebaut und bot zahlreichen jungen Entwicklungsexperten gut bezahlte Stellen in der Bundesverwaltung. Die Arbeit des Missionars, abenteuerlich, oft lebensgefährlich und eine lebenslange Berufung, ging an Angestellte und gar an eidgenössische Beamte über.[101] Max Frisch hat mit seinem Romantitel „Homo Faber" 1957 diesen neuen Typus des Entwicklungshelfers benannt.[102]

Im Nichtregierungsbereich verlief diese Entwicklung ähnlich. Anne-Marie Holenstein setzte sich stark für den Aufbau einer Organisationsstruktur ein und übernahm dabei wie erwähnt die Rolle einer aktiven Geschäftsführerin, die auch gegenüber dem Vorstand immer wieder mahnte, das Ziel eines realisierbaren Organisationsaufbaus nicht aus den Augen zu verlieren.[103] Was Holenstein nicht leistete, war eine fundierte Auseinandersetzung bezüglich der Umsetzung des handelspolitischen Schwerpunkts der EvB, wie er auf der Konferenz von 1970 noch stärker herausgearbeitet worden war. Dass zunächst vor allem Theologen ohne ökonomisches oder juristisches Fachwissen dem Vorstand angehörten – und nicht etwa Christoph Eckenstein, der 1974 bereits an einer Krankheit sterben sollte, – begünstigte dieses Manko. Holenstein war Germanistin und hatte weder die Zeit, sich mit wirtschaftswissenschaftlicher Theorie und ihrer juristischen Umsetzung zu beschäftigen, noch hätte sie sich dies zugetraut.[104] Holenstein schreibt:

---

100 Siehe dazu auf der Webseite der Eidgenössischen Direktion für Entwicklung und Zusammenarbeit (Deza) „Entwicklung der öffentlichen Entwicklungshilfe (APD) und der privaten Spenden der NGOs der Schweiz 1960 – 2015 (Mio. Fr.)", (https://www.eda.admin.ch/deza/de/home/aktivitaeten_projekte/zahlen_und_statistiken/statistische-tabellen.html) (22.9.2017).

101 R. Lenzin: Schweizer im kolonialen und postkolonialen Afrika.

102 Frisch, Max: Homo faber. Ein Bericht (Frankfurt am Main 1957).

103 SozArch, EvB, Ar 430.10.2. Anne-Marie Holenstein: Ueberlegungen betr. Entwicklungspolitische Verfassungsinitiative, 16.4.1975.

104 Zu dieser Verunsicherung siehe auch Holenstein, Anne-Marie: Jute statt Plastik, in: Migros-Genossenschafts-Bund (Hg.): M-Frühling. Vom Migrosaurier zum menschlichen Mass (Bern 1980) 185 – 198, 186.

> Ich hatte neben der Sekretariatsleitung im Halbtagsjob, der Mitarbeit in der Redaktion der von Frauen neu gegründeten ökumenischen Zeitschrift ‚Schritte ins Offene' und der jungen Familie weder Zeit noch Energie, mich mit den Dependenztheorien und dem Zentrum-Peripherie-Modell auseinanderzusetzen.[105]

Die Diskrepanz zwischen dem Postulat der Notwendigkeit von handelspolitischen Umstellungen und dem Begreifen und Umsetzen wirtschaftswissenschaftlicher Grundlagen bildet eine Kontinuität in der Bewegung um die „Erklärung von Bern". Bereits Punkt 4 der Erklärung, in dem die Handelsbeziehungen angesprochen werden, ist holperig formuliert; die Verfasser machten es sich einfach, indem sie auf die UNCTAD verwiesen.[106] Der Bericht der Konferenz von 1970 hingegen fiel fachlich korrekter und klarer aus, was auf die Mitarbeit des Ökonomen Strahm und der beiden Juristen Preiswerk und Eckenstein, die beide seit Jahren als Experten der Nord-Süd-Handelspolitik agierten, zurückzuführen ist.[107]

Als der Aufbau der Organisation EvB in den Händen einer Germanistin lag, fiel das wirtschaftswissenschaftliche Fachwissen wie kurze Zeit zuvor bei den Theologen unter den Tisch. Dies bedeutet nicht, dass nicht die gesamte Bewegung bis Mitte der 1970er-Jahre tief überzeugt war von der Notwendigkeit ökonomischer Strukturveränderungen. In der Frage, wie diese nun genau umgesetzt werden sollte, kamen sowohl die Initianten der „Erklärung von Bern" wie auch die erste Sekretärin sprachlich schnell ins Schleudern und behalfen sich damit, abwechslungsweise auf die UNCTAD, auf „unsere kompetentesten Volkswirtschafter" oder auf Rudolf Strahm zu verweisen.[108] So etwa in einem Brief, den Anne-Marie Holenstein im Mai 1971 an die Aussenwirtschaftskommisssion der Bundesversammlung schrieb und diese bat, die Vorlage des Bundesrates über die Zollpräferenzen zur Annahme zu empfehlen.[109] In der Beilage des Briefes befand sich ein Separatdruck von Rudolf Strahms Diplomarbeit über den effektiven Zollschutz der Schweiz gegenüber den Entwicklungsländern.[110] Anstatt sich selbst in die Thematik einzuarbeiten, verwies Holenstein auf Strahms Text. Strahm beriet das Komitee ab 1970 in ökonomischen Fragen, sozusagen als

105 A.-M. Holenstein-Hasler, R. Renschler, R. H. Strahm: Entwicklung heisst Befreiung, 35.

106 https://www.publiceye.ch/fileadmin/files/documents/Ueber_uns/EvB_1968_0.pdf (28.3.2018). Siehe auch SozArch, EvB, Ar 430.25.1. EvB, Anfangszeit: Die Erklärung von Bern, März 1968.

107 H. Schmocker, M. Traber: Schweiz-Dritte Welt.

108 Punkt 6, Die Erklärung von Bern, https://www.publiceye.ch/fileadmin/files/documents/Ueber_uns/EvB_1968_0.pdf (28.3.2018). Siehe auch SozArch, EvB, Ar 430.25.1. EvB, Anfangszeit: Die Erklärung von Bern, März 1968.

109 SozArch, EvB, Ar 430.10.1. Mappe 1: Anne-Marie Holenstein an die Aussenwirtschaftliche Kommission des National- und Ständerates, 13.5.1971.

110 R. H. Strahm: Effektiver Zollschutz.

Schüler oder Vertreter von Preiswerk und Eckenstein.[111] Eine tatsächliche Ausbildung der Initianten des Manifests, geschweige denn der weiblichen Sekretärin, fand jedoch nicht statt, so dass der Verweis auf „kompetente Volkswirtschafter" zum Regelfall wurde.[112] Dies ist umso erstaunlicher im Hinblick auf den Schwerpunkt der „Bewusstseinsbildung" der Bewegung.

Die erste Priorität, kaum war die Organisation gegründet, schien – und dies sollte eine Konstante bleiben – die Beeinflussung der öffentlichen Meinung, die „Bewusstseinsbildung", ursprünglich „Meinungsumbildung" genannt:[113]

> Wir leiden darunter, dass es uns kaum gelingt, mit unseren politischen Bemühungen die Grenzen der eigenen Kreise zu überspringen und zu einem wesentlichen Faktor der öffentlichen Meinung unseres Landes zu werden.[114]

So stand es etwa in einer Mitte der 1970er-Jahre verfassten Standortbestimmung.[115] 1971 hatte der Bund das Zollpräferenzsystem für Entwicklungsländer eingeführt, gleichzeitig mit einer rasanten Erhöhung der eidgenössischen Entwicklungshilfe. So kam der Bund der NGO sozusagen zuvor und erfüllte die Forderungen von 1968 schneller und erst noch so umfangreich, dass die kleine NGO davon überwältigt wurde und mit der rasanten Entwicklung kaum Schritt halten konnte.

Von aussen betrachtet stellt sich die Frage, weshalb intern nie diskutiert wurde, inwiefern es eine solche NGO überhaupt noch brauchte. Mit der Einstellung eines leitenden Sekretärs 1974 ging es denn auch darum, ein klares Betätigungsfeld für den Verein zu definieren. Die folgenden Jahre waren stark geprägt von einer mäanderartigen Suche nach einem klaren Auftrag. So stark die Aktivisten empfanden, einen „Auftrag" zu haben, so schwierig war es, diesen auf dem Boden der organisatorischen Realität zu definieren.[116] Mitte der 1970er-Jahre lässt

---

111 A.-M. Holenstein-Hasler, R. Renschler, R. H. Strahm: Entwicklung heisst Befreiung, 45., R. Preiswerk, G. Rist: A contre-courants.

112 Punkt 6, Die Erklärung von Bern, https://www.publiceye.ch/fileadmin/files/documents/Ueber_uns/EvB_1968_0.pdf (28. 3. 2018). Siehe auch SozArch, EvB, Ar 430.25.1. EvB, Anfangszeit: Die Erklärung von Bern, März 1968.

113 SozArch, EvB, Ar 430.25.1. EvB, Anfangszeit: Redaktionskommission an Unterzeichner, 18. 12. 1968.

114 SozArch, EvB, Ar 430.10.2. Magdalena Rutz: Einige Ueberlegungen zur Situation der „Erklärung von Bern", undatiert, vermutlich Mitte der 1970er-Jahre.

115 SozArch, EvB, Ar 430.10.2. Magdalena Rutz: Einige Ueberlegungen zur Situation der „Erklärung von Bern", undatiert, vermutlich Mitte der 1970er-Jahre.

116 SozArch, EvB, Ar 430.25.1. EvB, Anfangszeit: André Biéler, Max Geiger, Lukas Vischer an „Freunde und Brüder", „Anfang" Dezember 1967.

sich denn auch gut der graduelle Übergang von der ehrenamtlichen Bewegung zu einer Angestelltenorganisation beobachten. Auch 1975 trafen sich die Aktivisten der EvB wie frühere Male zur Tagung in Gwatt. Aus den Akten wird ersichtlich, dass dort eine freiwillige Basisbewegung um Roy Preiswerk mit der Sekretärin Anne-Marie Holenstein aneinandergeriet, die den Blickwinkel der organisatorischen Umsetzbarkeit und Effizienz hatte.[117] Bereits seit sechs Jahren war Anne-Marie Holenstein faktisch Geschäftsführerin einer wachsenden Organisation. Im Kontext einer losen Tagung einer Basisbewegung wurde sie „gegen [ihren] Willen beinahe in die Rolle eines Opinion leaders der Opposition gedrängt".[118] Während sich Holenstein 1975 noch als Teil einer uneinigen Basisbewegung verstand, war dieses Oppositionsverhältnis bereits Ausdruck einer Haltung von professionellen Angestellten der NGOs, wie sie in diesen Jahren in zahlreichen NGOs in Europa vorkam.[119] Holenstein hatte sich an der Tagung in Gwatt gegen die Lancierung einer eidgenössischen entwicklungspolitischen Initiative gewehrt. Diese hätte für das geschäftsführende Dreierteam einen massiven Arbeitsaufwand ohne kurzfristige Resultate gebracht, und insbesondere hätte diese Initiative das Profil der NGO nicht geschärft. Stattdessen skizzierte Holenstein als Alternative sozusagen die Agenda einer entwicklungspolitischen NGO:

> Anstelle einer Initiative plädiere ich für politische Aktionen mit enger begrenzter Zielsetzung. Sie sollten bezüglich der Zentrum-Peripherie-Problematik Modellcharakter haben und alternativ zur heutigen Politik eine Politik der Solidarität demonstrieren. Sie sollten dieselben Lernprozesse auslösen und dieselben politischen Ziele anvisieren wie die geplante Initiative, hätten aber folgende Vorteile:
>
> - Kurzfristiges Reagieren auf aktuelle Ereignisse (Beispiele: Asylpolitik, Energiekonferenz, United Fruit-Skandal etc.
> - Schaffen von Ereignissen (vergl. unten zu UNCTAD IV)
> - Angepasste Strategien für verschiedene Adressaten (Parlament, Schweizer Multis, Konsumenten, Gewerkschaften, Kirchen etc.)
> - Der Aufwand kann in zeitlicher und personeller Hinsicht eher limitiert werden als bei einer Initiative, die uns jahrelang beanspruchen und damit Kräfte binden würde, die für kurzfristige Aktionen gebraucht werden.
> - Organisationen können ad hoc zusammenarbeiten. Kein Zwang zu ‚geschlossener Front'.[120]

117 R. Preiswerk, G. Rist: A contre-courants, 54.
118 SozArch, EvB, Ar 430.10.2. Anne-Marie Holenstein: Ueberlegungen betr. Entwicklungspolitische Verfassungsinitiative, 16.4.1975.
119 M. Hilton: Politics of Expertise, 254.
120 SozArch, EvB, Ar 430.10.2. Anne-Marie Holenstein: Ueberlegungen betr. Entwicklungspolitische Verfassungsinitiative, 16.4.1975.

Wie Holenstein klar festhielt, ging es darum, den zeitlichen und personellen Aufwand geschickt zu nutzen. Zudem war ihr klar, dass die NGO agil sein musste und sich zu aktuellen Themen äusserte, um im Gespräch zu bleiben sowie ihre Aktionen auf Zielgruppen zu fokussieren, je nach Möglichkeit in Zusammenarbeit mit anderen NGOs. Im Folgenden entwarf Holenstein ein Beispiel einer solchen politischen Aktion: Sie hielt fest, wie eine „Begleitung" von internationalen Konferenzen durch NGOs aussehen könnte.[121]

Wir sehen hier also, dass die NGOs sozusagen im Fahrwasser der internationalen Organisationen und ihrer Konferenzen ihre professionelle Organisation aufbauten und in der „kritischen Begleitung" der offiziellen Veranstaltung im Rahmen von Gegenveranstaltungen oder Rahmenprogrammen ein Geschäftsmodell entwickelten. Holenstein hatte im Jahr zuvor, 1974, am Begleitprogramm der Konferenz der Ernährungs- und Landwirtschaftsorganisation der Vereinten Nationen (FAO) in Rom teilgenommen, das unter anderem von der britischen Oxfam orchestriert wurde.[122] Für die vierte Konferenz der UNCTAD, die im Mai 1976 in Nairobi stattfinden sollte, schlug sie nun ein derartiges Modell vor:

> Beispiel eines möglichen Projekts: UNCTAD IV
>
> - Informationsphase, beginnend im Herbst 1975. Einzelne Traktanden der Konferenz werden popularisiert (z. B. durch Konsumentenaktionen, Schulmaterial etc.)
> - Oeffentliches Hearing: Schweiz-UNCTAD IV
> - Kleine Anfrage im Parlament betr. Zusammensetzung und Vorbereitung der Schweizer Delegation. Frage nach deren Direktiven. Ev. parallel Briefkampagne. Proklamation unserer Forderungen für eine schweiz. Politik der Solidarität an der UNCTAD IV.
> - Während der Konferenz organisierter Feed-back (Modell: Telephonkampagne in Kanada während der Welternährungskonferenz).
> - Nach der Konferenz öffentliche Evaluation.[123]

Wie das Quellenzitat aufzeigt, bezog sich Holenstein auf ihre Beobachtungen an der FAO-Konferenz in Rom im Jahr zuvor. Auch kam sie in ihrem Vorschlag mit Ideen, die zu den Hauptpfeilern der NGO-Tätigkeit werden würden: den Konsumentenaktionen und der Verbreitung von Schulmaterial. Holenstein nannte dies „Popularisierung". Sie schlug hier somit eine Vereinfachung vor, ein Herausgreifen einzelner Punkte und die Vermittlung dieser vereinfachten Punkte an

121 SozArch, EvB, Ar 430.10.2. Anne-Marie Holenstein: Ueberlegungen betr. Entwicklungspolitische Verfassungsinitiative, 16.4.1975.

122 Bodleain Library, Oxford, Oxfam archive, MS.Oxfam. PUB/528 – 9, PAN issues.

123 SozArch, EvB, Ar 430.10.2. Anne-Marie Holenstein: Ueberlegungen betr. Entwicklungspolitische Verfassungsinitiative, 16.4.1975.

Konsumentinnen und Konsumenten sowie an Kinder. Möglich, dass Holenstein von der florierenden Schulabteilung der britischen Oxfam wusste, die Schulmaterial herstellte, das von Mitarbeiterinnen und Mitarbeitern der Organisation an Schulen zur Durchführung von Veranstaltungen genutzt wurde.[124] Sicher jedoch haben die Aktivisten in britischen und holländischen NGOs, die – anders als Schweizer Aktivisten – nicht die Möglichkeit einer Volksinitiative hatten, seit 1968 einen nichtgouvernementalen Kampagnenstil vorgegeben, den Holenstein beobachtet hatte und nun für die EvB vorschlug.[125]

2.4 Die internationale Vernetzung der Erklärung von Bern

Der Ökumenischen Rat der Kirchen in Genf sowie die Schweizer Landeskirchen verankerten die Initianten der „Erklärung von Bern" und ihre jüngeren Mitstreiter in einem bereits bestehenden globalen Netzwerk, das durch die Ökumene in der Nachkriegszeit gestärkt und aktiviert worden war. In diesem Netzwerk bewegte sich auch die Basler Mission, die sozusagen eine frühe, religiöse NGO ist, die schon damals nicht nur im Süden wirkte, sondern mit anderen europäischen und US-amerikanischen missionarischen Einrichtungen eng vernetzt war. Die EvB war in den ersten Jahren sozusagen Juniorpartner dieses internationalen Netzwerkes. Als die EvB nach 1969 in eine stets offizieller werdende Organisation überging, wuchs sie auf dem Humus des bereits bestehenden globalen Netzwerks, das sich mit dem Nord-Süd-Handel befasste. Das internationale Netzwerk der säkularen NGOs war zu dieser Zeit erst im Aufbau begriffen. 1962 gehörte unter anderem der Oxfam-Direktor Lesley Kirkley zu den Gründern des International Council of Voluntary Agencies.[126] Diese internationale Organisation der NGOs mit Sitz in Genf sollte jedoch nicht die Schlagkraft entwickeln, die sich Kirkley erhofft hatte.[127] Doch die informelle Vernetzung über die Aktivistinnen und Aktivisten selbst funktionierte über bereits bestehende Kanäle. So lud die niederländische Gruppierung Novib, die Mitte der 1950er-Jahre unter anderem vom Entwicklungsökonomen Jan Tinbergen gegründet worden war, die Aktivistinnen und Aktivisten der EvB in Genf im Frühling 1970 zu ihrem Treffen nach Egmond aan Zee ein.[128] Die

124 M. Black: Oxfam the First 50 Years, 102.

125 SozArch, EvB, Ar 430.10.2. Anne-Marie Holenstein: Ueberlegungen betr. Entwicklungspolitische Verfassungsinitiative, 16.4.1975.

126 https://www.icvanetwork.org/ (8.1.2018).

127 M. Black: Oxfam the First 50 Years, 101.

128 Siehe dazu die Webseite der niederländischen Oxfam, die Novib weiterführt (http://www.oxfamnovib.nl/wat-wij-doen/over-oxfam-novib/geschiedenis) (8.1.2018).

Westschweizer leiteten die Einladung an Anne-Marie Holenstein weiter, die am Treffen teilnahm.[129] Damit war der Informationsfluss vom internationalen Genf zur nationalen NGO in Zürich erfolgt. Anne-Marie Holenstein traf als Vertreterin der nationalen, säkularen Nicht-Regerungsorganisation EvB auf Vertreter ähnlicher Organisationen und erfuhr dort, wie die Niederländer bereits 1968 mit dem Rohrzucker auf einen tropischen Rohstoff als Symbol für ihre Kampagne für gerechteren Nord-Süd-Handel gesetzt hatten.[130]

Das Vorhaben der Niederländer, ihre Rohrzucker-Kampagne von 1968 europaweit koordiniert zu wiederholen, verlief jedoch im Sand. Die Briten preschten im Hinblick auf einen bevorstehenden Beitritt Grossbritanniens zur EWG auf eigene Faust vor.[131] Im Falle der Schweiz stellte die EvB 1970 noch keine schlagkräftige Organisation dar, zudem fehlte hier im Gegensatz zu Grossbritannien und den Niederlanden die Notwendigkeit, die Zugehörigkeit oder den bevorstehenden Beitritt des eigenen Landes zur EWG kritisch zu begleiten. So fanden die Niederländer in der Schweiz keine bestehende Organisation vor, die mit ihnen wie etwa britische NGOs ein koordiniertes Vorgehen besprochen hätte.[132]

In der Folge der Publikation der „Haslemere Declaration" im April 1968 entstanden in Grossbritannien mehrere lokale Aktionsgruppen, die kurz durch einen Newsletter vernetzt waren.[133] Der Aufbau einer Organisation scheiterte jedoch und die sogenannte Haslemere Group verschwand Mitte der 1970er-Jahre. Doch in den Jahren nach 1968 organisierten die Haslemere Aktionsgruppen mehrere Kongresse und gaben etwa ein Dutzend Publikationen heraus.[134] Im April 1969 nahmen Rudolf Strahm, Martin Meyer, der in Genf studierte und dort in der lokalen EvB-Gruppe aktiv war, sowie eine Frau namens Edith Stricker am Studentenkongress „On Race and Poverty" in Manchester teil. Strahm schrieb darüber einen Bericht und erwähnte, Exemplare der „Haslemere Declaration" könnten bei ihm bezogen werden.[135]

Ein Mitglied der Haslemere Group, der junge Ökonom Jonathan Power (*1941), schrieb sehr ähnlich wie Rudolf Strahm später ein für Laien verständli-

---

129 SozArch, EvB, Ar 430.10.1. Anne-Marie Holenstein an Novib, 2.1.1970.

130 A.-M. Holenstein-Hasler, R. Renschler, R. H. Strahm: Entwicklung heisst Befreiung, 50.

131 Dam, Peter Van: Moralizing Postcolonial Consumer Society.

132 Ebd.

133 M. Hilton: International Aid and Development NGOs. Bodleian Library, Oxford. Oxfam archive, MS. Oxfam. COM/3/1/12. Folder 3: Haslemere Declaration. Bodleian Library, Oxford. North London Haslemere Group: Paper Tiger, London, 1969 – 1970.

134 Siehe dazu die Publikationsliste in der vermutlich letzten Publikation. Social Science Library, Oxford. North London Haslemere Group: Who needs the Drug companies? London, [1976?].

135 SozArch, EvB, Ar 430.25.1. EvB, Anfangszeit: Bulletin der Evangelischen Studentengemeinde Zürich, Juni 1969.

ches Buch über Entwicklungsökonomie.[136] In einer Broschüre zur Pulverkaffeeaktion empfahl die EvB einen Dokumentarfilm von Power mit dem Titel „Macht der Armen" über die Themen Rohstoffhandel, Kaffee-Markt und Tansania.[137] Power war mit Lukas Vischer bekannt, der ihn im Auftrag des ÖRK ein Buch über den Welthunger schreiben liess und ihm Anne-Marie Holenstein als Koautorin vermittelte.[138] Unter dem Titel „World of Hunger" kam 1976 das von Power und Holenstein gemeinsam verfasste Buch heraus.[139] Die Schweizer und Engländer fokussierten zunächst intellektuell auf die „Bewusstseinsbildung".[140] Dies spiegelt sich auch in der Beobachtung von Clare Saunders wider, die im Fall der britischen Dritte-Welt-NGOs bereits von deren dritten Entwicklungsphase spricht, in der über die technischen Aspekte des Welthandels diskutiert wurde.[141] Die Holländer traten jedoch bereits 1968 aktivistisch hervor, als sich die „Jugendfraktion" in der Schweiz noch nicht einmal gebildet hatte. Nach dem Frühling 1968 starteten niederländische Dritte-Welt-Aktivisten eine Rohrzucker-Kampagne, auf deren Höhepunkt sie im Dezember des gleichen Jahres Rohrzuckerportionen an alle Mitglieder des holländischen Parlaments verteilten und einen übergrossen Weihnachtsmann mit einem Herz aus tropischem Zuckerrohr vor dem Parlamentsgebäude postierten.[142] Sowohl die Briten, die kurz vor dem Beitritt zur EWG standen, wie auch die Holländer, die seit 1957 zur EWG gehörten, befassten sich mit den Auswirkungen der Europäischen Einigung auf die Dritte Welt.[143] In der Schweiz setzte sich Christoph Eckenstein, der später auch verschiedene südliche Länder in ihren Verhandlungen mit der EWG beriet, intensiv mit dem Thema auseinander. In der Publikation zur interkonfessionellen Konferenz im Bundeshaus von 1970 wird denn auch die Rolle der Schweiz in der europäischen Einigung angesprochen. Die Teilnehmerinnen und Teilnehmer hielten fest, dass die Schweiz keinen Vertragswerken beitreten solle, die sich für die Dritte Welt nachteilig auswirken würden.[144] In den Jahren nach 1968 diskutierten die Briten den Beitritt zum EWG, der schliesslich 1973 trotz Einwänden von Seiten der Dritte-

---

136 J. Power: Development Economics.

137 SozArch, EvB, Ar 430.27.1. Kaffee Ujamaa 73–77: Solidaritätskaffee „Ujamaa", 1975, Broschüre.

138 A.-M. Holenstein-Hasler, R. Renschler, R. H. Strahm: Entwicklung heisst Befreiung, 70.

139 Power, Jonathan; Holenstein, Anne-Marie: World of Hunger. A Strategy for Survival (London 1976).

140 SozArch, EvB, Ar 430.10.2. Rudolf Strahm, Entwicklungspolitische Bewusstseinsbildung – Thesen für die zukünftige Arbeit, undatiert.

141 C. Saunders: British Humanitarian, Aid and Development NGOs.

142 Dam, Peter Van: Goodbye, Dam, Peter Van: It's Not Just About Europe.

143 Dam, Peter Van: Moralizing Postcolonial Consumer Society.

144 H. Schmocker, M. Traber: Schweiz-Dritte Welt.

Welt-Bewegung erfolgte. Die Niederlande hingegen gehörten zu den Gründerstaaten der EWG, und der niederländische Politiker Sicco Mansholt hatte die Gemeinsame Europäische Agrarpolitik (GAP) massgeblich geprägt.[145] An dieser Gemeinsamen Agrarpolitik entzündete sich die Kritik der Dritte-Welt-Aktivistinnen und -Aktivisten. Der „New Internationalist", das Sprachrohr der britischen Dritte-Welt-Bewegung, brachte unter anderem im Juni 1973, als Grossbritannien der EWG beitrat, einen Beitrag über das Thema Zucker. Aufgezeigt wurde, wie die GAP europäische Zuckerrüben dem karibischen Rohrzucker vorziehen würde und damit sogar tropische Rohstoffe, die überhaupt den Weg in die Festung Europa fänden, substituieren würde.[146] Für die Schweizer Dritte-Welt-Bewegung war der „New Internationalist" eine wichtige Informationsquelle.[147] Die Niederländer hatten indessen wie erwähnt bereits seit 1968 versucht, am Beispiel Zucker eine internationale Kampagne aufzuziehen, die das Thema ins Bewusstsein der Bevölkerung bringen und zu konkreten politischen Verbesserungen führen würde.[148] In den Akten der EvB sind denn auch englischsprachige Unterlagen zur Zuckerproblematik von 1970 vorhanden.[149] Anne-Marie Holenstein vernetzte sich schnell und gut mit den holländischen Aktivisten.

Bereits ein Jahr nachdem sie das Sekretariat der EvB übernommen hatte, im April 1970, besuchte Holenstein in den Niederlanden wie erwähnt den internationalen Kongress der Novib in Egmond aan Zee.[150] Danach war sie gut informiert über frühe Aktionen in den Niederlanden und berichtete 1972 den Bananenfrauen in Frauenfeld darüber.

> Als Vertreterin der EvB sah ich meine Rolle darin, Informationen über Erfahrungen mit Konsumentenaktionen weiterzugeben, z. B. jene der Holländer mit Zucker- und Kaffeeaktionen.[151]

---

145 Van Merriënboer, Johan: Mansholt. A Biography (Brüssel 2011). Zur Rolle Mansholts als Sündenbock der GAP siehe E. F. Schumacher: Es geht auch anders, 40 – 42. Schumacher kritisiert Sicco Mansholt, der in den 60er-Jahren noch der grösste Wachstumsapostel war.

146 Ian Haig, E.E.C. and Third World to clash on sugar, The New Internationalist, June 1973.

147 SozArch, EvB, Ar 430.25.1. EvB, Anfangszeit: Aktion und Information. Möglichkeiten für Gruppen, EvB, April 1974.

148 Dam, Peter Van: Moralizing Postcolonial Consumer Society.

149 SozArch, EvB, Ar 430.10.1. International Working Congress of Action Groups on International Development, Egmond aan Zee, 1.–4. 4. 1970.

150 A.-M. Holenstein-Hasler, R. Renschler, R. H. Strahm: Entwicklung heisst Befreiung, 50.

151 Ebd., 63.

Doch sowohl die internationale Zuckerkampagne wie auch die Aktionen der Haslemere Gruppen verliefen zu Beginn der 1970er-Jahre im Sand.[152] Stattdessen entstanden in den 1970er-Jahren in den Niederlanden und in Grossbritannien genau wie in der Schweiz Dritte-Welt-Läden.[153] Gerade im Falle Grossbritanniens bestand bereits die Tradition der *charity shops*, von Freiwilligen geführte Brockenstuben, deren Erlös einem guten Zweck zukam. So führte die britische Dritte-Welt-Organisation Oxfam in den 1960er-Jahren zahlreiche Läden, deren Erlös der Organisation zugute kam. Entsprechend war ein fliessender und sehr früher Übergang von der Wohltätigkeit zum Verkauf von Produkten aus Entwicklungsländern möglich.[154] Der Verkauf von Dritte-Welt-Produkten wurde in der Schweiz zu einem Bestandteil des Aktivismus, aber erst einige Zeit nachdem dies in Grossbritannien und den Niederladen der Fall war. Auch die Entstehung von Dritte-Welt-Läden erfolgte hier etwas später als in den anderen beiden Ländern, nämlich Mitte der 1970er-Jahre. Die Schweizer Bewegung blieb somit im internationalen Vergleich länger „theoretisch" in ihrem Einsatz für gerechten Handel. Die internationale Vernetzung der EvB erfolgte jedoch über Weltläden und wird in den Akten in den frühen 1970er-Jahren deutlich. Hierbei ging es fast ausschliesslich um das Thema *Alternative Trading*. Der Alternative Handel war das erste Kernthema der NGO, und darum ging es auch bei ihrer Vernetzung. So fanden denn auch in den 1970er-Jahren zahlreiche internationale Zusammenkünfte von Betreiberinnen und Betreibern von Weltläden statt.[155]

Diese Bewegung war im Gegensatz zur Zuckerkampagne und den schweizerischen und britischen Manifesten von Dauer und führte langfristig zur Lancierung des international registrierten Fair-Trade-Gütesiegels.[156] Grossbritannien, die Niederlande und die Schweiz waren federführend beim Aufbau und der Einführung des internationalen Gütesiegels.[157] Es ist interessant zu sehen, dass in allen drei Ländern zunächst Aktionen vorausgingen, die unabhängig voneinander grosse Ähnlichkeit hatten. In allen drei Nationen beriefen sich die Aktivistinnen und Aktivisten auf die UNCTAD – und entweder implizit oder namentlich auf Raúl

---

152 Dam, Peter Van: Limits of a Success Story, M. Hilton: International Aid and Development NGOs.

153 Dam, Peter Van: Moralizing Postcolonial Consumer Society, 235.

154 M. Anderson: History of Fair Trade, 114.

155 SozArch, Claro 1010.11. SOS Niederlanden und andere Organisationen: Tagungen, Workshops zu Alternativen Handel 1973–1977.

156 M. Anderson: History of Fair Trade.

157 Seit der Einführung weisen die drei Nationen den höchsten Pro-Kopf-Konsum von zertifizierten Produkten aus. Krier, Jean-Marie: Fair Trade 2007: New Facts and Figures from an Ongoing Success Story (Culemborg 2007).

Prebisch. In Grossbritannien kamen Mitglieder der Haslemere Group von der Universität Sussex, an der Hans W. Singer am Aufbau des Institute of Development Studies beteiligt war.[158] Während Eckenstein persönlicher Berater von Prebisch gewesen war, standen Mitglieder der Haslemere Group mit dem britischen Team um Singer in Kontakt. In den Niederlanden war der Entwicklungsökonom Jan Tinbergen Teil der Bewegung.[159] Alle drei nationalen Bewegungen forderten ihre Regierungen auf, die UNCTAD-Vorgaben umzusetzen und den nationalen Markt für Produkte aus Entwicklungsländern zu öffnen und vor allem im Rahmen der GAP nicht noch stärker zu schliessen. Der Marktzugang für Entwicklungsländer war jeweils das Hauptanliegen der nationalen Bewegungen. Es ist auffällig, dass sich in allen drei Ländern die ehrenamtlichen Bewegungen auflösten und kommerziell ausgerichteten Weltläden sowie professionellen NGOs Platz machten, die den Marktzugang vergassen.

Nachdem die EvB den Verkauf von Produkten 1977 in die Firma OS3 ausgelagert hatte, blieb ihr der Schwerpunkt, den Welthandel kritisch zu begleiten.[160] Damit wurde sie zum Pendant der britischen Oxfam, der wohl bekanntesten Entwicklungs-NGO, die sich der Überwachung eines gerechten Welthandels verschrieben hat; unterdessen ist Oxfam weltweit tätig.[161] Sie ist nach dem Zweiten Weltkrieg aus Hilfsorganisationen entstanden und hat sich in den 1960ern, als die Kriegsschäden in Europa behoben waren und Wohlstand herrschte, zur Dritte-Welt-NGO gewandelt. Oxfam richtete in Grossbritannien erste Dritte-Welt-Läden bzw. *Alternative Trading Channels* ein.[162] Ähnlich wie die EvB lagerte Oxfam diese Sparte aus und trennte sie organisatorisch klar von der NGO-Arbeit. Anders als die EvB war Oxfam jedoch stets in der klassischen Entwicklungszusammenarbeit tätig und spurte in diesem Kontext den Übergang von der reinen Hilfe zur Hilfe zur Selbsthilfe mit dem Fokus auf den Kleinbauern früh vor.[163]

Aus Schweizer Sicht ist Oxfams Rolle in Tansania von Bedeutung. Tansania galt in der frühen Dritte-Welt-Bewegung als Musterland.[164] Julius Nyerere, der erste Präsident nach der Unabhängigkeit des Landes im Jahr 1961, war auch ein bedeutender afrikanischer Intellektueller. Westliche Studenten lasen seine Schriften mit grossem Enthusiasmus. Nyereres Idee eines afrikanischen Sozialismus, genannt Ujamaa, bot den westlichen Aktivistinnen und Aktivisten eine

---

158 R. Jolly: A Short History.
159 Dam, Peter Van: Moralizing Postcolonial Consumer Society.
160 Siehe dazu Kapitel 4.1. Die EvB und die OS3: Bücher und Nahrungsmittel.
161 https://www.oxfam.org/ (14.9.2017).
162 M. Anderson: History of Fair Trade.
163 M. Black: Oxfam the First 50 Years, 69.
164 M. Jennings: ‚Almost an Oxfam in Itself'.

Alternative bei der Auswahl zwischen dem Kapitalismus und dem Sowjetmarxismus des Kalten Kriegs. In neuerer Forschung wurde nun aufgezeigt, wie eng Nyerere von Jimmy Betts, einem ehemaligen britischen Kolonialbeamten, beraten wurde. Betts wechselte fliessend von der britischen Kolonialverwaltung zu Oxfam, für die er als *field director* in Tansania stationiert war. Bereits in den späten 1960er-Jahren nahm die Ujamaa-Politik in Tansania totalitäre Züge an, was zu Zwangsumsiedlungen von sechs Millionen Menschen in Ujamaa-Modelldörfer führte. Während die alternative Bewegung die Wachstumskritik und *Small is beautiful* euphorisch als neue Leitideen aufnahm, entwickelte sich die tansanische Wirtschaftspolitik genau in die gegenteilige Richtung. Immer grössere landwirtschaftliche Einheiten sollten immer mehr produzieren. So forderte die Iringa Erklärung 1972 eine Steigerung der Produktion und eine Modernisierung der Landwirtschaft. Die „villagization" bedeutete im Kontext der Landreform in Tansania nicht eine Verkleinerung, sondern eine Vergrösserung der landwirtschaftlichen Produktionseinheiten.[165]

Jimmy Betts unterstützte Nyerere und dessen Politik jedoch weiterhin und benutzte Tansania als Idealtypus für das Publikum in Grossbritannien. Unter der Studentengeneration von 1968 herrschte eine eigentliche „Tanzaphilia". Zahlreiche junge Menschen aus Europa sympathisierten mit Tansania und viele reisten selbst in das ostafrikanische Land, um dort in Ujamaa-Dörfern aktiv an der Alternative mitzuarbeiten. Auch die späteren EvB-Sekretäre Rudolf Strahm, Regula Renschler und Al Imfeld, das spätere Komitee-Mitglied der EvB, bereisten Tansania.[166] Al Imfeld traf Nyerere sogar persönlich.[167] Aus der Korrespondenz zwischen Jimmy Betts und dem Oxfam-Hauptquartier in Oxford wird ersichtlich, dass Oxfam in diesen jungen Leuten zukünftige langjährige Spender sah. Es lag somit nicht im Interesse von Oxfam, die illusorische Vorstellung eines afrikanischen Sozialismus, wie er in den Augen der Europäer in Tansania bestand, zu zerstören und der „Tanzaphilia" Abhilfe zu schaffen. So hielt Oxfam, die in Tansania vor Ort einen erfahrenen *field director* bezahlte, relevante Kritik an Nyerere unter Verschluss und profitierte zuhause in Grossbritannien vom falschen Bild, das die tansaphilen Studierenden sich machten.[168]

Diese eigentlich britische Studie ist für diese Arbeit deshalb relevant, weil auch die Schweizer Studierenden von der „Tanzaphilia" erfasst wurden. Die Berner Arbeitsgruppe Schweiz-Dritte Welt (AG3W), zu der hauptsächlich Theo-

165 Ebd., 511.

166 A.-M. Holenstein-Hasler, R. Renschler, R. H. Strahm: Entwicklung heisst Befreiung, 88–89, 113.

167 L. Suter: In aller Welt.

168 M. Jennings: ‚Almost an Oxfam in Itself'.

logiestudenten, aber auch andere wie etwa Rudolf Strahm gehörten, lancierte 1973 zum ersten Mal eine Kampagne zum Verkauf von Ujamaa-Pulverkaffee aus Tansania.[169] Rudolf Strahm reiste 1974, nach Abschluss seiner Arbeit bei der UNCTAD, ebenfalls nach Tansania, wo er einige Wochen lang in einem Ujamaa-Dorf lebte.[170] Nach seiner Rückkehr trat er seinen Posten als Sekretär der EvB an und lancierte in deren Namen ein zweites Mal eine Aktion für Ujamaa-Pulverkaffee.[171] In diesem Rahmen entstand auch eine Broschüre zur Verkäuferschulung, in der die Ujamaa-Philosophie und Tansania modellhaft beschrieben waren.[172] Damit wurde auch die EvB als Organisation Teil der „Tanzaphilia", die den afrikanischen Sozialismus zum Ideal hochstilisierte und die Augen vor der Realität verschloss. Wie das Oxfam-Hauptquartier in Oxford erreichten auch die EvB in Zürich interne Berichte, die vor einer totalitären Entwicklung in Tansania warnten. Ein Schweizer Filmteam schrieb der EvB im September 1974 aus Tansania: „Das politische Programm von Ujamaa und Self-Reliance und die Wirklichkeit Tansanias scheinen weiter zu divergieren, als wir bisher glaubten."[173] Während sich die EvB intern mit Berichten von Schweizern vor Ort auseinandersetzen musste, wurde sie in den Medien von antikommunistischen Kreisen um das PR-Büro Farner mit Leserbriefen angegriffen. Die Leserbriefe warfen der EvB die Unterstützung eines sozialistischen Unrechtsregimes vor und behaupteten, es seien Gelder der Kampagne abgezweigt worden. Die EvB belegte die Verwendung ihrer Gelder, verteidigte aber die Regierung Nyerere.[174] Im Rückblick muss festgestellt werden, dass die EvB mit Naivität – wenn nicht sogar mit aktiver Ignoranz – um die politische Situation in Tansania in die internationale NGO-Bewegung gestartet ist.

---

169 Zu einer ausführlichen Auswertung der Ujamaa-Kampagne siehe K. J. Kuhn: Fairer Handel und Kalter Krieg.

170 Fischer, Rahel; Schär, Manuel: ‚Es gab auch eine andere Schweiz': Rudolf Strahm, in: Bernhard C. Schär, Ruth Ammann, Thomas Färber, Stefan Bittner, Markus Hofer, Yves Niederhäuser, Vera Sperisen, Marc Griesshammer, Rahel Fischer, Manuel Schär, Renate Schär, Evelyne Vaudan (Hg.): Bern 68. Lokalgeschichte eines globalen Aufbruchs – Ereignisse und Erinnerungen (Baden 2008) 156 – 162.

171 A.-M. Holenstein-Hasler, R. Renschler, R. H. Strahm: Entwicklung heisst Befreiung, 129.

172 SozArch, EvB, Ar 430.27.1. Mappe 1: Christoph Hug, Rudolf H. Strahm: Z. B. Kaffee Ujamaa, Dossier zur Verkäuferschulung, März 1975.

173 SozArch, EvB, Ar 430.27.1. Anni und Hans Sonderegger, Esther und Andreas Enderli and Freunde und Bekannte, Dar es Salaam, Tanzania, 19.9.1974.

174 K. J. Kuhn: Fairer Handel und Kalter Krieg, 30 – 38.

2.5 Vernetzung mit der Jugend- und Politbewegung

Die politische Anwaltschaftlichkeit der Studierenden für die Dritte Welt und insbesondere für Afrika begann bereits vor 1968. Regula Renschler, die 1974 als Sekretärin zur EvB stiess, begann bereits 1959 als Studentin, sich mit der Dritten Welt auseinanderzusetzen.[175] Wie in andere europäische Länder kamen junge Menschen aus der Dritten Welt in den 1950er- und 60er-Jahren als Austauschstudentinnen und -studenten auch in die Schweiz. Der Einfluss dieser Studierenden auf die spätere, sich nach 1968 formierende Dritte-Welt-Bewegung ist bedeutend.[176] Das Institut africain in Genf, aus dem später das IUED werden würde, war ursprünglich gegründet worden, um die zahlreichen afrikanischen Austauschstudenten in Genf zu beherbergen und auszubilden.[177] In der Deutschschweiz gehörte Regula Renschler zu den Gründerinnen und Gründern einer schweizerischen Kontaktstelle, die Studierende aus Entwicklungsländern unterstützte.[178] Als das Schweizerische Institut für Auslandforschung 1964 zu einem Vortragszyklus unter dem Titel „Aktuelle Probleme Afrikas" mehrere Verteidiger der Apartheid in Südafrika einlud, gehörte Regula Renschler zu den Verfassern eines offenen Protestbriefes.[179] Sie besuchte 1965 Algerien, 1966 arbeitete sie während eines Jahres in fünf verschiedenen afrikanischen Ländern als Ausbilderin von Journalisten. Im Februar 1969 reiste Renschler mit dem Schweizer Diplomaten August R. Lindt nach Nigeria und alleine weiter nach Biafra, wo sie mehrere Monate lang blieb, bis sie und Lindt im Juni 1969 von der nigerianischen Regierung des Landes verwiesen wurden.[180] Es überrascht nicht, dass Renschler 1970 als Redaktorin der „Schweizerischen Arbeiterzeitung" auf der interkonfessionellen Konferenz Schweiz-Dritte Welt in Bern zugegen war.[181] Hatte sie sich doch bereits über ein Jahrzehnt mit der Nord-Süd-Thematik befasst und Dritte-Welt-Länder bereist.

Rudolf Strahm begann im Mai 1968 sein Ökonomiestudium in Bern.[182] Ein Jahr später, im Frühling 1969, reiste er mit Kollegen auf den Studentenkongress in

---

175 A.-M. Holenstein-Hasler, R. Renschler, R. H. Strahm: Entwicklung heisst Befreiung, 78.

176 Q. Slobodian: Foreign Front.

177 M. Nobs-Margairaz: L'Institut africain, 27.

178 A.-M. Holenstein-Hasler, R. Renschler, R. H. Strahm: Entwicklung heisst Befreiung, 78.

179 Q. Slobodian: The World Economy, A.-M. Holenstein-Hasler, R. Renschler, R. H. Strahm: Entwicklung heisst Befreiung, 84.

180 Perrenoud, Marc: Lindt, August R., in: Marco Jorio (Hg.): Historisches Lexikon der Schweiz (Basel 2002–2014) http://www.hls-dhs-dss.ch/textes/d/D14864.php (24.1.2008), A.-M. Holenstein-Hasler, R. Renschler, R. H. Strahm: Entwicklung heisst Befreiung, 92.

181 Ebd., 97.

182 Ebd., 116.

Manchester, wo er sich über die Aktivitäten und Denkschulen der Aktivisten in Grossbritannien informierte.[183] Strahm gründete mit Theologiestudentinnen und -studenten die Arbeitsgruppe Biafra, aus der 1969 die AG3W hervorging.[184] Diese Arbeitsgruppe sollte denn auch die Idee einbringen, ein Produkt als Symbol für den gerechten Nord-Süd-Handel zu lancieren.[185]

Weder Renschler noch Strahm vertraten radikal marxistische Positionen.[186] Sie stehen wohl repräsentativ für die schweizerische Jugendbewegung von 1968, die zurückhaltender agierte als jene in anderen europäischen Städten.[187] Renschler und Strahm repräsentieren auch die Kontinuität, die vor der Schablone des Jahres 1968 als radikales Umbruchsmoment erst recht zu Tage tritt. Bereits in den Jahren vor 1968 hatte Renschler sich für Studierende aus der Dritten Welt eingesetzt und zur sozialdemokratischen Schweizer Geschichte geforscht.[188] Ebenfalls vor 1968, im Rahmen des Protests gegen den Vortragszyklus des Instituts für Auslandforschung, erhielten die Studierenden Rückendeckung von der „Neuen Zürcher Zeitung“ (NZZ), die wie kein anderes Blatt das Schweizer Establishment verkörperte.[189] Im Oktober 1967, sozusagen als Auftakt des Jahres 1968, wurde der junge Anwalt Jean Ziegler für die Genfer Sozialisten in den Nationalrat gewählt.[190] Erstaunlich, dass der Name Jean Ziegler in den Unterlagen der EvB kaum vorkommt. Auch mit dem Komitee in der Romandie scheint Ziegler nicht näher in Kontakt gewesen zu sein. Dies ist umso erstaunlicher, als er eine Parlamentariergruppe Schweiz–Dritte Welt präsidierte.[191] Strahm hörte an der Universität Bern bei Jean Ziegler Vorlesungen zur Entwicklungspolitik, doch eine konkrete gemeinsame ausserparlamentarische Arbeit von Ziegler und der Bewegung um die „Erklärung von Bern“ ist nicht nachweisbar.[192] Im Falle von Zieglers Postulat für eine Schaffung eines „schweizerischen Instituts für die Probleme der Dritten

---

183 Siehe Kapitel 2.4. Die internationale Vernetzung der Erklärung von Bern.
184 A.-M. Holenstein-Hasler, R. Renschler, R. H. Strahm: Entwicklung heisst Befreiung, 117.
185 Ebd., 44 – 45.
186 SozArch, EvB, Ar 430.62.8 IDA. R. Strahm an Pfr. E. J., 11.6.1976.
187 B. C. Schär: ‚1968‘ als wiederbelebte bürgerliche Revolution, 7.
188 A.-M. Holenstein-Hasler, R. Renschler, R. H. Strahm: Entwicklung heisst Befreiung, 78.
189 Q. Slobodian: The World Economy, A.-M. Holenstein-Hasler, R. Renschler, R. H. Strahm: Entwicklung heisst Befreiung, 84, Silberschmidt, Max: Das Schweizerische Institut für Auslandforschung, 1943 – 1981 (Zürich 1981) 28 – 30.
190 J. Wegelin: Jean Ziegler.
191 Le Comte, Guy: Ziegler, Jean, in: Marco Jorio (Hg.): Historisches Lexikon der Schweiz (Basel 2002– 2014) http://www.hls-dhs-dss.ch/textes/d/D33772.php (26. 2. 2014).
192 A.-M. Holenstein-Hasler, R. Renschler, R. H. Strahm: Entwicklung heisst Befreiung, 118.

Welt“ war es wiederum so, dass die Aussichtslosigkeit des Postulats auf Zieglers Person zurückzuführen war.[193]

Die jungen Aktivisten positionierten sich selbst zwar nicht radikal links, vertraten aber eine Haltung, die leicht von der UNCTAD-Doktrin, auf die in der „Erklärung von Bern“ verwiesen war, abwich. Und tatsächlich bedeutete diese leichte Abweichung, dass die Jugendfraktion die Grundzüge der marxistisch-leninistischen Imperialismustheorie gemäss Galtung, Stavenhagen, Senghaas oder letztlich Jean Ziegler vertraten, die in den privaten westlichen Grosskonzernen eine Verlängerung des westlichen Imperialismus mit anderen Mitteln sah.[194] Diese Multi-Kritik, der „anticorporatism“, wurde bereits auf der Konferenz von 1970 laut und fiel beim älteren theologischen Establishment durchaus auf fruchtbaren Boden.[195] Im Vorfeld der Konferenz hatten sich Mitglieder des Komitees der EvB mit Vertretern der „Jugendfraktion“ getroffen und „das Vorgehen“ besprochen.[196] Auch wenn die älteren Theologen zunächst mehr Engagement der privaten Industrie in Entwicklungsländern gefordert hatten, so war kaum eine Verteidigung der westlichen Grosskonzerne von ihnen zu erwarten. Die christliche Bescheidenheit deckte sich mit der neokonservativen, antimodernistischen Kritik an der „Vermassung“ der bürgerlichen Schweiz.[197]

Auf der Konferenz Schweiz–Dritte Welt, die im November 1970 im Bundeshaus stattfand, zeichnete sich gemäss Kalt ein Mentalitätswechsel ab: Die Wortführerschaft ging von der Generation der Barthianer auf die Aktivisten der 68er-Generation über.[198] Hier fand die Rezeption der UNCTAD-Anliegen in der Schweiz ihren Höhepunkt, gleichzeitig wurde aber der Abschied von der Urform der Doktrin eingeleitet. Zum einen gehörte Christoph Eckenstein zu den wichtigen Figuren der Konferenz, der als persönlicher Mitarbeiter Prebischs die Anliegen der UNCTAD wie seine Hostentasche kannte. Eckenstein und Prebisch, der auf der ersten Session sprach, erhielten von allen Seiten Zustimmung, auch wenn vermutlich viele Anwesende nur bedingt die ökonomischen Grundlagen nachvollziehen konnten.[199] Jemand der dazu imstande war, war Ökonomiestudent Rudolf Strahm. Die AG3W, zu der Strahm gehörte, war ebenfalls auf die Konferenz im

---

193 M. Nobs-Margairaz: L'Institut africain, 65.

194 M. Schär: Strukturveränderungen statt Entwicklungshilfe, 33–38.

195 N. Klein: No Logo, xviii.

196 SozArch, EvB, Ar 430.10.1. Schweizer Komitee 1970–1973 Anne-Marie Holenstein an Mitglieder des Komitees „Erklärung von Bern“, Zürich, 10.11.1970.

197 Röpke, Wilhelm: Die Gesellschaftskrisis der Gegenwart (Erlenbach-Zürich 1942), 316.

198 M. Kalt: Tiersmondismus in der Schweiz, 296–303.

199 H. Schmocker, M. Traber: Schweiz-Dritte Welt, 24.

Bundeshaus geladen und hatte ihre eigenen Anliegen formuliert.[200] Die „Jugendfraktion" prägte einen Slogan, der die EvB für die nächsten Jahrzehnte leiten sollte und zugleich auch die Abkehr von den ursprünglichen UNCTAD-Anliegen markierte. Die AG3W schrieb:

> Wir sind das Problem. Entwicklungshilfe im üblichen Sinn führt nicht zum Ziel; nötig sind Strukturveränderungen in den internationalen Wirtschaftsbeziehungen; dies setzt Strukturveränderungen in unserem Lande voraus. In der Entwicklungspolitik kommt es nicht so sehr darauf an, mehr zu geben, als vielmehr weniger zu nehmen.[201]

Der neue Slogan, der das zukünftige paraakademische Fair-Trade-Konzept auf den Punkt bringen sollte, hiess nun „Weniger nehmen". Er ersetzte den Slogan *Trade, not Aid*. Oder genauer: *Not Aid* wurde mit dem ersten Halbsatz „es kommt nicht so sehr darauf an, mehr zu geben" beibehalten, doch *Trade* änderte sich in „Weniger nehmen".

Aus akademisch-ökonomischer Sicht liesse sich der Slogan „Weniger nehmen" in ein Plädoyer für nationale Autarkie und ein Schrumpfen des Welthandels übersetzen. Sehr klar zeigt diese widersprüchliche Äusserung der Gruppe auf, dass sie einerseits die Öffnung des Schweizer Marktes für Industrieprodukte aus der Dritten Welt verlangte, während sie andererseits unfreiwillig auch den Slogan aufsetzte, der den Neoprotektionismus der kommenden Jahre legitimieren würde. Ursprünglich bezog sich das „Weniger nehmen" im Kontext von 1970 insbesondere auf die Kapitalflucht und nicht auf den Import von Agrarprodukten. Denn auf der Konferenz von 1970 herrschte noch das Bild der Entwicklungsländer der 1960er-Jahre vor, das Aufbruchsstimmung, neuen westlichen Wohlstand und eine selbstbewusste, zum Teil aber korrupte Elite zeigte. 1970 galten die Entwicklungsländer noch als ernstzunehmende, politisch und finanziell souveräne Staaten, denen eine bedeutende Zukunft und ein starkes Wirtschaftswachstum bevorstand. Die „Euphorie" herrschte noch ungebrochen vor.[202] Dies erklärt, dass sich die Bewegung in den 1970er-Jahren kaum um den zunehmenden Agrarprotektionismus kümmerte. Sie forderte, der Finanzplatz Schweiz sowie die Fluchtgelder von Diktatoren aus dem Süden müssten unter die Lupe genommen werden. So sollte sich vor allem Rudolf Strahm dieses Themas annehmen und sozusagen

---

200 M. Kalt: Tiersmondismus in der Schweiz, 296 – 303.
201 A.-M. Holenstein-Hasler, R. Renschler, R. H. Strahm: Entwicklung heisst Befreiung, 37 – 38.
202 R. Quaas: Fair Trade, 146.

eine Spin-off-NGO der EvB gründen: die Aktion Finanzplatz Schweiz.[203] Strahm verliess denn auch 1978 die EvB, um für die Sozialdemokratische Partei (SP) die sogenannte Bankeninitiative aufzuziehen.[204]

Während Anne-Marie Holenstein zu Beginn der 1970er-Jahre das Sekretariat der EvB führte, meldeten sich aus dem Umfeld der AG3W Leute, die Kampagnen durchführen wollten.[205] Der Übergang von der intellektuellen Forderung an die Politik – in Form einer schriftlichen Erklärung – zur Kampagne markierte auch die Übernahme des Zepters durch die jüngere Generation. Damit fand ein Mentalitätswechsel statt. Die ältere Generation hatte sich noch an der christlichen Introspektion orientiert und das Veränderungspotential bei sich selbst gesehen, im eigenen Land, sowie das Urprinzip des Almosens vertreten. Auch die jungen Studierenden der Theologie sagten noch: „Wir sind das Problem".[206] Faktisch in Kampagnen übersetzt meinten die Studierenden mit dem „wir" jedoch nicht sich selbst, sondern die bürgerlich-konservative Vätergeneration, sprich den Staat und die Privatwirtschaft. Sie prangerten die multinationalen Konzerne sowie die Schweizer Regierung an und legten damit auch implizit eine Selbstgerechtigkeit an den Tag, die neu war. Diese Selbstgerechtigkeit brachte sie in Konflikt mit der christlichen, selbstkritischen Haltung der Vätergeneration und entwickelte sich in ihrer ganzen Widersprüchlichkeit zu einem Grundstein der EvB.[207] Die EvB fusionierte die Selbstkritik der christlichen ersten Generation mit der Selbstgerechtigkeit der aktivistischen zweiten Generation, indem sie auf der Grundlage des Manifests Kampagnen aufbaute. Damit schuf sie sich eine moralische Autorität, von der sie lange zehren sollte.[208] Mit dem Schritt zur Selbstgerechtigkeit erfolgte auch gleichzeitig der Schritt zur konkreten Kampagne und dem angewandten alternativen Handel. Weiterhin bestand das Ziel darin, in der Schweiz das Bewusstsein der Bevölkerung zu schärfen, damit eine gerechtere Handelspolitik gegenüber der Dritten Welt möglich und unterstützt würde. Mit einem

---

203 2012 löste sich die Aktion Finanzplatz Schweiz wieder auf, die Aktivitäten werden von der EvB (neu Public Eye) fortgeführt. Das Archiv wurde dem Schweizerischen Sozialarchiv übergeben, siehe http://findmittel.ch/archive/archNeu/Ar518.html. (7.4.2020)

204 A.-M. Holenstein-Hasler, R. Renschler, R. H. Strahm: Entwicklung heisst Befreiung, 166. Siehe dazu auf der Webseite der Schweizerischen Bundeskanzlei unter der Rubrik „Volksinitiativen": Eidgenössische Volksinitiative „gegen den Missbrauch des Bankgeheimnisses und der Bankenmacht", abgelehnt am 20.5.1984 (https://www.admin.ch/ch/d//pore/vi/vis133.html) (14.9.2017).

205 Ebd., 44–45.

206 Ebd., 37–38.

207 M. Kalt: Tiersmondismus in der Schweiz, 296–303.

208 Körber, Achim: The Political Economy of Environmental Protectionism (Cheltenham, UK, Northampton, MA 2000).

Hungerstreik während der interkonfessionellen Konferenz Schweiz-Dritte Welt 1970 protestierten die Vertreter der Jugendfraktion gegen die Schweizer Zollschranken gegenüber Produkten aus Entwicklungsländern.[209]

In den 1970er-Jahren organisierte die „Jugendfraktion" Kampagnen und insbesondere Rudolf Strahm schrieb eigene Bücher und gab Bücher heraus. Deren Verkauf sollte der EvB in den ersten Jahren durchaus kommerzielle Einnahmen bringen.[210] Langsam koppelte sich die NGO von der Universität und der Wissenschaft ab und schuf ihre eigene, paraakademische Doktrin. Die Schaffung dieser alternativen Doktrin verlief parallel zur Einführung eines alternativen Handels. In beiden Fällen war es ein sehr kleiner Wirkungsbereich, doch langfristig gewann sowohl diese „Nichtregierungslehre" ausserhalb der universitären Wissenschaft als auch der alternative Handel ausserhalb des Handels in der Schweiz wie in Grossbritannien und in den Niederlanden an Bedeutung.

2.6 Mit der UNCTAD-Doktrin gegen Nestlé: Ujamaa-Pulverkaffee

Das grundsätzliche Bekenntnis der ersten Generation der EvB zu den UNCTAD-Forderungen von 1964 ist nicht zu bestreiten. So hielt etwa Peter Gessler, nebst den Barthianern einer der aktivsten Initianten der Erklärung, 1970 fest:

> Hilfe zur Selbsthilfe bedeutet, dass Entwicklungsländer eigene Industrien aufbauen, auf dem Weltmarkt als Konkurrenten auftreten und die eigene Kapitalbildung steigern können. Die Zollpolitik der Industrieländer soll die Entwicklungsländer nicht länger daran hindern, Exportindustrien aufzubauen, die für eine gedeihliche Wirtschaftsentwicklung und die Beteiligung am Welthandel unerlässlich sind. Die internationale Arbeitsteilung muss neu strukturiert werden. Die Schweiz muss zugunsten der Importe aus Entwicklungsländern Schutzzölle auf verarbeiteten Rohstoffen abbauen.[211]

Damit formulierte Gessler die intellektuelle Grundlage, auf welcher die „Jugendfraktion", wie das erste Komitee der EvB die jüngere Generation um Rudolf Strahm und Al Imfeld nannte, einen ersten Produkteverkauf lancieren würde. Die erste Fair-Trade-Kampagne wurde nicht von der EvB, sondern von der AG3W lanciert. 1973 erhielt die Arbeitsgruppe eine Lieferung Ujamaa-Pulverkaffee und bereitete diese in den Räumen des Theologischen Seminars der Universität Bern zum

209 M. Schär: Strukturveränderungen statt Entwicklungshilfe, 82.
210 SozArch, EvB, Ar 430.10.2. Schweizer Komitee 1974 – 77: Rechnung 1974.
211 SozArch, EvB, Ar 430.25.1. EvB, Anfangszeit: Die Beziehungen der Schweiz zu den Entwicklungsländern, Entwurf M. Geiger (Punkt 5 Dr. Peter Gessler), undatiert.

Verkauf vor.[212] Fast wortgleich wie Gesslers Formulierung steht auf der Etikette, die 1973 auf die Gläser mit Pulverkaffee geklebt wurde: „Die Entwicklungsländer sollten den Kaffee selber verarbeiten können. Die dazu nötige Industrialisierung aber wird durch ihren Kapitalmangel und durch unser Zollsystem behindert."[213]

Nach der ersten Kaffee-Aktion wurde Rudolf Strahm 1974 bei der EvB angestellt, im gleichen Jahr fand im evangelischen Tagungszentrum Gwatt eine weitere Tagung statt. Dort brachte Strahm die Idee vor, dass die EvB in einer Kampagne wiederum einen Ujamaa-Verkauf lancieren sollte.[214] Die Kampagne wurde ausführlich diskutiert und beschlossen. So fanden denn 1973 (noch von der AG3W organisiert), 1974 und 1975 in der ganzen Schweiz Ujamaa-Pulverkaffee-Aktionen statt.[215] 1976 erfolgte schliesslich der Schritt zur Auslagerung des Produkteverkaufs in eine eigene Gesellschaft und 1977 die Gründung der OS3.[216] Im Hinblick auf die Entwicklung des späteren Fair-Trade-Konzepts ist besonders eine Etikette interessant, die während der ersten Aktion 1973 auf die Gläser mit Pulverkaffee geklebt wurde. Darauf stand: „Gerechtigkeit muss nicht mehr kosten!".[217] Auch auf den Plakaten, welche für die Verkaufsstände aufgehängt wurden, stand: „Kaffee UJAMAA ist billiger als gewöhnlicher Pulverkaffee; und doch verdient Tansania doppelt soviel wie beim Export von Kaffeebohnen, weil es diese selber verarbeitet hat."[218] Dies war eine Umschreibung des UNCTAD-Slogans *Trade, not Aid* und eine Paraphrasierung des fünften Punktes der „Erklärung von Bern", wonach die ökonomischen Strukturen unseres Landes verändert werden sollten. Andererseits war es aber auch noch ein Hinweis darauf, wie stark 1973 in der Aktion der AG3W die ursprünglichen UNCTAD-Anliegen zum Zug kamen, die auf gerechte Handelsstrukturen anstatt auf Almosen in Form von freiwillig bezahlten höheren Preisen abzielten. Der Zweck der ersten Pulverkaffee-Aktion bestand darin, die Wirtschaftswissenschaften geschickt als Argument zu nutzen. Die Aktivistinnen und Aktivisten benutzen das marktwirtschaftliche Argument der freien Preisbildung als Vorteil für die Konsumentinnen und Konsumenten. Dieser marktwirtschaftliche Grundgedanke ging auf dem weiteren konzeptuellen Weg verloren und sollte sich in den 1980er-Jahren in die gegenteilige Argumentation

212 A.-M. Holenstein-Hasler, R. Renschler, R. H. Strahm: Entwicklung heisst Befreiung, 128.
213 SozArch, EvB, Ar 430.27.1. Kaffee Ujamaa 73–77: Etikette, 1973 (1).
214 A.-M. Holenstein-Hasler, R. Renschler, R. H. Strahm: Entwicklung heisst Befreiung, 124–125.
215 SozArch, EvB, Ar 430.27.1. Kaffee Ujamaa 73–77. K. J. Kuhn: Fairer Handel und Kalter Krieg, 23.
216 Siehe dazu Kapitel 3.8. Entwicklungshilfe im Inland und die Gründung der Importgenossenschaft OS3 1977.
217 SozArch, EvB, Ar 430.27.1. Kaffee Ujamaa 73–77: Etikette, 1973 (2).
218 SozArch, EvB, Ar 430.27.1. Kaffee Ujamaa 73–77: Plakat.

Warum Kaffee hergestellt in Tansania?

Wenn Sie Pulverkaffee kaufen, der in der Schweiz verarbeitet worden ist, bezahlen Sie durchschnittlich Fr. 50.— für 1 Kilogramm. Davon gehen aber nur Fr. 10.— ins Ursprungsland. Dabei ist der Kaffeebaum schwierig zu pflegen, beansprucht den Boden stark und bringt während der ersten fünf Jahre praktisch keine Frucht.

Um 1 kg Pulverkaffee zu erhalten, muss der Kaffeebauer 12 000 Kaffeebohnen (d. h. die Ernte von 6 Kaffeebäumen) pflücken, waschen, sortieren und schälen – das alles für 10 Franken. Das Einkommen der Kaffeebauern ist dementsprechend gering.
Die Entwicklungsländer sollten den Kaffee selber verarbeiten können. Die dazu nötige Industrialisierung aber wird durch ihren Kapitalmangel und durch unser Zollsystem behindert.

Der UJAMAA-Kaffee ist nun in Tansania selber verarbeitet worden, d. h. im Land, wo die Bohnen gepflückt worden sind. Das bedeutet:

- Tansania bekommt nicht Fr. 10.—, sondern Fr. 16.— pro kg Pulverkaffee.
- An der Verarbeitung gewinnen tansanische Arbeiter und nicht irgend ein Grosskonzern.
- Es ergeben sich damit neue Arbeitsplätze für Tansanier.
- Tansania erzielt stabile Preise für sein Produkt, denn Pulverkaffee kann gelagert werden, Kaffeebohnen jedoch nicht; sie müssen jeweils sofort abgestossen werden, oft gerade dann, wenn der Preis extrem niedrig ist.

UJAMAA KAFFEE

Der Kaffee mit dem Aroma der Selbstbefreiung

Reiner Kaffeeextrakt
Hergestellt in TANSANIA
100 gr. ergeben ca. 66 Tassen

Preis Fr. 3.60

Warum Kaffee UJAMAA?

Dieser Kaffee ist nicht das bittere Produkt brasilianischer Hungerlöhne und Foltern.

Er hat nicht den bitteren Beigeschmack vom Blut jener Angolesen, die unter portugiesischem Terror schuften müssen.

Und er wurde nicht durch unsere Industrie verteuert.

Er kommt nämlich aus Tansania, wo er geschält, getrocknet, gebrannt und gemahlen wurde. Tansania ist jenes afrikanische Land, wo die Armen angefangen haben, sich selber zu befreien. Und zwar aus eigener Kraft.

Das Mittel zu dieser Selbstbefreiung heisst UJAMAA:
- gemeinsam planen
- gemeinsam arbeiten
- gemeinsam verdienen
- gemeinsam leben

Abb. 3: Etikette für Ujamaa-Pulverkaffee (1973)

verkehren, denn dann wurde für den Rohkaffee ein freiwilliger Aufpreis verlangt, während der Hinweis, dass Tansania am Pulverkaffee Ujamaa doppelt so viel verdiene wie durch den Export von Kaffeebohnen von der Etikette verschwand.[219] Die ursprüngliche, auf den UNCTAD-Forderungen basierende Grundidee der Bewegung ist also klar auf der Etikette beschrieben: Das Ziel bestand darin, einem Entwicklungsland zu Wirtschaftswachstum und Einkommen zu verhelfen, indem man das verarbeitete Produkt statt das Rohprodukt kaufte. Damit wurden ein freiwilliger Aufpreis, Hilfe oder Almosen überflüssig. Im Gegenteil, die Konsumentin bzw. der Konsument profitierte sogar noch im besten ökonomischen Sinne von tieferen Preisen.

In den 1970er-Jahren erfolgte einerseits eine zunehmende Professionalisierung der EvB, andererseits war aber die Zeit, in der es für Mitglieder einer Kirchgemeinde oder für Studierende völlig selbstverständlich war, Freiwilligenarbeit zu leisten, noch nicht vorbei. So konnte die erste Ujamaa-Pulverkaffee-Kampagne der EvB 1974 sowohl mithilfe eines professionellen Sekretariats als auch mit zahlreichen Freiwilligen durchgeführt werden.[220] Letztere durchliefen eine Schulung, die sich – ab 1975 – inhaltlich auf die Broschüre „Z. B. Kaffee Ujamaa" stützte.[221] Strahm hatte die Schrift, die für drei Franken auch verkauft wurde, zusammen mit Christoph Hug verfasst. Strahm und Hug zeigten darin vereinfacht am Beispiel des Ujamaa-Pulverkaffees und für Laien verständlich das Problem der Verschlechterung der *terms of trade* bzw. der Prebisch-Singer-These (siehe Abbildung 4). Die akademische Ökonomie wurde also zunächst in einer Broschüre und in einem Schulungsseminar zusammengefasst und mit Nyereres afrikanischem Sozialismus angereichert. Die „Bewusstseinsbildung", die „Meinungsumbildung", stand im Vordergrund, dies war die Hauptaufgabe der freiwilligen Pulverkaffee-Verkäufer. Dieses Ziel sollte bei ihrer Gründung auch von der Firma OS3 übernommen werden:

> Die Wiederverkäufergruppen und -Organisationen müssen angehalten werden, den Verkauf mit der Verbreitung von Informationen zu verbinden und regelmässige Verkäuferschulung durchzuführen.[222]

219 A.-M. Holenstein-Hasler, R. Renschler, R. H. Strahm: Entwicklung heisst Befreiung, 129.
220 A.-M. Holenstein-Hasler, R. Renschler, R. H. Strahm: Entwicklung heisst Befreiung, 128.
221 SozArch, EvB, Ar 430.27.1. Mappe 1: Christoph Hug, Rudolf H. Strahm: Z. B. Kaffee Ujamaa. Dossier zur Verkäuferschulung, März 1975.
222 SozArch, Claro 1011.1. OS3 Gründung: Grundsätze der Geschäftspolitik, Juni 1977.

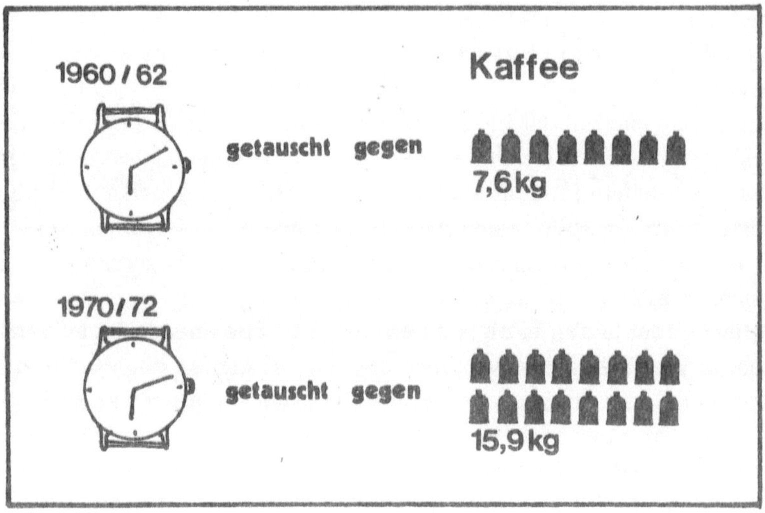

Abb. 4: Infografik der Prebisch-Singer-These (1975)

Dieser Grundsatz sollte bereits Ende der 1970er-Jahre hinfällig werden, als die OS3 erwog, doch an kommerzielle Weiterverkäufer zu liefern.[223] 1980 lancierte Anne-Marie Holenstein gar die Reduktion der „Bewusstseinsbildung" auf ein schriftloses Symbol auf einem Produkt, das die Konsumentin bzw. der Konsument ohne Gespräch mit einem Verkäufer im Supermarktregal finden konnte.[224]

Mit der Pulverkaffee-Aktion fand ein einschneidender konzeptueller Schritt statt: der Übergang vom aktiven Bürger zum passiven Konsumenten, von der Politik in die Privatwirtschaft.[225] Die Frage des Nord-Süd-Handels verlor nicht nur zunehmend ihren akademischen Kontext, sondern verlagerte sich symbolisch vom Kopf in den Bauch. Anderson spricht in Bezug auf die britische Bewegung von „a shift from trade policy to shoppping choice".[226] Dieser Übergang vom Bürger zum Konsumenten konnte so fliessend und unbemerkt stattfinden, weil er

223 SozArch, Claro 1010.12. OS3 Gründung: Mario Carera, OS3 bald im breiteren Handel?, November 1979.

224 Siehe dazu Kapitel 4.5 Für Protektionismus und Autarkie, gegen Freihandel und Grosskonzerne: das Fair-Trade-Konzept zu Beginn der 1980er-Jahre.

225 Das heute bekannte Fair-Trade-Gütesiegel ist denn auch eine private, kommerziell registrierte und urheberrechtlich geschützte Marke. Siehe dazu etwa https://www.fairtrade.org.uk/What-is-Fairtrade/Using-the-FAIRTRADE-Mark (30.1.2018).

226 M. Anderson: History of Fair Trade, 114.

ebenfalls von der Vätergeneration frühzeitig angedacht worden war. Dies allerdings in einer sehr viel differenzierteren Form. Der Konsument kommt bei Biéler in seinen ersten Thesen vor, allerdings nur in Kombination mit dem politischen Bürger. Der Konsument ist nur ein Teil des Nord-Süd-Beziehungsnetzes, dessen sich der Europäer bewusst werden muss:

> Von diesem Moment an werden die politischen Handlungen und die wirtschaftlichen Entscheidungen des einzelnen, seine ideologische Ausrichtung, sein staatsbürgerliches Engagement oder seine politische Abstinenz, seine Wahl beim Einkaufen, seine Entschlüsse, zu sparen, auszugeben oder das Geld anzulegen, seine Arbeit, seine Freizeit – zu Akten höherer Ordnung seiner Ethik, ohne dass er es bemerkt und sich dessen bewusst wird – zu Entscheidungen, die sein eigenes Los wie dasjenige seiner ihm nahe und fern stehenden Mitmenschen auf eine Weise beeinflusst, die nicht mehr rückgängig zu machen ist.[227]

Biéler hat damit bereits in seinem Büchlein von 1966, in dem er die „Erklärung von Bern" vorspurte, die Idee der Konsumentenethik eingebracht. Die Referenz der Vätergeneration war jedoch weiterhin die Bibel. Diese automatische intellektuelle, moralische und emotionale Quelle verhinderte, dass die Vätergeneration der „Erklärung von Bern" schnell und leichtsinnig aktuellen Trends folgte. Dies war nun, bei der Jugendbewegung, anders. Obwohl beispielsweise gerade bei der AG3W viele Mitglieder Theologie studierten und sich noch aktiv auf die Bibel beriefen, waren sie doch offen für neue, säkulare Trends. Ein erster solcher Trend war die „Tanzaphilia".[228]

Der afrikanische Ujamaa-Pulverkaffee war für die westlichen Dritte-Welt-Organisationen das perfekte Produkt, mit dem die Prebisch-Singer-These der Konsumentin oder dem Konsumenten nähergebracht werden konnte. Der Ujamaa-Kaffee war aber im gleichen Zug auch das perfekte „anticorporatistische" Produkt, denn er bot den Konsumentinnen und Konsumenten eine Alternative zu Nescafé von Nestlé. Doch vor allen Dingen war der Ujamaa-Pulverkaffee das erste und letzte industriell hergestellte Produkt aus Afrika, das je von der Dritte-Welt-Bewegung verkauft wurde.

Tatsächlich überlebten viele der staatlichen und mit massiver staatlicher Unterstützung entstandenen *infant*-Industrien in Afrika die 1970er-Jahre nicht.[229] Doch gerade die tansanische Pulverkaffee-Industrie bildete hier eine Ausnahme, existiert doch die Tanganyika Instant Coffee Corporation in Bukoba, aus welcher

227 A. Biéler: Gottes Gebot, 8–9.

228 M. Jennings: ‚Almost an Oxfam in Itself'.

229 G. Austin: The Developmental State, 54, J. N. Bhagwati: Protectionism, 12–13.

der Ujamaa-Kaffee stammte, heute noch.[230] Doch strebte die Dritte-Welt-Bewegung bereits zur Zeit des Verkaufs von Ujamaa-Pulverkaffee nicht mehr eine richtiggehende Industrialisierung der Entwicklungsländer an, weder nach westlichem noch nach sowjetischem Modell. Fast entschuldigend wiesen Hug und Strahm bereits 1975 in ihrem Dossier zur Verkäuferschulung darauf hin, dass die Pulverkaffeefabrik in Bukoba halt aus einer Zeit stamme, „als sich Tansania noch sehr der Industrialisierung verschrieben hatte".[231] Ein Jahr vorher war die industrielle Produktion des Ujamaa-Kaffees im Ursprungsland noch als positiver Hauptpunkt der Verkaufsaktion hervorgehoben worden. So hiess es in den Unterlagen für die Verkaufsgruppen in der französischen Schweiz:

> L'action Café doit permettre de transmettre le message suivant: [...] Nous ne devons pas importer seulement des matières premières des pays sous-développés (dégradation des prix) mais aussi des produits manufacturés (ex. La Tanzanie gagne 60 % de plus en vendant du café soluble que si elle exportait du café en grains).[232]

Die Titel zweier Bücher aus dieser Zeit, die stark rezipiert wurden, stehen exemplarisch für die neue Ausrichtung des Konzepts einer gerechten Weltwirtschaft. 1972 war das Buch „The Limits to Growth" erschienen, das vor den ökologischen Folgen eines ungezügelten industriellen Wachstums warnte. 1973 erschien „Small is Beautiful", das herkömmliche Produktionsmethoden aufwertete und damit eine Industrialisierung der Dritten Welt nach westlichem Modell als falsch qualifizierte.[233] Die beiden Titel markierten die Abkehr der westlichen Dritte-Welt-Bewegung von der in den 1950er- und 60er-Jahren vorherrschenden Modernisierungseuphorie.[234] Die 1970er-Jahre waren somit geprägt vom Interesse der Bewegung für neue Wirtschaftsformen, wie sie im Slogan *Small is beautiful* verherrlicht und von der Ujamaa-Bewegung in Tansania scheinbar vorgelebt wurden. „The Age of Alternatives": So nannte die frühere Oxfam-Aktivistin Maggie Black wie bereits erwähnt die 1970er-Jahre.[235] Im englischen Sprachraum hiessen die

230 SozArch, EvB,Ar 430.27.1. Mappe 1: Christoph Hug, Rudolf H. Strahm: Z. B. Kaffee Ujamaa. Dossier zur Verkäuferschulung, März 1975. Siehe dazu die Webseite der Firma (http://www.tanicacafe.com/index.php?option=com_content&view=featured&Itemid=11) (28.9.2017).

231 SozArch, EvB, Ar 430.27.1. Mappe 1, Christoph Hug, Rudolf H. Strahm: Z. B. Kaffee Ujamaa. Dossier zur Verkäuferschulung, März 1975.

232 SozArch, EvB, Ar 430.10.2. Présentation du projet action café Ujamaa, September 1974.

233 E. F. Schumacher: Small is Beautiful, D. H. Meadows, D. L. Meadows, J. Randers, W. W. Behrens: Limits to Growth.

234 Siehe dazu J. Toye, R. Toye: UN and Global Political Economy, 163 und M. Schär: Strukturveränderungen statt Entwicklungshilfe, 22.

235 M. Black: Oxfam the First 50 Years, 132.

ersten Dritte-Welt-Läden denn auch *Alternative Trading Shops.*[236] Es scheint, dass die kurz auf die Studentenbewegung folgende Umweltbewegung (als deren Vorboten die Slogans *Limits to Growth* und *Small is beautiful* ihre Wirkung entfalteten) einen massiven Einfluss auf die Dritte-Welt-Bewegung hatte und – anders als das Jahr 1968 – einen grundlegenden Richtungswechsel bewirkte.

236 Anderson, Matthew: Fair Trade: NGOs and Fair Trade: the Social Movement behind the Label, in: N. J. Crowson, Matthew Hilton, James McKay (Hg.): NGOs in Contemporary Britain. Non-State Actors in Society and Politics since 1945 (Basingstoke 2009), 222–241.

3 Vom Produkt zur Firma, von der Dritten Welt zur Umwelt (1973 – 1977)

3.1 „Die Abkopplung“: die Grenzen des Wachstums, Small is beautiful, Jute statt Plastik

In der Schweiz der 1970er-Jahre, also in „The Age of Alternatives“, gab die Editionsgemeinschaft Dezentrale in Pruntrut die sogenannten „Alternativkataloge“ heraus.[1] Diese sind Zeugen und Abbild der damaligen Geisteshaltung der alternativen Bewegung der Schweiz. In den Katalogen wurden stets Themen kurz zusammengefasst, die von Aktivistinnen und Aktivisten diskutiert wurden. Gemäss deren Anspruch, klar, kurz und knapp zu sein und sozusagen ein Lexikon oder einen Kanon der Alternativkultur zu schaffen, bringen die verschiedenen Artikel zum Nord-Süd-Verhältnis im „Alternativkatalog“ die Grundeinstellung auf den Punkt, welche die Dritte-Welt-Bewegung zu multinationalen Firmen und Direktinvestitionen hatte. Multinationale Konzerne und Direktinvestitionen in Entwicklungsländern werden unter dem Begriff „Imperialismus“ abgehandelt.[2] Klar erkennbar ist der Bezug auf die Imperialismustheorie Johan Galtungs und Dieter Senghaas'.[3] Unter dem Titel „Wirtschaftlicher Imperialismus“ schrieb die Editionsgemeinschaft Dezentrale basierend auf einem Arbeitspapier der Zürcher Arbeitsgruppe Dritte Welt Folgendes:

> Wirtschaftlicher Imperialismus hilft den Herrschenden, ihre Macht zu halten. Kapitalexporte gleichen die Schwankungen der Investitionen der Industrieländer im Inland aus und tragen damit zu einer Stabilisierung des Wachstums bei. Auf diese Weise können auch Rohstoffe gesichert werden, die Absatzmärkte kontrolliert, die Expansion vergrössert, die Produktion im Ausland kontrolliert, die Profite erhöht und die Konkurrenz überrundet werden.[4]

Auf diese Definition folgt ein fliessender Übergang zur Theorie der „Abkopplung“ und zur „Peripherie im Inland“, wie sie bei Galtung und Senghaas zu finden war.[5]

---

1 M. Black: Oxfam the First 50 Years, 132, Dezentrale: Alternativ-Katalog 3. Gemäss B. Mahler: ‚umdenken – umschwenken‘ gab das Gottlieb-Duttweiler-Institut in Rüschlikon den ersten Katalog heraus. Danach übernahm die Dezentrale, die jedoch den zweiten Band in Köniz und den dritten Band in Basel herausgab. Erst die weiteren Auflagen wurden von der Dezentrale in Porrentruy herausgegeben.

2 Dezentrale: Alternativ-Katalog 3, 569.

3 M. Schär: Strukturveränderungen statt Entwicklungshilfe, 33 – 38.

4 Dezentrale: Alternativ-Katalog 3, 569.

5 M. Schär: Strukturveränderungen statt Entwicklungshilfe, 33 – 38.

https://doi.org/10.1515/9783110667516-007

Eine Massnahme gegen den Imperialismus sei etwa die „selbstständigere und isolierte Entwicklung, so dass die Entwicklungsländer ihre Präferenzen durchsetzen können".[6] Der „grundlegenden Tatsache", dass „jedes Land auf Warenaustausch angewiesen ist" und sich somit nicht isolieren kann, hatte die Bewegung nun abgeschworen.[7] Sie ging nun davon aus, dass private Direktinvestitionen in Entwicklungsländer stets eine Beziehung zwischen zwei Zentren waren, wobei die „Peripherie im Inland" sowie die Peripherie des Entwicklungslandes geschädigt wurden. Die Thesen zum „wirtschaftlichen Imperialismus" leiten denn auch zur Erklärung über, wie Solidarität zwischen den zwei Peripherien ausgestaltet werden könnte. So wird auf der nächsten Seite des „Alternativkatalogs" ein Kurzbeschrieb der EvB aufgeführt, die sich und ihr Konzept der Solidarität zwischen den Peripherien als Vorschlag anpreist, wie dem „Wirtschaftlichen Imperialismus" zu begegnen sei.[8] Die von Anne-Maire Holenstein verfasste Kurzbeschreibung der Zielsetzung der EvB zeigt auf, in welche Richtung sich das Fair-Trade-Konzept entwickeln sollte und wie es ursprünglich als Antithese zu den „Praktiken der europäischen Konzerne in der dritten Welt" gedacht war. So schreibt die EvB:

> Wir setzen uns für angepasste und arbeitsintensive technische Lösungen ein als Alternative zu den kapitalintensiven und ökologisch fragwürdigen Methoden der Industrie.[9]

Hier scheinen bereits viele Aspekte auf, die sich später durchsetzen und die Prägung des Fair-Trade-Konzepts durch die marxistisch-leninistische Imperialismustheorie vergessen machten. So der Rückgriff auf E.F. Schumachers Forderung der Anpassung der Technologie an die Bedürfnisse der Entwicklungsländer.[10] Schumacher selbst war sich stets bewusst, dass seine Modelle gerade bei den Aktivisten der 68er-Generation auf fruchtbaren Boden fielen. Er hatte in Grossbritannen denn auch eine Forschugsstelle für angepasste Technologien gegründet:

> Die Aufgabe, die wir uns gestellt haben, ist, eine ‚mittlere', ‚angepasste', dem kleinen Mann und den unzähligen Armen der Welt zugängliche, auf echte menschliche Grössenverhältnisse berechnete Technik zu entwickeln. Den ersten Anstoss zu dieser – rein freiwilligen und nicht auf's Geld verdienen angelegten – Arbeit war die sich stetig verschärfende Krise in den sogenannten Entwicklungsländern, die durch die wahllose Übertragung der modernen Su-

6 Dezentrale: Alternativ-Katalog 3, 569.
7 H. Schmocker, M. Traber: Schweiz-Dritte Welt, 103.
8 Dezentrale: Alternativ-Katalog 3, 571.
9 Ebd.
10 E. F. Schumacher: Es geht auch anders, 119.

> pertechnik eher zerstört als gefördert werden. Es hat sich dann bald herausgestellt, dass nicht nur die armen, sondern auch die reichen Länder eine dem Menschen angepasste Technik dringedst benötigen, und dass es überall Gruppen gibt, die nach einer solchen Technik verlangen.[11]

Im von der EvB vertriebenen Buch „Zerstörung duch Überfluss" wird Schumachers „Es geht auch anders" (1974) denn auch ausführlicher zitiert.[12] Im Beschreib der EvB findet sich zudem der Begriff „arbeitsintensiv", der zu einem Hauptpfeiler der Entwicklungsökonomie der 1970er-Jahre wurde und noch auf dem keynesianischen Ideal des *full employment* basierte. Demnach teilte das Konzept der arbeitsintensiven Industrialisierung die Bevölkerung der Dritten Welt noch ohne jeglichen Kulturrelativismus gemäss westlichen Standards in Beschäftigte und Arbeitslose ein.[13] Ferner steht im Kurzbeschrieb der EvB der Begriff „ökologisch", der sich später zum Primat entwickeln sollte.[14] Die EvB beschreibt auch hier die „Alternative" zur Kapitalinvestition und zur europäischen Industrie. Die Grundlage für das spätere Fair-Trade-Konzept, das ohne Kapitalinvestition und ohne europäische Industrie auskommen würde, wurde hier gelegt. So war es der Bewegung denn auch möglich, sich auf Jean Zieglers Buch „Une Suisse au-dessus de tout soupçon" (1976) zu berufen, das sich im Gegensatz zu vielen anderen Schweizer Schriften klar und ausdrücklich auf die marxistisch-leninistische Imperialismustheorie stützt.[15] Unterstützt wurde die neue Forderung nach Abkopplung der Entwicklungsländer von der Weltwirtschaft von der Umweltbewegung der 1970er-Jahre.

Kurz nach dem Manifest von 1968 erstarkte in der Schweiz die Umweltbewegung, allerdings zunächst auf bürgerlicher Seite. Die Entwicklung im Umweltschutz auf staatlicher Ebene deckte sich hierzulande mit derjenigen im Nichtregierungsbereich. Die Autoren der britischen DANGO-Studien stellten denn auch für Grossbritannien fest, dass die Entwicklung von Nichtregierungsorganisationen komplementär zum Staatsauf- und Ausbau verlief.[16] Diese Beobachtung trifft auch auf die Schweiz zu. So erfolgte bereits 1971 die Schaffung des Bundesamts für Umwelt und 1976 die Gründung eines Bundesamts für Entwicklungshilfe. Schon 1970 gab es an der Universität Zürich eine Studentengruppe für

11 Ebd., 51.

12 A.-M. Holenstein, J. Davis: Zerstörung durch Überfluss, 79.

13 G. Austin: The Developmental State.

14 Siehe Kapitel 3.4. Von der Dritten Welt zur Umwelt: die Neuausrichtung der Theologen der Anfangsjahre.

15 J. Wegelin: Jean Ziegler, 63 – 70, J. Ziegler: Une Suisse au-dessus.

16 M. Hilton: Politics of Expertise, 191 – 197.

Umweltschutz.[17] Diese stand jedoch nicht in Konflikt mit der Vätergeneration, vielmehr stimmte sie inhaltlich grösstenteils mit ihr überein. So erhielt das Umweltschutzgesetz 1971 eine nie dagewesene hohe Zustimmung, vielleicht auch dank der Stimmbürgerinnen, die im Juni 1971 erstmals abstimmen durften. Daraufhin erschien 1972 die vom Club of Rome in Auftrag gegeben Studie „The Limits to Growth“, die in St. Gallen erstmals vorgestellt wurde.[18] 1973 erschien Ernst Friedrich Schumachers „Small is Beautiful“, nachdem der Ökonom bereits früher an der ETH Zürich doziert hatte.[19] 1974 erschien Schumachers „Es geht auch anders“, eine Sammlung deutschsprachiger Aufsätze, 1977 die deutsche Übersetzung von „Small is Beautiful“ unter dem Titel „Die Rückkehr zum menschlichen Mass“.[20] Die Umweltbewegung überrollte die zwar nicht kapitalismus-, aber doch modernisierungsfreundliche Dritte-Welt-Bewegung, der progressive Nord-Süd-Ansatz von 1968 verwandelte sich in eine konservative Reaktionsbewegung.[21]

Dieser Reaktionismus der frühen 1970er-Jahre schlug sich auch nieder in der nächsten Kampagne der EvB. Die EvB verschickte Fragebogen an die Aktionsgruppen, die Ujamaa-Pulverkaffee verkauft hatten, und fragte, was für eine Kampagne als Nächstes gestartet werden solle. Klare Siegerin der Umfrage war die Kampagne Jute statt Plastik.[22] So verkauften dieselben Gruppen, die vorher industriell hergestellten Pulverkaffee unter die Leute gebracht hatten, als nächstes Produkt Jutetaschen aus Bangladesch, die mit dem Aufdruck „Handarbeit“ versehen waren.[23] Die Basis hatte somit Mitte der 1970er-Jahre ihre Weltanschauung grundlegend umgestellt. Portierte sie im Jahr zuvor noch freiwillig ein afrikanisches Industrieprodukt, votierte sie nun dafür, ein in Handarbeit produziertes Produkt zu verkaufen. Der Slogan „Jute statt Plastik“ stand nicht nur für mehr Umweltschutz, sondern auch für ein Zurück zur Natur. Auch die feministische Perspektive schwingt mit, da die Säcke von Frauen hergestellt wurden. Wie Kalt aufzeigte, baute die Dritte-Welt-Bewegung „Diskursbrücken“ zur Umwelt- oder

17 U. Eichenberger: Ökologie und Selbstbestimmung, 23.

18 D. H. Meadows, D. L. Meadows, J. Randers, W. W. Behrens: Limits to Growth.

19 U. Eichenberger: Ökologie und Selbstbestimmung, 25, E. F. Schumacher: Small is Beautiful.

20 Schumacher, Ernst Friedrich; McRobie, George: Die Rückkehr zum menschlichen Mass. Alternativen für Wirtschaft und Technik (Reinbek bei Hamburg 1977), E. F. Schumacher: Es geht auch anders.

21 Siehe dazu ähnlich Badinter, Elisabeth: Der Konflikt. Die Frau und die Mutter (München 2010), 46.

22 K. J. Kuhn: Fairer Handel und Kalter Krieg.

23 Kuhn, Konrad J.: ‚Das Produkt als Aufhänger für Information und Schulungsarbeit‘. Die Entwicklungspolitische Konsumentenaktion ‚Jute statt Plastic‘, 1976–1979, in: Traverse 12/3 (2005) 27–39.

Gewerkschaftsbewegung und so auch zum Feminismus.[24] Implizit zeigt die Entscheidung für die Jutetaschenkampagne auch, wie sich das Bild der Entwicklungsländer geändert hatte. An die Stelle fordernder und souveräner junger Männer mit einem Anspruch auf *white collar jobs* traten nun analphabetische Frauen ohne Perspektive. Deren Lage sollte nicht radikal und grundlegend geändert, sondern einzig durch den Kauf von Jutetaschen ein bisschen verbessert werden. Das Statische hatte sich in das Bild der Dritten Welt eingeschlichen und die „Dynamik der Hoffnung", wie sie Jacques Rossel 1967 benannt hatte, verdrängt.[25] Von der Bildfläche verschwanden die urbanen, intellektuellen, selbstbewussten Männer aus Entwicklungsländern. Sie verschwanden sowohl aus der Wahrnehmung der Dritte-Welt-Bewegung als auch aus dem tatsächlichen Bild der europäischen Universitäten, als die Einkommensschere zwischen Europa und den Ländern des Südens zunehmend aufging, die Bildungsinstitutionen in Entwicklungsländern nicht mehr finanziert werden konnten und sich somit auch die Schere zwischen Studierenden in der Dritten Welt und im Westen zu stark öffnete.[26]

In den 1970er-Jahren verdrängte zudem ein deutscher Denker die südlichen Autoren von der Literaturliste der Schweizer Dritte-Welt-Aktivisten. Dieter Senghaas erhielt 1972 eine Professur an der Universität Frankfurt und war sozusagen ein später Satellit der Frankfurter Schule. Seine Theorien wurden in den 1970er-Jahren im deutschen Sprachraum stark diskutiert. Senghaas veröffentlichte damals mehrere Bücher, die auch in der Schweizer Dritte-Welt-Bewegung stark rezipiert wurden, nämlich „Imperialismus und strukturelle Gewalt" (1972), „Peripherer Kapitalismus. Analysen über Abhängigkeit und Unterentwicklung" (1974), „Kapitalistische Weltökonomie. Kontroversen über ihren Ursprung und ihre Entwicklungsdynamik" (1979) sowie insbesondere „Weltwirtschaftsordnung und Entwicklungspolitik. Plädoyer für Dissoziation" (1977).[27] In seinen Werken machte er die deutschsprachige Bewegung mit den Begriffen „Zentrum" und „Peripherie" vertraut und plädierte für eine zeitweise Abkopplung (Dissoziation) der Volkswirtschaften der Entwicklungsländer vom Welthandel, um eigene Industrien aufbauen zu können. Der von Johan Galtung geprägte und von Dieter

24 M. Kalt: Tiersmondismus in der Schweiz, 516.

25 J. Rossel: Dynamik der Hoffnung.

26 M. Nobs-Margairaz: L'Institut africain, 73.

27 Senghaas, Dieter; Alavi, Hamza: Kapitalistische Weltökonomie. Kontroversen über ihren Ursprung und ihre Entwicklungsdynamik (Frankfurt am Main 1979), Senghaas, Dieter: Weltwirtschaftsordnung und Entwicklungspolitik. Plädoyer für Dissoziation (Frankfurt am Main 1977), Senghaas, Dieter; Amin, Samir: Peripherer Kapitalismus. Analysen über Abhängigkeit und Unterentwicklung (Frankfurt am Main 1974).

Senghaas übernommene Begriff der „strukturellen Gewalt" konnte auch auf die Schweiz angewandt werden, die nie eine Kolonialmetropole gewesen war.[28]

Senghaas übersetze sozusagen die anti-kapitalistischen Theorien, die auf die Dependenztheorie der 1960er-Jahre folgten, ins Deutsche. Insbesondere vertrat er die wirtschaftliche „Abkopplung" der Entwicklungsländer von der westlichen kapitalistischen Weltwirtschaft. Das *decoupling*, in seiner sanfteren Form auch *self-reliance* genannt, war eine maoistische Theorie und sah die eigenständige wirtschaftliche Entwicklung ohne Einbettung in die kapitalistische Weltwirtschaft vor. Es bezeichnete eine marxistische Art der *infant industry protection*, wobei die *infant industry* nicht durch westliche Privatinvestitionen in Gang gesetzt und dann lediglich durch temporäre Schutzzölle geschützt wurde, sondern in vollständiger Autarkie erfolgte.[29] Senghaas' Theorie der Abkopplung harmonierte mit der gleichzeitig laut gewordenen Wachstumskritik und der Aufwertung indigener Produktionsmethoden. Zudem harmonierte die Abkopplungstheorie unmerklich auch mit dem aufkommenden Neoprotektionismus der westlichen Staaten. Wenn Entwicklungsländer sich vom Westen abkoppeln sollten, fiel auch die Bedeutung des Marktzugangs und der eigenen Handelsschranken weg. Vermutlich ungewollt hatte Christoph Eckenstein innerhalb der Schweizer Dritte-Welt-Bewegung mit seinem Pochen auf regionale wirtschaftliche Integration unter den Entwicklungsländern als Steigbügelhalter für Senghaas' Abkopplung gedient. Regionale wirtschaftliche Integration, Abkopplung und Wachstumskritik dienten allesamt als Argument, um den Abbau der eigenen Handelsschranken zu vernachlässigen. Somit gestaltete sich der im Rückblick als fundamentaler Richtungswechsel erscheinende Wandel im Fair-Trade-Konzept in den 1970er-Jahren fliessend und mit scheinbarer Kohärenz.

Im Rückblick beschreibt Strahm das neue entwicklungspolitisches Konzept der „Abkopplung":

> [Abkopplung] bedeutete die Förderung von Kleinbauern statt des Agrobusiness, die Kontrolle der ausländischen Direktinvestitionen und die Begrenzung der staatlich geförderten Exportkredite, die zur Überschuldung führen mussten.[30]

Interessant ist hier, dass Strahm erst im Nachhinein, in seinen im 21. Jahrhundert verfassten Erinnerungen, den Kleinbauern nennt. In den zeitgenössischen Quellen hingegen taucht der Begriff Kleinbauer zu Beginn der 1970er-Jahre kaum auf. Auch Strahm selbst sprach Mitte der 1970er-Jahre nicht von Kleinbauern, sondern

---

28 A.-M. Holenstein-Hasler, R. Renschler, R. H. Strahm: Entwicklung heisst Befreiung, 97–98.
29 D. Senghaas: Weltwirtschaftsordnung und Entwicklungspolitik.
30 A.-M. Holenstein-Hasler, R. Renschler, R. H. Strahm: Entwicklung heisst Befreiung, 160.

von „sozialen Marginalgruppen" und hatte sich sehr differenziert mit der „Abbkopplungs"-These befasst.[31] Die „Abkopplung", die sich in den 1980er-Jahren in eine resignierte Forderung nach Autarkie der Entwicklungsländer weiterführen sollte, hatte Mitte der 1970er-Jahre noch lange nicht vollständig die UNCTAD-Forderung der tiefen Integration der Entwicklungsländer in die Weltwirtschaft verdrängt. Strahm konnte sich auch 1976 noch nicht vollständig von seiner wirtschaftswissenschaftlichen Ausbildung und dem Grundprinzip der Marktwirtschaft lossagen. So erklärte er in einem persönlichen Brief an einen Pfarrer, der ihm vorgeworfen hatte, er sei ein Kommunist, dass dieser irre:

> [...] wenn sie glauben, unsere Forderung nach Desintegration der Entwicklungsländer aus der westlichen Weltwirtschaft beinhalte eine Forderung, diese Länder müssten sich in das östliche Wirtschaftssystem integrieren. Dies ist ein völliges Missverständnis. Denn es geht gerade um eine Desintegration aus der allgemeinen Abhängigkeit von der industrialisierten Welt, und zwar mit dem Ziel, eine national integrierte Wirtschaft mit der Orientierung der Produktion auf die internen Bedürfnisse der Bevölkerung aufzubauen. Diese Theorie der Abkoppelung oder der selektiven Teilnahme basiert auf der Analyse, dass die offenen Volkswirtschaften der Entwicklungsländer sozusagen auch nach dem reichen Ausland geöffnete Adern ihrer Wirtschaftsströme enthalten. Es gibt ebenso gute entwicklungspolitische Gründe für eine Abkoppelung, wie für eine Integration in das Weltwirtschaftssystem.[32]

Bis etwa 1975 vertraten die EvB und ihre Basis aus freiwilligen Helferinnen und Helfern in keiner Weise die Idee des Kleinbauern, sondern jene der Industrialisierung Afrikas gemäss dem Ujamaa-Konzept. Danach folgte zunächst die Jutesack-Aktion, die auf urbanem Handwerk basierte, auch wenn die Jute gleichsam ein erster Schritt hin zum bäuerlichen Nahrungsrohstoff war. Wir sehen in Strahms Erinnerung jedoch, wie Senghaas' Theorie der Abkopplung die Bewegung weg von der Prebisch-Singer-These führte, den Fokus auf die „Kapitalexporte" verschob und diese als Problem benannte.[33] Damit vollzog die Bewegung in ihrer Position gegenüber Direktinvestitionen wiederum eine Kehrtwende. Noch 1970 hatten die Initianten der „Erklärung von Bern" der Schweizer Privatwirtschaft vorgeworfen, nicht genug in der Dritten Welt zu investieren.[34] 1975 ging der Vorwurf von Seiten der Arbeitsgemeinschaft der Schweizer Hilfswerke – und somit von einer breit und offiziell abgestützten Gruppierung – in die andere Rich-

---

31 Strahm, Rudolf H.: Beziehungen Schweiz Dritte Welt: Imperialismus? Gastvorlesung an der Universität Bern (Bern 1974) 10.

32 SozArch, EvB, Ar 430.62.8 IDA. R. Strahm an Pfr. E. J., 11.6.1976.

33 Dezentrale: Alternativ-Katalog 3, 569.

34 SozArch, EvB, Ar 430.25.1. EvB, Anfangszeit, EvB: Die Schweiz und die Entwicklungsländer, Text, der am 14.11.1970 in Bern vom Schweizer Komitee der EvB genehmigt wurde.

tung: Die Schweizer Privatwirtschaft sollte in der Dritten Welt nicht investieren; dem Staat wurde Komplizenschaft im „passiven Imperialismus" unterstellt, weil er die Investitionen der privaten Schweizer Firmen mit der 1958 eingeführten Exportrisikogarantie bzw. der 1970 ergänzten Investitionsrisikogarantie auf intransparente Weise unterstützte.[35]

Sehr schnell wurden in den 1970er-Jahren der Umweltschutz und die Wachstumskritik, der Imperativ zur lokalen Produktion im Kleinformat, zum Primat der Dritte-Welt-Bewegung. Der Bedarf der jungen Alternativen verlagerte sich rasch von der Hilfe für die Dritte Welt zu einer dogmatisch anmutenden, korrekten, alternativ-ökologischen Lebensweise. Die Beziehung zur Dritten Welt wurde zu einem Teil des persönlichen Verhaltenskodex, der in erster Linie eine korrekte Lebensweise im eigenen Alltag vorschrieb. Die Anleitung dazu lieferten die Kataloge der Dezentrale, die auf hunderten von Seiten Kurzfassungen zu Verhalten und Haltung im Alltag boten. In der zweiten Hälfte der 1970er-Jahre, als diese Kataloge geschrieben, produziert, verkauft und gelesen wurden, ist das Primat der Ökologie und die starke Rückstufung des Themas Dritte Welt klar erkennbar. So geht es in den ersten zwei Katalogen ausschliesslich um die Themen biologischer Landbau, Energiegewinnung, Hausbau, Transport, Recycling, Leben in Gemeinschaften sowie um die Geschlechterverhältnisse. Erst im dritten Band kamen die Aspekte andere Kulturen und Entwicklung dazu.[36] Und auch in den Texten zu diesen Themen schimmert der Aspekt der Ökologie durch, wie etwa in der oben erwähnten Beschreibung der EvB von 1977.

Unter dem Deckmantel der Ökologie und mit dem Segen von *Small is beautiful* hatte sich wiederum ein Kulturrelativismus eingeschlichen, der für Entwicklungsländer nicht die „gleichen" Bedingungen forderte, sondern „angepasste".[37] Zu Beginn der 1970er-Jahre verstand die Bewegung unter einem alternativen Handel den Aufbau einer Alternative zu Nestlé und beispielsweise den Bezug von Ujamaa-Pulverkaffee aus Tansania. 1977 veränderte sich das Verständnis des Begriffs „alternativer Handel": Ziel war jetzt die Abkopplung Tansanias, die Rückkehr zum Rohstoff und der Verzicht auf Industrialisierung. Die kurze Phase der ausschliesslichen Aufmerksamkeit der westlichen Aktivisten für die Entwicklungsländer war schnell vorüber. Ebenso schnell vorüber war die kurze Aufmerksamkeit für den Aspekt der Modernisierung und Industrialisierung der Dritten Welt. Die Alternativbewegung übertrug ihre Abneigung gegen die Indu-

35 A. Bänziger: Entwicklungsland Welt – Entwicklungsland Schweiz, 40.

36 Dezentrale: Alternativ-Katalog 3.

37 M. Black: Oxfam the First 50 Years, 68, Dezentrale: Alternativ-Katalog 3, 571.

strie unreflektiert und uneingeschränkt auf die Entwicklungsländer, bevor die Industrialisierung in Afrika überhaupt hatte einsetzen können.

3.2 Internationale Organisationen und Unternehmen als neues Feindbild

Der Internationale Währungsfonds und die Weltbank waren 1944 auf der Konferenz von Bretton-Woods gegründet worden. Sie waren urkeynesianische Institutionen, zumal John Maynard Keynes der Konferenz persönlich beigewohnt und die Verhandlungen stark geprägt hatte. Die westlichen Staaten einigten sich auf fixe Wechselkurse mit einer Art Gold-Dollar-Bindung. Die Vorschläge neoliberaler Ökonomen, die sich für flexible Wechselkurse aussprachen, wurden nicht erhört. Der Internationale Währungsfonds sollte dieses System der fixen Wechselkurse überwachen. Die Weltbank sollte beim Wiederaufbau der Volkswirtschaften nach dem Zweiten Weltkrieg behilflich sein, wiederum nach dem keynesianischen System des *deficit spending*, um die Wirtschaft anzukurbeln.[38] Dieses System der Nachkriegszeit rief jedoch in den 1970er-Jahren, wie von neoliberalen Ökonomen vorausgesagt, eine Stagflation hervor: Die Volkswirtschaften der USA oder Grossbritanniens stagnierten, während sie gleichzeitig eine Inflation verzeichneten. Der US-Dollar, an den das Währungssystem von Bretton-Woods gekoppelt war, wurde somit immer billiger – zum Nachteil vieler anderer beteiligter Währungen. Dies führte bei mehreren Zentralbanken zur Aufgabe der Gold-Dollar-Bindung und zum Zusammenbruch des – keynesianischen – Bretton-Woods-Systems. Die Folge war in zahlreichen Ländern und internationalen Organisationen Ende der 1970er-Jahre der Übergang zu neoliberalen Rezepten: Die „conservative counterrevolution“ war geboren.[39]

Als die westlichen Länder 1973 der Reihe nach ihre Wechselkurse freigaben und das Bretton-Woods-System zusammenbrach, schlug der neoliberale Ökonom Milton Friedman vor, sowohl den Internationalen Währungsfonds als auch die Weltbank einfach abzuschaffen. Die beiden Organisationen waren mit dem Zweck gegründet worden, das Bretton-Woods-System zu überwachen, und mit dem Zusammenbruch des Bretton-Woods-System hatten sowohl die Weltbank als auch der Internationale Währungsfonds den Zweck ihres Bestehens verloren. Den Grundsätzen der Politischen Ökonomie folgend, befürchtete Milton Friedman, die

38 Hauser, Heinz; Gedult von Jungenfeld, Martin: Die Schweiz und die Bretton-Woods-Institutionen (IMF und Weltbank), in: Richard Senti, Andreas R. Ziegler (Hg.): Die Schweiz und die internationalen Wirtschaftsorganisationen (Zürich 2005) 75 – 106.

39 J. Toye, R. Toye: UN and Global Political Economy, 254.

Vertreter der beiden Institutionen würden sich neue Aufgabenbereiche suchen und ihren bürokratischen Apparat weiter ausbauen.[40] Friedman sollte Recht behalten. Die beiden Institutionen wurden nicht abgeschafft und ihre Zielsetzung wurde tatsächlich neu geschrieben, zudem wuchsen sie weiterhin stetig.[41] Nach einer Übergangsphase wurde 1978 der neue Zweck in den Statuten festgeschrieben, nämlich die Förderung des Wirtschaftswachstums der Entwicklungsländer.[42] Aus den supranationalen Organisationen, die ursprünglich die monetäre Stabilität und den Wiederaufbau Europas nach dem Zweiten Weltkrieg beaufsichtigt hatten, waren im Laufe der 1970er-Jahre Entwicklungsorganisationen geworden. Für die westlichen Staaten wie auch für die Dritte-Welt-Bewegung bedeutete dies, dass sie sich gegenüber den beiden Bretton-Woods-Institutionen neu positionieren mussten. Zudem verschrieben sich die beiden Institutionen ausgerechnet dann dem wirtschaftlichen Wachstum in Entwicklungsländern, als sich die Wachstumskritik in der öffentlichen Meinung der westlichen Gesellschaften durchsetzte.

Die OECD wiederum hatte die Entwicklung der Bretton-Woods-Institutionen vorweggenommen. Diese Vereinigung der Industrieländer entstand 1961 aus der OEEC (Organisation for European Economic Co-operation). Diese war 1949, ähnlich wie die Bretton-Woods-Institutionen, mit dem Zweck gegründet worden, den wirtschaftlichen Wiederaufbau Westeuropas und die Umsetzung des Marshall-Plans zu koordinieren. 1961 schien ihr Zweck erfüllt, doch sie wurde nicht einfach abgeschafft, sondern in eine Nachfolgeorganisation überführt, für die neue Aufgaben geschaffen wurden. So sollte die neue OECD ab 1961 auch eine Zusammenarbeit der Mitgliedstaaten in der Entwicklungspolitik beaufsichtigen.[43]

Die Neuorientierung der internationalen Organisationen nach 1973 ging einher mit einer weltweiten Wirtschaftskrise. Auch für die Schweiz, in der die Krise weniger ausgeprägt war als in anderen Industrienationen, bedeutete die Wirtschaftskrise von 1973 einen Mentalitätswechsel. Die Nachkriegszeit mit ihrem ungebremsten Wachstum und der Konjunkturüberhitzung war vorüber. Sie machte einer Epoche Platz, in der die Arbeitslosigkeit im Inland und die Sorge um das eigene Wirtschaftswachstum wieder prominent auf der Agenda standen. Die Gewerkschaften verzeichneten in der Schweiz in den 1960er-Jahren am meisten

40 Friedman, Milton; Friedman, Rose D.: Two Lucky People. Memoirs (Chicago 1998) 220.

41 Vaubel, Roland: Bureaucracy at the IMF and the World Bank: A Comparison of the Evidence, in: The World Economy 19/2 (1996) 195–210.

42 H. Hauser, M. Gedult von Jungenfeld: Schweiz und die Bretton-Woods-Institutionen.

43 Baldi, Marino; Beglinger, Lukas: Die Schweiz und die Organisation für wirtschaftliche Zusammenarbeit und Entwicklung (OECD), in: Richard Senti, Andreas R. Ziegler (Hg.): Die Schweiz und die internationalen Wirtschaftsorganisationen (Zürich 2005) 27–46, 29.

Mitglieder und einen Höhepunkt ihres politischen Einflusses.[44] Nach der Ölkrise von 1973 lebten sie noch ein letztes Mal zur Bedeutung der 1960er-Jahre auf.

Im Kontext dieser sehr starken Präsenz der Gewerkschaften im öffentlichen Leben der 1960er- und 70er-Jahre muss denn auch die Politik der EvB gesehen werden. 1968 waren es noch arrivierte Theologen, die von der Schweizer Wirtschaft und damit auch von den Arbeitnehmerinnen und -nehmern Einbussen forderten, und zwar auf die Gefahr hin, die Gewerkschaften vor den Kopf zu stossen. Die Passage in der „Erklärung von Bern", in der eine Abfederung des Strukturwandels begrüsst wird („für unsere Wirtschaft keine allzu jähen Erschütterungen resultieren"), dürfte denn auch eine Konzession an die Gewerkschaften gewesen sein.[45] Unter den Erstunterzeichnern findet sich auch Jacques Vittori, Sekretär der Christlichen Gewerkschaft der Textilarbeiter.[46] Vittori stellte somit bereits 1968 das Bindeglied zwischen der Dritte-Welt- und der Gewerkschaftsbewegung her. Diese Brücke, die er im Namen des Christentums schuf, sollte jedoch erst in der Wirtschaftskrise der ersten Hälfte der 1970er-Jahre zum Tragen kommen und sich später vor allem über personelle Verflechtungen noch verstärken.[47]

1968 war es der Dritte-Welt-Bewegung noch möglich gewesen, in Zeiten der Hochkonjunktur von den Bürgern und Bürgerinnen der Schweiz die Aufgabe von Privilegien zu fordern. Auch 1973 und 1974 – zur Zeit der ersten Ujamaa-Pulverkaffee-Aktionen der EvB – hallte das Vertrauen in die Schweizer Wirtschaft noch nach. Im Rahmen dieser Aktion forderten die Pulverkaffeeverkäufer sehr klar, dass die Schweizerinnen und Schweizer in Zukunft Industrieprodukte aus Entwicklungsländern kaufen sollten und somit bewusst nicht die Binnenwirtschaft unterstützen. Die Bereitschaft, eigene wirtschaftliche Privilegien zugunsten der Volkswirtschaften von Entwicklungsländern aufzugeben, ist die (christliche) Grundidee der „Erklärung von Bern" von 1968. Diese Bereitschaft kann einerseits mit der christlichen Grundhaltung der Initianten erklärt werden. Andererseits ist die Bereitschaft, wirtschaftliche Privilegien abzugeben, auch bezeichnend für die Hochkonjunkturphase und das Wirtschaftswunder der Nachkriegszeit, als derartige Forderungen in der Bevölkerung überhaupt Anklang finden konnten. Bereits 1968, erst recht aber nach der Krise von 1973, sollte die Dritte-Welt-Bewegung jedoch die Rolle der inländischen Arbeiterinnen und Arbeiter – und somit die

44 Degen, Bernard: Gewerkschaften, in: Marco Jorio (Hg.): Historisches Lexikon der Schweiz (Basel 2002 – 2014) http://www.hls-dhs-dss.ch/textes/d/D16481.php (17. 2. 2015).

45 Siehe Punkt 5 des Manifests. SozArch, EvB, Ar 430.25.1. EvB, Anfangszeit: Die Erklärung von Bern, März 1968.

46 SozArch, EvB, Ar 430.25.1. EvB, Anfangszeit: Die Erklärung von Bern, März 1968.

47 Siehe dazu Kapitel 4.4: Parlamentarier im Dienste der Erklärung von Bern.

Gewerkschaftsanliegen – miteinbeziehen müssen, um überhaupt ein Publikum zu finden.[48] Gerade die Kritik der Dritte-Welt-Bewegung an multinationalen Unternehmen entzündete sich nicht selten an der Entlassung eines bekannten Gewerkschaftsführers, der in einer Tochterfiliale eines Schweizer Unternehmens in einem Entwicklungsland tätig war, oder etwa an der Nichtbeachtung von Gewerkschaftsanliegen. Diese gewerkschaftliche Sicht sollte denn auch zur Gründung des Solifonds führen.[49]

1972 bis 1975 folgte die Welternährungskrise, auf welche die internationale Gemeinschaft jedoch anders reagierte als noch auf die Hungerkrisen der 1960er-Jahre.[50] Insbesondere wurde auch auf offizieller Ebene, so etwa bei der EWG, Kritik an *Food Aid* laut, also an Nahrungsmittelhilfen aus der europäischen Überschussproduktion an arme Länder. Der Umweltschutz bzw. die „natürliche", lokale und kleinbäuerliche Produktion der Nahrungsmittel wurde sowohl auf der formellen wie auf der informellen Ebene zum neuen Lösungsansatz.[51] 1974, genau ein Jahrzehnt nach der UNCTAD in Genf, auf der die Entwicklungsländer lautstark nach Handel gerufen hatten, hatte die Umweltproblematik auch die Entwicklungsländer eingeholt. Nachdem sich ein Scheitern des *import substitution investment* sowohl auf wirtschaftlicher wie auf politischer Ebene abzuzeichnen begann, eröffnete sich hier ein neuer Bereich. Die NGO-Bewegung sammelte sich auf der Konferenz der FAO in Rom. Verschiedene Aktivistinnen und Aktivisten sowie Vertreter von gerade erst gegründeten NGOs hatten sich zu einem alternativen Treffen neben der offiziellen Konferenz zusammengefunden und gaben eine alternative Konferenzzeitschrift heraus.[52] Das Ziel der NGOs war eine alternative Berichterstattung für die Konferenzteilnehmerinnen und -teilnehmer, um den Agrarkonzernen nicht das Feld zu überlassen.[53] Wie Kuhn bereits beobachtet hat, sind die Ursprünge der organisierten Alternativbegleitung internationaler Konferenzen durch NGOs bei dieser Parallelveranstaltung zur FAO von 1974 zu suchen.[54]

In den Jahren 1973 und 1974 erfolgte unter anderem als Folge der Ölkrise bzw. der hohen Benzinpreise ein explosiver Anstieg des Weltmarktpreises für Grund-

---

48 SozArch, EvB, Ar 430.10.2. Anne-Marie Holenstein, Ueberlegungen betr. Entwicklungspolitische Verfassungsinitiative, 16.4.1975.
49 B. Graf: Gewerkschaften und Dritte Welt. Siehe dazu auch Kapitel 4.3. Das Ende der Modernisierung: Allianz mit den Gewerkschaften, gegen Staudämme.
50 Siehe dazu C. Gerlach: Famine Responses.
51 Ebd., 930.
52 Bodleain Library, Oxford, Oxfam archive. MS.Oxfam PUB/528 – 9, PAN issues.
53 A.-M. Holenstein-Hasler, R. Renschler, R. H. Strahm: Entwicklung heisst Befreiung, 74.
54 K. J. Kuhn: Entwicklungspolitische Solidarität, 257 – 258.

nahrungsmittel, der durch protektionistische Massnahmen noch verschärft wurde. Die Preise für Reis, Weizen und Mais stiegen um 100 bis 200 Prozent.[55] In Kombination mit Dürre und politischer Instabilität führten die hohen Getreidepreise zu Hungerkatastrophen, beispielsweise in Äthiopien. Die Bilder der Hungerkatastrophe in Äthiopien haben die westliche Bevölkerung und die Entwicklung der Dritte-Welt-Bewegung nachhaltig geprägt.[56] Bereits während der Welternährungskrise sahen Expertinnen und Experten, was die neuere Forschung der letzten Jahre bestätigt hat: Ein wichtiger Grund für die explosive Preissteigerung lag in der explosiven Preissteigerung des Erdöls aufgrund der OPEC-Krise (Organization of the Petroleum Exporting Countries, OPEC) sowie im erneuerten Protektionismus, den diese zur Folge hatte.[57] Ebenfalls hatte der Agrarprotektionismus der Industrieländer bereits zu Beginn der 1970er-Jahre dazu geführt, dass Entwicklungsländer künstlich verbilligte Agrarprodukte aus den Industrieländern importierten und bei einer Preissteigerung die Zeche zahlten. In der Zeit der Welternährungskrise von 1972 bis 1975 verwandelte sich die EWG nun noch mehr als zuvor in eine Festung.[58] So war sie zunächst auf ihre eigene Nahrungssicherheit bedacht und sprach ein Ausfuhrverbot für Getreide aus. Ebenfalls sicherte sie sich Getreideimporte aus den USA.[59] In diesem Kontext lässt sich erklären, dass die FAO-Konferenz von 1974 zunächst das Ziel verfolgte, die EWG zu *Food Aid* zu verpflichten und sie nicht etwa davon abzuhalten.

Gerade der Erfolg der Idee *Small is beautiful*, welche die lokale Produktion für den Eigenbedarf forderte, muss in den Kontext der Welternährungskrise von damals gestellt werden. Die Schlussfolgerung, welche die Dritte-Welt-Bewegung aus der Welternährungskrise zog, bestand darin, dass sie die Bedeutung der lokalen Produktion erkannte. Der Fokus auf die lokale, traditionelle und kleinräumige Produktion war aber auch und insbesondere eine Kritik an der sogenannten grünen Revolution, deren negative Umweltbilanz in den 1970er-Jahren sichtbar wurde. Mit der grünen Revolution werden einerseits die Entwicklung und andererseits die Verbreitung von neu entwickeltem Saatgut, Pflanzenschutz- und Schädlingsbekämpfungsmittel bezeichnet. Ihre Anfänge liegen in den 1940er-Jahren; in den 60er-Jahren wurde insbesondere in Entwicklungsländern, etwa in Indien, mit grossangelegten Programmen die grüne Revolution implementiert.

---

55 Headey, Derek; Fan, Shenggen: Anatomy of a Crisis: the Causes and Consequences of Surging Food Prices, in: Agricultural Economics 39 (2008) 375 – 391.

56 Müller, Angela; Rauh, Felix (Hg.): Wahrnehmung und mediale Inszenierung von Hunger im 20. Jahrhundert (Basel 2014).

57 D. Headey, S. Fan: Anatomy of a Crisis.

58 C. Gerlach: Fortress Europe.

59 Ebd., 246.

Diese führte auch tatsächlich zu bedeutenden Produktionssteigerungen.[60] In den 1960er-Jahre wurden aber die negativen Folgen, etwa des Insektizids DDT, für Menschen, Tiere und für die Pflanzenvielfalt ersichtlich.[61] Gleichzeitig zeigte sich, dass in den Industrieländern eine massive Überproduktion von Agrarprodukten bestand und dass diese Länder der Ersten Welt im Namen der Hungerbekämpfung ihre überschüssige Agrarproduktion in den Entwicklungsländern abluden, dort die lokale Produktion unterminierten und Abhängigkeit kreierten. Kritisiert wurde ferner, dass Bauern in Entwicklungsländern von Saatgut- und Pestizidproduzenten abhängig wurden, kurz: Die westlichen Agrokonzerne wurden von der Dritte-Welt-Bewegung kritisiert.[62] Mit den multinationalen Agrarkonzernen erwuchs der Fair-Trade-Bewegung somit ein neues Feindbild, das sich nahtlos in die ursprünglich marxistisch-leninistische Imperialismustheorie einfügte.

Das Zusteuern der Dritte-Welt-Bewegung auf das Thema Landwirtschaft und weiter auf die weltweite, lokale, ökologische und von Kleinbauern betriebene Landwirtschaft spiegelt sich somit in den Entwicklungen und Ereignissen auf internationaler Ebene. Die NGOs, die sich unterdessen professioneller organisiert hatten, reagierten einerseits auf die Welternährungskrise, andererseits auf die supranationalen Organisationen und deren Politik, die sich in der FAO-Konferenz manifestierte. War 1964 und 1968 noch die jeweilige UNCTAD-Konferenz im Zentrum der Diskussion der Dritte-Welt-Bewegung gestanden, war es 1974 die technokratische FAO und deren Unterwanderung durch nationale Regierungen und Agrobusiness-Konzerne. Einerseits wird hier ersichtlich, wie das Thema Landwirtschaft und Ökologie das Thema Marktzugang und Industrialisierung abgelöst hat. Andererseits wird deutlich, dass die aktive und fordernde Rolle der Entwicklungsländer, mit der sie 1964 und 1968 an den UNCTAD-Konferenzen sehr viel Hoffnung auf Entwicklung geweckt hatten, bereits nach einem Jahrzehnt der Vergangenheit angehörte. Anstelle einer von den Entwicklungsländern selbst anberaumten Konferenz, auf der sie ihre Forderungen präsentierten und damit die Dritte-Welt-Bewegung im Westen erst inspirierten, nahmen nun mit der FAO-Konferenz die supranationalen Organisationen überhand – die im Übrigen unterdessen ein bürokratisches Eigenleben entwickelt hatten. Die im Nachgang dazu entstandenen neuen NGOs im Westen hatten unterdessen genauso ihr organisationales Eigenleben entwickelt. Marktzugang und die Industrialisierung und da-

60 Evenson, R. E.; Gollin, D.: Assessing the Impact of the Green Revolution, 1960 to 2000, in: Science 300/5620 (2003) 758 – 762.

61 Carson, Rachel: Silent Spring (Boston 1962).

62 Dazu insbesondere Lappé, Frances Moore; Fowler, Cary; Collins, Joseph: Food First. Beyond the Myth of Scarcity (Houghton 1977) und George, Susan: How the Other Half Dies. The Real Reasons for World Hunger (Harmondsworth 1976).

mit die im Rahmen der internationalen Organisationen weiterhin vorgebrachten Anliegen der Entwicklungsländer selbst waren nun nicht mehr im Fokus ihrer Arbeit.

3.3 Der implizite Konsens zur Ablehnung von Privatinvestitionen in Entwicklungsländern

Die marxistisch-leninistische Theorie des wirtschaftlichen Nord-Süd-Imperialismus der 1960er-Jahre nahm weiterhin Bezug auf den klassischen Marxismus des 19. Jahrhunderts. Das Bild des Kapitalisten als Ausbeuter blieb demnach von den paläoliberalen Zeiten des Pauperismus bis in die Zeiten des Wohlfahrtsstaats in der zweiten Hälfte des 20. Jahrhunderts bestehen.[63] In den 1950er- und 60er-Jahren befolgte die offizielle Schweiz das Credo, dass unternehmerische Investitionen in Entwicklungsländern mit Entwicklungshilfe gleichzusetzen seien. Unter dieser Prämisse war etwa die Einführung der Exportrisikogarantie für Schweizer Firmen 1958 vonstattengegangen. Sie wurde als Beitrag zur Entwicklungshilfe angesehen.[64] Nachdem zahlreiche Skandale aufgedeckt worden waren, darunter auch prominent die Publikation der „Multi-Papers" durch die EvB im Jahr 1978, entstanden jedoch auch ausserhalb des kleinen Kreises der Dritte-Welt-Bewegung Zweifel am Konzept der Privatinvestition als Entwicklungshilfe.[65] Studien über die ökologischen Folgen der Modernisierung sowie über die Aufwertung der traditionellen Kulturen im Rahmen des Konzepts *Small is beautiful* verstärkten diese Zweifel. So etablierte sich in den 1970er-Jahren ein Konsens unter der sehr breiten alternativen und der bürgerlich-kirchlichen Bewegung, dass Privatinvestitionen in Entwicklungsländern abzulehnen seien.[66] Diese Ablehnung zehrte einerseits vom Ansatz der Abkopplung und dem Ansatz der arbeitsintensiven Industrialisierung.[67] Dazu kamen andererseits neue Studien über die Auswirkungen, die Grossinvestitionen in den 1960er-Jahren in den Entwicklungsländern auf Kultur, Kleingewerbe und Umwelt gehabt hatten.[68] Diese neuen Erkenntnisse und Men-

63 P. Collier: The Bottom Billion, 157–159. Siehe zur Bildsprache des Kapitalisten als „fettem Schwein" auch etwa K. J. Kuhn: Entwicklungspolitische Solidarität, 261.

64 Siehe dazu in der Systematischen Rechtssammlung des Bundes das Bundesgesetz über die Exportrisikogarantie vom 26. September 1958, aufgehoben 2007 (https://www.admin.ch/opc/de/classified-compilation/19580168/) (8.1.2018).

65 Erklärung von Bern, Vereinigung für Solidarische Entwicklung: Die ‚Multi-Papers'.

66 Siehe beispielsweise A. Bänziger: Entwicklungsland Welt – Entwicklungsland Schweiz, 41.

67 G. Austin: The Developmental State.

68 F. M. Lappé, C. Fowler, J. Collins: Food First.

talitäten paarten sich jedoch mit dem sehr viel älteren christlichen Misstrauen gegenüber der Figur des Kaufmanns. 1975, im Vorfeld der Ausarbeitung des eidgenössischen Gesetzes über die Entwicklungshilfe, gab eine sehr breite Koalition der Hilfswerke und der EvB das Buch „Entwicklungsland Welt – Entwicklungsland Schweiz" heraus, das, ähnlich wie die „Alternativkataloge", die Grundhaltung der Dritte-Welt-Bewegung ausdrückte.[69] Die Privatinvestitionen bilden einen zentralen Teil der Publikation. Ein ausführliches Kapitel unter diesem Titel zeigt über vier Seiten die Haltung der Dritte-Welt-Bewegung auf. So steht da etwa:

> Die Konzernniederlassungen in Entwicklungsländern fördern die Auseinanderentwicklung zwischen modernen Zentren und unterentwickelten Peripherien innerhalb der Entwicklungsländer. Mit ihrer Präsenz und ihren Aktivitäten führen sie westliche Wertvorstellungen, Konsumgewohnheiten und Verhaltensweisen ein. Konzerne gewisser Branchen investieren heute in Entwicklungsländern, um die strengen und kostenverursachenden Umweltschutzbestimmungen zu umgehen. Nicht selten versuchen multinationale Konzerne die am herrschenden Zustand interessierten einheimischen Eliten einzubeziehen oder zu beteiligen. Joint Ventures, also Betriebe mit gemeinsamer Beteiligung von multinationalen Konzernen einerseits und Staat oder Privaten aus dem Entwicklungsland andererseits sind in diesem Licht problematisch.[70]

Mit ihrer grundsätzlichen Ablehnung von Privatinvestitionen und der Forderung nach strengen Kriterien, die auf eine Verhinderung abzielten, haben die Entwicklungsorganisationen den Kurs der kommenden Jahrzehnte vorgespurt. Irgendwann sollte diese grundsätzliche Ablehnung von Investitionen in den Alltagsgebrauch übergehen und die Notwendigkeit wegfallen, ausdrücklich darauf hinzuweisen, wie es noch 1975 geschah. Diese ausdrückliche Negierung der privaten Auslanddirektinvestitionen ging 1975 noch einher mit einer zumindest halbherzigen Unterstützung des *import substitution investment* sowie der Abkopplung, also mit Konzepten, die den Aufbau einer arbeitsintensiven eigenen Industrie – angepasst an die lokalen Gegebenheiten – in den Entwicklungsländern vorsahen. Als diese Option Ende der 1970er-Jahre im Rahmen der Überschuldung der Entwicklungsländer, des wirtschaftlichen Scheiterns des *import substitution investment* und der Politikänderung des Internationalen Währungsfonds und der Weltbank wegfiel, blieb bei der Dritte-Welt-Bewegung im Westen die Ablehnung von westlichen Auslanddirektinvestitionen bestehen. Gleichzeitig wurden jedoch keine neuen Alternativen zur Modernisierung vorgebracht. Die Modernisierung der Entwicklungsländer fiel somit als konzeptuelle Leitlinie Ende der 1970er-Jahre vom Tisch. Das Konzept des Fair Trade, das in Entwicklungs-

---

69 A. Bänziger: Entwicklungsland Welt – Entwicklungsland Schweiz.
70 Ebd., 41–42.

ländern einzig Rohstoff produzierende Kleinbauern vorsah, füllte in den 1980er-Jahren die Lücke. Die Ablehnung von Privatinvestitionen musste von da an nicht mehr formuliert werden, sondern war in den öffentlichen Mainstream eingeflossen und zu einer Selbstverständlichkeit geworden. In dieser Selbstverständlichkeit fand sich die Alternativbewegung unbeabsichtigt in einer Allianz mit den Neokonservativen, die mit den Sozialisten eine Abneigung gegen Grosskonzerne teilten. Der Grundsatz des Primats des Kleingewerbes und die Abneigung von Moderne, Werbung und Massenproduktion bildete eine starke Schnittmenge zwischen der Alternativbewegung und den Neokonservativen. Die moralische Überhöhung der Landwirtschaft, der Bauernfamilien und des Kleingewerbes ist ein sehr wichtiger Teil der neokonservativen Theorie und ergänzte sich mit der Abneigung gegen Grosskonzerne.

Der deutsche Ökonom Wilhelm Röpke (1899 – 1966), ein wichtiger Vordenker der neokonservativen Bewegung, betrachtete Bauern- und Gewerblerfamilien als die tragenden Elemente der Gesellschaft. Röpke, der in der Schweiz lebte und publizierte, lehrte von 1937 bis zu seinem Tod am Institut für Internationale Beziehungen in Genf und war einer der führenden frühen Neoliberalen und Anti-Keynesianer.[71] Er ging als einer der wenigen Neoliberalen der 1940er- und 50er-Jahre aber weiter und gestand dem Staat auch zu, die Landwirtschaft handelspolitisch zu schützen und notfalls mit Subventionen zu unterstützen.[72] Für Röpke, der in seinem Spätwerk immer stärker zum Neokonservatismus tendierte, war der bäuerliche Familienbetrieb der unabdingbare Kern einer gesunden, lebensfähigen Gesellschaft:

> Es ist nicht so sehr die Erzeugung der Nahrungsmittel und Rohstoffe als solche, die uns hier interessiert, wie jene besondere Form der Erzeugung, die wir die bäuerliche nennen, denn nur diese besitzt die unschätzbare soziologische Bedeutung, von der wir ausgehen, und nur an diese denken wir, wenn wir die Landwirtschaft als den letzten mächtigen Zufluchtsort gegenüber der Vermassung, Mechanisierung und Verstädterung unserer Zeit empfinden und ihren Verfall als ‚Landflucht' beklagen.[73].

Dies schrieb Röpke bereits 1942, als die Schweiz in einer Anbauschlacht gemäss dem Plan Wahlen die landwirtschaftliche Produktion möglichst maximierte. Röpke nahm die kulturelle Bedeutung des Bauerntums und das bäuerliche Leben als „mächtige[n] Zufluchtsort" für die wohlstandsmüde westeuropäische Gesellschaft der 1980er-Jahre vorweg. Daher plädierte er dafür, die Landwirtschaft nicht

---

71 Siehe insbesondere J. Solchany: Wilhelm Röpke.

72 P. Plickert: Wandlungen des Neoliberalismus, 235 – 239.

73 W. Röpke: Die Gesellschaftskrisis, 316.

als „Industrie wie jede andere“ zu sehen und nicht die klassischen marktwirtschaftlichen Gesetze walten zu lassen:

> Gewiss bildet die Landwirtschaft einen Sektor der Volkswirtschaftslehre, auf den die Prinzipien der freien Marktwirtschaft immer nur mit starken Vorbehalten anwendbar gewesen sind, und gewiss haben die besonderen Verhältnisse, die hier herrschen, von jeher die Wirtschaftspolitik vor Sonderprobleme gestellt, deren Lösung nicht dem freien Spiel der Kräfte überlassen werden konnte.[74]

Gerade um die Agrarpolitik wurde jedoch innerhalb der Mont Pèlerin Society und somit im Heizkessel der frühen neoliberalen Bewegung heftig gestritten.[75] Röpke lud 1957 den neokonservativen amerikanischen Literaturwissenschaftler Russell Kirk in die Schweiz ein. Auf dem Jahrestreffen der Mont Pèlerin Society in St. Moritz wurde Kirk als Redner geführt.[76] Dies provozierte Friedrich August von Hayek zu der Rede mit dem Titel „Why I am not a conservative“.[77] Diese markierte die Spaltung der Bewegung in eine neoliberale und eine neokonservative Richtung. In seiner Rede unterteilte Hayek Liberale und Konservative aufgrund ihrer Haltung zur Landwirtschaft:

> Conservatives usually oppose collectivist and directivist measures in the industrial field, and here the liberals will often find allies in them. But at the same time, conservatives are usually protectionists and have frequently supported socialist measures in agriculture.[78]

Röpke hatte sich mit seiner Unterstützung der Landwirtschaft und der Einladung Kirks innerhalb der neoliberalen Bewegung ins (neo-)konservative Abseits manövriert. Dies betraf auch seine zahlreichen Anhängerinnen und Anhänger in der Schweiz. Hier hatte Röpke extensiv insbesondere in der NZZ publiziert und zahlreiche Ökonomen ausgebildet oder beeinflusst, die nun bedeutende Positionen in Politik, Wirtschaft und Gesellschaft einnahmen. Auch nach Röpkes Austritt aus der Mont Pèlerin Gesellschaft 1962 und seinem frühen Tod 1966 sollten sie seine Gesinnung weitertragen.[79]

Wie Solchany in seiner minutiös recherchierten Biografie Röpkes aufzeigt, war der Deutsche Gelehrte ein wichtiger Pfeiler der Geistigen Landesverteidigung in der Schweiz. [80] Seine Bücher, Zeitungsartikel und Vorträge trugen massgeblich

74 Ebd., 321–322.
75 P. Plickert: Wandlungen des Neoliberalismus, 235–239.
76 Ebd., 309
77 F. A. v. Hayek: Constitution of Liberty, 397–411.
78 Ebd., 403.
79 A. Franc: Wie der Vorort.
80 J. Solchany: Wilhelm Röpke. Siehe auch H. U. Jost: Politik und Wirtschaft, 196–197.

dazu bei, die nationale Identität der Schweiz als Nation der Bauern und Gewerbler zu untermauern. Gerade in Kreisen des Zürcher Freisinns wurde Röpke richtiggehend verehrt. Interessant ist wiederum, welche Aspekte die Zürcher Freisinnigen aus Röpkes Monumentalwerk herausgriffen und im nationalen Diskurs perpetuierten. So schrieb etwa NZZ-Wirtschaftsredaktor Carlo Mötteli in seiner Rezension von Röpkes „Gesellschaftskrisis der Gegenwart" 1942:

> Dezentralisierung, natürliche Förderung der kleineren Produktions- und Siedlungseinheiten und der soziologisch gesunden Lebens- und Berufsformen (obenan der bäuerlichen und handwerklichen), Rückführung aller Dimensionen und Verhältnisse auf menschliche Masse (‚à la taille de l'homme', nach dem treffenden Ausdruck von Ramuz). [81]

Nicht nur in der Schweiz, sondern auch auf internationaler Ebene hat diese Passage in Röpkes Werk Aufmerksamkeit erregt. So wird sie denn auch im Vorwort der englischen Ausgabe zitiert: „Humanizing of economic strucutre, *à la taille de l'homme* in the phrase of Ramuz, was the kernel of Roepke's proposals."[82] Die Forderung nach Kleinheit, nach „menschlichem Mass" war die Hauptbotschaft, die aus Röpkes Werk in der Bevölkerung erfasst wurde. Damit schloss Schumachers „Small is Beautiful", das in der Deutschen Übersetzung den Untertitel „Die Rückkehr zum menschlichen Mass" trug, an eine bereits bestehende Geisteshaltung an.[83] Erklärend ist in diesem Kontext ein weiterer Begriff, der neben dem „menschlichen Mass" eine Schnittmenge zwischen den Neokonservativen, den Neoliberalen und dem linksgrünen Dritte-Welt-Lager markiert: der Dezentralismus. Die Grundvoraussetzung nicht nur für Totalitarismus, sondern auch für den interventionistischen Keynesianismus ist ein Zentralstaat, der lenkt, leitet und eingreift, anstatt Marktkräfte walten zu lassen. Das Misstrauen gegenüber dem Staat, das frühe Neoliberale hatten, die wie Wilhelm Röpke vor den Missbräuchen eines überbordenden Zentralstaates geflohen waren, sass tief. Nebst der bäuerlichen Kultur hob Röpke insbesondere auch den Föderalismus und das dezentralisierte politische System der Schweiz aufs Podest. Ein dominierender Zentralstaat wurde von den Neoliberalen und den Neokonservativen seit den 1930er-Jahren klar abgelehnt. Während neoliberale Ökonomen vom freien Spiel der Marktkräfte sprachen, priesen die Neokonservativen und die Nicht-Ökonomen fast wortwörtlich wie in der linksgrünen Bewegung der 1970er-Jahre kleinräumige Strukturen nicht als ökonomisch, sondern moralisch überlegen. So fasste etwa

81 Carlo Mötteli, Der „Dritte Weg", NZZ, 17.5.1942.
82 Röpke, Wilhelm: The Social Crisis of our Time (New Brunswick (N.J.) 1992) xi.
83 E. F. Schumacher: Small is Beautiful.

der US-amerikanische Literaturwissenschaftler Russel Kirk Röpkes Ansatz in Worten zusammen, die fast identisch bei E.F. Schumacher zu finden sind:

> Family farms, farmers' cooperatives for marketing, encouragement of artisans and small traders, the technical and adminstrative possiblities of industrial decentralization, the diminution of the average size of factories, control of competition and restraint of monopolies, the graduate substitution for the 'old-style welfare policy' of an intelligent trend toward self-sufficiency[84]

„Decentralization", „Self-sufficiency", „farmers' cooperatives": Die Überschneidung zwischen der neokonservativen Ideologie und der Fair-Trade-Bewegung der späten 1970er-Jahre ist nicht von der Hand zu weisen. So basiert und verweist das von der EvB vertriebene Buch „Zerstörung durch Überfluss" auf Schumachers „Es geht auch anders", in dem Schumacher inhaltlich mit Kirk und Röpke übereinstimmt:

> Wir brauchen:
>
> 1. Eine Wiederherstellung echt schöpferischer Arbeit durch Entwicklung einer vereinfachten, vermenschlichten Technik
> 2. Eine radikal vereinfachte Lebensweise
> 3. Die Anerkennung des Vorrangs des Biologischen
> 4. Die Entwicklung einer dezentralisierten Wirtschaftsstruktur mit vorwiegend kleinen Betrieben
> 5. Die weitgehende Selbstversorgung kleiner, kohärenter Gruppen.[85]

Der amerikanische Intellektuelle Theodore Roszak wies in seinem Vorwort zu einer amerikanischen Ausgabe von „Small is Beautiful" auf diese ideellen Gemeinsamkeiten hin bzw. interpretierte er Schumachers „Dezentralismus" als Erbe der libertär-anarchistischen Tradition der Wirtschaftswissenschaften:

> Schumacher's work belongs to that subterranean tradition of organic and decentralist economics [...]. It is the tradition we might call anarchism, if we mean by that much abused word a libertarian political economy that distinguishes itself from orthodox socialism and capitalism by insisting that the scale of organization must be treated as an independent and primary problem.[86]

---

84 W. Röpke: The Social Crisis, xi.

85 E. F. Schumacher: Es geht auch anders, 49.

86 Schumacher, Ernst Friedrich: Small is Beautiful. Economics as if people mattered (New York 1975), 4.

Schumachers Werk kann in verschiedene Traditionen eingeordnet werden. Das Zitat Russel Kirks weiter oben, das wie ein Ausschnitt aus den Alternativkatalogen der Dezentrale tönt, zeigt auf, wie die im Entstehen begriffene neokonservative Bewegung bereits in den frühen 1940er-Jahren die Dezentralisierung, den Kleinbauern und Handwerker sowie dessen traditionelle Produktionsmethoden und das Landleben zum Mass aller Dinge erhoben hatte. Gerade in der Schweiz war diese neokonservative Denkschule mit Wilhelm Röpke und seinem Umfeld stark verankert und portierte den Dezentralismus lange bevor Schumacher zu Beginn der 1970er-Jahre auf Studierende in Zürich traf.[87] Hier präsentierte die linksgrüne Bewegung alten Wein des vermeintlichen Gegners in neuen Schläuchen, als sie ein Herausgeberkollektiv „Dezentrale“ nannte.[88] Als die Umweltbewegung in den 1970er-Jahren dieselben Werte in ihr Programm aufnahm, war der Boden für einen breiten nationalen Konsens in der Schweiz also schon seit der Geistigen Landesverteidigung geebnet. Nicht nur der Westschweizer Schriftsteller C. F. Ramuz, bei dem Röpke den Begriff „à la taille d’homme“ gelesen hatte, vor allem der Berner Autor Jeremias Gotthelf lieferte den Zürcher Bürgerlichen in den kommenden Jahrzehnten die kulturelle Unterfütterung, die ihr Bild der bäuerlichen Schweiz prägen sollte.[89] So zitierte etwa Gerhard Winterberger 1965 in einem Artikel über die „Umstrittene Agrarpolitik im Industriestaat“ Gotthelf, der den Bauern „Handlanger Gottes“ nannte.[90]

Die Neokonservativen bliesen aber auch ins Horn der Multikritiker und hoben die kleinen und mittleren Unternehmen auf einen moralischen Sockel. In der Kritik der Grosskonzerne fanden sich somit linke, grüne und neokonservative Gruppen in den 1970ern zu einem impliziten Konsens zusammen. Wie oben erwähnt, übernahm auch die supranationale Entwicklungshilfe langfristig die Ansätze dieses Konsenses und machte trotz des neoliberalen *Washington Consensus* die Förderung kleiner und mittlerer Unternehmen zu einer Priorität. Dies basierte zwangsläufig auf moralischen Überlegungen, war doch die Wirksamkeit dieser Förderung von Kleinunternehmen in der Armutsbekämpfung als auch die

---

87 J. Solchany: Wilhelm Röpke, 43 – 45, U. Eichenberger: Ökologie und Selbstbestimmung, 25.
88 Dezentrale: Alternativ-Katalog 3.
89 Francillon, Roger: Ramuz, Charles Ferdinand, in: Marco Jorio (Hg.): Historisches Lexikon der Schweiz (Basel 2002 – 2014) http://www.hls-dhs-dss.ch/textes/d/D16054.php (16.12.2011), Holl, Hanns Peter: Gotthelf, Jeremias, in: Marco Jorio (Hg.): Historisches Lexikon der Schweiz (Basel 2002 – 2014) http://www.hls-dhs-dss.ch/textes/d/D11835.php (17.9.2010).
90 Winterberger, Gerhard: Umstrittene Agrarpolitik im Industriestaat, in: Schweizer Monatshefte 45/6 (1965) 516 – 532, 517.

überlegene wirtschaftliche Leistung von kleinen und mittleren Unternehmen gegenüber Grosskonzernen empirisch nicht belegbar.[91]

Die stark neokonservative und röpkesche Prägung der Schweizer Bürgerlichen machte sich einerseits im bürgerlichen Lager der kirchlichen Dritte-Welt-Bewegung bemerkbar, andererseits auch im bürgerlichen Lager im Umfeld des Dachverbands der Schweizer Privatwirtschaft, des Vororts, und der Freisinnig-Demokratischen Partei der Schweiz, welche das bürgerliche Lager bis in die 1990er-Jahre dominierte. Dem Vorort stand von 1970 bis 1987 der Berner Ökonom Gerhard Winterberger vor.[92] Dieser hatte bei Röpke in Genf studiert, verehrte Röpke und blieb ihm bis zu dessen Tod eng verbunden. Seine Briefe an Röpke unterschrieb er mit „Ihr Hirtenknabe", womit er auf seine Herkunft als Enkel eines Bergbauern im Haslital anspielte.[93] Bereits in den 1950er-Jahren begann Winterberger in den Schweizer Medien über die Landwirtschaft und die kulturelle Bedeutung der Bergbauern zu publizieren. Er übernahm sozusagen von Röpke das Zepter und prägte in den 1960er-, 70er- und 80er-Jahren die bürgerliche Haltung zur Landwirtschaft. Dabei interpretierte er seine Funktion als Vorortsdirektor sehr frei, indem er sich in seinem Einsatz für den Schutz der Schweizer Landwirtschaft auch gegen die Interessen der vom Vorort vertretenen Unternehmen stellte.[94] Insbesondere wird hier sichtbar, wie die „Hinterbänkler" in der Mont Pèlerin Society, der Winterberger ebenfalls angehörte, in der Praxis die Vorgaben der neoliberalen Aushängeschilder der gelehrten Gesellschaft keineswegs umsetzten. In Winterbergers Schriften ist die bürgerliche Seite im impliziten Konsens zwischen den linksgrünen und den nationalkonservativen Bevölkerungsteilen in der Schweiz klar erkennbar. Nicht nur verteidigte Winterberger immer wieder die Figur des Bauern und Bergbauern und stilisierte diese und ihren „geistigen Habitus" zur nationalen Identifikationsfigur.[95] Vielmehr nahm er auch die ablehnende Haltung der nationalkonservativen Bewegung zum Beitritt der Schweiz zu europäischen Institutionen vorweg, die von der linksgrünen bzw. der Dritte-Welt-Bewegung ebenfalls bereits ab 1970 geteilt wurde. So zeichnete Winterberger etwa in einem historischen Überblick das Bild der Schweiz als Nation der freien Bau-

91 Easterly, William Russell: The White Man's Burden. Why the West's Efforts to Aid the Rest have done So Much Ill and So Little Good (Oxford 2006) 55.

92 A. Franc: Wie der Vorort.

93 Institut für Wirtschaftspolitik, Universität Köln, Nachlass Wilhelm Röpke, Winterberger an Röpke, 20.5.1957.

94 A. Franc: Wie der Vorort.

95 Winterberger, Gerhard: Politik und Wirtschaft. Ausgewählte Reden und Aufsätze (Bern 1980).

ern, die im Ancien Régime an den europäischen Höfen als „Tölpel" verlacht, aber um ihre Freiheit beneidet wurden.[96]

Gerhard Winterberger steht repräsentativ für die bürgerliche Generation der Nachkriegszeit, welche die Geistige Landesverteidigung in die Schweizer Wachstums- und Wohlstandsgesellschaft überführte. Verankert in einem festen Stolz auf die kleine, bäuerliche Eidgenossenschaft konstituierte sich in der Schweiz eine neokonservative Bewegung, die zwar nicht der freien Markwirtschaft, sehr wohl aber multinationalen Grosskonzernen, der Massenproduktion und der Europäisierung ablehnend gegenüberstand. Die nationalsozialistische Ideologie hatte in der ersten Hälfte des 20. Jahrhunderts über den Weg des Antisemitismus wiederum das Amoralische des wirtschaftlichen Erfolgs betont.[97] Restposten dieses Antisemitismus lebten in ganz Westeuropa auch nach Kriegsende in Form von Ressentiments gegen unüberschaubare und verschwiegene Grosskonzernen weiter. Die moralische Verwerflichkeit der Geldwirtschaft und des Grosskapitalisten in der westlichen Mentalität wird am besten in der Literatur ersichtlich. Der amerikanische Ideenhistoriker Irving Kristol hat die Rolle des Kaufmanns und später der Manager in Grosskonzernen in der Weltliteratur beobachtet. Er kommt zu dem Schluss, dass der „Kaufmann" erst in der Nachkriegszeit zum wirklichen Stereotyp des Bösewichts wird:

> Though the businessman per se has never been a fictional hero of bourgois society (as Stendhal observed, a merchant may be honorable but there is nothing heroic about him), it is only after the rise of 'big business' that the businessman becomes the natural and predistined villain of the novel, the drama, the cinema, and, more recently, television.[98]

Die sehr starke und breite Abneigung in der Bevölkerung gegen Grosskonzerne führte aber zu wichtigen empirischen Forschungen über die Rolle multinationaler Konzerne in Entwicklungsländern. Eine bahnbrechende Forschung stammt von Charles Kindleberger, der 1969 den Klassiker „American Business Abroad" publizierte, in dem er auch auf den marxistisch-leninistischen Vorwurf des Neoimperialismus durch Direktinvestitionen multinationaler Firmen antwortete.[99] Es folgte ein Jahr später Mira Wilkins mit „The Emergence of Multinational Enter-

96 G. Winterberger: Schweizerische Eigenart.
97 Muller, Jerry Zucker: Capitalism and the Jews (Princeton, N.J. 2010).
98 Kristol, Irving: Neoconservatism. The Autobiography of an Idea (New York 1995), 214 – 215.
99 Kindleberger, Charles Poor: American Business Abroad. Six Lectures on Direct Investment (New Haven 1969).

prise".[100] Diesen empirischen Studien stand allerdings weiterhin die aus den 1960er-Jahren stammende theoretische Kritik an Grosskonzernen gegenüber, wonach Letztere nur Rohstoffe abschöpften, nicht investierten im Süden und an der Dependenz des Südens mitschuldig seien. Mit schwang die marxistisch-leninistische Theorie, dass multinationale Grosskonzerne verlängerte Arme des Imperialismus bzw. des Kapitalismus der Nationalstaaten seien. Diese theoretische, etwa auf Galtung und Senghaas basierende Kritik nahm Mitte der 1970er-Jahre in der schweizerischen Dritte-Welt-Bewegung überhand und beendete die modernisierungsfreundliche Phase der Zeit nach der ersten UNCTAD von 1964.[101]

Was die Bewegung schuldig blieb – und hier standen die NGOs und die akademische Ökonomie an einem Scheideweg –, war eine Antwort auf die sich gegen Ende dieser modernisierungsfreundlichen Phase stellenden Fragen. Denn etwa Mitte der 1970er-Jahre zeigte sich: Nach dem Scheitern des *import substitution investment* und nachdem man zur Erkenntnis gelangt war, dass es die Umwelt zu schützen galt und dass eine unbegrenzte Industrialisierung nicht wünschenswert war, präsentierte die Dritte-Welt-Bewegung keinen neuen Lösungsansatz, der erklärt hätte, wie denn der sich öffnenden Wohlstandsschere zwischen armen und reichen Ländern sonst zu begegnen wäre. Während das *import substitution investment* nicht mehr propagiert wurde, wurden private Auslanddirektinvestitionen kritisiert und abgelehnt mit den oben angegebenen Begründungen. Wie sollten die Volkswirtschaften im Süden nun die Armut bekämpfen? Sie sollten nicht mehr modernisieren, nicht mehr staatlich in Wirtschaft investieren und westliche Grosskonzerne sollten dort auch nicht mehr investieren. Dieser Konzeptwechsel, der Mitte der 1970er-Jahre vonstatten ging, zeigte sich unter anderem in den Publikationen von Pierre Bungener, der Mitte der 1960er-Jahre das Institut africain der Universität Genf aufgebaut hatte, aus dem später das IUED werden sollte. Die Prämisse der Gleichheit wurde verworfen und wiederum die „pluralité des mondes" ausgerufen, im Vergleich zur Kolonialzeit jedoch mit umgekehrten Vorzeichen.[102] Anstatt wie früher anzunehmen, dass die Menschen im Süden sich aus Minderwertigkeit nicht für eine Modernisierung eigneten, nahmen die westlichen Dritte-Welt-Aktivisten nun neu eine Art Gleichwertigkeit bzw. „Pluralität" der Lebensstile an, die den Status quo, und somit faktisch die Armut, aufwertete und eine vermeintliche Gleichwertigkeit schuf. Dies war eine sehr elegante Lösung von zwei Problemen gleichzeitig,

---

100 Wilkins, Mira: The Emergence of Multinational Enterprise. American Business Abroad from the Colonial Era to 1914 (Cambridge, Mass 1970).

101 M. Schär: Strukturveränderungen statt Entwicklungshilfe, 33–38.

102 Bungener, Pierre; Grinevald, Jacques (Hg.): La pluralité des mondes. Théories et pratiques du développement (Genf 1975).

nämlich dem Scheitern des *import substitution investment* und der Umweltproblematik. Zudem löste es auch noch ein drittes Problem, das Mitte der 1970er-Jahre im Rahmen der Wirtschaftskrise wieder aktuell wurde: Solange multinationale Konzerne nicht in Billigländer investierten, blieben die Arbeitsplätze im Inland. Die Multikritik, der „anticorporatism", erlaubte es den Dritte-Welt-NGOs, mit den Gewerkschaften im Inland zusammenzuspannen.[103] Die Kritik am Abbau von Arbeitsplätzen im Norden, an der Umweltverschmutzung, an der Ausbeutung der Arbeiter sowie dem Gewinnabzug ins Ausland ergänzten sich ideal zur Legitimierung des Neoprotektionismus der 1970er- und 80er-Jahre.

3.4 Von der Dritten Welt zur Umwelt: die Neuausrichtung der Theologen der Anfangsjahre

André Biéler, der mit „Gottes Gebot und der Hunger der Welt" 1966 die Grundlage der „Erklärung von Bern" geschrieben hatte, publizierte 1974 ein Buch mit dem Titel „Der Wahnwitz des Wachstums".[104] Dabei wandte er wieder dieselbe Methode an wie bei seinem Buch über Calvins Wirtschaftsethik, das die Grundlage der „Erklärung von Bern" gebildet hatte: Diesmal interpretierte er den Calvinismus nicht mehr vor dem Hintergrund der Nord-Süd-Frage, sondern vor jenem der Umweltfrage. Nicht nur die Aktivistinnen und Aktivisten im Umfeld der „Erklärung von Bern", die Mitte der 1970er-Jahre die Jutetasche propagierten, räumten dem Umweltschutz eine vorrangige Bedeutung ein. Auch die Vätergeneration, die sich bereits von der EvB zurückgezogen hatte, übernahm und integrierte das Thema Wachstumskritik. Dies passierte nicht nur bei den Schweizer Theologen, sondern auch auf globaler Ebene. So übernahm der ÖRK 1974 die Umweltthematik, ein Jahr später wurde sie gemäss Beschluss zu einem Arbeitsschwerpunkt des ÖKR.[105] Allerdings war der Basler Barth-Schüler Lukas Vischer von 1961 bis 1980 beim ÖRK als Forschungssekretär bzw. Direktor angestellt, womit er die Ausrichtung der Organisation bedeutend mitgestaltete.[106] Die Beschäftigung des Basler Bürgertums mit dem Naturschutz war ebenso traditionell wie die Unterstützung der Mission und reichte weit in das 19. Jahrhundert zurück.[107] Als 1972

---

103 N. Klein: No Logo, xviii.

104 Biéler, André: Der Wahnwitz des Wachstums. Vom Warnruf der Wissenschaftler zum Appell der Kirchen (Freiburg i.Üe. 1974).

105 A.-M. Holenstein-Hasler, R. Renschler, R. H. Strahm: Entwicklung heisst Befreiung, 98.

106 http://www.lukasvischer.unibe.ch/ (28.3.2018).

107 Michael Baumann, Pioniertat mit nachhaltiger Wirkung, NZZ, 20.6.2014. B. Mahler: ‚umdenken – umschwenken', 17 – 18.

die „Grenzen des Wachstums" ausgerufen wurden, war dies für die Basler Theologen keine Überraschung. Die Phase, in der sich die Vertreter der Kirchen um komplizierte ökonomische Zusammenhänge kümmerten und versuchten, die Bevölkerung für die trockene Materie der Handelstheorie zu gewinnen, war schnell vorüber.[108] Sie hatte höchstens ein Jahrzehnt gedauert. Im Nachhinein scheint es, dass etwa Christoph Eckenstein die interkonfessionelle Konferenz im Bundeshaus von 1970 stark geprägt hat und für deren klare handelspolitische Ausrichtung verantwortlich zeichnete. Eckensteins früher Tod 1974 steht denn auch symbolisch für das Sterben der UNCTAD-Anliegen innerhalb der Dritte-Welt-Bewegung. Rudolf Strahm liess sich vom ursprünglichen Prebisch-Singer-Standpunkt abbringen, konzentrierte sich bald auf den Finanzplatz Schweiz und war ab 1978 nicht mehr für die EvB tätig. Somit war in der Schweizer Dritte-Welt-Bewegung keine starke Persönlichkeit mehr mit von der Partie, welche die UNCTAD-Anliegen weiter hochgehalten hätte. Während Max Geiger 1978 verstarb, gehörte Jacques Rossel von 1968 bis 1980 zum Exekutivausschuss des ÖRK und trug dessen Unterstützung der Wachstumskritik nach 1974, wie auch Lukas Vischer, mit.[109] Allen war die Barthsche Grundannahme gemeinsam, dass die Theologie der erweiterten gesellschaftlichen Selbstreflexion dienen sollte. Während Karl Barth sich in der Zeit vor und nach dem Zweiten Weltkrieg für die soziale Frage in der eigenen Gesellschaft eingesetzt hatte, setzte sich die zweite Generation, zu der etwa sein Schüler Max Geiger gehörte, für die Entwicklungsfrage ein. Diese christliche bzw. typisch Barthsche Selbstreflexion, die bei den Initianten der „Erklärung von Bern" ersichtlich ist, hat sich in den 1970er-Jahren auf den Bereich Umweltschutz übertragen. Auch wollten die Initianten der „Erklärung von Bern" den eigenen Konsum einschränken, den eigenen Verbrauch reduzieren und selbst ihren Beitrag leisten.[110] Auch Anne-Marie Holenstein, die einen christlichen Hintergrund hatte und selbst eine ökumenische Zeitschrift gegründet hatte, spricht von „Gefühlen zärtlicher Verantwortung für unseren blauen Planeten".[111]

---

108 Siehe zu dieser kurzen Phase auch C. Saunders: British Humanitarian, Aid and Development NGOs.

109 http://www.lukasvischer.unibe.ch/ (28.3.2018), S. Rytz: Rossel, Jacques.

110 Lukas Vischer gründete 1986 den ökumenischen Verein oeku Kirche und Umwelt sowie 1998 das ECEN European Christian Environmental Network. Siehe Vischer, Lukas (Hg.): Listening to Creation Groaning. Reports and Papers from a Consultation on Creation Theology organized by the European Christian Environmental Network at the John Knox International Reformed Center from March 28 to April 1st, 2004 (Genf 2004) sowie http://www.lukasvischer.unibe.ch/ (28.3. 2018).

111 A.-M. Holenstein-Hasler, R. Renschler, R. H. Strahm: Entwicklung heisst Befreiung, 193.

Der Calvinist André Biéler bleibt hier näher bei der Tagespolitik und den Menschen der Dritten Welt. In seinem Buch „Der Wahnwitz des Wachstums" verbindet er die ursprünglichen Anliegen der EvB mit der Wachstumskritik. Er zitiert den Niederländer Sicco Mansholt, der als Präsident der Europäischen Kommission sehr von der Studie „The Limits to Growth" beeindruckt war. Mansholt stand der Europäischen Kommission nur kurz vor, stand aber am Anfang der Bestrebungen der EWG, Umweltstandards einzuführen und äusserte sich dahingehend, dass er das bestehende Wirtschaftssystem des goldenen Zeitalters der Globalisierung der 1950er- und 60er-Jahre für falsch halte und eine Neuausrichtung auf Umweltschutz und immaterielle Güter wie Glück und Zufriedenheit oder Lebensqualität anstrebe.[112] Damit nahm auch die Politik wachstumskritische Ideen auf, die in der Uruguay-Runde des GATT zu Schutzklauseln für Umweltstandards führten. Diese wiederum öffneten Tür und Tor für protektionistische Gesetze, die Europa als wirtschaftliche Festung vom Rest der Welt schützen sollte.[113] Biéler nimmt auch in „Wahnwitz des Wachstums", wie bereits in seinem früheren Buch von 1966, die Position ein, dass ein umweltbewusstes Verhalten schlicht ein christliches Verhalten sei. Oder, salopp ausgedrückt, dass die Calvinisten es doch immer schon gewusst hätten: „Auf einmal beginnt also die Wissenschaft die alten göttlichen Gesetze neu zu verkünden, die an und für sich die Christen der Welt hätten zur Kenntnis bringen sollen", schrieb er spöttisch zu „The Limits to Growth" und meinte weiter: „Die Christen haben jahrhundertelang die Enthaltsamkeit im Umgang mit den Gütern dieser Welt und den freiwilligen Verzicht zugunsten des Nächsten gepredigt."[114]

Es fiel den Theologen um die „Erklärung von Bern" sehr viel leichter, einen theologischen Zugang zu Umweltschutz und Wachstumskritik zu finden als zu den UNCTAD-Anliegen, die doch grundsätzlich Konsum und Wachstum forderten. Obschon sich die protestantischen Theologen rational mit den UNCTAD-Forderungen abgefunden hatten, durften sie nun endlich wieder ihre tief verwurzelte pietistische Genügsamkeit zum Tragen bringen. Die pietistisch-protestantische Industrialisierungskritik war denn auch nie ganz verschwunden. Bereits 1970, zwei Jahre nach der Publikation der „Erklärung von Bern", als die EvB einen weiteren, ausführlicheren Text vorbereitete, ergänzte Max Geiger folgenden Satz: „Erde, Wasser und Luft müssen gegen die zerstörende Auswirkungen der Indu-

112 A. Biéler: Wahnwitz des Wachstums.

113 Senti, Richard: WTO. Die heute geltende Welthandelsordnung (Zürich 2014), 14–16, Bhagwati, Jagdish: Trade Liberalisation and 'Fair Trade' Demands: Addressing the Environmental and Labour Standards Issues, in: World Economy 18/6 (1995) 745–759.

114 A. Biéler: Wahnwitz des Wachstums, 107–108.

strialisierung geschützt werden."[115] Die Publikation von „The Limits to Growth" war für bürgerliche Theologen wie Geiger, Vischer und Biéler eine willkommene Bestätigung ihrer Grundhaltung.

Auch in den 1970er-Jahren, nachdem sich die Theologen der ersten Generation aus dem Organisationsaufbau der EvB zurückgezogen hatten, spielte die Kirche weiterhin eine bedeutende Rolle, wenn auch mehr im Hintergrund. So gab etwa der ÖRK bzw. Lukas Vischer kurz nach dem Erscheinen von „The Limits to Growth" und „Small is Beautiful" bei Jonathan Power und Anne-Marie Holenstein die Studie zum Thema Welternährung in Auftrag.[116]

3.5 Bananenfrauen und Dritte-Welt-Läden: von der Systemkritik zum Konsum

Die Rolle der Frauen in der Konzeptänderung des Fair Trade ist ein Thema für sich, das hier nicht abschliessend erörtert wird. Gerade in der Schweiz fiel die Zeit nach 1968 in eine Phase, in der Frauen mit der Einführung des Frauenstimmrechts 1971 überhaupt erst zu politischen Aktivbürgerinnen wurden. Im globalen Kontext waren die Jahre nach 1968 auch eine Phase der Frauenbewegung, die teilweise bzw. nach Deutungsart als reaktionär beschrieben werden kann.[117] Noch 1958 hatte die Schweizer Frauenrechtlerin Iris von Roten in ihrem feministischen Manifest „Frauen im Laufgitter" beschrieben, wie Frauen sich durch Fertigprodukte, Konserven und elektronische Haushaltgeräte von der lästigen Hausarbeit befreien können.[118] Im Einklang mit der internationalen Frauenbewegung dieser Zeit, stellte sich von Roten auch gegen das Stillen, um nach der Geburt möglichst rasch wieder ihre Bewegungsfreiheit zurückzuerhalten.[119] Die Umweltbewegung und die Fair-Trade-Bewegung widersprachen ab Mitte der 1970er-Jahre diesen Forderungen und vollzogen gemäss Badinter einen „politischen und moralischen Bruch" bzw. eine „Umkehrung der Werte".[120] Sie propagierte das Kochen mit

115 SozArch, EvB, Ar 430.25.1. EvB, Anfangszeit: Die Beziehungen der Schweiz zu den Entwicklungsländern. Entwurf M. Geiger (Punkt 5 Dr. Peter Gessler), undatiert.

116 J. Power, A.-M. Holenstein: World of Hunger, A.-M. Holenstein-Hasler, J. Power: Hunger.

117 E. Badinter: Der Konflikt, 46.

118 Roten, Iris von: Frauen im Laufgitter. Offene Worte zur Stellung der Frau (Bern 1958), 437–438.

119 Ebd., 333–336.

120 E. Badinter: Der Konflikt, 47. Ein moralischer Bruch manifestierte sich auch in der Haltung zu sexuellen Handlungen mit Kindern. Siehe dazu Dezentrale (Hg.): Alternativ-Katalog 2 (Porrentruy 1976) 332.

möglichst unverarbeiteten Zutaten, Hausgeburten und das Stillen, in Badinters Duktus die „ökologische Mutterschaft".[121] Tatsächlich empfahl etwa der Alternativ-Katalog unmissverständlich die Muttermilch:

> Stillen:
>
> Zu diesem Thema können wir nur gerade sagen, dass eine Frau, wenn immer irgendwie möglich, ihr Neugeborenes stillen sollte.[122]

Gerade der Nestlé-Prozess zwischen Nestlé und der Arbeitsgruppe Schweiz-Dritte Welt in den 1970er-Jahren, in der schweizergeschichtlichen Literatur bis anhin als politisches Paradestück der 68-Generation gegen kapitalistische Grosskonzerne interpretiert, wurde in der Bevölkerung als ein Verdikt über das Stillen empfunden. Badinter hat aufgezeigt, wie die Dritte-Welt-Bewegung mit ihrem Einsatz gegen die Milchpulverindustrie zu einer Allianzpartnerin der reaktionären Stillbefürworterinnen im Westen wurde.[123] Ein Basler „Fasnachts-Schnitzelbangg" fing diese Stimmung in der Bevölkerung wie folgt ein:

D Nestlé dät schynts ganz gerisse
d Buscheli bim Dringge bschysse.
Drum git s vor Gricht e grosses Wääse,
denn d Pulvermilch, die dät nur jääse.
Nach däm Prozäss waiss jede Lappi :
D Bruscht isch nit nur fir dr Babbi.

(Comité-Schnitzelbangg, Gaifermänteli,
Basel 1976)

Abb. 5: Schnitzelbangg zum Nestlé-Prozess (1976)

Neben der Theorie, die diesem Lebensstil zugrunde lag, kam auch die Praxis hinzu, die in der Schweiz so aussah, dass viele Frauen auch noch zwischen Mitte der 1970er-Jahre und in den frühen 80ern längere Zeit ausschliesslich Hausfrau und Mutter waren. Während Rudolf Strahm die Prebisch-Singer-These in die EvB

---

121 E. Badinter: Der Konflikt, 47. Siehe zu Hausgeburten, Stillen und Kleinkinderernährung Dezentrale: Alternativ-Katalog 2, 325–334.

122 Ebd., 330.

123 E. Badinter: Der Konflikt, 94–97.

einbrachte, setzte sich Anne-Marie Holenstein mit Hilfe der Hauswirtschaftslehrerin Susanne Krebs dafür ein, den Aspekt des bewussten Konsums zur Sprache zu bringen.[124]

Ab Mitte der 1970er-Jahre entstanden unter der Ägide der EvB zahlreiche Kochbücher und Broschüren, ausserdem wurden Kochkurse und Workshops abgehalten, die Hausfrauen zu einem bewussten Einkaufen animieren wollten.[125] 1975 lanciert Anne-Marie Holenstein im Rundbrief das Thema „Die Dritte Welt in unserer Küche". Der damalige Unterschied in männlichen und weiblichen Lebenswelten zeigt sich darin, dass sie sich im Rundbrief an Frauengruppen richtete.[126] Nach dem Weggang Strahms 1978 verschob sich der Fair-Trade-Aspekt von der Landesgrenze in den Einkaufskorb. Sehr schnell wurde die Entwicklungspolitik nur noch zu einem Bestandteil des bewussten Konsums, der mit den Aspekten Gesundheit, Tierschutz und Umwelt faktisch konkurrierte.[127] Gerade diese Konkurrenz der Themen war für Laien bzw. für Nicht-Ökonomen auf den ersten Blick kaum erkennbar. Ebenfalls war wohl aus der Innensicht der „Küche" nicht ersichtlich, wie der Fokus auf den bewussten Konsum im Einkaufskorb von der makroökonomischen, politischen Ebene ablenkte. Insbesondere brachten die Kochbücher und das später folgende Fair-Trade-Label eine Vereinfachung, klar erkennbare Regeln, die man bzw. frau ohne intellektuellen Aufwand einhalten konnte. Es reichte, die Anleitungen im Kochbuch zu befolgen, eine Reflexion erübrigte sich. Im kulturpessimistischen Duktus Wilhelm Röpkes fand eine „Vermassung" des Fair-Trade-Gedankens statt.[128] Jede Hausfrau konnte gerechten Handel noch vor dem Mittagessen praktizieren. Im Verständnis der Initianten der Erklärung erforderte ein Umdenken allerdings mehr, nämlich eine ständige, tiefe Reflexion, die, so ist implizit anzunehmen, ein Mass an Bildung und Zeit voraussetzte. So bemerkte Jacques Rossel selbstkritisch in Bezug auf seine eigenen Kampagnen gegen das Apartheid-Regime in Südafrika: „Die christliche Ethik ist nicht ein Kochbuch. Das Gute wird nicht nach feststehenden Regeln getan. Jede ‚gute Tat' unterliegt der Reflexion."[129] Wiederum zeigte sich, wie die Dialektik der tiefen Reflexion und der massentauglichen Botschaft auch nach dem Wegfall der Kirche als Rahmeninstitution weiterhin unlösbar im Raum stand.

Die Fair-Trade-Bewegung der 1980er- und 90er-Jahre ging aus zwei Strömungen hervor, wobei sich die eine dominant durchsetzte. Die eine – sie war aus

---

124 A.-M. Holenstein-Hasler, R. Renschler, R. H. Strahm: Entwicklung heisst Befreiung, 197.

125 K. J. Kuhn: Entwicklungspolitische Solidarität, 267.

126 A.-M. Holenstein-Hasler, R. Renschler, R. H. Strahm: Entwicklung heisst Befreiung, 193.

127 SozArch, EvB, Ar 430.30.8. Aktion „Hunger ist ein Skandal" 1981–1982.

128 W. Röpke: Die Gesellschaftskrisis, 316.

129 J. Rossel: Leben in ökumenischer Weite, 291.

der Prebisch-Singer-These entstanden – war jene des *Alternative Trading*, im Geist des Ujamaa-Pulverkaffees. Hier ging es darum, ein alternatives Handelssystem, alternative Kanäle und Verkaufsstellen einzurichten. Das Ziel bestand darin, grossen Firmen wie Nestlé und etablierte Supermärkte zu schwächen und deren Macht zu brechen. Die andere Strömung war jene, die von Frauen und Konsumentinnen ausging und lediglich eine bessere Bezahlung der Arbeiterinnen und Arbeiter, also einen gerechten Preis, den christlichen *iustum pretium*, forderte. Sie verlangten von den grossen Konzernen und Supermärkten lediglich einen freiwilligen Aufpreis für tropische Produkte, ohne ansonsten an den Strukturen zu rütteln oder diese analysieren zu wollen. Betrachtet man die Frauenfelder Frauengruppe, die vom Grossverteiler Migros eine bessere Bezahlung der Bananenarbeiter forderte, lässt sich im Rückblick feststellen, dass der Supermarkt damals erstmals von diesem Konsumentenwunsch hörte und ihn danach mit verschiedenen Produktlinien auch einführte. Die Führung der Migros begriff offensichtlich nicht, welches Kundensegment sie hier zunächst brüskierte.[130] Schliesslich war es selten, dass sich Kunden mit ihren Wünschen und Visionen für die Zukunft so klar ausdrückten und sich damit bei der Geschäftsleitung meldeten. Die Migros vermutete fälschlicherweise politischen Aktionismus. Die Forderungen der Bananenfrauen zielten jedoch keineswegs darauf ab, mit Migros zu konkurrieren und Kosten zu verursachen. Die Forderungen waren mit der Organisation eines Supermarkets durchaus kompatibel. Es waren die Frauenfelder Bananenfrauen, die 1973 ihre Bananen mit einem Symbol markierten und somit eine Entwicklung vorspurten, die zum Gütesiegel führte. Ein Aufkleber mit einer schwarzen Hand kennzeichnete während der Frauenfelder Bananenaktionen die Bananen.[131] Auch in die M-Frühling-Bewegung von 1980 bzw. während der EvB-Aktion „Globaler Supermarkt“ brachte Anne-Marie Holenstein die Idee des Gütesiegels ein, zudem liess sie eine Studie dazu verfassen.[132] 1983 gab jedoch nicht die EvB, sondern das katholische Schweizer Hilfswerk Brot für Brüder den Auftrag zu einer Studie über ein entwicklungspolitisches Gütesiegel.[133] Dieses Gütesiegel lässt sich ziemlich klar der zweiten Strömung zuordnen und wurde über die Frauennetzwerke auf die Traktandenliste der Hilfswerke und Supermärkte gespült.

---

130 B. Mahler: ‚umdenken – umschwenken‘, 72–75.

131 A.-M. Holenstein-Hasler, R. Renschler, R. H. Strahm: Entwicklung heisst Befreiung, 65.

132 SozArch, EvB, Ar 430.41.1. Textilien, Mappe 3: Adrian Stahel an EvB, 18.8.1980 Kurzgutachten [zur Einführung eines Güte-Schlechte- oder Labelzeichens in der Schweiz]. A.-M. Holenstein-Hasler, R. Renschler, R. H. Strahm: Entwicklung heisst Befreiung, 209, A.-M. Holenstein: Jute statt Plastik, 190 – 196.

133 A.-M. Holenstein-Hasler, R. Renschler, R. H. Strahm: Entwicklung heisst Befreiung, 219.

Die Vorgeschichte der Fair-Trade-Zertifikate ist denn auch in erster Linie die Geschichte eines Abschieds der NGOs von den akademisch akzeptierten Wirtschaftswissenschaften, sei dies nun vor oder hinter dem Eisernen Vorhang. Ironischerweise ist es auch die Geschichte eines rationalen Anpassens des Angebots an die Nachfrage. Darauf hat auch die schweizergeschichtliche Forschung zu 1968 bereits hingewiesen:

> Denn parallel zur jugendlichen Rebellion haben sich neue Märkte entwickelt, die die Nachfrage nach mehr Selbstverwirklichung und Individualität mit einem rasant wachsenden Angebot an Musik, Kleidern und anderen Konsumartikeln befriedigten.[134]

Die EvB produzierte zwar ab Mitte der 1970er-Jahre eine eigene paraakademische Lehre zur Nord-Süd-Gerechtigkeit, doch immerhin blieb sie dieser paraakademischen Wissenschaftlichkeit treu und machte sie zu ihrer Kernkompetenz. Das kommerzielle Tagesgeschäft des Fair Trade stiess die EvB 1977 ab. Von da an beteiligte sie sich nur noch auf theoretische Weise am Aufbau des Fair-Trade-Gütesiegels. Der tatsächliche Ein- und Verkauf von Produkten und deren Zertifizierung wurde ab 1977 von anderen betrieben und die EvB schwebte über diesem Tagesgeschäft. So hatte sie zwar einerseits nichts mit den zahlreichen ideellen Einbussen und Kompromissen zu tun, die der faktische Fair-Trade-Betrieb erforderlich machte, andererseits musste sie sich aber auch nicht damit beschäftigen und konnte aus der Ferne die Entwicklung des Gütesiegels und der Kommerzialisierung des Fair Trade absegnen. Bereits während der Ujamaa-Aktion hatte Rudolf Strahm festgestellt, dass die Pulverkaffeefabrik in Bukoba in Tansania mit Nestlé-Technologie ausgerüstet wurde.[135] Weitere ähnliche Abstriche dieser Art am ursprünglichen Ideal des Alternativen Handels sollten kontinuierlich folgen, allerdings nicht mehr innerhalb der Organisation EvB, sondern bei den Bananenfrauen, der OS3 oder im Schweizerischen Verband der Dritt-Welt-Läden. Bereits in den 1970er-Jahren, vor der Gründung der OS3, rechneten die in einem Verband zusammengeschlossenen Dritte-Welt-Läden der Schweiz der EvB vor, dass ihre Kundinnen und Kunden Rohwaren wie Kaffee, Bananen und Zucker aus der Dritten Welt nachfragten und schlichtweg keine Nachfrage nach industriell verarbeiteten Produkten aus alternativen Produktionsformen bestehe.[136] Nicht einmal die Kunsthandwerksgegenstände, die in den 1960er-Jahren eigentlich das Hauptsortiment der Dritte-Welt-Läden ausmachten, wurden von den Kundinnen

134 B. C. Schär, R. Ammann, T. Färber, S. Bittner, M. Hofer, Y. Niederhäuser, V. Sperisen, M. Griesshammer, R. Fischer, M. Schär, R. Schär, E. Vaudan: Bern 68, 8.

135 A.-M. Holenstein-Hasler, R. Renschler, R. H. Strahm: Entwicklung heisst Befreiung, 130.

136 SozArch, Claro 1010.2. OS3 Gründung: Vorschläge für Statuten.

und Kunden nachgefragt. Die Jutetaschen bildeten hier die Ausnahme, die die Regel bestätigte. Der Ujamaa-Kaffee, der eher im Rahmen einer politischen Aktion auf der Strasse an Marktständen verkauft wurde, war trotz seiner fraglichen Qualität ein kommerzieller Erfolg und bestätigte ebenfalls als Ausnahme die Regel. Während die ersten Fair-Trade-Aktivistinnen und -Aktivisten verschiedene Theorien mischten und abänderten, wurden sie gleichzeitig von der ökonomischen Realität – oder in den Worten Al Imfelds: von den „Eigengesetzlichkeiten", die sie gerne übersahen – übermannt.[137]

Während Strahm und seine Volontäre zunächst die Pulverkaffee-Kampagne durchzogen und dann die Jute-statt-Plastik-Kampagne, die auch von politischem Säbelrasseln begleitet war, gab es gleichzeitig auch andere Strömungen, die medial weniger präsent waren. Aus Missionsbasaren und Verkäufen von Kunsthandwerk durch Hilfswerke waren in einem fliessenden Übergang in den 1970er-Jahren Dritte-Welt-Läden entstanden, die ebenfalls Kunsthandwerk aus Entwicklungsländern verkauften. Sie hatten sich wie erwähnt in einem Art Branchenverband zusammengeschlossen und gehörten durch diesen zum inneren Kreis der EvB.[138] Auch die Bananenfrauen gehörte dem Kreis um die EvB an. Mehrere Frauen, die mit der Pfarrersfrau Ursula Brunner zusammenarbeiteten, hatten sich in Frauenfeld zusammengeschlossen, um Bananen zu verkaufen, für deren Produktion die Plantagenarbeiter einen gerechten Lohn erhalten hatten.[139] Während die EvB nur einzelne, medial begleitete Kampagnen durchgeführt hatte, waren die Inhaber von Dritte-Welt-Läden, die im Stillen und dauerhaft ihre Produkte abzusetzen hatten, aber auch die Gruppe der Hausfrauen der Bananen-Aktion näher bei der Konsumentin bzw. beim Konsumenten. Offensichtlich hatten viele Beteiligte die Grundaussage der Prebisch-Singer-These bzw. die ultimative Wichtigkeit der lokalen Verarbeitung für die Entwicklungsländer nicht begriffen. Strahms unermüdliche Belehrungen, seine einfachen, anschaulichen Grafiken hatten keine Wirkung gezeigt. Auch das Komitee der EvB, das sich genauer mit der Theorie befasst hatte, summierte einmal in einer Nachbesprechung der Kampagnen von 1975: „Mit der UNCTAD ist keine breite Bevölkerung erreichbar".[140]

Zu einer ähnlichen Einsicht kamen die Aktivisten in Grossbritannien. Nach der Publikation der „Haslemere Declaration" 1968 hatten sich auch in Grossbritannien freiwillige Studiengruppen gebildet, die sich der Handelspolitik annah-

137 A. Imfeld: Die „Erklärung von Bern" in der Krise.

138 SozArch, Claro 1011.1. Liste der Gründungsmitglieder der Vereinigung Dritte-Welt-Läden Schweiz (V3WL Schweiz).

139 A.-M. Holenstein-Hasler, R. Renschler, R. H. Strahm: Entwicklung heisst Befreiung, 65.

140 SozArch, EvB, Ar 430.61.1. GV 1975: Beschlussprotokoll.

men.[141] Doch diese erste, politisch-akademische Fair-Trade-Bewegung hatte sich bald selbst erschöpft und machte wiederum dem klassischen Bild des hungrigen afrikanischen Kindes Platz, mit dem Oxfam und andere britische Entwicklungsorganisationen seit den 1960er-Jahren erfolgreich Spenden gesammelt und eine professionelle NGO-Struktur aufgebaut hatten. Die frühere Oxfam-Aktivistin Maggie Black schrieb dazu:

> A hundred or so committed development action groups beavered away, trying to disentangle growth rates from commodity agreements, unearth the mysteries of ODAs and GATTs, unhook multilaterals from intergovernmentals, and work out where the poor fitted in. But for all the achievements of the emerging development lobby, no-one could pretend that '1 per cent of GDP' and 'fair trade' evoked in the public mind the passionate concern that a Biafran child could conjure [...].[142]

Wie Black für die britische Oxfam schreibt, war die Arbeit einer Entwicklungs-NGO schlicht nicht möglich ohne „passionate concern", ohne eine emotionale Beteiligung der Öffentlichkeit. Handelspolitik war schlicht eine zu trockene Materie, um beim Zielpublikum Emotionen auszulösen. Zudem weist Maggie Black in diesem Zitat und in ihrem ganzen Buch über Oxfam auf die Bedeutung des Bildes hin: Zunächst brauchte es ein Bild, um die Aufmerksamkeit und die Emotionen des Publikums zu wecken. Kein Text und keine noch so überzeugende Infografik konnte denselben Effekt erreichen wie der direkte Blick aus den grossen Augen eines hungrigen afrikanischen Kindes. Zudem brauchte es beim Publikum die Verknüpfung zwischen diesem Bild und der Arbeit der NGO. Im Falle Oxfams fand in den 1970er-Jahren ein Übergang vom Bild des hungernden afrikanischen Kindes zu jenem des glücklichen Kleinbauern statt. Dies war eine grundlegende und nicht unbestrittene Konzession Oxfams an die frühe akademisch-ökonomische Haslemere-Bewegung.[143] Dieser Wechsel in der Bildsprache stand für den Paradigmenwechsel in der Entwicklungspolitik – von der Entwicklungshilfe zur Hilfe zur Selbsthilfe – und insbesondere eine Abkehr von der *Food Aid*.[144] Auch in der Schweiz wandte sich die Bewegung Ende der 1970er-Jahre von den Texten und Infografiken ab und steuerte hin zum Bild des glücklichen Kleinbauern sowie zum schriftlosen Symbol, das stellvertretend für das Bild des glücklichen Kleinbauern stand.

Die Emotionen der interessierten Öffentlichkeit mit einer begrenzten Aufmerksamkeitsspanne oder auch das simple Räsonnement von Hausfrauen, die

141 M. Hilton: International Aid and Development NGOs.
142 M. Black: Oxfam the First 50 Years, 159.
143 Ebd., 69.
144 C. Gerlach: Famine Responses, 930.

einfach helfen wollten, waren stärker als Rudolf Strahm, Jonathan Power und andere akademische Einzelkämpfer ausserhalb der Universitäten, die nicht mehr die ganze wissenschaftliche Gemeinschaft um sich hatten, um umfassende Studien zum Thema zu generieren und die neueste Forschung zu rezipieren. Die Systemkritik von 1968 erschöpfte sich nach einigen Jahren und wich dem Fokus auf den Konsum.

3.6 „Weniger nehmen“: Abschied von der Makroökonomie

Auf der interkonfessionellen Konferenz in Bern von 1970 forderte die Dritte-Welt-Bewegung vom Bund, zukünftig in Vernehmlassungen zu Dritte-Welt-Vorlagen einbezogen zu werden.[145] Dieser Forderung wurde stattgegeben. Schon 1974 wurde die EvB zur Vernehmlassung zum Entwicklungshilfegesetz eingeladen.[146] Damit wurde sie in die Debatte um Entwicklungshilfe einbezogen und von dieser vereinnahmt, obwohl sie doch hauptsächlich Strukturveränderung der Wirtschaft nach dem Slogan „Handel statt Hilfe“ verlangt hatte. Diese Vernehmlassung führte insbesondere dazu, dass der EvB-Sekretär Rudolf Strahm viel Zeit darauf verwandte und deshalb andere neoprotektionistische Entwicklungen übersah. Die EvB wurde Opfer ihres Erfolgs. Ihre Wünsche wurden derart schnell und in einem Ausmass erhört, dass sie in der organisationalen Entwicklung überrumpelt wurde und nur noch reagierte, anstatt vordachte.

Dabei hatte die Bewegung mit der dritten grossen Zusammenkunft im Tagungszentrum Gwatt im November 1974 einen sehr aktiven konzeptionellen Schritt vorgenommen. „Wie kommen wir aus der Sackgasse der verbalen Information“ war der Titel des „entwicklungspolitischen Aktions-Workshops“, der als „Offene Tagung für Personen und Gruppen, die entwicklungspolitisch engagiert sind oder sich engagieren wollen“ ausgeschrieben war.[147] In Gwatt sollten letztmals die alte und die junge Garde, die Freiwilligen und die Angestellten zusammentreffen und sich als Einheit verstehen. Die Resultate der Tagung von Gwatt sind in den Akten der EvB nicht schriftlich bzw. protokollarisch hinterlegt. Auch dies ist ein Hinweis darauf, dass es sich hier um einen freiwilligen und spontanen Austausch der Bewegung handelte. Die Resultate und die Richtungsentscheide, die das Treffen in Gwatt von 1974 zeitigten, sind somit erst im Nachhinein re-

145 H. Schmocker, M. Traber: Schweiz-Dritte Welt, 131.

146 Unter SozArch, EvB, Ar 430.11 „Deutschschweizer-Komitee“ fehlen die Jahre 1974 und 1975. Daher wird hier insbesondere auf R. Spörri: Einfluss der Erklärung von Bern verwiesen.

147 SozArch, EvB, Ar 430.27.1. Ujamaa-Kaffee, 1973–1977. Entwicklungspolitischer Aktions-Workshop, Gwatt, 23./24.11.1974 [Ankündigung].

konstruierbar.[148] Offensichtlich ist jedoch, dass dem Abschied von der Makroökonomie ein Abschied von der „Sackgasse der verbalen Information“ und damit der Schriftlichkeit voranging. Die Bewegung verstand nun schriftliche Manifeste wie die „Erklärung von Bern“ oder die „Haslemere Declaration“ sowie die zahlreichen Bücher, die seit 1968 aus der Feder der Aktivisten entstanden waren, als „Sackgasse“.

Die Tagung von Gwatt von 1974 markierte den Abschied von der „verbalen Information“ und den Übergang zu entwicklungspolitischen Aktionen. Die Teilnehmer vertraten aber gleichzeitig sehr unterschiedliche Ideen eines gerechten Nord-Süd-Handels. So beschloss man eine weitere, von der EvB orchestrierte Ujamaa-Pulverkaffee-Aktion und Anne-Marie Holenstein lancierte ihre Idee des Fleischverzichts, zudem hing die Idee einer Volksinitiative im Raum. Somit herrschte in Gwatt eine Gleichzeitigkeit des Ungleichzeitigen auf drei Ebenen. Einerseits brachte die alte Garde um Roy Preiswerk die Idee einer entwicklungspolitischen Volksinitiative auf und vertrat somit weiterhin die Ebene des politischen Bürgeraktivismus.[149] Strahm und Holenstein vertraten bereits die nächste Ebene der NGO-Kampagnen, wobei Strahm mit dem Ujamaa-Pulverkaffee noch weiterhin bei der Prebisch-Singer-These und Holenstein schon bei der Wachstumskritik angelangt war. Diese bereits sehr heterogene Konzeption wurde daraufhin nochmals aufgemischt, als vor allem Strahm, aber mit ihm die ganze Bewegung, begann, sich mit der Vorlage für ein eidgenössisches Gesetz über die Entwicklungszusammenarbeit zu beschäftigen. Den Einfluss, den die EvB auf die Vorlage nahm, hat Spörri im Detail nachgezeichnet.[150] Hier ist zu ergänzen, dass bei Strahms Einwänden bereits sehr stark die „Abkopplung“ und die grundsätzliche Ablehnung privater Direktinvestitionen zum Tragen kamen. Damit wurde eine Überschneidung mit der neokonservativen Bewegung möglich, wie sie später in vielen anderen eidgenössischen Vorlagen zum Normalfall werden würde.[151] Wäre das Gesetz über die Entwicklungszusammenarbeit ein paar Jahre früher vorgelegt worden, hätte es wohl anders ausgesehen. Mitte der 1970er-Jahren

148 Beschrieben ist das Treffen in A.-M. Holenstein-Hasler, R. Renschler, R. H. Strahm: Entwicklung heisst Befreiung, 124–125.

149 R. Preiswerk, G. Rist: A contre-courants, 54.

150 R. Spörri: Einfluss der Erklärung von Bern.

151 Die herausragendsten Beispiele sind die Ablehnung des Beitritts der Schweiz zu den Bretton-Woods-Institutionen, als die Hilfswerke 1991 gemeinsam das Referendum ergriffen, sowie die Ablehnung des Beitritts zum EWR in der Abstimmung von 1992. In diesen Abstimmungkämpfen befand sich die Dritte-Welt-Bewegung wiederholt im selben politischen Lager wie die nationalkonservative Schweizerische Volkspartei. Die EvB hat insbesondere zum Referendum gegen den Beitritt der Schweiz zu den Bretton-Woods-Instititutionen wichtige Vorarbeit geleistet, siehe dazu SozArch, EvB, Ar 430.62. Internationaler Währungsfonds (IWF)/Weltbankgruppe.

hatten sich in der Dritte-Welt-Bewegung jedoch bereits neue, paraakademische oder zumindest akademisch sehr umstrittene Thesen durchgesetzt. So die These der „Abkopplung", aber auch jene der „Peripherie im Inland", der Wachstumskritik und der Kritik an Industrialisierung und Verstädterung. Auch am rechtskonservativen Rand war unterdessen um den Nationalrat James Schwarzenbach eine nicht unbedeutende Bewegung entstanden, die in der Legislaturperiode von 1971 bis 1975 sieben Nationalratsmandate hielt.[152] Während die Bewegung um Schwarzenbach vor allem die „Überfremdung" kritisierte, setzte sie sich auch für die Bewahrung der Schweizer Landwirtschaft ein und forderte von der Schweizer Wirtschaft, in der Schweiz zu produzieren und Schweizerinnen und Schweizer einzustellen. So traf die Dritte-Welt-Bewegung, die unterdessen mit der wachstumskritischen Bewegung verschmolzen war, mit den Neokonservativen auf einem Nebenschauplatz erstmals zusammen.

So entstand denn in der Debatte um das Gesetz über die Entwicklungszusammenarbeit zum ersten Mal die „unheilige Allianz" zwischen der Dritte-Welt-Bewegung und den Neokonservativen.[153] Die Republikaner um James Schwarzenbach kritisierten die Entwicklungshilfe an sich und forderten, die Armen im Inland sollten nicht vernachlässigt werden.[154] So heisst es nun in Artikel 9 des Bundesgesetzes über die internationale Entwicklungszusammenarbeit und humanitäre Hilfe: „Bei der Rahmenkreditvorlage sind die Lage der schweizerischen Wirtschaft und der Bundesfinanzen sowie Erfordernisse der benachteiligten Gebiete im Inland zu beachten".[155] Die EvB wiederum brachte ihr Abkopplungsdogma für die Entwicklungsländer durch. So steht in Artikel 5:

> Die Entwicklungszusammenarbeit fördert
>
> a. die Entwicklung ländlicher Gebiete;
> b. die Verbesserung der Ernährungslage, insbesondere durch die landwirtschaftliche Produktion zur Selbstversorgung;
> c. das Handwerk und die örtliche Kleinindustrie;
> d. die Schaffung von Arbeitsplätzen;
> e. die Herstellung und Wahrung des ökologischen und demografischen Gleichgewichts.

---

152 Peter-Kubli, Susanne: Schwarzenbach, James, in: Marco Jorio (Hg.): Historisches Lexikon der Schweiz (Basel 2002–2014) http://www.hls-dhs-dss.ch/textes/d/D6678.php (24.10.2012).

153 C. W., „Soziale Befreiung" gegen Entwicklungszusammenarbeit, NZZ, 29.5.1981.

154 R. Spörri: Einfluss der Erklärung von Bern.

155 Siehe dazu in der Systematischen Rechtssammlung des Bundes das Bundesgesetz über die internationale Entwicklungszusammenarbeit und humanitäre Hilfe vom 19.3.1976 (https://www.admin.ch/opc/de/classified-compilation/19760056/index.html) (13.9.2017).

Aus dem Gesetzestext wird ersichtlich, wie sich die Bewegung um die EvB und mit ihr der Slogan *Small is beautiful* im Bereich der Entwicklungszusammenarbeit durchgesetzt hatte.[156]

An dieser Stelle gilt es zu ergänzen, dass das Buch „Small is Beautiful“ nicht nur ein anti-modernistisches Manifest der erwachenden grünen Bewegung war. Vielmehr war es eine Grundsatzkritik an den Wirtschaftswissenschaften, und es markierte die Spaltung der Sozialwissenschaften in die Wirtschaftswissenschaften auf der einen und die Soziologie und die Geisteswissenschaften auf der anderen Seite. Schumacher, selbst Ökonom und Schüler von John Maynard Keynes, autorisierte mit seiner Schrift die offizielle Diskreditierung der Ökonomie als Wissenschaft und die folgende Abkehr und Ignorierung ökonomischer Erkenntnisse durch die Umwelt- und Dritte-Welt-Bewegung. Schumacher qualifizierte die Ökonomie nicht als Wissenschaft, sondern als „absurd“, „zerstörerisch“ und als eine „Religion“:[157]

> Beispielsweise ist der zum Ökonometriker gewordene Wirtschaftswissenschaftler nicht bereit und im Allgemeinen auch nicht in der Lage, nachdem er auf seine rein quantifizierende Weise den Anstieg des Bruttosozialprodukts eines Landes um, sagen wir, fünf Prozent festgestellt hat, sich mit der Frage auseinanderzusetzen, ob das gut oder schlecht ist.[158]

In seiner Aufsatzsammlung „Es geht auch anders. Jenseits des Wachstums“ macht Schumacher sich Gedanken über die Aufgaben des „nach-modernen Nationalökonomen“, denn es lasse sich nicht leugnen, dass „die Volkswirtschaftler eine ganz besonders grosse Verantwortung trifft, denn sie haben sich zu den Gralshütern und Hohenpriestern der Wirtschaftsreligion gemacht.“[159] Kein „politischer Imperialismus“ habe „je so viel Zerstörung angerichtet wie der Imperialismus der ökonomischen Denkweise“, postulierte Schumacher.[160] Mit dieser Aussage übertrumpfte Schumacher seinen Mentor John Maynard Keynes, der gesagt hatte, Ideen (toter) Ökonomen würden die Politik bestimmen, ohne dies zu werten.[161] In seinem Glaube an die Macht der Ökonomie blieb Schumacher ein treuer Schüler Keynes’, auch wenn er den Keynesianismus der Nachkriegszeit ansonsten ver-

---

156 A.-M. Holenstein-Hasler, R. Renschler, R. H. Strahm: Entwicklung heisst Befreiung, 159.

157 E. F. Schumacher: Small is Beautiful, 50 – 54. Siehe zur Ökonomie als „Religion“ auch das Kapitel „Economic ‘Science’ as Religion“ in Rist, Gilbert: The Delusions of Economics. The Misguided Certainties of a Hazardous Science (London 2011).

158 E. F. Schumacher: Small is Beautiful, 54.

159 E. F. Schumacher: Es geht auch anders, 78.

160 Ebd.

161 J. M. Keynes: The General Theory, 383.

urteilte.[162] Hauptsächlich verurteilte er aber die „Mathematisierung" der Wirtschaftswissenschaften, die in den 1950er-Jahren mit voller Wucht einsetzte:

> Mit der Perfektionierung der kalkulatorischen Methoden, mit der fortschreitenden Entwicklung von Ökonomie zur Ökonometrie, mit der Ausdehnung des wirtschaftlichen Denkens auf immer weitere Lebensbereiche – macht sich der moderne Nationalökonom immer mehr zum wirksamen Diener derjenigen Tendenz, die geradezu als Charakteristikum des modernen Zeitalters bezeichnet werden kann, der Herrschaft der Quantität.[163]

Damit sprach Schumacher den wunden Punkt der Wirtschaftswissenschaften an, der zur „Spaltung" in eine akademische und eine paraakademische Ökonomie stark beitrug: Die akademische Ökonomie schlug in der Nachkriegszeit mit der „Mathematisierung" einen Pfad ein, der die Wissenschaft auf direktestem Weg an die Spitze des universitären Elfenbeinturms führen würde.[164] Nicht nur Schumacher, auch das Spätwerk seines neokonservativen Vorgängers Wilhelm Röpke wurde von der akademischen Ökonomie aussortiert und fortan als Sozialphilosophie bezeichnet.[165] Interessant ist wiederum, wie sich die Aussagen von Röpke und Schumacher zur Ökonomie schon fast wörtlich decken. Der neokonservative Vordenker Russel Kirk, ein US-amerikanische Literaturwissenschaftler und ein Freund Röpkes, brachte ähnlich wie Schumacher die röpkesche Haltung zum Bruttosozialprodukt auf den Punkt: „Roepke spoke of the human condition, but Moscow, London, and Washington were obsessed by the gross national product."[166] Bereits in den 1940er-Jahren hatte die neokonservative Bewegung um Wilhelm Röpke einen gewichtigen Antagonismus zwischen Moral und Empirie geschaffen, der quer durch das Links-Rechts-Schema des Kalten Kriegs gehen und von Schumacher lediglich repliziert werden würde. Schumachers Vater Hermann war Professor der Nationalökonomie in Berlin und betreute vor seiner Emeritierung 1935 Röpkes Kollegen Walter Eucken.[167] Ernst Friedrich Schumacher war somit nicht nur inhaltlich, sondern auch durch seine familiäre Herkunft und intellektuelle Fundierung in der deutschen Nationalökonomie Teil der Generation um Röpke.

---

162 E. F. Schumacher: Es geht auch anders, 33.

163 Ebd., 58–59.

164 H. Hagemann: European Émigrés, 643, Kurz, Heinz D.: Post Scriptum, in: Heinz D. Kurz (Hg.): Klassiker des ökonomischen Denkens (München 2008–2009) 373.

165 Kolev, Stefan; Commun, Patricia (Hg.): Wilhelm Röpke (1899–1966). A Liberal Political Economist and Conservative Social Philosopher (Heidelberg 2018).

166 W. Röpke: The Social Crisis, xi.

167 Goldschmidt, Nils: Hermann Schumacher – nur ein weiterer Erbe Schmollers oder der erste Ordoliberale?, in: Historische Schulen 11 (2005) 53–93.

Röpkes „Gesellschaftskrisis der Gegenwart“ von 1942 war im deutschsprachigen Raum eines der bedeutendsten Bücher der Kriegszeit, Schumachers „Small is Beautiful“ gehört auf internationaler Ebene zu den einflussreichsten Bücher der Nachkriegszeit, doch beide Werke wurden innerhalb der Ökonomie ignoriert.[168] Die Reputation der eigenen Wissenschaft ausserhalb des universitären Elfenbeinturms sowie das Verständnis von paraakademischen Konzepten der Weltwirtschaft in der Gesellschaft ist kein Thema der akademischen Ökonomie.[169] Die Wirtschaftswissenschaften haben die seit Mitte der 1970er-Jahre beobachtbare Spaltung und die Abkehr der Dritte-Welt-Aktivisten von der Makroökonomie mitzuverantworten. Sehr selten appellierten Ökonomen an die Verantwortung ihrer Zunft, sich in die öffentliche Diskussion um die Gerechtigkeit des Weltwirtschaftssystems einzubringen.[170] Währenddessen hat es sich zeitgleich mit dem Erscheinen von „Small is Beautiful“ zu Beginn der 1970er-Jahre in den Geisteswissenschaften eingebürgert, der Ökonomie ihren Status als Wissenschaft schlicht abzusprechen.

Diese Entwicklung zeigt sich beispielhaft in den Publikationen der Fachleute am Institut africain bzw. ab 1973 dem IUED in Genf. Für Pierre Bungener gehörten „les économistes“ 1975 gemeinsam mit den Regierungen und Industriellen zu jenen, die an der Macht waren, „qui détiennent le pouvoir“.[171] Der ab 1975 am Institut forschende und lehrende Genfer Politologe Gilbert Rist, der ab 1972 dem Vereinsvorstand der EvB angehörte, wurde zu einem international bekannten, vehementen Kritiker der Ökonomie.[172] Rist schrieb ab 1975 als assoziierter Forscher des IUED seine Doktorarbeit über Entwicklungskonzepte der Schweizer Hilfswerke zwischen 1960 und 1974, die er 1978 auf Französisch und 1979 in gekürzter Fassung auf Deutsch publizierte.[173] Darin zeigte er auf, wie sich im Diskurs der Schweizer Hilfswerke eine „neue“ Betrachtungsweise des Konzepts Entwicklung gegenüber dem „alten“ der 1960er-Jahre durchsetzte.[174] Anhand zahlreicher Dokumente verschiedener Schweizer Hilfswerke zeigte Rist auf, wie die Schweizer Hilfswerke zunächst die UNCTAD-Vorgaben übernahmen:

---

168 E. F. Schumacher: Small is Beautiful, W. Röpke: Die Gesellschaftskrisis.

169 Siehe dazu Rodrik, Dani: Economics Rules. Why Economics Works, When It Fails, and How to Tell the Difference (Oxford 2015).

170 Ebd.

171 P. Bungener: Problèmes, 9.

172 Rist, Gilbert: L’économie ordinaire entre songes et mensonges (Paris 2010), Rist, Gilbert: Le développement. Histoire d’une croyance occidentale (Paris 2007), 426–435.

173 Rist, Gilbert: Wie Weisse Schwarze sehen wie Schweizer Hilfswerke die Dritte Welt sehen (Basel 1979), 8.

174 Ebd., 9.

> Gemäss der ethnozentrischen Perspektive, die in den meisten Dokumenten der Hilfswerke vorherrscht, besteht die Welt aus einem Zentrum (den westlichen Industrieländern) und einer Peripherie. Das Zentrum verbreitet Licht, Logik, Technik, Geld, Maschinen und Entwicklungshelfer, die Peripherie versinkt in Dämmerung, traditionellen Denk- und Verhaltensweisen, archaischen Techniken, Armut, Krankheit und Analphabetismus.[175]

Rist nennt seine Kritik an den Hilfswerken „ethnozentrisch", tatsächlich stammte die Zentrum-Peripherie-Theorie aus Lateinamerika. Sie wurde vom argentinischen Ökonomen Raúl Prebisch in den 1950er-Jahren vehement vertreten und er setzte sie gegen den Widerstand der westlichen Mitglieder der Vereinten Nationen in Form der UNCTAD-Doktrin durch.[176] Die Schweizer Hilfswerke waren also zunächst den Vorgaben der (südlichen) Entwicklungsökonomen gefolgt, was ihnen Rist in den 1970er-Jahren jedoch als Ethnozentrismus auslegte. Tatsächlich findet sich die Rhetorik mit Begriffen wie „archaisch" oder „traditionelle Denk- und Verhaltensweisen" bei Entwicklungsökonomen der 1960er-Jahre.[177] Prebisch selbst forderte gar die „weitgehende Transformation der Sozialstruktur", die „wirtschaftliche Revolution" und „Opfer". Diese „radikale" Rhetorik Prebischs war zunächst bei europäischen Aktivisten auf fruchtbaren Boden gefallen, wie ein Auszug aus der britischen „Haslemere Declaration" von 1968 zeigt:

> We agree with Dr. Raul Prebisch, the Secretary-General of the United Nations conference on Trade and Development (UNCTAD): In the developing world a very profound economic revolution has to take place (and) a far-reaching transformation of the social structure... This revolution is inevitable and we have to discuss what shape it must take, what degree of human sacrifice, and social and political sacrifice, or moral sacrifice, this revolution of the Third World will entail.[178]

Doch zu Beginn der 1970er-Jahre entwickelten Forscher am IUED und mit ihnen Aktivisten und Hilfswerke eine zunehmend kritische Haltung gegenüber der UNCTAD und der Entwicklungsökonomie, die zu einer grundsätzlich ablehnenden Haltung gegenüber den Wirtschaftswissenschaften wurde.[179] Rist erklärte dies mit einer neuen Vorstellung von Pluralität der Kultur, während bis anhin in Andersartigkeit lediglich als Unterentwicklung gesehen worden war:

---

175 Ebd., 87.
176 J. Toye, R. Toye: Origins and Interpretation.
177 R. Jolly: A Short History, 14.
178 Bodleian Library, Oxford. Oxfam archive, MS, Oxfam. COM/3/1/12. Folder 3: Haslemere Declaration, S. 4.
179 M. Nobs-Margairaz: L'Institut africain, 86 – 87, A. Bänziger: Entwicklungsland Welt – Entwicklungsland Schweiz, 34.

> Das Siegesgefühl der 60er-Jahre hat hier und dort einer gewissen Bescheidenheit Platz gemacht; der Ethnozentrismus ist weniger dominant als früher, und es tauchen gewisse Anzeichen der Anerkennung von kultureller Vielfalt auf.[180]

Was sich in der Betrachtungsweise des Konzepts Entwicklung bei den Schweizer Hilfswerken änderte und nicht zuletzt durch Forscher am Institut africain angestossen wurde, war die Haltung gegenüber den Wirtschaftswissenschaften.

- In den Verlautbarungen der Hilfswerke zeichnen sich Veränderungen ab. Der penetrant ethnozentrische Blickwinkel, der bis Ende der 60er Jahre vorherrschte, trat nach und nach zugunsten einer offeneren Betrachtungsweise etwas in den Hintergrund.

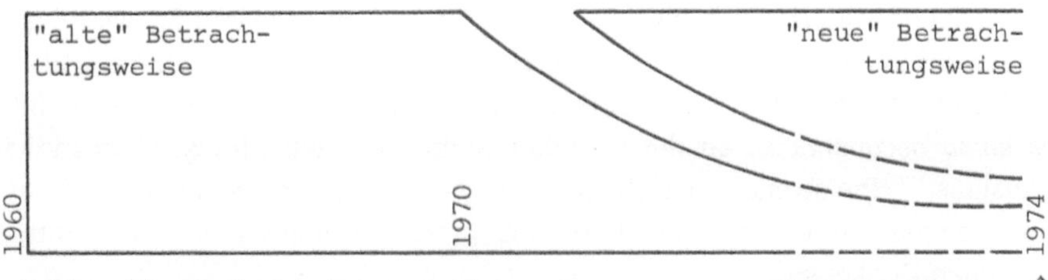

Allerdings bestehen gewisse Formen von Ethnozentrismus und Vorurteilen fort und sind bisweilen zäher als die neuen Ansätze.

Abb. 6: Die neue Betrachtungsweise des Konzepts Entwicklung gemäss Rist (1979)

Insbesondere Roy Preiswerk, Gilbert Rists Mentor am IUED, machte in seiner Haltung gegenüber den Wirtschaftswissenschaften eine Wandlung durch.[181] Ein Jahrzehnt, nachdem Preiswerk Prebischs und Singers Arbeit vehement gegen neoliberale Kritiker verteidigt hatte, wurde er selbst zum scharfen Kritiker der Wirtschaftswissenschaften. Zeitgleich mit Schumacher kritisierte Preiswerk die Verabsolutierung des Wirtschaftswachstums als Wert, nannte – wie Schumacher – die Definition von Entwicklung gemäss Wohlstandswachstum „absurd“ und die Ökonomie eine „beschränkte Disziplin“.[182] Dabei fehlte bei den Nicht-Ökonomen eine Kenntnis der heterodoxen Forschung in den Wirtschaftswissenschaften. Gerade Raúl Prebischs wissenschaftliches Werk fand im Gegensatz zu seinen

180 G. Rist: Wie Weisse Schwarze, 94.
181 M. Nobs-Margairaz: L'Institut africain, 86–87.
182 R. Preiswerk: Entwicklungshilfe als Kulturbegegnung, 14–17.

markanten politischen Aussagen kaum Beachtung.[183] Nach Christoph Eckensteins Tod 1974 steuerte Prebisch einen Artikel zur Schrift bei, die im Gedenken an den Schweizer verfasst wurde. Prebisch schrieb:

> Politisches Handeln geht heutzutage jeden Einzelnen etwas an; die zukünftigen Generationen können jedoch noch nicht daran teilnehmen, sich also nicht zu gewissen Problemen Gehör verschaffen, wie zum Beispiel der immer schlimmer werdenden Umweltverschmutzung, der verantwortungslosen Ausbeutung der Naturschätze, den Problemen der Bevölkerungsexplosion. [...] Es gibt keine wirtschaftliche Theorie, nach der ein für alle Male über die gerechte Verteilung der materiellen Güter entschieden werden kann. Das Problem muss also auf moralischer Basis und mit grösstmöglicher Voraussicht gelöst werden.[184]

Wie ähnlich waren sich Prebischs Überlegungen mit den Aussagen Schumachers, Preiswerks oder Rists! Allerdings war Prebischs Forschung zu den Auswirkungen exzessiver Industrialisierung nicht genügend in die universitäre Lehre eingeflossen.[185] Derweil stiessen sich die Kritiker Schumacher, Preiswerk oder Rist am Bild des *homo oeconomicus*, an der Grundannahme des methodologischen Individualismus.[186] Preiswerk, der sich doch eingehend mit der neoliberalen Denkschule befasst hatte, sieht das Modell des *homo oeconomicus* in der Tradition westlichen Denkens:

> Das naturrechtliche Postulat einer ‚ratio universalis', wonach die Vernunft aller Menschen gleichgeartet sei, und das liberalwirtschaftliche Postulat eines ‚homo oeconomicus' im Sinne des profitorientierten Einzelmenschen sind pseudowissenschaftliche Exportprodukte des Westens.[187]

Die konsequente Kritik Preiswerks am Ethnozentrismus und sein Insistieren auf dem Dialog, der „Kulturbegegnung", warfen zahlreiche relevante Forschungsfragen auf.[188] Mit seiner Qualifikation eines wirtschaftswissenschaftlichen Modells als „pseudowissenschaftlich" bereitete er allerdings den Boden für seinen Mitarbeiter Rist, der einen Dialog mit den Wirtschaftswissenschaften verweigerte und die Ökonomie als „überflüssig" bezeichnete.[189]

---

183 J. Toye, R. Toye: UN and Global Political Economy, 138.
184 C. Eckenstein, B. Gurtner: Den Dialog erkämpfen, 228.
185 J. Toye, R. Toye: UN and Global Political Economy, 138.
186 G. Rist: Le développement, 426 – 435.
187 R. Preiswerk: Entwicklungshilfe als Kulturbegegnung, 41.
188 Ebd.
189 G. Rist: Le développement, 426 – 435.

Al Imfeld, der wie Rist und Preiswerk zum EvB-Vorstand gehörte, begann jedoch in den frühen 1980er-Jahren – mit einer durchaus kritischen Einstellung gegenüber dem eigenen Milieu –, gewisse Aspekte des methodologischen Individualismus empirisch an der eigenen Organisation zu beobachten.[190] Ungeachtet Imfelds poetischer Einwürfe schritt die symbolische Verdammung der Wirtschaftswissenschaft in der EvB mit Rists Aufnahme in den Vorstand der EvB 1972 und Eckensteins Tod 1974 voran. In Anne-Marie Holensteins fiktiver Erzählung über die Einführung eines Gütesiegels in der Migros von 1980, steht eine Frauengruppe einem „Wirtschaftswissenschaftler" gegenüber, der sich gegen ihre Vorschläge sträubt.[191] Der Wirtschaftswissenschaftler war vom „kompetenten Volkswirtschaftler", der Lösungen aufzeigte, zum Problem geworden, dem „Hausfrauen" gegenüber standen.[192]

Auch vor dem Hintergrund der stark aufflammenden Kritik an der Ökonomie und deren Ablehnung ist die neuerliche Zusammenkunft zu sehen, die die Bewegung im Umfeld der EvB in Gwatt im Jahr 1974 durchführte. Die Tagung war, wie Strahm sagte, ein wichtiger Meilenstein für die EvB.[193] Im Rückblick zeigte sich anlässlich dieses Treffens erstmals auch die Widersprüchlichkeit zwischen dem Einsatz für Entwicklungsländer und jenem für die naturnahe und traditionelle Landwirtschaft im Inland. Ein Widerspruch, den die Bewegung die nächsten Jahrzehnte prominent verkörpern sollte. Mit dem Einsatz für das Gesetz über die Entwicklungszusammenarbeit zeigte sich ein weiteres Mal die Widersprüchlichkeit, die bereits im Manifest von 1968 im Kern angelegt war. Einerseits sollten Handelsstrukturen in der Schweiz verändert werden. Andererseits wurde Entwicklungshilfe als ein Geben verstanden, und die EvB prompt ins „Geben" einbezogen. Die Theologen um die EvB hatten sich bereits 1968 nicht vollständig mit dem UNCTAD-Slogan *Trade, not Aid* identifizieren können, und dies kam nun beim Aufsetzen des eidgenössischen Gesetzes über die Entwicklungszusammenarbeit umso klarer zum Ausdruck.

Der mit Blick auf die Zukunft der NGOs wohl wichtigste Punkt war jedoch Artikel 11 des Gesetzes über die Entwicklungszusammenarbeit: „Der Bundesrat kann Bestrebungen privater Institutionen, die den Grundsätzen und Zielen dieses

---

190 A. Imfeld: Die „Erklärung von Bern".

191 A.-M. Holenstein: Jute statt Plastik, 187.

192 Punkt 6, Die Erklärung von Bern, https://www.publiceye.ch/fileadmin/files/documents/Ueber_uns/EvB_1968_0.pdf (28.3.2018). Siehe auch SozArch, EvB, Ar 430.25.1. EvB, Anfangszeit: Die Erklärung von Bern, März 1968. S. George: How the Other Half Dies, 295.

193 A.-M. Holenstein-Hasler, R. Renschler, R. H. Strahm: Entwicklung heisst Befreiung, 124–125.

Gesetzes entsprechen, [...] unterstützen."[194] Damit erhielt die Zahlung von Steuergeldern an NGOs, welche sich gemäss Artikel 5 der Förderung der ökologischen landwirtschaftlichen Selbstversorgung und Kleinindustrie verschrieben hatten, die gesetzliche Grundlage. Umgekehrt hatten sich NGOs, welche staatliche Unterstützung beantragen wollten, an Artikel 5 zu halten. Damit perpetuierte sich das Mitte der 1970er-Jahre von den Hilfswerken und Aktivisten gemeinsam festgelegte Konzept in den kommenden Jahrzehnten.[195] Wie auch das DANGO-Projekt für Grossbritannien aufgezeigt hat, verlief der Aufbau des NGO-Sektors komplementär zum Ausbau des Wohlfahrtstaats.[196] Der NGO-Sektor habe sich „intricatly intertwined with government", so dass der Begriff Nichtregierungsorganisation hinterfragt werden müsste.[197] Für die organisationale Struktur der Dritte-Welt-Bewegung bedeutete die Annahme des Gesetzes über die Entwicklungszusammenarbeit für die Organisationen selbst einen Übergang vom Geben zum Nehmen. Kurz gesagt wurden aus Privatpersonen, die sich zur Zahlung von drei Prozent ihres persönlichen Einkommens verpflichtet hatten, Angestellte in der Schweiz, deren Salär als Entwicklungshilfe zu verbuchen war. Erst durch Artikel 11, nämlich die staatliche Teilfinanzierung der Entwicklungshilfeorganisationen, wurde deren professioneller Betrieb überhaupt möglich. Der Abschied von der Makroökonomie fiel somit zusammen mit einem politökonomisch rationalen Verhalten der Akteure, die auf nationaler politischer Ebene für das Bestehen, das Wachstum und den Einfluss ihrer Organisation lobbyierten. Wie dem Lehrbuch für Politische Ökonomie entsprungen, begannen die EvB-Angestellten bewusst und systematisch, ihre „Lobby-Arbeit" in der Politik, die sie selbst auch als solche bezeichneten (siehe Abbildung 7).

3.7 Die Schweizer Bergbauern: die Peripherie im Inland

Die Schweiz stellte in den 1930er-Jahren erste Weichen zum Schutz ihrer Landwirtschaft und während des Zweiten Weltkriegs folgten weitere Massnahmen zur Förderung der landwirtschaftlichen Produktion. Diese bereits faktisch vorhandene Steuerungsfunktion des Staates wurde mit den Wirtschaftsartikeln, die 1947

194 Siehe dazu in der Systematischen Rechtssammlung des Bundes das Bundesgesetz über die internationale Entwicklungszusammenarbeit und humanitäre Hilfe vom 19.3.1976 (https://www.admin.ch/opc/de/classified-compilation/19760056/index.html) (13.9.2017).

195 Siehe zu diesem Konzept insbesondere A. Bänziger: Entwicklungsland Welt – Entwicklungsland Schweiz.

196 M. Hilton: Politics of Expertise, 191–197.

197 Ebd., 254.

Lobby-Arbeit "Regionale Entwicklungsbanken" (Nur INTERN verwenden)

WER MACHT WAS?

Annemarie		NR	Reiniger
Ursula		NR	Euler
		SR	Miville
Urs		NR	Schmid H.
		NR	Jäger F.
			Mirjam Salzmann
	Radio		Alex Gschwind
	TV		Kriessner
Regula	TV		Eugen Fehr
		SP	Kommissionsleute
Hans		NR	Braunschweig

Abb. 7: Internes Dokument zur Lobby-Arbeit (1976)

vom Volk angenommen wurden, verfassungsrechtlich verankert. 1952 nahm das Volk das eidgenössische Landwirtschaftsgesetz an, das die schweizerische Landwirtschaft vom Weltmarkt ausnahm und dem Bund nochmals ausdrücklich die Kompetenzen gab, Regelungen festzusetzen und Subventionen zu sprechen.[198] In den 1950er- und 60er-Jahren herrschte in der Landwirtschaftspolitik noch das klassische „Vorkriegsverständnis": Es ging vor allem um die Steigerung der Produktivität, die ab den 1960er-Jahren zu Überschüssen führte.[199] Die „Butterberge" verliehen den Kritikern von „Überfluss" und „Produktivität" Rückhalt in der Bevölkerung.[200] Die Dritte-Welt-Bewegung hat die schweizerische Agrarpolitik seit den 1970er-Jahren mitgestaltet.[201] Gleichzeitig fand aber in der bürgerlichen Schweiz eine ideelle Neuorientierung statt, die ihren Ursprung in der Geistigen Landesverteidigung hatte und die schweizerische Landwirtschaft bzw. die schweizerischen Bauernfamilien und ihre Höfe schliesslich zum schützenswerten Kulturgut machen würde.[202]

198 Baumann, Werner; Moser, Peter: Agrarpolitik, in: Marco Jorio (Hg.): Historisches Lexikon der Schweiz (Basel 2002–2014) http://www.hls-dhs-dss.ch/textes/d/D13789.php (16.8.2012).

199 W. Baumann, P. Moser: Bauern im Industriestaat, 385.

200 A.-M. Holenstein, J. Davis: Zerstörung durch Überfluss, 64.

201 P. Moser: Stand der Bauern, 311–312.

202 A. Franc: Agricultural Protectionism.

Bereits zu Beginn des 20. Jahrhunderts, doch insbesondere in der Kriegszeit, belebten Autoren der Geistigen Landesverteidigung das spätmittelalterliche, „erfundene" Bild einer Schweiz als Nation der freien Bauern wieder.[203] „Schweizerart ist Bauernart" gab der Direktor des Schweizerischen Bauernverbandes Ernst Laur 1939 als Losung durch.[204] Diese steht für ein Empfinden, das er nicht nur mit einem grossen Teil der Schweizer Bevölkerung, sondern mit Autoren wie Wilhelm Röpke oder dessen Protegé, Gerhard Winterberger, teilte. Der „ruralophilen" *public intellectuals* gab es in der Schweiz der 1940er- und 50er-Jahren zuhauf.[205] Sie bereiteten mit ihren Artikeln, Büchern und Wortmeldungen das Terrain vor, das in den 1970er-Jahren eine Neuausrichtung der Schweizer Agrarpolitik möglich machen würde. So arbeitete etwa Gerhard Winterberger, inspiriert von seinem Mentor Wilhelm Röpke, an volkskundlichen Studien zu seinem Herkunftsort, dem Haslital, und setzte sich von da an zeitlebens für die Bewahrung des Bergbauerntums in der Schweiz ein.[206] Der Fokus auf den Bergbauern als Gallionsfigur des nationalen Identitätsverständnisses schlug sich im Mai 1971 in einem Bundesratsbeschluss zur Entwicklung der Berggebiete nieder:

> Das gesamtwirtschaftliche Entwicklungskonzept für das Berggebiet, wie es durch den BRB vom 5. Mai 1971 genehmigt wurde, bedeutet, dass sich die Eidgenossenschaft inskünftig konsequenter und systematischer als bisher um die in den Berggebieten herrschenden Lebensbedingungen kümmern wird. Als wichtigste Entfaltungsbereiche dieser neuen Politik sind die Landwirtschaft, der Fremdenverkehr, die öffentlichen Finanzen, das Bildungswesen und die Infrastruktur zu nennen.[207]

Der Bundesrat setzte eine Arbeitsgruppe unter der Leitung des Berner Volkswirtschaftsprofessors Paul Stocker ein.[208] Diese sogenannte Arbeitsgruppe Stokker bezog sich in ihrem Arbeitsbereich unter anderem auch auf Winterbergers Publikationen.[209] Damit griff sie den Publikationen der alternativen Jugendbewegung vor, die in ihren sogenannten „Alternativ-Katalogen" von der linken,

203 Schär, Bernhard C.: Bauern und Hirten reconsidered. Umrisse der ‚erfundenen Schweiz' im imperialen Raum, in: Patricia Purtschert, Barbara Lüthi, Francesca Falk (Hg.): Postkoloniale Schweiz. Formen und Folgen eines Kolonialismus ohne Kolonien (Bielefeld 2012) 315 – 331, Kreis, Georg: Der ‚Stadt-Land-Gegensatz': ein fragwürdiges Erklärungsmuster, in: Pascal Maeder, Josef Mooser (Hg.): Wozu noch Sozialgeschichte? Eine Disziplin im Umbruch (Göttingen 2012) 89 – 110, 94 – 97.

204 J. Solchany: Wilhelm Röpke, 43 – 45.

205 Ebd.

206 A. Franc: Wie der Vorort.

207 Stocker, Paul: Leitlinien für die Berggebietsförderung (Bern 1973), 2.

208 Stocker, Paul: Grundlagen zu den Leitlinien für die Berggebietsförderung (Bern 1972), VII.

209 Ebd., 677.

entgegengesetzten Seite her in praktisch derselben Wortwahl wiederum unter dem Titel „Berggebiete" 1978 die „Unterentwicklung in der Schweiz" anprangerte.[210] Auch innerhalb des Schweizerischen Bauernverbands sollte es rumoren, als sich in den 1970er-Jahren die Klein- und Bergbauern als eigenständige Kraft mit viel Rückenwind aus der nicht-landwirtschaftlichen Bevölkerung positionierten. 1980 konstituierten sich die Kleinbauern schliesslich als eigenständiger Verband.[211]

Der Abschied von der Makroökonomie war jedoch gerade im Hinblick auf Strahms Ausbildung an der Universität Bern nicht so offensichtlich, wie dieser im Rückblick schreibt und wie es aus Sicht der internationalen akademischen Makroökonomie der Fall zu sein scheint. So betreute Stocker Strahms Diplomarbeit zum effektiven Zollschutz der Schweiz und arbeitete selbst in dieser Zeit an einer Studie über den Schutz der Berggebiete.[212] Auch ganz im Sinne der Kontinuität hat somit ein Professor an der Universität Bern bereits 1971 eine Studie zu einem Thema vorgelegt, das einige Jahre später von der Dritte-Welt- und der Umweltbewegung aufgenommen werden sollte. Der Schutz der Berggebiete passte zum internationalen Slogan *Small is beautiful*, aber nicht nur: Dieses Thema war ein gewichtiges Anliegen der neokonservativen Bewegung der Schweiz und fand Zustimmung bei einer sehr breiten Bevölkerungsschicht. Da die Dritte-Welt-Bewegung die „Abkopplungsthese" von Beginn an adaptierte, verschwand der Widerspruch zwischen dem Schutz der Berggebiete im Inland und der Unterstützung der Dritten Welt. Eine weitere Theorie, jene der „Peripherie im Inland", legte umso mehr die Grundlage für die aktive Unterstützung der Berggebiete im Inland durch die Dritte-Welt-Bewegung. Diese neue Theorie war jedoch eingebettet in diverse äussere Entwicklungen im Umfeld der NGO.

Einerseits war die EvB vom Thema Umweltschutz überrollt worden und setzte sich nun unmerklich genauso für den biologischen Landbau im Inland und die Kleinbauern in der Schweiz ein wie für die Dritte Welt. Andererseits war sie durch ihren Einbezug in die Gesetzesentwicklung von der ursprünglichen Forderung *Trade, not Aid* in den Bereich der Entwicklungshilfe gedriftet. Von ihrem ursprünglichen Kernthema, der Schaffung des Marktzugangs für Entwicklungsländer durch die Veränderung der wirtschaftlichen Strukturen der Schweiz, hatte sie sich verabschiedet. Dieser Schritt war auf zwei Ebenen erfolgt, auf einer theoretischen und auf einer praktischen. Letztere zeigte sich für Anne-Marie Holenstein,

210 Dezentrale: Alternativ-Katalog 3, 577–580.

211 Moser, Peter: Schweizerische Vereinigung zum Schutz der kleinen und mittleren Bauern (VKMB), in: Marco Jorio (Hg.): Historisches Lexikon der Schweiz (Basel 2002–2014) http://www.hls-dhs-dss.ch/textes/d/D16465.php (27.11.2012), P. Moser: Stand der Bauern, 282–307.

212 P. Stocker: Leitlinien, P. Stocker: Grundlagen.

als sie im Rahmen der Spendenaufrufe an politische Gemeinden sah, dass diese auch im Inland spenden wollten.[213] Im April 1971 hatte die EvB eine Aktion gestartet: Die politischen Gemeinden sollten einen Teil ihres Budgets an die Entwicklungshilfe spenden.[214] Damit vertrat die EvB zwar den Punkt 13 der Erklärung – die freiwillige Spende –, allerdings hatten die Initianten sich unmittelbar nach dem Bekanntwerden der Erklärung beklagt, dass ihre ganzen Forderungen in den Medien einzig auf die Spende reduziert würden.[215] Mit der Gemeinde-Aktion verstärkte die EvB diese Wahrnehmung nun selber, allerdings war die Aktion auch ein wichtiger Seismograf hinsichtlich der Zukunft. In vielen Gemeinden zeigte sich, dass die Bevölkerung durchaus bereit war, an arme Länder zu spenden, dass dies aber nur in Kombination mit einer Spende an die „Armen" im Inland, in der Schweiz, befürwortet wurde. Darunter verstand die Bevölkerung nicht etwa Obdachlose in Schweizer Städten, alleinerziehende Frauen oder ausländische Saisonniers, sondern Schweizer Bergbauernfamilien. So erhielt die während des Zweiten Weltkriegs gegründete NGO Schweizer Berghilfe dank der Dritte-Welt-Bewegung unverhofft mehr Spenden.[216] Die EvB ihrerseits gelangte zur Erkenntnis, dass die Dritte Welt und die Berggebiete in der Schweiz in der Wahrnehmung ihres Zielpublikums untrennbar miteinander verknüpft waren. Auch die Uppsala-Konferenz des ÖRK von 1968 hatte diese Entwicklung vorweggenommen. Sie propagierte, je fünf Prozent des kirchlichen Zehnten für die Entwicklungshilfe im In- und Ausland zu geben.[217] Diese Haltung wurde also nicht nur von der Schweizer Bevölkerung vertreten, sie fand auch Ausdruck in internationalen Gremien. Als der rechtskonservative Nationalrat James Schwarzenbach in der Debatte um das Gesetz über die Entwicklungszusammenarbeit forderte, dass auch die Schweizer Berggebiete unterstützt werden sollten, sprach er nicht nur seiner kleinen rechten Bewegung, sondern der breiten Bevölkerung ganz Europas aus der Seele. Dies war auch den Sekretären der EvB klar. Holenstein hatte dies bereits um 1971 auf zahlreichen Gemeindeversammlungen gehört, und Rudolf Strahm beobachtete, dass der Professor, der ihn betreute, im Auftrag des Bundes eine Studie zum Schutz der Berggebiete verfasste.

Es war somit ein kleiner und scheinbar kohärenter konzeptioneller Schritt, die Theorie der „Peripherie im Inland" ins EvB-Konzept zu übernehmen. Wiederum kümmerte sich Rudolf Strahm um die Übersetzung der Theorie in einfache Broschüren mit Infografiken.

---

213 A.-M. Holenstein-Hasler, R. Renschler, R. H. Strahm: Entwicklung heisst Befreiung, 47–48.
214 SozArch, EvB, Ar 430.25.2. Aktion „Politische Gemeinden und Entwicklung" 1970–1973.
215 A.-M. Holenstein-Hasler, R. Renschler, R. H. Strahm: Entwicklung heisst Befreiung, 25.
216 Ebd., 47–48.
217 Ebd., 48–49.

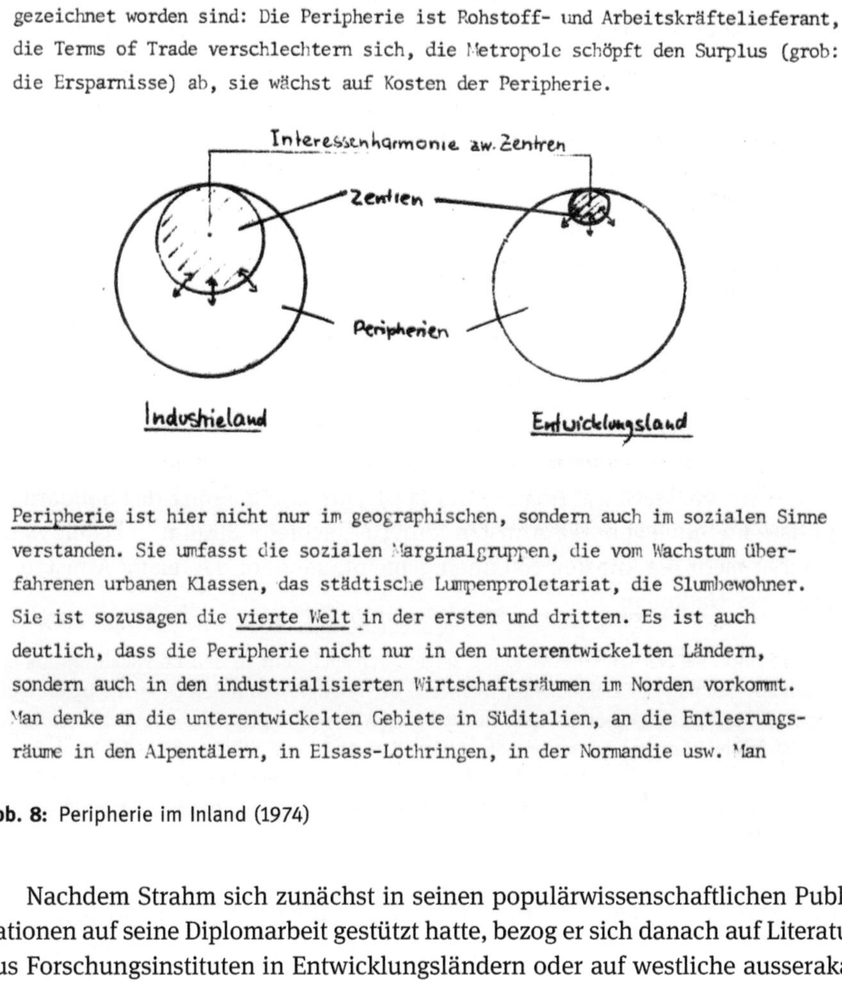

gezeichnet worden sind: Die Peripherie ist Rohstoff- und Arbeitskräftelieferant, die Terms of Trade verschlechtern sich, die Metropole schöpft den Surplus (grob: die Ersparnisse) ab, sie wächst auf Kosten der Peripherie.

Peripherie ist hier nicht nur im geographischen, sondern auch im sozialen Sinne verstanden. Sie umfasst die sozialen Marginalgruppen, die vom Wachstum überfahrenen urbanen Klassen, das städtische Lumpenproletariat, die Slumbewohner. Sie ist sozusagen die vierte Welt in der ersten und dritten. Es ist auch deutlich, dass die Peripherie nicht nur in den unterentwickelten Ländern, sondern auch in den industrialisierten Wirtschaftsräumen im Norden vorkommt. Man denke an die unterentwickelten Gebiete in Süditalien, an die Entleerungsräume in den Alpentälern, in Elsass-Lothringen, in der Normandie usw. Man

Abb. 8: Peripherie im Inland (1974)

Nachdem Strahm sich zunächst in seinen populärwissenschaftlichen Publikationen auf seine Diplomarbeit gestützt hatte, bezog er sich danach auf Literatur aus Forschungsinstituten in Entwicklungsländern oder auf westliche ausserakademische Literatur.[218] Im Gegensatz zu seiner Diplomarbeit wurden seine weiteren Publikationen nicht mehr akademisch korrigiert und kontrolliert. Die erste theoretische Neuerung und somit das erste NGO-„Wissenschaftsoutput" – und damit auch die erste Produktion der EvB als Think-Tank – war die Verbreitung des Grundsatzes der „Abkopplung" und danach noch bedeutender jene der „Peripherie im Inland".[219] Das Modell der „Peripherie im Inland" oder das auf La-

218 A.-M. Holenstein-Hasler, R. Renschler, R. H. Strahm: Entwicklung heisst Befreiung, 151, M. Schär: Strukturveränderungen statt Entwicklungshilfe, 71.
219 R. H. Strahm: Beziehungen Schweiz Dritte Welt.

teinamerika bezogene, von André Gunder Frank und Rodolfo Stavenhagen propagierte Modell der inneren Kolonisation, korrigierte das ursprüngliche nationalökonomische Prebisch-Singer-Modell. Neu standen sich somit nicht die Industrie und das Entwicklungsland gegenüber, sondern es gab sowohl in Entwicklungs- wie in Industrieländern Zentren und eine Peripherie. Strahm korrigierte sich nun 1974 offiziell selbst:

> Es ist in der Tat ein Fehler der bisherigen Theorien, dass sie die unterentwickelten Länder als homogene Gebilde behandelt haben. (Diese Feststellung betrachte ich durchaus auch als Selbstkritik, z. B. gegenüber meinem Werkbuch Industrieländer-Entwicklungsländer von 1971).[220]

Diese neue Sichtweise, die nun klar von der nationalökonomischen Sicht eines Landes als volkswirtschaftliche Einheit und damit von Prebisch und Singer und den Wirtschaftswissenschaften abwich, brachte denn auch eine Neufassung des Begriffes der Solidarität mit sich. Und zwar eine „Neufassung des Solidaritätsbegriffs – im Sinne von ‚Die Ärmsten fördern'", schreibt Strahm.[221] Damit waren nun nicht mehr die ärmsten Nationen gemeint, sondern die relativ Ärmsten innerhalb der Nationen:

> Die Symptome der Unterentwicklung zeigen sich nicht nur in den Entwicklungsländern, sondern auch in der ‚entwickelten' Schweiz. Die relative Verarmung benachteiligter Regionen (Berggebiete) gegenüber den Industrie- und Verwaltungszentren, die sich ständig verschärfende Besitzkonzentration, die Abwanderung in die Städte usw. sind auch in der Schweiz Anzeichen von Unterentwicklung – derselben Unterentwicklung wie in der Dritten Welt, nur überdeckt durch einen Reichtum, der es gestattet, die sozialen Härten dieses Zustandes zu mildern.[222]

Diese „Neufassung des Solidaritätsbegriffs" war die wohl bedeutendste konzeptionelle Neuerung, welche die Bahn nun freimachte für den westlichen Neoprotektionismus. Sie machte aber auch den Weg frei für die Generation der Schweizer 68er-Aktivistinnen und -Aktivisten, die sich nun von ihrer selbstauferlegten „Schuld" als Bürger des „heimlichen Imperiums" Schweiz nicht befreien, aber immerhin erleichtern konnten.[223] Die Solidarität mit den eigenen Schweizer Bergbauern oder sogar die Verpflichtung, selbst einen Sommer auf einer Alp

---

220 Ebd., 9.
221 A.-M. Holenstein-Hasler, R. Renschler, R. H. Strahm: Entwicklung heisst Befreiung, 144.
222 A. Bänziger: Entwicklungsland Welt – Entwicklungsland Schweiz, 13.
223 L. Stucki: Das heimliche Imperium.

mitzuarbeiten, verschaffte dem „Unbehagen im Kleinstaat“ Linderung.[224] Der Schwerpunkt der Systemkritik hatte sich von der zwischen den Nationen bestehenden Ungerechtigkeit auf die Ungerechtigkeit innerhalb der Nationen verschoben. Um diese Ungerechtigkeit im Inland zu beheben, wurde der Neoprotektionismus, kaschiert als Schutz der „Peripherie im Inland“, in der Dritte-Welt-Bewegung salonfähig.

Allerdings war der Fokus auf die Berggebiete zuerst in der Bevölkerung auszumachen, während in der Bewegung selbst noch das klassische marxistische Vokabular mitschwang. Mit der „Peripherie im Inland“ definierte Strahm 1974 die „sozialen Marginalgruppen“ sehr interessant und für den späteren Anti-Globalisierungsdiskurs stilprägend als „die vom Wachstum überfahrenen urbanen Klassen“.[225] Die Angehörigen der Wachstums- und Industriegesellschaft im Westen wurden somit Mitte der 1970er-Jahre konzeptuell von Tätern zu Opfern. Nicht die Bürger der Industrienationen als Einheit wurden nunmehr in die Pflicht genommen, sondern nur noch die Vertreter des Zentrums der Industrienationen, die Eliten. Mit dem „Peripherie-im-Inland-Modell“ bzw. mit der Anwendung eines ursprünglich für lateinamerikanische Staaten entwickelten Modells der inneren Kolonisation erhielten nun doch überraschend viele Schweizer Bürgerinnen und Bürger den Peripherie-Status und damit die Absolution. Nachdem nicht nur Bergbauern, sondern auch Arbeiterinnen und Arbeiter sowie „vom Wachstum überfahrene urbane Klassen“ von der Verantwortung ausgenommen waren, blieb faktisch nur noch eine sehr kleine Gruppe im „Zentrum“ übrig. Diese kleine Gruppe von Leuten, die überhaupt noch in die Verantwortung genommen werden konnte, waren die Vertreter der multinationalen Firmen und Banken. Die direkte Einforderung von Verantwortung an die Adresse der multinationalen Firmen und die Finanzindustrie bildete ab Mitte der 1970er-Jahre eine Konstante und Kernkompetenz der EvB. Die Gruppe der Leute, die mit der Formulierung „unsere Mitverantwortung“ im dem Manifest von 1968 in Punkt fünf gemeint waren, hatte sich mit Hilfe des „Peripherie-im-Inland-Modells“ drastisch reduziert.[226]

Es ist nicht so, dass die akademische Nationalökonomie der 1970er-Jahre sich nicht mit Einkommensunterschieden innerhalb der Nationen befasst hätte. Im Gegenteil: Zahlreiche universitäre Ökonomen der 1970er-Jahre vertraten für die Entwicklungsländer etwa das Konzept der arbeitsintensiven Industrialisierung bzw. der keynesianischen Defizitausgaben.[227] Wie Speich Chassé aufgezeigt hat,

---

224 K. Schmid: Unbehagen im Kleinstaat.

225 R. H. Strahm: Beziehungen Schweiz Dritte Welt, 10.

226 https://www.publiceye.ch/fileadmin/files/documents/Ueber_uns/EvB_1968_0.pdf (28.3. 2018). Siehe auch SozArch, EvB, Ar 430.25.1. EvB, Anfangszeit: Die Erklärung von Bern, März 1968.

227 G. Austin: The Developmental State.

fanden auch innerhalb der Ökonometrie, der technischen Messung des Wachstums und der volkswirtschaftlichen Leistung, ab den 1970er-Jahren Neuerungen statt, mit dem Ziel, nicht das gesamtwirtschaftliche Wohl, sondern das Wohl des Einzelnen besser statistisch sichtbar zu machen.[228] Die akademische Ökonomie verwendete allerdings nicht eine Ideologie, um die Ungleichheit innerhalb von Nationen zu messen, sondern den Gini-Koeffizienten. Damit liess sich nicht nur die Ungleichheit innerhalb einer Nation statistisch messen, sondern auch die innere Ungleichheit verschiedener Nationen vergleichen. Damit nicht genug: Die akademische Ökonomie hörte nicht auf, weiterhin die Wohlstandunterschiede von Nationen zu messen, und stellte dabei in den 1970er-Jahren ein Öffnen der Schere zwischen Industrie- und Entwicklungsländern fest. So ungenau, umstritten und fraglich die Berechnung des Bruttosozialprodukts auch war, die „Divergence, big time" war spätestens in den 1980er-Jahren nicht mehr von der Hand zu weisen und die „unterste Milliarde" zeigte nicht Wachstum, sondern schrumpfte und fiel immer weiter hinter die reichsten Länder, zu denen auch die Schweiz gehörte, zurück.[229] So wies die Schweiz in den 1980er-Jahren etwa ein 145 Mal höheres Bruttoinlandprodukt pro Kopf aus als Tansania, das einstmalige Sehnsuchtsland der Dritte-Welt-Bewegung.[230] Die statistischen Unterschiede präsentierten sich derart fatal, dass sie für Aktivisten wohl kaum noch erträglich waren. Kein Wunder, sprach etwa EvB-Vorstandsmitglied Gilbert Rist der Ökonomie ihren Status als Wissenschaft schlicht ab.[231] Doch die paraakademische Theorie der „Peripherie im Inland" stellte bereits Mitte der 1970er-Jahre eine vermeintliche Gleichheit her zwischen randständigen sozialen Gruppen im Norden und im Süden, während faktisch die Schere auch zwischen dem Wohlstand dieser Peripherien der verschiedenen Nationen auseinanderging. Oder anders ausgedrückt: Je grösser der Einkommensunterschied zwischen einem Kleinbauern in der Schweiz und in Afrika, umso blumiger zeichnete die Dritte-Welt-Bewegung die vermeintliche Solidarität zwischen diesen. Der neue Solidaritätsbegriff entbehrte nun jeglicher wissenschaftlichen Basis, legitimierte aber die Zusammenarbeit der EvB mit NGOs, die sich für inländische Anliegen einsetzten, wie etwa der Schweizer Berghilfe oder Interessensgruppen für den biologischen Landbau, aber genauso die Kooperation mit Gewerkschaften. Die Theorie der „Peripherie im Inland" legitimierte die Unterstützung von Benachteiligten im

228 D. Speich Chassé: Erfindung des Bruttosozialprodukts, 210.

229 L. Pritchett: Divergence, Big Time.

230 Siehe dazu ein Vergleich der beiden Länder auf der Webseite der Weltbank (http://data.worldbank.org/indicator/NY.GDP.PCAP.CD?locations=CH-TZ).

231 M. Nobs-Margairaz: L'Institut africain, 87. Siehe für spätere Jahre G. Rist: L'économie ordinaire, G. Rist: Le développement, 426 – 435.

Inland. Sie öffnete Tür und Tor für den Agrarprotektionismus gegenüber Importen aus Entwicklungsländern, für den Schutz der Schweizer Arbeiter vor Werkverlegungen in den Süden und für eine vermeintliche Solidarität zwischen Bergbauern in der Schweiz und Kleinbauern im Süden.[232]

Strahm widerrief nicht nur schriftlich seine frühere Haltung zum Thema Zentrum und Peripherie, auch die EvB kommunizierte diese Konzeptänderung schriftlich ihren Mitgliedern. Der Rundbrief von 1975 hielt fest:

> Bis heute konzentrierten sich Informationen und Aktion der EvB auf die armen Massen und die Unterdrückten in den Entwicklungsländern. Mit dem neuen Entwicklungskonzept, das auf dem Zentrum-Peripherie-Modell beruht, können wir uns nicht mehr auf Aktionen beschränken, die nur ferne Völker betreffen.[233]

Das neue Verständnis von Solidarität und die abseits der akademischen Ökonomie erfolgte Neulesung des Zentrum-Peripherie-Modells war die Grundlage für den Aufstieg des Kleinbauern als Idealfigur der Dritte-Welt-Bewegung. Dank der starken Schwerpunktarbeit der EvB im Bereich Schul- und Erwachsenenbildung fand der Kleinbauer auch sehr früh Eingang in die Schulstuben. Genauer gesagt: Der Kleinbauer aus Jeremias Gotthelfs Erzählungen oder der Bergbauer der Geistigen Landesverteidigung wurde in einem neuen Kleid wieder aufs Feld geschickt. Dazu Regula Renschler:

> Die Unterrichtsziele waren Verständnis wecken für Bauernfamilien in Kleinbetrieben in ihren unterschiedlichen Umfeldern und in ihren anderen Lebensweisen sowie Einsicht in Mechanismen zu gewinnen, die dazu führten, dass Kleinbauern überall mit dem Überleben zu kämpfen hatten. Dahinter stand die Zentrum-Peripherie-Theorie, mit der sich in den siebziger Jahre die Verarmung ländlicher Gebiete plausibel erklären liess.[234]

Ausser Strahm verstanden die meisten Vertreterinnen und Vertreter der Bewegung nicht wirklich, dass sie sich von der Prebisch-Singer-These entfernt hatten und ein anderes Zentrum-Peripherie-Modell meinten, das nicht akademisch abgesichert war. Gerade in der Schweiz waren Kleinbauern in den 1960er- und 70er-Jahren nicht verarmt, sondern in den Industriestaat abgewandert, wo lukrativere Verdienstmöglichkeiten warteten. Die Schweizer Bauern hatten und haben in der Wohlstandsgesellschaft der Nachkriegszeit die Freiheit der Wahl. Der Wohlstand und das System der freien Marktwirtschaft ermöglichte den Bäuerinnen und Bauern, in ein angenehmeres Leben abzuwandern, und erlaubte es jungen

---

232 Siehe dazu auch K. J. Kuhn: Entwicklungspolitische Solidarität, 229.
233 A.-M. Holenstein-Hasler, R. Renschler, R. H. Strahm: Entwicklung heisst Befreiung, 192.
234 Ebd., 234. Siehe dazu auch 4.1. Die EvB und die OS3: Bücher und Nahrungsmittel.

Städterinnen und Städtern, auszusteigen und auf einem Bauernhof im Jura – der den Schweizer Aussteigern vor der Kantonsunabhängigkeit 1978 als „innere Kolonie“ diente – ein autarkes Leben mit Selbstversorgung auszuprobieren. Im Gegensatz zu Bauern in Entwicklungsländern waren in der Schweiz Bauern und junge Aktivistinnen „Free to Choose“, um einen Buchtitel des neoliberalen Ökonomen Milton Friedman zu verwenden.[235]

Zudem waren die Schweizer Bauern im Gegensatz zu jenen in den Entwicklungsländern sozial abgesichert, denn nach 1948 wurde hier der Sozialstaat mit Alters-, Invaliden- und Arbeitslosenversicherung, obligatorischer Unfall- und Krankenversicherung und anderen Sicherungen ausgebaut. Das Landwirtschaftsgesetz von 1952 hatte die verfassungsrechtlichen Grundlagen geschaffen, dass die Landwirtschaft von der Marktwirtschaft ausgenommen werden und der Staat die Landwirtschaft unter seine Fittiche nehmen konnte. Mit dem Berner Volkswirtschaftsprofessor Alfred Amonn oder dem NZZ-Redaktor Richard Ottinger waren vehemente Kritiker dieser Entwicklung bereits Ende der 1960er-Jahre verstummt.[236] In den 1970er-Jahren fehlten in der Schweizer Öffentlichkeit Kenner und pointierte Kritikerinnen und Kritiker der schweizerischen Landwirtschaftspolitik. So konnte sich das Bild des armen Schweizer Bergbauern in der Öffentlichkeit festsetzen. Die Gleichsetzung der Bergbauern im Inland mit Kleinbauern in Entwicklungsländern brachte jedoch auch eine Abwertung der Figur des Bergbauern mit sich. Hatte etwa Gerhard Winterberger in den 1960er-Jahren den Bergbauern als Symbol des selbstbestimmten, freiheitlichen Lebens gezeichnet, so wurde der Bergbauer nun im Diskurs der Dritte-Welt-Bewegung zum schutzbedürftigen Opfer einer fehlgeleiteten Weltwirtschaft.[237] Mit Alten, Behinderten oder Migranten wurde der einst so stolze Bergbauer nun von der Dritte-Welt-Bewegung in einen Topf geworfen:

> Wer am Schicksal der Schweizer Bergbauern Anteil nimmt, muss auch Anteil nehmen am Schicksal der Menschen in der Dritten Welt. Wer sich umgekehrt mit den Benachteiligten in den Entwicklungsländern solidarisiert, solidarisiert sich auch mit den Benachteiligten in der Schweiz: mit den Alten und den Behinderten, den Bergbauern und den Fremdarbeitern.[238]

Die Emotionen ersetzten statistische Daten. Auf der Ebene der Theorie hatte die EvB Abschied genommen von akademischen, abstrakten Modellen und sich auf

235 Friedman, Milton; Friedman, Rose D.: Free to Choose. A Personal Statement (New York 1980).

236 A. Franc: Wie der Vorort, 144.

237 G. Winterberger: Umstrittene Agrarpolitik.

238 A. Bänziger: Entwicklungsland Welt – Entwicklungsland Schweiz, 14.

zugängliche Fallbeispiele verlegt, auch wenn dabei die „wissenschaftliche Fundierung", auf der Strahm stets bestanden hatte, verloren ging.[239] So floss ein Beispiel der EvB, in dem drei Bauernfamilien, die aus Guatemala, Spanien und der Schweiz stammten, miteinander verglichen wurden, in eine Publikation für den Lehrerservice des WWF ein.[240] Dabei wurden nicht die makroökonomischen Unterschiede, etwa die stark unterschiedlichen *Farm-Gate*-Preise, die Agrarsubventionen oder die Schutzpolitik thematisiert, sondern die Gemeinsamkeiten der drei Familien.[241] Es wird deutlich, wie im Bereich der Lehrerfortbildung die wirtschaftswissenschaftliche Fundierung zugunsten der emotionalen Ebene bereits Mitte der 1970er-Jahre verschwand und somit früher als in den offiziellen Kampagnen der EvB und der Hilfswerke. Eine als Notiz verfasste Liste zeigt auf, welche „Ähnlichkeiten" zwischen Bauernfamilien in der Schweiz, Spanien und Guatemala bestanden:

> Hohes Mass an Würde und Selbstvertrauen
> Keine entfremdete Arbeit
> Humor, Zeit, Freundlichkeit
> Grossfamilie, Integration [...]
> Nicht individualistisch
> Self reliance
> Erziehung zum Bauern
> Gleichstellung von manueller und geistiger Arbeit[242]

Nicht wirtschaftswissenschaftliche Daten und Grafiken, sondern Emotionen, ein Gefühl der Nähe und Gemeinsamkeit sollten „den Schüler zu einer solidarischen Haltung [...] führen".[243]

---

239 A.-M. Holenstein-Hasler, R. Renschler, R. H. Strahm: Entwicklung heisst Befreiung, 127

240 Ebd., 234.

241 Josling, Tim; Anderson, Kym; Schmitz, Andrew; Tangermann, Stefan: Understanding International Trade in Agricultural Products: One Hundred Years of Contributions by Agricultural Economists, in: American Journal of Agricultural Economics 92/2 (2010) 424–446.

242 SozArch, EvB, Ar 430.91.2. Handakten Regula Renschler: Nachlieferung 2009, Teil 2. Lehrerfortbildung/Kurse Kanton Bern, Schriftliche Notizen, undatiert (ca. 1975–77).

243 SozArch, EvB, Ar 430.91.2. Handakten Regula Renschler: Nachlieferung 2009, Teil 2. Lehrerfortbildung/Kurse Kanton Bern, Erziehungsdirektion des Kantons Bern, Zentralstelle für Lehrerfortbildung. Kurzprotokoll, Schweiz-Dritte Welt in Schule und Lehrerfortbildung, Sitzung vom 5.1.1977.

3.8 Entwicklungshilfe im Inland und die Gründung der Importgenossenschaft OS3 1977

Während sich die Einkommensschere zwischen armen und reichen Ländern also ständig vergrösserte, übernahm die EvB die eidgenössische agrarpolitische Rhetorik der „Entwicklungshilfe im Innern" in ihr Konzept der Nord-Süd-Gerechtigkeit.[244] Bereits seit 1959 war die Neuorientierung der Landwirtschaft in der Schweiz unter dem Motto der „Entwicklungshilfe", insbesondere an den Bergbauern, gestanden.[245] „Obwohl weder die hablichen Mittellandbauern noch die Klein- und Bergbauern sich selber im gleichen Boot wie ihre Berufskollegen in Afrika, Asien oder Lateinamerika sahen, floss diese Perspektive doch zunehmend in die staatliche Agrarpolitik ein", stellen Werner Baumann und Peter Moser fest.[246] Da die EvB zum Think-Tank der Dritte-Welt-Bewegung geworden war, äusserte sich dies in einer eigenen agrarpolitischen Agenda. Diese betraf jedoch hauptsächlich das Inland, die „Förderung der ökologischen Landwirtschaft in Entwicklungsländern" war sozusagen ein Nebenprodukt dieses neuen Schwerpunkts.[247] Wie stark die eidgenössische „Entwicklungshilfe im Inland" von der EvB als Think-Tank nicht nur mitgetragen, sondern formuliert und mitgestaltet wurde, zeigt sich nicht nur in den Quellen, sondern wird auch von Anne-Marie Holenstein dargestellt. Auf der Tagung von Gwatt 1974 hatte sie ihr Projekt zum Thema Fleischverzicht vorgestellt, das sie auch im folgenden Jahr betreute. 1975 organisierte Holenstein mit Vertreterinnen und Vertretern anderer Organisationen ein öffentliches Hearing über den Fleischverzicht. Daraufhin formulierte die EvB einen „Katalog agrarpolitischer Forderungen", der sich ausschliesslich auf die Schweiz bezog. Dieser Katalog beinhaltete folgende Punkte:

- Optimale Nutzung der Grasflächen, vor allem im Voralpen- und Berggebiet
- Förderung des eigenen Futtergetreideanbaus
- Beteiligung der EvB an der demnächst anlaufenden Vernehmlassung für ein neues Tierschutzgesetz mit einschränkenden Massnahmen gegen die Batteriehaltung von Schweinen und Hühnern.[248]

In Zukunft wollte die EvB vermehrt mit der 1972 gegründeten Konsumentengruppe KAG zusammenarbeiten, welche die tierfreundliche und umweltbewusste Nutz-

---

244 W. Baumann, P. Moser: Bauern im Industriestaat, 28.
245 Ebd., 28 – 30.
246 Ebd., 28.
247 Dezentrale: Alternativ-Katalog 3, 571.
248 A.-M. Holenstein-Hasler, R. Renschler, R. H. Strahm: Entwicklung heisst Befreiung, 191 – 192.

tierhaltung förderte.[249] Unversehens und wohl unfreiwillig zynisch hatte die EvB ihren Einsatz für die „armen Massen und die Unterdrückten" in der Dritten Welt auf Schweine und Hühner in der Schweiz ausgeweitet.[250] Damit lag sie jedoch völlig im internationalen Trend. So setzte sich beispielsweise in dieser Zeit in Grossbritannien auch Elizabeth Stamps, die Kommunikationsbeauftragte von Oxfam, in einem Artikel im „New Internationalist" gegen Schweinemassenhaltung ein.[251] Die Dritte-Welt-Bewegung war bereits ab Mitte der 1970er-Jahre nicht mehr von der Bewegung zu trennen, die sich für biologischen Landbau und Tierschutz einsetzte.

Auch der Konsumentenschutz hat sich – im Vergleich zu seinen Ursprüngen in der Vorkriegs- und Kriegszeit – im Verlauf der 1970er-Jahren konzeptionell verändert.[252] Neue Konsumentengruppierungen wie etwa die KAG entstanden, die bestehenden Konsumentenorganisationen wandelten sich. Der Anteil des Einkommens, das die Konsumentinnen und Konsumenten für Nahrungsmittel ausgaben, verkleinerte sich in der Nachkriegszeit rapide, so dass mehr Geld zur Verfügung stand, um den Konsum ethisch oder politisch zu gestalten. Hier sprang die Umwelt- und Fair-Trade-Bewegung ein und lieferte dem Konsumentenschutz eine neue Aufgabe. So gehörte etwa die bekannte Präsidentin des Konsumentinnenforums Schweiz, Emilie Lieberherr, 1974 zum Schweizer Komitee der EvB.[253] Die EvB stellte die Forderung an Konsumentenorganisationen, die Fragen der Ökologie, der Beimischung von Antibiotika zu Futtermitteln und das Thema Welternährung gleichwertig zu behandeln wie die Forderung nach möglichst billigen Nahrungsmitteln.[254] Zahlreiche Studien haben sich auf internationaler Ebene der Geschichte des *ethical consumer* gewidmet und diese aufgerollt.[255] An dieser Stelle soll jedoch darauf hingewiesen werden, dass der ethische Konsument im vorliegenden Fall nicht aus dem Nichts entstand, vielmehr hatte sich der politische Bürger in den ethischen Konsumenten verwandelt. Damit war der

249 http://www.kagfreiland.ch/ (13.9.2017).

250 A.-M. Holenstein-Hasler, R. Renschler, R. H. Strahm: Entwicklung heisst Befreiung.

251 Elizabeth Stamp: The End of cheap food, New Internationalist, April 1973, S. 6–8.

252 Eigenmann, Anina: Mit Lobby-Arbeit zum Erfolg? Chancen und Grenzen einer Handlungsstrategie für die ‚Soziale Käuferliga der Schweiz', in: Gisela Hürlimann, André Mach, Anja Rathmann-Lutz, Janick Marina Schaufelbuehl (Hg.): Lobbying. Die Vorräume der Macht (Zürich 2016) 155–168, Hilton, Matthew: Prosperity for All. Consumer Activism in an Era of Globalization (Ithaca 2009).

253 SozArch, EvB, Ar 430.10.2. Sitzungsprotokoll vom 23.3.1974. Bürgi, Markus: Lieberherr, Emilie, in: Marco Jorio (Hg.): Historisches Lexikon der Schweiz (Basel 2002–2014) http://www.hls-dhs-dss.ch/textes/d/D6480.php (5.1.2011).

254 A.-M. Holenstein-Hasler, R. Renschler, R. H. Strahm: Entwicklung heisst Befreiung, 191–192.

255 M. Hilton: Prosperity for All.

ethische Konsument zwar geboren, doch gleichzeitig ersetzte er in den Kampagnen der NGOs den Fokus auf den politischen Bürger.

Der Übergang vom Bürger bzw. von der 1971 eben „geborenen" Aktivbürgerin zum Konsumenten bzw. zur Konsumentin zeigt sich nirgends deutlicher als in den Alternativkatalogen der Dezentrale, die bereits erwähnt wurden. In den zahlreichen Beiträgen verschiedenster alternativer Gruppen und Organisationen zimmerte die Bewegung in den späten 1970er-Jahren einen Verhaltenskatalog für den Konsumenten. Bezeichnend ist, dass im ersten und zweiten Katalog von 1975 bzw. 1977 das Thema Dritte Welt nicht angesprochen wurde. Hier ging es ausschliesslich um die ökologische und alternative Lebensform. Das Ziel der Bewegung bestand nicht etwa darin, zwischen dem Zentrum und der Peripherie eine bessere Durchlässigkeit herzustellen oder gar der Peripherie zu gleichem Wohlstand wie dem Zentrum zu verhelfen, sondern in der Solidarität mit der Peripherie. Am besten liess sich diese Solidarität mit einem persönlichen Wechsel in die Peripherie herstellen. Das Leben auf entlegenen Alpen, das Selberbauen von Solarheizungen, das Handwerken und die Handarbeit prägten das Selbstbild der Bewegung in der zweiten Hälfte der 1970er-Jahre.[256] In jener Zeit entstanden zahlreiche landwirtschaftliche Kommunen, die die Vorgaben der Alternativkataloge umsetzten, beispielsweise die noch heute bestehende Gesellschaft Longo maï mit Sitz in Basel.[257] Die Forderung nach intellektueller, politischer und akademischer Kopfarbeit war der Forderung nach einem Leben in der Natur und der Handarbeit gewichen. Gegen Ende der 1970er-Jahre gab es im Kleinstaat Schweiz mit seinen entlegenen Bauernhöfen im Jura und den zahlreichen Alpwirtschaften eine neue Utopie, welche das zunehmend enttäuschende, langsam in die Wirtschaftskrise abrutschende Tansania ersetzte. Im Alternativkatalog wurde die „Alpwirtschaft", diese Utopie in der Peripherie, vom Basler Umweltaktivisten Bruno Manser beschrieben, der 1984 noch weiter in die Peripherie zog und beim Naturvolk Penan auf Borneo lebte.[258] Als „Städter" hatte er zunächst wie viele seiner Zeitgenossen in den 1970er-Jahren „in dr Alpwirtschaft si Glügg versuech[t]".[259]

Auch die Gründung der Importgenossenschaft OS3 1977 fällt in diese Zeit und in diese konzeptionelle Phase. Die OS3 entstand im Frühling 1974, als die holländische SOS offiziell eine Niederlassung bei einer Privatperson in der Schweiz

---

256 Dezentrale: Alternativ-Katalog 2, 139 – 242.

257 A. Schwab: Landkooperativen Longo maï.

258 Weibel, Andrea: Manser, Bruno, in: Marco Jorio (Hg.): Historisches Lexikon der Schweiz (Basel 2002 – 2014) http://www.hls-dhs-dss.ch/textes/d/D48227.php (5.3.2018).

259 Dezentrale: Alternativ-Katalog 2, 239 – 240.

eröffnete.[260] So war die Organisation Suisse Tiers Monde OS3 im bern-jurassischen Sonceboz eine Privataktion des Sekundarlehrers Jacques Jordan.[261] Sie bezog von der alternativen Handelsorganisation SOS-Werewinkels in Utrecht Waren aus der Dritten Welt (im Direktimport). Die Importstelle in Sonceboz war also zunächst eine holländische Niederlassung in der Schweiz. Diese holländische Firma SOS wurde von Paul Mejis geleitet, der auch sehr gut Deutsch sprach, später sollte Stefan Durwael übernehmen, der die Fair-Trade-Entwicklung in den Niederlanden wie zuvor Mejis entscheidend prägte.[262] Mit der neu zu gründenden Schweizer Importstelle sollten in der Schweiz Strukturen für einen alternativen Handel geschaffen werden, die in den Niederlanden bereits bestanden. Nebst dem Input aus den Niederlanden spielte in den 1970er-Jahren vor allem die EvB eine aktive Rolle beim Aufbau der Organisation. Die Vereinigung der Dritte-Welt-Läden Schweiz entstand erst im Frühling 1976.[263] In den Jahren vorher hatten Vertreterinnen und Vertreter einzelner Organisationen wie etwa der Basler Mission an internationalen Treffen zum Alternativen Handel teilgenommen.[264]

Am 6. Dezember 1975 lud die EvB Hilfswerke und Vertreter von Dritte-Welt-Läden zu einem Treffen, um die Gründung einer professionellen Importorganisation zu besprechen.[265] Die EvB sollte sich danach um die Bewusstseinsbildung kümmern und die Genossenschaft sich vor allem der Geschäfte annehmen, wobei aber die EvB auch bei der zu gründenden Firma darauf bestand, dass diese einen „bewusstseinsbildenden" Zweck haben sollte. Die Initiierung der OS3 wurde von der EvB angeführt. Sie verstand es, die bürgerlich-kirchlichen Kräfte zu sammeln und für die Gründung einer Firma zu begeistern.[266] Die Gründungsversammlung der OS3 fand im kirchlichen Zentrum Bürenpark in Bern statt.[267] Unter den ju-

---

260 SozArch, Claro 1010.2. OS3 Gründung: Paul Meijs an Rudolf Strahm, 29.3.1974.

261 A.-M. Holenstein-Hasler, R. Renschler, R. H. Strahm: Entwicklung heisst Befreiung, 141.

262 Dam, Peter Van: Moralizing Postcolonial Consumer Society.

263 SozArch, Claro 1011.1. Liste der Gründungsmitglieder der Vereinigung Dritte-Welt-Läden Schweiz (V3WL Schweiz).

264 SozArch, Claro 1010.11. SOS Niederlanden und andere Organisationen: Tagungen, Workshops zu Alternativen Handel 1973 – 1977.

265 A.-M. Holenstein-Hasler, R. Renschler, R. H. Strahm: Entwicklung heisst Befreiung, 141. SozArch, Claro 1010.2. OS3 Gründung: Liste der Eingeladenen für Konsultation über Importförderderung aus Entwicklungsländern vom 6.12.1975.

266 In der Folge, zu Beginn der 1980er-Jahre, wuchsen die kirchlichen Hilfswerke in diese Rolle hinein und übernahmen die Errichtung der Max-Havelaar-Stiftung Schweiz und damit die Einführung des Fair-Trade-Gütesiegels, während die EvB sich anderen Themen zuwandte. https://www.maxhavelaar.ch/was-ist-fairtrade/max-havelaar/geschichte.html (24.4.2018).

267 SozArch, Claro 1011.1. OS3. Gründung: Thomas Vatter an die „potentiellen Gründungsmitglieder der Importstelle", Sonceboz, 17.6.1977.

ristischen Personen, die als Gründer fungierten, waren etwa der Schweizerische Evangelische Kirchenbund, Brot für Brüder oder der Christliche Friedensdienst. Nur als Gäste anwesend war die Kooperation evangelischer Missionen, das Zentrallager für kunsthandwerkliche Gegenstände aus Übersee der Basler Mission, das Département missionaire sowie das katholische Hilfswerk Fastenopfer. Die Gründer einigten sich auf folgenden Passus:

> Die Produktionsarten sollen von traditionellen Fertigkeiten ausgehen und in dezentralisierten Einheiten möglich sein. Als Lieferanten kommen nur genossenschaftlich oder sonstwie in gemeinschaftlicher Selbsthilfe arbeitende Produzenten in Frage.[268]

Die EvB veranlasste die Eintragung als Genossenschaft im Handelsregister und suchte nach einem Geschäftsführer. Die ausgeschriebene Stelle trat Martin Blum an, ein ehemaliger Schweizer Textilkaufmann, der in Südafrika, Argentinien und Brasilien tätig gewesen war.[269] Damit wechselte ein Kaufmann, der seine Erfahrungen in der klassischen schweizerischen aussereuropäischen Wirtschaft gemacht hatte, in den neu geschaffenen Fair-Trade-Bereich. 1977 wurde die Firma mit der Rechtsform einer Genossenschaft gegründet und die Statuten traten in Kraft. Darunter ist insbesondere Punkt 2 zu erwähnen:

> 2. Zweck
>
> 2.1. Die Genossenschaft bezweckt, den Einkauf von Produkten aus Entwicklungsgebieten und deren Vermarktung in der Schweiz zu fördern.
> 2.2. Die Genossenschaft bezweckt mit der Vermarktung der Ware eine Information über das betreffende Produkt, seine Herkunft und Preiszusammensetzung, die Umstände seiner Entstehung oder Gewinnung, sowie die Situation des Exportgebietes.[270]

Das Hauptziel der Genossenschaft war der Verkauf von Produkten. Das Produkt sollte als Mittel zur Information dienen, wobei das Ziel darin bestand, das entwicklungspolitische Bewusstsein der Konsumentin bzw. des Konsumenten zu bilden. Aber das entwicklungspolitische Konzept, das der Konsumentin bzw. dem Konsumenten vermittelt werden sollte, änderte sich. Die Botschaft, die mit dem Verkauf von Produkten transportiert wurde, machte einen starken Wandel durch. Bereits bei der Gründung 1977 waren die Botschaften der Verschlechterung der *terms of trade* und der Notwendigkeit einer Industrialisierung einem neuen Konzept gewichen. Die Ausnützung der 1971 eingeführten Zollpräferenzen wurde

---

268 SozArch, Claro 1011.1. OS3. Gründung: Grundsätze der Geschäftspolitik.
269 SozArch, Claro 1011.1. OS3 Gründung: Lebenslauf Martin Blum.
270 SozArch, Claro 1011.1. OS3 Gründung: Statuten, Bern, 22.6.1977.

durch den Konzeptwandel aber bald überflüssig: Für tropische Rohstoffe, die in der Schweiz nicht gediehen, hatten seit jeher keine speziellen Zollschranken bestanden. Da die OS3 nach ihrer Gründung kaum verarbeitete Produkte importierte, ging die ursprünglich Idee, die Zollpräferenzen auszunützen, verloren. Bei der Gründung der OS3 im Jahr 1977 war mit dem Slogan „Jute statt Plastik" die Förderung von traditionellen Produktionsmethoden, die zu umweltschonenden Produkten und Frauenarbeit führen sollten, bereits zum Primat erhoben worden. Damit folgte die Bewegung und mit ihr die OS3 noch dem international durchaus anerkannten Prinzip der arbeitsintensiven Industrialisierung. Gleichzeitig sollte die Genossenschaft eigentlich eine Alternative zu Nestlé und anderen Multis darstellen, denen zur gleichen Zeit mit starkem Geschütz – mit dem Slogan „Nestlé tötet Babys" – unlautere Geschäftsmethoden sowie der unrechtmässige Einfluss auf internationale Organisationen vorgeworfen wurde.[271] „Eine Weitergabe der Produkte an vorwiegend kommerziell orientierte Weiterverkäufer ist ausgeschlossen" hiess es daher in den ersten Geschäftsgrundsätzen von 1977.[272] Es lässt sich jedoch feststellen, dass die eigentliche Art des Wirtschaftssystems bereits um 1980 in den Hintergrund trat und die OS3 sich der Nachfrage anpasste. Bereits wenige Jahre nach der Gründung beschloss die Firma, ihren Anspruch auf den Aufbau eines alternativen Handelssystems fallenzulassen. Stattdessen wollte die OS3 grundsätzlich mit Supermärkten zusammenzuarbeiten, um wachsen zu können.[273]

271 T. Sasson: Milking the Third World.

272 SozArch, Claro 1011.1. OS3 Gründung: Grundsätze der Geschäftspolitik.

273 SozArch, Claro 1010.12. OS3 Gründung: Mario Carera, OS3 bald im breiteren Handel?, November 1979.

4 Von der Bewusstseinsbildung zum kleinbäuerlichen Rohstoff (1977–1984)

4.1 Die EvB und die OS3: Bücher und Nahrungsmittel

In der Zeit, in der die OS3 von der EvB konzipiert und ins Leben gerufen wurde, erschien das Buch zum Thema Welternährung, das Anne-Marie Holenstein mit Jonathan Power verfasst hatte.[1] Die Recherche für das 1976 publizierte Werk fand bereits im Sommer 1974 statt, während der Welternährungskrise und zur Zeit des Gipfels der UNO-Organisation FAO, der in Rom stattfand. Am Gipfel, auf dem sich viele Dritte-Welt-NGOs trafen oder neu entstanden, hatte auch Anne-Marie Holenstein teilgenommen.[2] Das Jahr 1974 sollte eine Wende bedeuten für die Bedeutung der Landwirtschaft für die Dritte-Welt-Thematik, sowohl in der offiziellen internationalen Politik als auch auf Ebene der Nichtregierungsaktivisten. In diesem Jahr beschäftigten sich zunächst NGO-Vertreterinnen und -Vertreter und Publizisten mit dem Thema Welternährung, 1976 trug diese Beschäftigung langsam Früchte und die Thematik sickerte ins öffentliche Bewusstsein ein. 1976 erschien „How the Other Half Dies“ von Susan George, das nicht nur die NGO-Bewegung, sondern auch die öffentliche Diskussion über die Welternährung stark beeinflusste.[3] George kritisierte das sogenannte Agrobusiness, die westlichen Regierungen und die neue Politik der Weltbank, die sich unterdessen vom Wiederaufbau Europas auf das Wirtschaftswachstum in der Dritten Welt verlegt hatte.[4] Sie vertrat die These, dass die rechtliche Stärkung der Kleinbauern gegenüber lokalen Eliten und multinationalen Firmen in Zukunft Hungerkrisen verhindern könnten.[5] Auch George war bereits zur die FAO-Konferenz von 1974 nach Rom gereist und ihr Buch zeigt auf, wie sich die europäischen Aktivistinnen und Aktivisten unterdessen vernetzt hatten.[6] Unter dem Titel „What Can I Do?“ fordert George „commodity campaigns“ und beschreibt verschiedene Kampagnen, die bisher in Europa durchgeführt wurden, darunter auch die Schweizer Ujamaa-Pulverkaffee-Aktion und die Bananenverkäufe der Frauenfelder Bananenfrauen:

---

1 A.-M. Holenstein-Hasler, J. Power: Hunger, sowie in Englisch J. Power, A.-M. Holenstein: World of Hunger.

2 A.-M. Holenstein-Hasler, R. Renschler, R. H. Strahm: Entwicklung heisst Befreiung, 74.

3 K. J. Kuhn: Entwicklungspolitische Solidarität, 197–202, S. George: How the Other Half Dies.

4 H. Hauser, M. Gedult von Jungenfeld: Schweiz und die Bretton-Woods-Institutionen.

5 S. George: How the Other Half Dies, 134.

6 Ebd., 11.

https://doi.org/10.1515/9783110667516-008

> In Switzerland, one group set out to sell Tanzanian coffee, processed in Tanzania and of direct benefit to Tanzanian Ujamaa villagers; they also chose this commodity in order to publicize the unfair trade relationships between first and Third World and the role of Nestles in the control of the coffee trade.[7]

George nutzte hier im englischsprachigen Text den Begriff fair bzw. „unfair“. Sie war damit prägend in der Überführung des Begriffs aus dem GATT-Kontext der Verhandlungen zwischen Staaten auf die Kritik an privaten multinationalen Unternehmen wie Nestlé. Ebenfalls ist interessant, dass sie von „villagers“ spricht, von Dorfbewohnern. Damit fokussiert sie nicht, wie ursprünglich von den Initianten der Ujamaa-Pulverkaffee-Aktion intendiert, auf die industrielle Herstellung, sondern auf die kleinräumige Dorfstruktur. Erst durch diese Formulierung stützt Georg ihr im ganzen Buch vertretenes Argument der Stärkung des Kleinbauern, des „subsistent smallholder“.[8] Ebenso prägend ist, dass sie die Pulverkaffee-Aktion in eine Linie mit den Bananenverkäufen setzte und nicht mehr zwischen alternativem Handel mit industriell verarbeiteten Produkten, die billiger waren als ihre in Europa hergestellten Pendants, und einem karitativen Aufpreis für Agrarrohstoffe unterschied. Damit verabschiedete sie das Postulat der Industrialisierung genauso wie die Utopie eines wirtschaftlichen Aufschliessens der Entwicklungsländer an den Westen durch alternativen Handel. Besonders hebt George hervor, dass die Bananenaktion ein „brainchild of eight housewives“ gewesen sei.[9] Damit unterstreicht sie die Simplizität und Massentauglichkeit des Fair-Trade-Gedankens wie er in den 1980er-Jahren zutage trat.

> Another Swiss group chose bananas to dramatize the terrible working conditions of the plantation labour force. They actually got Swiss consumers to pay 15c more a kilo for bananas; the chain-store distributor handed over the difference, and they contributed the funds to a worker's project in Guatemala through a Protestant church group. This project both educated consumers and was of direct usefulness to far-off producers.[10]

Nachdem George den Antagonismus zwischen Kleinbauern in der Dritten Welt und den westlichen Agrarkonzernen festgeschrieben hatte, folgte 1977 Frances Moore Lappé, die ebenfalls bei der FAO-Konferenz in Rom mit dabei gewesen war, mit „Food First“, das die Ernährungssouveränität in den Vordergrund rückte.[11] Wie Anne-Marie Holenstein im Rückblick schreibt, räumte dieses Buch „mit den

7 Ebd., 294.
8 Ebd., 134.
9 Ebd., 295.
10 Ebd., 294.
11 F. M. Lappé, C. Fowler, J. Collins: Food First.

Modernisierungstheorien radikal auf".[12] Sie selbst publizierte 1977 gemeinsam mit der Naturwissenschaftlerin Joan Davis in der Schweiz das Buch „Zerstörung durch Überfluss", das Susan Georges „How the Other Half Dies" sowie Frances Moore Lappés früheres Buch „Diet for a Small Planet" zitiert.[13] „Zerstörung durch Überfluss" ist „Food First" sehr ähnlich, indem es die Ernährungssouveränität propagiert und für den schweizerischen Kontext mit dem Begriff Neutralität dafür wirbt.[14] Prebisch und Singers Thesen sowie die UNCTAD-Doktrin von 1964 hatten sozusagen den Höhepunkt respektive den Kulminationspunkt der „Modernisierungstheorien" der 1950er- und 60er-Jahre gebildet.[15] Nach 1974 räumten ein paar „Hausfrauen" radikal damit auf.[16]

Spätestens 1974, als die FAO die UNCTAD als Referenzsystem der NGOs ablöste und eine paraakademische Literatur die zunehmend technischen ökonometrischen Artikel der Entwicklungsökonomen in den Unterlagen der Dritte-Welt-Aktivisten ersetzte, hatten die „Modernisierungstheorien" für die Dritte-Welt-Bewegung ausgedient. Auffällig ist, dass aus dem 1974 formierten internationalen Netzwerk aus Aktivisten und frühen NGOs in der Folge weltweit kleine Think-Tanks wie die EvB entstanden, die wuchsen und dieses paraakademische Denken weiter stärkten.[17] Vor allem Frauen wie George, Moore Lappé oder Holenstein publizierten in den Jahren nach 1974 populärwissenschaftliche Bücher, die sich gegen die grüne Revolution, gegen eine technisierte Landwirtschaft und für eine kleinräumige, kleinbäuerliche, genügsame und lokale landwirtschaftliche Produktion einsetzten. Diese Publikationen dienten als ideelle Transportmittel für die im Entstehen begriffenen Think-Tanks. Sie brachten nach 1974 die Diskussion um die Welternährung, deren Modernisierungsenthusiasmus durch „The Limits to Growth" und „Small is Beautiful" bereits angeschlagen war, buchstäblich wieder auf den Boden zurück. In den 1970er-Jahren wurde somit die Landwirtschaft zu einem neuen, dominanten Thema.[18] Dies ging einher mit der Dominanz populär-

12 A.-M. Holenstein-Hasler, R. Renschler, R. H. Strahm: Entwicklung heisst Befreiung, 75.

13 Lappé, Frances Moore: Diet for a Small Planet (New York 1971).

14 A.-M. Holenstein, J. Davis: Zerstörung durch Überfluss, 54.

15 M. Schär: Strukturveränderungen statt Entwicklungshilfe, 22, J. Toye, R. Toye: UN and Global Political Economy, 163.

16 Zur Diskussion von „Food First" siehe auch K. J. Kuhn: Entwicklungspolitische Solidarität, 197 – 202.

17 Unter anderem der Think-Tank mit dem Namen Food First, den Frances Moore Lappé 1975 mitgründete und leitete. Ihren Mitgründer Joe Collins hatte sie auf der FAO-Konferenz in Rom kennengelernt. Siehe die Webseite http://www.foodfirst.org. (12.9.2017).

18 Siehe dazu auch S. George: How the Other Half Dies, 214, K. J. Kuhn: Entwicklungspolitische Solidarität, 197 – 202.

bzw. paraakademischer Bücher aus der Feder von Aktivistinnen und Aktivisten, die sich ausserhalb des akademischen Peer Reviews zum Thema äusserten.

Neben der Publikation paraakademischer Literatur für Erwachsene bauten die NGOs zudem sehr stark den Bereich der Schulbuchliteratur aus, der für manche von ihnen zu einem etablierten Standbein wurde. Im internationalen Vergleich übernahm hier wiederum die britische Oxfam eine Pionierrolle. Ab 1959 führte Oxfam eine eigene Schulabteilung, die mehrere Ausbildnerinnen und Ausbildner beschäftigte. 1963 erhielt Oxfam von der Unesco den Auftrag, eine Schulbuchserie zum Thema Welthunger zu produzieren.[19] Auch in der Schweiz gaben Hilfswerke Unterrichtsmaterialien heraus, so etwa im Jahr der Welternährungskrise 1974 eine Lerneinheit zu Dürren und Hunger in der Sahelzone, die Lehrer anhielt, an ihren Schulen Spendenaktionen zu organisieren.[20] Die EvB stiess über ein wissenschaftliches Projekt Roy Preiswerks von 1971 auf die Schulbuchliteratur.[21] In diesem Projekt untersuchten Preiswerk und sein Team, zu dem auch die spätere EvB-Sekretärin Regula Renschler gehörte, europäische Lehrmittel hinsichtlich der Frage, ob sie rassistisch waren.[22] Daraus entstand 1981 eine Kinderbuchreihe unter der Ägide der EvB.[23] 1978 arbeitete die EvB ähnlich wie Oxfam mit Unicef zusammen. Die EvB war mit der Zusammenstellung von Schulmaterial betraut, das die Unicef in den folgenden Jahren verbreiten würde.[24] Interessant sind in diesem Zusammenhang wiederum der fliessende Übergang vom ursprünglichen Thema Rassismus zum Thema Landwirtschaft und das Erscheinen des Kleinbauern in den Notizen und publizierten Unterlagen. So plante Renschler denn bereits 1975 für eine Lehrerfortbildung das Thema „Drei Dörfer“ ein: Bauernfamilien aus drei Dörfern in verschiedenen Weltregionen wurden miteinander verglichen.[25] Implizit stellte Renschler damit Kleinbauern in der

---

19 M. Black: Oxfam the First 50 Years, 102.

20 Rauh, Felix: Tierkadaver im Wüstensand. Zur Visualisierung des Hungers in der Sahelzone 1973/74, in: Angela Müller, Felix Rauh (Hg.): Wahrnehmung und mediale Inszenierung von Hunger im 20. Jahrhundert (Basel 2014) 155–176, 168.

21 A.-M. Holenstein-Hasler, R. Renschler, R. H. Strahm: Entwicklung heisst Befreiung, 105.

22 Preiswerk, Roy; Perrot, Dominique: Ethnocentrisme et histoire. L’Afrique, l’Amérique indienne et l’Asie dans les manuels occidentaux (Paris 1975).

23 Die Kinderbuchreihe Baobab, siehe http://www.baobabbooks.ch/ (24.4.2018).

24 A.-M. Holenstein-Hasler, R. Renschler, R. H. Strahm: Entwicklung heisst Befreiung, 223–236. Siehe auch SozArch, EvB, Ar 430.17.5. Handakten Regula Renschler: Kinder und Dritte Welt (I). SozArch, EvB, Ar 17.6. Handakten Regula Renschler: Kinder und Dritte Welt (II). SozArch, EvB, Ar 430.91.2. Handakten Regula Renschler: Nachlieferung 2009, Teil 2.

25 SozArch, EvB, Ar 430.17.6. Handakten Regula Renschler: Kinder und Dritte Welt (II). SozArch, EvB, Ar 430.91.2. Handakten Regula Renschler: Nachlieferung 2009, Teil 2. Lehrerfortbildung/ Kurse Kanton Bern, Lektionenreihe „Drei Dörfer“, 1975–1978.

Schweiz und in Spanien auf dieselbe Stufe mit Kleinbauern in Guatemala. Auf der Ebene des Schulunterrichts fand somit das Herunterbrechen der oben erwähnten populärwissenschaftlichen Studien zur Ernährungssouveränität auf die Figur des Kleinbauern statt. Diese Unterlagen wurden später wiederum von der Umwelt-NGO WWF, die ihrerseits ebenfalls einen Lehrerservice unterhielt, übernommen.[26] Auf der Ebene des Schulunterrichts wird somit sehr früh und am besten sichtbar, wie die Reduktion der komplexen Thematik des Nord-Süd-Handels auf die Figur des Kleinbauern erfolgte und damit eine vermeintliche Gleichheit und Solidarität zwischen Kleinbauern aller Welt sowie eine Diskursbrücke zum Umweltschutz entstand.

Diese aktivistischen Frauen und paraakademischen Think-Tanks stellten sich gegen das Agrobusiness, das sich im Rahmen der Grünen Revolution als neuer Gegner präsentierte, und zunehmend auch gegen die Politik von internationalen Organisationen wie etwa der Weltbank und der FAO. 1974 wird eine Praxisänderung in der Haltung der Entwicklungs-NGOs ersichtlich: Während sie bisher internationale Organisationen wie die UNCTAD, den IWF oder gewisse GATT-Entscheide unterstützt hatten, lehnten sie nun die Politik einer UNO-Organisation wie der FAO ab.[27] Nach 1974 traten NGOs nicht mehr als Advokaten der UNCTAD oder gar des GATT in der Öffentlichkeit auf, sondern als eigenständige Akteure. Als neue Alternative vertrat die NGO-Gemeinschaft zunehmend das Modell des biologischen Landbaus aus der Hand der Kleinbauernfamilie oder der Genossenschaft, wie es die zahlreichen oben aufgeführten populärwissenschaftlichen Publikationen zum Thema Welternährung propagierten. Während die EvB zuhause in der Schweiz die Ujamaa-Pulverkaffee-Aktion noch 1975 ein letztes Mal durchführte und daraufhin 1976 mit der Jutesack-Aktion auf die Handarbeit und die natürlichen Rohstoffe wie die Jutefaser umschwenkte, begann in Rom 1974 bereits die Fokussierung auf die Landwirtschaft und den Kleinbauern.

Nach 1975 kümmerte sich die EvB als entwicklungspolitischer Think-Tank zunehmend um die nationale und globale Agrarpolitik. Die Aufgabe der 1977 gegründeten Firma OS3 bestand derweil darin, tropische Rohstoffe von Kleinbauern aus Entwicklungsländern einzuführen, um das lokale Schweizer Angebot zu ergänzen. Die OS3 übernahm somit die Umsetzung des Kleinbauernmodells in der Praxis. Ihre Aufgabe bestand nun sehr rasch nicht mehr darin, für das eigentliche Bewusstsein zu sorgen, sondern die Waren für die bewusste Kundschaft zu liefern. Die „Information über das betreffende Produkt, seine Herkunft und

26 A.-M. Holenstein-Hasler, R. Renschler, R. H. Strahm: Entwicklung heisst Befreiung, 234.
27 Bodleian Library, Oxford. Oxfam archive, MS, Oxfam. COM/3/1/12. Folder 3: Haslemere Declaration.

Preiszusammensetzung, die Umstände seiner Entstehung oder Gewinnung, sowie die Situation des Exportgebietes", wie es die Statuten der OS3 vorsahen, trat in den Hintergrund und machte dem eigentlichen Produkt Platz.[28] Die „Information" wurde implizit. Wer Produkte im Dritte-Welt-Laden kaufte, hatte das „Bewusstsein" bereits erlangt und hing dem Konzept des selbstgenügsamen Kleinbauern an. So machte sich Martin Blum als frisch eingestellter Geschäftsführer der OS3 auf die Suche nach geeigneten Lieferanten in Ländern des Südens.[29] Damit war das Ende der aktiven Rolle der Entwicklungsländer, wie sie noch bei der UNCTAD um 1964 erkennbar gewesen war, gegen Ende der 1970er-Jahre besiegelt. Aus aussenpolitischen Quellen der Bundesverwaltung geht hervor, dass sich in den 1960er-Jahren Anbieter aus der Dritten Welt in der Schweiz präsentierten und damals eine kritische Nichtregierungsinstanz sehr gebraucht hätten.[30] Die OS3 kam zu spät und fokussierte auf Rohstoffe und nicht auf die Produkte, welche Entwicklungsländer im Angebot hatten, wie etwa Textilien oder gar Möbel.[31] So stellten etwa verschiedene Botschaften von Entwicklungsländern bereits ab Mitte der 1960er-Jahre in der Schweiz Anträge auf Zollpräferenzen für diverse Produkte. Diese Anträge wurden von der Bundesverwaltung zunächst verschleppt und in vielen Fällen schliesslich abschlägig beantwortet.[32] Als die OS3 gegründet wurde, war das Zollpräferenzgesetz in der Schweiz bereits seit fünf Jahren in Kraft und die Aufbruchstimmung unter den Entwicklungsländern, die in den 1960er-Jahren noch Hoffnung in Anträge der Botschaften gesetzt hatten, vorüber. Anstatt die Ausführungsbestimmungen im Zollpräferenzgesetz zu hinterfragen und aktiv etwa auf die Botschaften der Entwicklungsländer in der Schweiz zuzugehen, interessierte sich die OS3 nach ihrer Gründung nicht einmal mehr für Produkte, die im Schweizer Gesetz für Zollpräferenzen zugelassen gewesen wären.[33] Stattdessen machte sie sich aktiv auf die Suche nach Lieferanten in Entwicklungsländern, die ihrem Konzept und damit der Schablone des Kleinbauern entsprachen und lediglich die klassischen kolonialen Nahrungsrohstoffe produzierten.[34] Die Bereitschaft, auf die Vertreter der Entwicklungsländer zu hören und ihre Anliegen

---

28 SozArch, Claro 1011.1. OS3 Statuten, Bern, 22.6.1977. Siehe dazu auch R. Quaas: Fair Trade, 239.

29 SozArch, Claro 1010.2. OS3 Gründung: Korrespondenz 1974–3.1977. SozArch, Claro 5451. Food Produzenten Bolivien: El Ceibo/Kakao 1978–1996. SozArch, Claro 5452.11. El Ceibo (Sapecheo, La Paz, Bolivien)/Kakao: Produzentensuche, PAK-Vorlagen, Korrespondenz; 1978–1996.

30 S. Huber: Handelshemmnisse gegenüber Entwicklungsländern.

31 SozArch, EvB, Ar 430.41.1. Mappe 3: Ein entwicklungspolitisches Label – Chancen und Probleme, Ch. Lanz, 1983.

32 S. Huber: Handelshemmnisse gegenüber Entwicklungsländern.

33 So insbesondere Textilien.

34 Siehe dazu Claro Orpund. Claro 5452.11. El Ceibo (Sapecheo, La Paz, Bolivien)/Kakao: Produzentensuche, PAK-Vorlagen, Korrespondenz; 1978–1996.

aufzunehmen, war nach einer kurzen Aufbruchzeit in den 1960er-Jahren verschwunden. Es war im Gegenteil so, dass die OS3 in schriftlichen Grundsätzen festhielt, welche Produzenten aus Entwicklungsländern in Frage kamen.[35]

Von der EvB vorgegeben hatte die OS3 somit eine Schablone, die einzig Produzenten zuliess, die dem in den späten 1970er-Jahren vorherrschenden Weltbild entsprachen. Wie immer wieder in dieser Arbeit aufgezeigt, teilte die Dritte-Welt-Bewegung ihr Weltbild mit den Neokonservativen, welche ebenfalls „decentralization", „farmer's cooperatives" und „self-sufficiency" auf ihre Fahne geschrieben hatten.[36] Gerade die Überschneidung mit dem neokonservativen Weltbild zeigt auf, wie stark sich die EvB als Think-Tank bereits Ende der 1970er-Jahre von der akademischen Ökonomie entfernt hatte und im Falle der Schweiz einen impliziten Konsens mit der nationalkonservativen Politik praktizierte.

Ein weiteres Beispiel, das aufzeigt, wie sich die EvB und die OS3 bzw. die populärwissenschaftliche Theorie der Think-Tanks und die Praxis der neuen alternativen Handelsfirmen ergänzten, ist das zweite Fair-Trade-Produkt der EvB: die Jutetasche. Anne-Marie Holenstein schreibt, dass das 1977 erstmals erschienene und danach mehrfach aufgelegte Buch „Zerstörung durch Überfluss" den Verkauf von Jutetaschen ergänzt habe.[37] Diese Studie war als Arbeit der Gruppe „Landwirtschaft und Ernährung" an der Universität Zürich entstanden. Holenstein gab die Publikation mit der ETH-Dozentin Joan Davis heraus. Gemäss Ursina Eichenberger waren die beiden Zürcher Hochschulen ab 1970 ein Epizentrum der Umweltbewegung.[38] Vertreterinnen und Vertreter der EvB, die in Zürich an entsprechenden Seminaren teilnahmen, griffen die Thesen der Umweltbewegung auf und integrierten sie in ihre Arbeit bei der EvB.[39] Diese Beobachtung schwächt etwas die hier bis anhin vertretene These, dass der Wandel im Fair-Trade-Konzept mit einer Ent- oder Paraakademisierung einherging, denn dies war nur bedingt der Fall. In einer ersten Phase der Entakademisierung der Dritte-Welt-NGOs verlagerte sich die Zusammenarbeit: Statt mit akademischen Ökonomen wurde nun mit akademischen Naturwissenschaftlern zusammengearbeitet, die sich aus ihrer Sicht zum Nord-Süd-Handel äusserten. Zunächst ist also nur von einer Entakademisierung im Fachbereich der Wirtschaftswissenschaften zu sprechen. Zu den ausserwissenschaftlich aktiven Naturwissenschaftlern gehörte etwa Theo Ginsburg, ETH-Professor und Atomkraftgegner der ersten Stunde, oder Joan Davis, die

---

35 SozArch, Claro 1011.1. OS3 Gründung: Grundsätze der Geschäftspolitik, Juni 1977.
36 W. Röpke: The Social Crisis.
37 A.-M. Holenstein-Hasler, R. Renschler, R. H. Strahm: Entwicklung heisst Befreiung, 194. A.-M. Holenstein, J. Davis: Zerstörung durch Überfluss.
38 U. Eichenberger: Ökologie und Selbstbestimmung, 2.
39 Ebd., 59 – 60.

ebenfalls an der ETH Zürich lehrte. In dieser akademischen, wachstumskritischen Bewegung war auch Pierre Fornallaz aktiv. Er wirkte ab 1968 als Professor an der ETH, war ein Pionier der Solartechnologie und entwickelte selbst den Begriff der „ökologischen Wirtschaft".[40] Mit E.F. Schumacher, dem Autor von „Small is Beautiful", lud er sozusagen einen „abtrünnigen" Ökonomen nach Zürich ein. Schumacher leitete an der ETH unter anderem einen ganztägigen Workshop. 1973 fand unter Fornallaz' Leitung in Zürich das Symposium „Technik für oder gegen den Menschen statt".[41] Die Nord-Süd-Bewegung ersetzte den akademischen Kontakt zu Ökonomen durch jenen zu Naturwissenschaftlern. Sie unterlegte also ihr Konzept eines gerechten Nord-Süd-Handels in den 1970er-Jahren neu mit akademischen Resultaten aus den Naturwissenschaften. Vor diesem Hintergrund ist es denn nicht erstaunlich, dass die EvB sich für ökologische Landwirtschaft in Entwicklungsländern einsetzte und dass die OS3 einzig tropische Rohstoffe nachfragte. Aus naturwissenschaftlicher bzw. ökologischer Sicht schien es Sinn zu machen, lokal zu produzieren, keine weitere Industrialisierung oder lange Transportwege zu unterstützen und einzig tropische Rohstoffe aus Entwicklungsländern zu importieren. Aus ökonomischer Sicht war dieser Ansatz in Bezug auf die Nord-Süd-Handelsbeziehungen jedoch ungerecht und für manche Länder fatal.[42] Der inhärente Widerspruch zwischen Ökologie und ökonomischer Fairness wurde jedoch von der NGO-Bewegung nicht mehr wahrgenommen, da der Kontakt zur akademischen Ökonomie unterdessen abgebrochen war.

Gemäss Eichenberger wirkte die aus Naturwissenschaftlerinnen und -wissenschaftlern bestehende Arbeitsgemeinschaft Umwelt (AGU) in Zürich als treibende Kraft beim Aufbau des biologischen Landbaus in der Schweiz.[43] Mit dabei war auch die EvB als Teil dieser Bewegung. Die Diskursbrücke war über das Thema Fleischverzicht erfolgt und kulminierte erstmal in der Kritik an Futtermittelimporten. Um sich argumentativ aufzurüsten nahmen etwa Vertreter der EvB an einem Seminar der AGU 1973 teil.[44] Bei der EvB setzte sich Anne-Marie Holenstein nicht nur auf nationaler, sondern auch auf internationaler Ebene für die kleinbäuerliche und ökologische Landwirtschaft ein. So gehörte sie für die Schweizer NGO-Szene der International Peace Research Association (IPRA) um Johan Galtung an und stand der Food Policy Study Group der IPRA sogar als

---

40 Ebd., 25, Fornallaz, Pierre: Die ökologische Wirtschaft. Auf dem Weg zu einer verantworteten Wirtschaftsweise (Aarau etc. 1986).

41 U. Eichenberger: Ökologie und Selbstbestimmung, 27.

42 J. Bhagwati: Trade Liberalisation.

43 U. Eichenberger: Ökologie und Selbstbestimmung, 23.

44 Ebd., 59–60.

Koordinatorin vor.[45] So war Holenstein und damit die EvB im Bereich Landwirtschaft in der internationalen NGO-Szene bestens vernetzt. Anne-Marie Holenstein hatte bereits 1974 an der FAO-Konferenz in Rom Kontakte zu NGOs geknüpft, 1979 reiste sie offiziell als IPRA-Koordinatorin nach Rom zu einer weiteren FAO-Konferenz. Gemäss Kuhn war die EvB Pionierin einer kritischen Teilnahme an Weltkonferenzen und damit eine der Vorläuferinnen der Myriaden von Nichtregierungsorganisationen an den Konferenzen der 1990er Jahre.[46] Ein Interesse an der UNCTAD der 1970er- und 80er-Jahre, die als internationale Konferenz für einen fairen Nord-Süd-Handel zuständig war, ist in den Akten der EvB nicht belegbar. Hatten die UNCTAD-Konferenzen von 1964 und 1968 noch massgeblich zur Gründung der westlichen Dritte-Welt-Bewegung beigetraten und deren Forderungen vorgegeben, verschwand diese internationale Konferenz von der Agenda der NGOs, und damit kamen auch Forderungen der ersten Konferenz von 1964 abhanden. Dies hatten sich nicht zuletzt die Entwicklungsländer selbst zuzuschreiben, da sie die UNCTAD nicht als ihre geschlossene und fordernde Stimme erhalten konnten. Mit dem Weggang Prebischs als Generalsekretär der UNCTAD 1969 begann eine Phase der „Frustration für die Bestrebungen der Entwicklungsländer“.[47] Während die UNCTAD Mitte der 1970er-Jahre und spätestens mit dem Anlaufen der Vorbereitungen für eine Überführung des GATT in die WTO in der Bedeutungslosigkeit versank, erfolgte gleichzeitig eine Bedeutungszunahme der FAO, die sich der Landwirtschaft und der Produktion von Nahrungsmittelrohstoffen widmete.[48] Sie wurde zu jener internationalen Organisation, welche die Agenda der NGOs in den 1970er-Jahren bestimmte.

Nach der Konferenz von 1974 nahm die FAO das Thema Kleinbauern vorsichtig auf.[49] 1979 fand dazu in Rom, dem Sitz der FAO, die FAO-Konferenz zur ländlichen Entwicklung und Agrarreform statt. Anne-Marie Holenstein nahm wie erwähnt als Koordinatorin der IPRA an einer Begleitkonferenz der NGOs teil. Mit dabei waren auch Frances Moore Lappé, die Autorin von „Food First“, und Joe Collins, mit dem Lappé den Think-Tank Food First gegründet hatte. Moore Lappé, Collins und Susan George waren unterdessen mit Holenstein bekannt und vernetzt.[50] Diese Vertreterinnen und Vertreter der verschiedenen neuen Think-Tanks

45 Siehe dazu http://www.iprapeace.org/ (13.3.2018).
46 K. J. Kuhn: Entwicklungspolitische Solidarität, 257 – 258.
47 J. Toye, R. Toye: UN and Global Political Economy, 233.
48 Ebd., 272.
49 C. Gerlach: Famine Responses.
50 SozArch, EvB, Ar 430.91.6. Handakten Anne-Marie Holenstein: IPRA Food Policy Study Group und World Conference on Agrarian Reform and rural Development (WCARRD), 1979.

präsentierten als Rome Declaration Group Gegenthesen zur FAO.[51] In der Haltung der Rome Declaration Group wird der Wandel des Konzepts, das ursprünglich auf den Prebisch-Singer-Anliegen von 1964 beruhte und die Grundlagen für den Ujamaa-Pulverkaffee-Verkauf (der letztmals noch 1975 durchgeführt wurde) lieferte, sehr deutlich. Klar wird auch, dass hier eine international vernetzte Bewegung mit einer Stimme sprach und dass die Schweizer Bewegung im Strom dieses Konzeptwandels mitgetragen wurde. Die Gruppe präsentierte zwölf Thesen, zum Handel schrieb sie:

> Das falsche Versprechen: Zunahme des Handels ist Fortschritt. Die ländlichen Ökonomien der Entwicklungsländer müssen darum durch Handel mit dem Weltwirtschaftssystem verbunden werden.[52]

Damit brach die Bewegung schriftlich mit der UNCTAD-Doktrin. Diese hatte genau dies gefordert: dass die Entwicklungsländer durch Handel stärker ins Weltwirtschaftssystem eingebunden werden, daher der Slogan *Trade, not Aid*. Das Konzept von Handel (statt Hilfe) hätte den Fortschritt bzw. die Modernisierung nach sich ziehen sollen. Doch diese Modernisierung wurde zunehmend in Frage gestellt und nun, Ende der 1970er-Jahre, schriftlich verabschiedet.

Die Aktivistinnen und Aktivisten postulierten, sie würden die Konzepte der Regierungen und internationalen Organisationen kritisieren, dabei stellten sie sich gegen ihre eigenen Überzeugungen von früher, die in den internationalen Organisationen und ansatzweise auch in den nationalen Regierungen zumindest vordergründig umgesetzt wurden. Dieser Konzeptwandel war innerhalb der Bewegung zu langsam und scheinbar so kohärent vonstattengegangen, dass er nicht als Bruch mit der eigenen Vergangenheit wahrgenommen wurde. Nur selten, etwa im weiter oben zitierten Text von Strahm, wies jemand mit dem Hinweis auf seine eigene Vertretung der These der „Abkopplung“ auf einen theoretischen Wandel hin.[53]

Gleichwohl ging der Konzeptwandel in der Dritte-Welt-Bewegung so schnell voran, dass die Privatwirtschaft trotz ihrer Bereitschaft, sich auf Konsumentenwünsche einzustellen, nicht mithalten konnte. So sagte etwa der Migros-Präsident Pierre Arnold im Rahmen der Aktion M-Frühling 1980 genau das, was die Dritte-Welt-Bewegung ursprünglich gefordert hatte: Dass die Migros den Ländern der

51 K. J. Kuhn: Entwicklungspolitische Solidarität, 257–258. Siehe auch zu den ersten Gegenthesen von 1974 S. George: How the Other Half Dies, 11.

52 A.-M. Holenstein-Hasler, R. Renschler, R. H. Strahm: Entwicklung heisst Befreiung, 181.

53 Siehe Kapitel 3.7. Die Schweizer Bergbauern: die Peripherie im Inland sowie R. H. Strahm: Beziehungen Schweiz Dritte Welt, 9.

Dritten Welt helfen wolle, indem sie ihre Erzeugnisse kaufe.[54] Er wiederholte praktisch wörtlich die Forderungen, die die EvB im Kontext der Ujamaa-Pulverkaffee-Kampagne vorgebracht hatte. Unterdessen hatte sich die Dritte-Welt-Bewegung aber bereits wieder von dieser Forderung entfernt. Im Jahr 1980 widersprach Anne-Marie Holenstein dem Migros-Präsidenten im Namen der EvB. Sie brachte vor, der Profit liege bei den Grossgrundbesitzern und den internationalen Konzernen, und unter solchen Rahmenbedingungen sei der Kauf von Agrarprodukten aus Entwicklungsländern keine Hilfe.[55] Die Abkehr von den ursprünglichen Grundsätzen eines gerechten Nord-Süd-Handels zeigte sich nicht nur in der theoretischen Diskussion bei der EvB, sondern auch in der Praxis bei der OS3. Knappe drei Jahre nach der Gründung, zur Zeit des Migros-Frühlings im Jahr 1980, legte sich die Firma neue Grundsätze zu. Bei der Gründung im Juni 1977 war noch Folgendes beschlossen worden: „Eine Weitergabe der Produkte an vorwiegend kommerziell orientierte Weiterverkäufer ist ausgeschlossen."[56] Bereits im November 1979 verfasste die OS3 ein neues Papier, in dem sie ihre Gesellschafter fragte: „Soll die OS3 in den breiteren Handel vorstossen?"[57] Langsam verabschiedete sich die Firma von der Utopie eines alternativen Handelssystems. Auch wenn dies vordergründig als Konflikt wahrgenommen wurde, fand in Tat und Wahrheit eine Annäherung zwischen den Grossverteilern und dem Bereich des alternativen Handels statt, welche langfristig den Verkauf von Produkten mit Gütesiegel in Schweizer Supermärkten ermöglichte.

Während sich der alternative Handel langsam auf den Massenkonsum eines beschränkten Warenkorbs tropischer Nahrungsrohstoffe hinbewegte, lieferte die EvB die ideelle Legitimationsbasis für diesen Wandel. Wie „Food First" räumte auch das Buch „Zerstörung durch Überfluss" mit der bisherigen Doktrin radikal auf.[58] Anne-Marie Holenstein war zu einer vom WWF finanzierten Arbeitsgruppe von Zürcher Naturwissenschaftlern gestossen. „Zerstörung durch Überfluss" war eine Publikation dieser Arbeitsgruppe, finanziert wurde sie durch den Tierschutzverband, herausgegeben von Anne-Marie Holenstein und der ETH-Dozen-

---

54 A.-M. Holenstein-Hasler, R. Renschler, R. H. Strahm: Entwicklung heisst Befreiung, 209 – 210, B. Mahler: ‚umdenken – umschwenken'.

55 A.-M. Holenstein-Hasler, R. Renschler, R. H. Strahm: Entwicklung heisst Befreiung, 211. Siehe auch SozArch, EvB, Ar 430.30.3. MIGROS 1979 – 1984.

56 SozArch, Claro 1011.1. OS3 Statuten, Bern, 22.6.1977.

57 SozArch, Claro 1010.12. OS3 Gründung: Mario Carera, OS3 bald im breiteren Handel?, November 1979.

58 F. M. Lappé, C. Fowler, J. Collins: Food First, A.-M. Holenstein, J. Davis: Zerstörung durch Überfluss.

tin Joan Davis und vertrieben von der EvB, den Dritte-Welt-Läden und der KAG.[59] Zunächst brach das Buch mit den Wirtschaftswissenschaften, indem es die internationale Arbeitsteilung wie auch die Prebisch-Singer-These ad absurdum führte.[60] Danach stellte es unmissverständlich die Forderung nach agrarpolitischer Autarkie und der Einführung neoprotekionistischer Massnahmen.[61] Wirtschaftswachstum bzw. die Produktivität wurde dabei als Grundproblem benannt: „Man geht darum das Problem verkehrt an, wenn man behauptet, die Produktivität der Landwirtschaft sei zu klein. Vielmehr ist die Produktion der übrigen Wirtschaft zu gross."[62]

Kurz gesagt: Der Grundsatz, Entwicklungsländern Waren abzukaufen, war dem Grundsatz gewichen, lieber in der Schweiz einzukaufen, als das Agrobusiness zu unterstützen. Der Fokus auf ökologische, lokale Produktion machte aus ökonomischer Sicht den Weg frei für eine klare Kehrtwende in der Handelspolitik. So begann die Bewegung Ende der 1970er-Jahre staatliche Subventionen an die Landwirtschaft zu unterstützen.[63] Dass sie damit einen staatlichen Eingriff unterstützte, der noch fatalere ökonomische Auswirkungen hatte als Importzölle, da ein Entwicklungsland hier nicht einmal mehr Zollpräferenzen beantragen konnte, wurde nicht thematisiert. Während sich Ökonominnen und Ökonomen weiterhin aus entwicklungspolitischer Sicht gegen westliche Agrarsubventionen einsetzten und das GATT weiterhin offiziell die Politik vertrat, dass Importzölle immerhin Subventionen vorzuziehen seien, sprach sich nicht nur die Bio-Bewegung, sondern mit der EvB auch die Dritte-Welt-Bewegung dafür aus, dass es in gewissen Fällen Agrarsubventionen geben solle. Nicht in der Höhe der Schweizer Agrarbeiträge sah die Bewegung ein Problem, sondern in ihrer Verwendung. Anstatt an Grossbetriebe sollte das Geld an Kleinbetriebe gehen, die nach ökologischen Kriterien wirtschafteten.[64] Mit der Unterstützung von Agrarsubventionen kehrte die Bewegung ihre ursprüngliche Stossrichtung ins Gegenteil und verstärkte diese gar noch. Auch wenn akademisch arrivierte Naturwissenschaftlerinnen und -wissenschaftler zur Bewegung gehörten, muss man davon ausgehen, dass diese die wirtschaftswissenschaftliche Handelstheorie offensichtlich nicht kannten. So haben Naturwissenschaftler den Abschied von der Makroökonomie sozusagen akademisch begleitet. Die Kluft, die sich zwischen den Wirtschaftswissenschaften

59 Ebd., 5.
60 Ebd., 72.
61 Ebd., 57.
62 Ebd., 64.
63 Ebd., 53.
64 U. Eichenberger: Ökologie und Selbstbestimmung, 61.

und der Dritte-Welt-Bewegung in den 1970er-Jahren öffnete, wurde somit von Naturwissenschaftlerinnen und -wissenschaftlern anfänglich mitverursacht.

4.2 Der Kleinbauer als gemeinsamer politischer Nenner: ein Bio-Gütesiegel 1981, die Futtermittelinitiative und die Kleinbauerninitiative

Mit 93 Prozent Zustimmung nahmen die Schweizer Bürgerinnen und Bürger 1971 den sogenannten Umweltartikel an, der damit in der Schweizerischen Bundesverfassung verankert wurde.[65] Für kurze Zeit schien sich in der schweizerischen Politik eine „grosse Allianz" für den Umweltschutz aller politischer Richtungen gebildet zu haben.[66] Im gleichen Jahr entstand das Bundesamt für Umwelt, Wald und Landschaft. Umweltthemen fielen auf fruchtbaren Boden. Auch die bürgerliche Politik in der Schweiz hatte bereits zu Beginn der 1970er-Jahre die grundsätzliche Nachfrage nach Umweltschutzmassnahmen erkannt.[67] Neuere Forschung zur Schweizer Geschichte der 1970er-Jahre hat denn auch gezeigt, dass etwa die Bewegung für einen biologischen Landbau zu guten Teilen von bürgerlich-konservativen Kreisen getragen wurde.[68] Umgekehrt wurde gezeigt, dass die Linke in der Schweiz Umweltanliegen nicht sofort und vorbehaltlos übernommen hat.[69]

Die Dominanz der Umweltfrage Mitte der 1970er-Jahre manifestierte sich auf internationaler Ebene durch die beiden Bücher „The Limits to Growth" (1972) und „Small is Beautiful" (1973). So gab denn eigentlich die Kritik am wirtschaftlichen Wachstum der Nachkriegszeit *(Limits to Growth)* den Auftakt zur Umweltdiskussion, dicht gefolgt von der Rückbesinnung auf die Produktion in Klein- und Familienbetrieben und nach traditionellen Methoden *(Small is beautiful)*. Kupper

---

65 Siehe dazu auf der Webseite der Schweizerischen Bundeskanzlei unter der Rubrik „Volksabstimmungen", Bundesbeschluss vom 18.12.1970 über die Ergänzung der Bundesverfassung durch einen Artikel 24septies betreffend den Schutz des Menschen und seiner natürlichen Umwelt gegen schädliche oder lästige Einwirkungen, angenommen am 6.6.1971 (https://www.admin.ch/ch/d/pore/va/19710606/index.html) (24.4.2018).

66 Kupper, Patrick: Die ‚1970er Diagnose': Grundsätzliche Überlegungen zu einem Wendepunkt der Umweltgeschicht, in: Archiv für Sozialgeschichte 43 (2003) 325 – 348, 344.

67 B. Mahler: ‚umdenken – umschwenken', 20 – 32.

68 U. Eichenberger: Ökologie und Selbstbestimmung, 15, B. Mahler: ‚umdenken – umschwenken', 17 – 18, P. Kupper: Die ‚1970er Diagnose', 344.

69 O. Wyss: Sozialismus ohne Wachstum.

spricht von „einer Bewegung vom Grossen ins Kleine".[70] Diese zwei Aspekte (Wachstumskritik und Kleinräumigkeit) sollten innert kürzester Zeit die zwei Hauptforderungen der Dritte-Welt-Bewegung (Marktzugang und Industrialisierung) von der Agenda verdrängen und die Berechtigung dieser Forderungen angreifen.

Somit rannte der Agronom Hardy Vogtman offene Türen ein, als er zu Beginn der 1970er-Jahre Unterstützung für ein Forschungsinstitut für biologischen Landbau (Fibl) suchte.[71] Das Fibl in Oberwil (BL) bot eine Antwort auf die Wachstumskritik und den Ruf nach *Small is beautiful*, welche die verschiedenen politischen Gruppierungen beschäftigte. Der biologische Landbau anerbot sich als positive Aktion, die unterstützt werden konnte. Wenn Vogtman nebenbei in einem Artikel erwähnte, dass der biologische Landbau auch für Entwicklungsländer geeignet sei, zeigt dies die Dominanz der Wachstumskritik, der andere Anliegen jener Zeit unterzuordnen waren.[72] Es zeigt aber auch, wie sich über die Wachstumskritik und das Motto *Small is beautiful* neue Allianzen zwischen der Umwelt- und der Dritte-Welt-Bewegung bildeten.

Die noch junge 68er-Bewegung nahm die Umweltfrage sofort auf und setzte sie ebenso rasch als positive Aktion in Form der biologischen Landwirtschaft um. Bereits 1971 betrieben Landkommunen biodynamischen Landbau.[73] 1972 wurde in Basel die landwirtschaftliche Kooperative Longo maï gegründet, die unter anderem im Jura bis heute einen landwirtschaftlichen Betrieb führt.[74] Ebenfalls entstanden in der Schweiz und in Europa zahlreiche weitere Landkommunen, in welchen oft junge städtische Akademikerinnen und Akademiker die ökologische Selbstbestimmung leben wollten.[75] Damit haben die Kommunen die Publikation von „Small is Beautiful" 1973 teilweise vorweggenommen und getragen. Dies wiederum wie bei der Dritte-Welt-Bewegung unter einer neuen Definition des Begriffs Solidarität, nämlich unter dem Motto „Solidarität aller Umweltgeschädigten".[76] Erst später, nach dem Erscheinen von „Small is Beautiful", wurde Schumacher oft als Referenz für bereits Bestehendes angeführt.[77] Bedeutender als einzelne Kommunen war jedoch die Gründung des Fibl im Jahr 1974. Das Institut

---

70 P. Kupper: Die ‚1970er Diagnose', 346.

71 U. Eichenberger: Ökologie und Selbstbestimmung.

72 H. Vogtmann: Der biologische Landbau in der Schweiz. Konzept einer umweltgerechten Alternative, Basler Zeitung, 25.8.1979.

73 S. Bittner: Jenseits der Kleinfamilie, 24.

74 A. Schwab: Landkooperativen Longo maï.

75 U. Eichenberger: Ökologie und Selbstbestimmung, 39.

76 Ebd., 42.

77 Ebd., 43.

legte Studien zum biologischen Landbau vor und war ein wichtiger Faktor im politischen Prozess, der sich hierzulande in Richtung einer Förderung des biologischen Landbaus entwickelte. Es ist jedoch, wie erwähnt, verfehlt, die Bewegung für Kleinbetriebe und biologische Landwirtschaft als linkes Anliegen oder als Anliegen der 68er-Generation abzutun. Wie aufgezeigt, passte der biologische Landbau auch zum neokonservativen Weltbild. Zudem entsprachen die Wachstumskritik und die Forderung nach der „Rückkehr zum menschlichen Mass" *(Small is beautiful)* auch einer grösseren Gruppe von Schweizer (Klein-)Bauern, die mit der offiziellen Landwirtschaftspolitik des Bundes und des Schweizerischen Bauernverbandes nicht einverstanden waren. 1980 spaltete sich in der Schweiz die Kleinbauernvereinigung vom mächtigen Schweizerischen Bauernverband ab.[78] Die Schweizer Kleinbauern sollten in der Folge im Rahmen von eidgenössischen Abstimmungen immer wieder die Bevölkerung für ihre Anliegen gewinnen können. Ebenfalls wurden die Schweizer Kleinbauern zu einem neuen wichtigen Partner der Umweltbewegung.

Die Fair-Trade-Bewegung wurde zu einer Funktion der Entwicklungen im „Bio"-Bereich. Anne-Marie Holenstein war mit dem Leiter des Fibl, Hardy Vogtmann, per Du, sie wies ihn im Namen der EvB auf „unsere Bemühungen um ökologische Landwirtschaftsmodelle in den Entwicklungsländern" hin.[79] 1981, als krönender Abschluss der Anstrengungen der 1970er-Jahre, führte das Fibl das Gütesiegel „Die Knospe" ein.[80] Schweizer Bäuerinnen und Bauern, die nach den Richtlinien des Fibl anbauten und sich kontrollieren liessen, durften ihre Produkte mit der Knospe versehen.[81] Damit gab das Fibl eine Strategie vor, die auch im Fair-Trade-Bereich übernommen werden sollte. Etwa gleichzeitig entstanden im Umfeld der EvB Auftragsstudien, die ein ähnliches Gütesiegel für Fair-Trade-Produkte prüfen sollten.[82] Der makroökonomische Sinn eines solchen Gütesiegels wurde in der Bewegung nicht mehr hinterfragt.[83]

Am Goetheanum in Dornach hatte der biologisch-dynamische Landbau bereits zu Beginn des 20. Jahrhunderts eingesetzt. Schon 1928 waren unter der Bezeichnung „demeter" biologisch-dynamische Produkte erhältlich.[84] Dann folgte die Konsumenten-Arbeits-Gruppe für tier- und umweltfreundliche Nutztierhal-

78 P. Moser: Schweizerische Vereinigung.

79 SozArch, EvB, Ar 430.91.7. Hardy Vogtmann an Anne-Marie Holenstein, 19. 3. 1980. Anne-Marie Holenstein an Hardy Vogtmann, 20. 3. 1980.

80 D. Ma. [Kürzel]: Mehr Klarheit auf dem Bio-Markt, Basler Zeitung, 11. 12. 1980.

81 U. Eichenberger: Ökologie und Selbstbestimmung.

82 A.-M. Holenstein-Hasler, R. Renschler, R. H. Strahm: Entwicklung heisst Befreiung, 219.

83 P. Collier: The Bottom Billion, 163.

84 U. Eichenberger: Ökologie und Selbstbestimmung, 56.

tung (KAG) zu Beginn der 1970er-Jahre mit einem Label.[85] Wie oben gezeigt, benutzten auch die Frauenfelder Bananenfrauen ein Signet für ihre Bananen, das jedoch bald wieder verschwand. Die Zertifizierung im Bio-Bereich begann bei den Lebensmitteln und führte hier zu den ersten beständigen Gütesiegeln. Die Fair-Trade-Bewegung hinkte in diesem Bereich stark hinterher. Trotz Bestrebungen in Richtung Gütesiegel ab 1980 sollte in der Schweiz erst zu Beginn der 1990er-Jahre ein Fair-Trade-Label eingeführt werden – und dann auch Bestand haben.[86]

Ebenfalls an der Schwelle von den 1970er- zu den 80er-Jahren folgten verschiedene eidgenössische Volksinitiativen, welche die EvB mitgeprägt oder unterstützt hatte. Diese Initiativen bildeten den Konzeptwandel der Fair-Trade-Bewegung einerseits ab, andererseits zeigen sie auch auf, wie stark die Anliegen der Fair-Trade-Bewegung unterdessen nicht mehr jene einer marginalen Kleingruppierung waren, sondern von einer sehr breiten Bevölkerungsschicht getragen wurden. Mit dem Fokus auf die Bergbauern und die kleinräumige, lokale und bodenständige Produktion überschnitten sich die Anliegen der Dritte-Welt-Bewegung mit jenen eines nationalkonservativ eingestellten oder christlichen Publikums. Die linksgrüne Einstellung, die sich für den Slogan *Small is beautiful* stark machte, und die nationalkonservative Einstellung – beispielsweise jene des Vorortsdirektors Gerhard Winterberger –, gemäss denen die Schweiz und ihre Bergbauern möglichst erhalten bleiben sollten, erwiesen sich als überraschend deckungsgleich.[87] Die nationale und kulturelle Identifikation mit dem Bergbauern ist denn auch eine schweizerische Spezialität, die in den Jahren der Geistigen Landesverteidigung stark wurde.[88] Unter dem Slogan „Schweizerart ist Bauernart" wurde ein Bild der Schweiz als Nation der hart arbeitenden Bauern und Handwerker kreiert, die der kargen Berglandschaft ihre Früchte abrangen.[89] Diese Entwicklung zeigte sich etwa darin, dass der Bauernschriftsteller Jeremias Gotthelf während des Zweiten Weltkriegs wiederentdeckt und sein Werk in einer kompletten Ausgabe neu editiert wurde.[90] Das Interesse an der „bäuerlichen Kultur" der Schweiz wuchs in der bürgerlichen Gesellschaft in der Kriegszeit und blieb in den Jahrzehnten der Nachkriegszeit eine Konstante.[91] In den 1970er-Jahren, als die Dritte-Welt-Bewegung begann, den Kleinbauern als Symbolfigur für ihr Weltbild zu benutzen, hatte sich die bürgerliche Schweiz bereits seit über

---

85 Siehe die Webseite der KAG, http://www.kagfreiland.ch. (12.9.2017).
86 Das Label Max Havelaar, siehe http://www.maxhavelaar.ch. (12.9.2017).
87 G. Winterberger: Schweizerische Eigenart.
88 J. Solchany: Wilhelm Röpke, 43–45.
89 T. Scheidegger: Vom ‚Schweizerbauern'.
90 Gotthelf, Jeremias: Sämtliche Werke in 24 Bänden (Erlenbach-Zürich 1922–1977).
91 J. Solchany: Wilhelm Röpke, 43–45, P. Moser: Stand der Bauern, 61–65.

drei Jahrzehnten mit der Rolle des Schweizer Bauern im Industriestaat beschäftigt.[92]

Für die Dritte-Welt-Bewegung verkörperte der Kleinbauer eine politische und ökonomische Alternative. Nach der durch den hohen Erdölpreis hervorgerufenen Welternährungskrise von 1973/1974 schien die Ernährungssouveränität und deren Grundlage, das Kleinbauerntum, ein Garant für die Verhinderung weiterer solcher Krisen zu sein, zumal diese Alternative einen Gegensatz zu der von Erdöl abhängigen industrialisierten Landwirtschaft und dem weltweiten Handel von Agrarprodukten darstellte. Die in Kooperativen organisierten Kleinbauern galten sowohl als Gegenstreber rechter Regime, die mit westlichen Multinationalen Firmen unter einer Decke zu stecken schienen, als auch als Träger einer alternativen ökonomischen Praxis.[93] In Kooperativen organisierte Kleinbauern erschienen der Dritte-Welt-Bewegung als „Dritter Weg“ zwischen Sozialismus und Kapitalismus.[94]

Gleichzeitig lässt sich die Beschäftigung der Dritte-Welt-Bewegung mit der Figur des Kleinbauern in die Missionszeit des 19. Jahrhunderts zurückverfolgen. Es gehörte zur Entwicklungspolitik der Basler Mission, die agrarische, ländliche Entwicklung und die Kleinbauern mit Grundbesitz zu fördern. „Der selbständige Eingeborene auf eigener Scholle“ war für die Basler Mission in Westafrika das erstrebenswerte Gegenstück zum afrikanischen Sklaven oder Plantagenarbeiter.[95] Die Exportlandwirtschaft wiederum stellte die zivilisierte Alternative zum Handel mit Gold und Sklaven dar. Die Mission förderte das Kleinbauerntum in Afrika aber nicht nur deshalb. Für die pietistisch-protestantischen Basler Stadtbürgerinnen und -bürger sowie die Industriellen entsprach der Kleinbauer auch ihrem romantisch-antiindustriellen Idyll. Das Kleinbauernidyll in Afrika war die Antithese zur industriell-modernen Grossstadt, sei dies nun für Spender in Basel, Genf, London oder in den deutschen Hansestädten. Das Bild des Kleinbauern und Handwerkers im Dorf, von den Basler Missionaren „Salem“ genannt, war eine mehrfache Antithese, zum einen zum Plantagensklaven, zum andern zum städtischen, im Pauperismus gefangenen Industriearbeiter.[96]

Interessant an der Formulierung der Mission ist aber auch die Betonung des Privateigentums. Das Ziel bestand darin, dass der Kleinbauer eigenen Boden besass (bzw. „eigene Scholle“). Dies hatte mit dem biblischen und lutherischen

---

92 A. Franc: Agricultural Protectionism.

93 Dam, Peter Van: Moralizing Postcolonial Consumer Society, 240.

94 K. J. Kuhn: Fairer Handel und Kalter Krieg, 52.

95 A. Franc: Wie die Schweiz zur Schokolade kam, 241 – 242.

96 Köppli, Marcel: Protestantische Unternehmer in der Schweiz des 19. Jahrhunderts. Christlicher Patriarchalismus im Zeitalter der Industrialisierung (Zürich 2012).

Topos des Bauern, der seinen Acker pflügt, weniger zu tun als mit der liberalen Einstellung der Verantwortlichen in Basel, die im Zeitalter des Pauperismus nicht nur Bauern unterstützen, sondern etwa auch Arbeitern zu Wohneigentum verhelfen wollten.[97] Damit stand das Konzept des Kleinbauern, das die Basler Mission bereits im 19. Jahrhundert hatte, jenem der Hilfe zur Selbsthilfe sehr nahe. Das liberale Konzept der Eigenverantwortung wies damit auch eine enge Nähe zum späteren entwicklungspolitischen Konzept der Hilfe zur Selbsthilfe auf, wie es von der NGO-Bewegung vertreten wurde, die sich jedoch als politisch links verstand.

Es lag somit in diesem gemischt reaktionär-umweltbewussten Geist der Zeit, dass sich gegen Ende der 1970er-Jahre im mächtigen Schweizerischen Bauernverband (SBV) Konflikte um die Agrarpolitik abzeichneten.[98] Die Kleinbauern erhielten von der nicht agrarischen Bevölkerung der Schweiz Rückendeckung. Die Kleinbauernvereinigung hatte im Gegensatz zum althergebrachte SBV begriffen, dass das Schicksal der „Bauern im Industriestaat" nicht von deren Produktion, sondern vom Wohlwollen der steuerzahlenden Bevölkerung abhing. Die agrarpolitische Rhetorik der Entwicklungspolitik fokussierte in erster Linie auf die – unproduktiven – Bergbauern.[99] In Zukunft sollte die Schweizer Landwirtschaft nicht in erster Linie die Bevölkerung ernähren, sondern das kulturelle Bedürfnis der Schweizer Bevölkerung nach einer lokalen Landwirtschaft befriedigen. Es ist nicht überraschend, dass die EvB sich mit den Kleinbauern solidarisierte und die Kleinbauerninitiative unterstützte.[100] Aus der EvB war längst eine Organisation geworden, die sich für biologischen Landbau in der Schweiz, Schweizer Kleinbauern sowie den Tierschutz in der Schweiz einsetzte. Die biologische Produktion in der Schweiz wurde für die EvB zum Primat über den Marktzugang des Südens. So hiess es in ihrem Tätigkeitsbericht über die Jahre 1981 und 1982:

> Schon in den Wintermonaten beschäftigen wir uns mit Anbau und Vermarktung von Schweizer Äpfeln. Als Ergänzung zur Aufforderung, keine Früchte aus Südafrika zu kaufen, wurde im Mai ein Faltprospekt herausgegeben ‚Ich kaufe...Saisonfrüchte aus der Schweiz'. Über dieses Thema werden nun weitere Erfahrungen zum Direktabsatz und zur Deklarations- und Informationspolitik zusammengetragen. Mit den Bananen-Frauen arbeiten wir am Thema ‚Äpfel statt Bananen'.[101]

---

97 Ebd., 156.
98 P. Moser: Schweizerische Vereinigung.
99 W. Baumann, P. Moser: Bauern im Industriestaat, 30.
100 Siehe dazu auf der Webseite der Schweizerischen Bundeskanzlei unter der Rubrik „Volksinitiativen", Eidgenössische Volksinitiative „für ein naturnahes Bauern – gegen Tierfabriken (Kleinbauern-Initiative)", (https://www.admin.ch/ch/d//pore/vi/vis167.html) (12.9.2017).
101 SozArch, EvB, Ar 430.16.1. GV 1983, Tätigkeitsbericht 1981/82.

Auch im Handbuch der EvB zur Aktion „Hunger ist ein Skandal“ von 1981 hiess es, dass „manche lieber Äpfel als Bananen“ essen.[102] Unmerklich war aus dem Einsatz für einen gerechten Nord-Süd-Handel und für eine Öffnung des Schweizer Marktes für Roh- und potentielle Industrieprodukte des Südens ein Einsatz für die kleinbäuerliche Nahrungsmittelproduktion in der Schweiz geworden. Das Apartheid-Regime in Südafrika bot zunächst ein dankbares Argument für den Kauf von Schweizer Äpfeln, doch auch Bananen aus durchaus demokratisch regierten südlichen Ländern sollten durch Schweizer Äpfel ersetzt werden. Faktisch sollte die Schweiz – im Weltbild der EvB der 1980er-Jahre – als Absatzmarkt für Produkte der Entwicklungsländer wegfallen. So schlich sich denn auch zu Beginn der 1980er-Jahre in Form von Prospekten für die Kleinbauerninitiative unmerklich das Schweizer Kreuz in den Unterlagen des Deutschschweizer Komitees der EvB ein.[103] Die EvB legte 1984 einem der von ihr verschickten Rundbriefe den Initiativtext der Kleinbauerninitiative und eine positive Stellungnahme bei.[104]

Abb. 9: Informationsbroschüre für die Kleinbauern-Initiative (1984)

Für eine verwandte Initiative, die ein Importverbot von Futtermitteln verlangte, kam der Anstoss von der EvB.[105] Ausgerechnet im Herbst 1975, in der Phase

102 K. J. Kuhn: Entwicklungspolitische Solidarität, 264.

103 SozArch, EvB, Ar 430.11.5 Informationsbroschüre der Schweizerischen Vereinigung zum Schutz der kleinen und mittleren Bauern für die Kleinbauern-Initiative, 1984.

104 SozArch, EvB, Ar 430.11.5. Protokoll Komiteesitzung vom 13.8.1984, Bern, 13.9.1984.

105 Siehe dazu auf der Webseite der Schweizerischen Bundeskanzlei die Rubrik „Volksinitiativen“, Eidgenössische Volksinitiative „gegen übermässige Futtermittelimporte und Tierfabriken

des Abstimmungskampfs um das sogenannte Schoggigesetz, einem klassischen neoprotektionistischen Gesetz, das den Import von ausländischen verarbeiteten Nahrungsmitteln wie etwa Schokolade erschweren und für den Export von verarbeiteten Produkten Beiträge vorsehen sollte, entstand der Vorschlag zu einem weiteren, faktisch neoprotektionistischen Gesetz.[106] Im Protokoll der EvB-Sitzung vom 6. September 1975 wird die anstehende Abstimmung über das Schoggigesetz mit keinem Wort erwähnt. Stattdessen präsentiert Anne-Marie Holenstein einen Vorschlag zur „Eingabe an den Bundesrat betreffend Importbesteuerung von Futtermitteln".[107] Das Protokoll hält fest:

> Bis November 1975 soll in Zusammenarbeit mit dem i3w ein Dossier zu Frage der Futtergetreideimporte angefertigt werden. Dieses soll als Eingabe an den Bundesrat geschickt werden. Der Text der Eingabe soll dem Komitee vorgelegt werden. Gleichzeitig sollen auch die 2500 Fleischverzichts-Unterschriften mitgeliefert werden.[108]

Es besteht kein Zweifel, dass die EvB eine Abstimmung über ein offensichtlich neoprotektionistisches Gesetz, das Schoggigesetz, das den Anliegen der Ujamaa-Kaffee-Aktion diametral entgegenstand, ignorierte und zur gleichen Zeit aktiv die Arbeit an einem weiteren neoprotektionistischen Gesetz aufnahm. Damit wurden gewisse neoprotektionistische Massnahmen nicht nur passiv geduldet, sondern sogar aktiv gefordert, möglicherweise sogar zeitgleich mit dem ursprünglichen Anliegen, den Markt zu öffnen und die Industrialisierung in den Ländern des Südens voranzutreiben. So standen im von der EvB vertriebenen Buch „Zerstörung durch Überfluss" (1977) konkrete agrarprotektionistische Forderungen mit dem Ziel der landwirtschaftlichen Autarkie der Schweiz:

> Forderungen an die Landwirtschaftspolitik
>
> Gesetzliche Massnahmen zum Schutz der Bauernbetriebe (z. B. Flächenbeiträge, Verbot der industriellen Tierhaltung, Belastung von Futtermittelimporten) müssen darum vom Konsumenten in seinem eigenen Interessen unterstützt werden.[109]

Unmissverständlich forderte die EvB mit der Herausgabe und Verbreitung dieser Publikation Direktsubventionen („Flächenbeiträge") an Schweizer Bauern sowie

---

sowie für bestmögliche Nutzung des einheimischen Bodens", zurückgezogen für den indirekten Gegenvorschlag am 28.10.1983 (https://www.admin.ch/ch/d/pore/vi/vis130.hl) (12.9.2017).

106 A. Franc: Wie der Vorort.

107 SozArch, EvB, Ar 430.10.2. EvB Protokoll, 6.9.1975.

108 SozArch, EvB, Ar 430.10.2. EvB Protokoll, 6.9.1975. Das von Komiteemitglied Al Imfeld gegründete und geleitete Informationszentrum Dritte Welt hiess i3w.

109 A.-M. Holenstein, J. Davis: Zerstörung durch Überfluss, 53.

Importzölle („Belastung") auf Futtermittel. Die Autorinnen waren sich ebenso unmissverständlich bewusst, dass sie sich damit auf politisch heikles Gebiet wagten: „Viele werden uns vorwerfen, wir geraten mit solchen Überlegungen in die *Nähe historisch überholter Vorstellungen von Autarkie.*"[110] Sie konzedierten selbstbewusst, dass sie sich nicht nur in die Nähe, sondern in eine gemeinsame Schnittmenge mit der nationalkonservativen Bewegung der Schweiz begaben:

> Zu welchem dieser beiden grundverschiedenen politischen Standpunkte wir auch persönlich neigen – für einmal treffen sich hier die Vertreter einer solidarischen Weltinnenpolitik mit den Vertretern der isolationistischen Richtung in der Forderung, dass die Schweiz alle Anstrengungen unternehmen muss, um die eigenen Möglichkeiten zur Nahrungsmittelproduktion zu erhalten und zu verbessern.[111]

Dabei appellierten die Autorinnen auch an das Neutralitäts- und Sicherheitsempfinden, das die nationalkonservative Bewegung gerade erst im Bereich der Europa- und Militärpolitik entdeckt hatte:

> Wie steht es nun mit der Unabhängigkeit und Selbstbestimmung der Schweiz im Bereich der Ernährung? [...] Merkwürdigerweise besteht keine Forderung, wonach die Schweiz auch in der Lage sein müsste, ihre Neutralität in *wirtschaftspolitischen Krisensituationen* zu verteidigen.[112]

Den Bemühungen der Autorinnen war Erfolg beschieden. 1978 beschloss schliesslich auch die Generalversammlung der EvB, wie bereits in „Zerstörung durch Überfluss" gefordert, die Unterstützung der Futtermittelinitiative, die im August des Jahres zustande kommen sollte.[113] Spannend ist wiederum die Beobachtung, dass die Basis der EvB der eigenen Arbeit kritisch gegenüberstand und noch stärker auf den Kleinbauern fokussieren wollte:

> Allerdings sind flankierende Massnahmen notwendig, wenn sie sich nicht letztlich doch wieder zum Nachteil der kleinen Milchbauern auswirken soll. Die Gruppe möchte hierzu Unterlagen erarbeiten, u. a. in direktem Kontakt mit den Kleinbauern.[114]

---

110 Ebd., 57.
111 Ebd., 58.
112 Ebd., 54.
113 Ebd., 53. Siehe dazu auf der Webseite der Schweizerischen Bundeskanzlei die Rubrik „Volksinitiativen", Eidgenössische Volksinitiative „gegen übermässige Futtermittelimporte und Tierfabriken sowie für bestmögliche Nutzung des einheimischen Bodens", zurückgezogen für indirekten Gegenvorschlag am 28.10.1983 (https://www.admin.ch/ch/d/pore/vi/vis130.html) (12.9.2017). SozArch, EvB, Ar 430.16.1. GV 1978 Auswertung Tagung Gersau.
114 SozArch, EvB, Ar 430.16.1. GV 1978 Auswertung Tagung Gersau.

Während sich die EvB für den Kleinbauern und den biologischen Landbau in der Schweiz einsetzte, engagierte sich das Fibl wiederum in der Entwicklungspolitik. Über die DEZA war das Forschungsinstitut bereits ab 1979 in ein Projekt in Bolivien involviert.[115] In seiner Funktion als Experte für biologischen Landbau äusserte sich Hardy Vogtmann, der Leiter des Fibl, wiederum zur Dritten Welt:

> Es erscheint auf lange Sicht absurd, ja sogar gefährlich, eine landwirtschaftliche Produktionsmethode zu entwickeln, die extrem abhängig ist von einer grossen Zufuhr an Rohstoffen und Fremdenergie. Dies gilt vor allen Dingen auch im Hinblick auf die Entwicklungsländer.[116]

In diesem Zitat lässt sich die Reduktion der Entwicklungsfrage auf die Landwirtschaft erkennen, die sich gegen Ende der 1970er-Jahre durchsetzte. Waren es in den 1960er- und zu Beginn der 70er-Jahre noch Theologen, Juristen und Ökonomen mit Interesse für Politik, Technik und Handelspolitik gewesen, die sich im Namen der Dritte-Welt-Bewegung geäussert hatten, ging das Expertentum allmählich an die Vertreter der biologischen Landwirtschaft über. Während mehrere asiatische Entwicklungsländer in beträchtlichem Umfang Industrieprodukte in den Westen exportierten und die westlichen Industrieländer Industriearbeitsplätze in asiatische und lateinamerikanische Länder auslagerten, reduzierte sich paradoxerweise das Bild, das die Dritte-Welt-Bewegung von Entwicklungsländern hatte, immer stärker auf die landwirtschaftliche Produktion und auf den Kleinbauern. Während die Landwirtschaft faktisch in zahlreichen Entwicklungsländern an Bedeutung verlor, erfuhr sie in der Beschäftigung der Dritte-Welt-Bewegung eine umso stärkere Aufwertung.[117] Der Kleinbauer hielt Einzug an so ungewöhnlichen Orten wie etwa dem Fonds zur Unterstützung von Gewerkschaften in der Dritten Welt (Solifonds), zu dessen Arbeitsbereich die „Unterstützung von Bauernbewegungen in ihrem Kampf für Land und Ernährungssouveränität und von Gruppierungen, welche sich für den Schutz der natürlichen Lebensgrundlagen einsetzen" gehörte.[118] Das Bild des Kleinbauern hatte in der Weltanschauung der Dritte-Welt-Bewegung über das Bild des Arbeiters gesiegt.

Diese Aufwertung der Landwirtschaft und des Kleinbauerntums innerhalb der Dritte-Welt-Bewegung trug zur Ausgestaltung der schweizerischen Agrarpo-

---

115 U. Eichenberger: Ökologie und Selbstbestimmung.

116 H. Vogtmann: Der biologische Landbau in der Schweiz. Konzept einer umweltgerechten Alternative, Basler Zeitung, 25.8.1979.

117 Dercon, Stefan; Gollin, Douglas: Agriculture in African Development. Theories and Strategies, in: Annual Review of Resource Economics 6/1 (2014) 471–492.

118 S. Howald: Dieses kostbare Gut, 7.

litik der folgenden Jahrzehnte bei.[119] Erneut, wie zuvor bei der Aufstockung der öffentlichen Entwicklungshilfe, stand die EvB innert weniger Jahre vor der Situation, dass der Bund ihre Anliegen so rasch und in einem solchen Ausmass umgesetzt hatte, dass sie von der Entwicklung überrumpelt wurde. Die schweizerische Agrarpolitik und die dafür bestimmten Geldsummen wurden in den 1970er- und 80er-Jahren in einem derartigen Tempo ausgebaut bzw. erhöht, dass es für eine kleine NGO nicht mehr möglich war, mit den Entwicklungen Schritt zu halten, jede Abstimmung zum Thema Agrarpolitik intern zu besprechen und neoprotektionistische Gesetze zu kritisieren.

Zu gut eignete sich der Kleinbauer als Gallionsfigur und als Marke. Anders als die traditionellen Hilfswerke hatte die EvB nie auf das klassische Marketingbild des hungernden afrikanischen Kindes gesetzt. Mitte der 1970er-Jahre wird der Kleinbauer jedoch zunehmend zum Markenzeichen in Texten aus der Feder der EvB-Sekretäre.[120] Die EvB nahm damit eine Entwicklung vorweg, die auch die klassischen Hilfswerke mitmachen sollten: Die Abkehr von der Hilfe als Almosen und die Hinwendung zur Hilfe zur Selbsthilfe. Dies bedeutete: weg vom Bild des hungrigen Kindes, hin zum Bild des Kleinbauern.[121] Die Marketing- und Fundraisingstrategien der Hilfswerke wurden für den Fall Grossbritanniens gleich mehrfach untersucht.[122] Die britische Oxfam steuerte den Übergang vom Bild des hungernden afrikanischen Kindes zum Bild des Kleinbauern bereits in den 1960er-Jahren an. Oxfam war zu dieser Zeit bereits eine hochprofessionelle NGO mit einem ebenso professionellen Fundraising und Marketing. Bereits mit dem Bild des afrikanischen Kindes, das damals neu war bzw. die Bilder der europäischen Flüchtlingskinder nach dem Zweiten Weltkrieg ersetzte, hatte Oxfam einen Marketingerfolg gelandet.[123] Für die westliche Konsumgesellschaft der 1960er-Jahre waren die Fotos der hungrigen Kinder schockierend. Wie stark es bei diesem Wechsel auch um Fundraising, Marketing und die Konkurrenz unter den verschiedenen Hilfswerken um nationale Aufmerksamkeit und somit Spenden ging, zeigt wiederum Black:

> Press advertising became more hard-hitting. This was the heyday of the hungry child. [...] Oxfam was part of a new consciousness about the world. Just as the image of the starving

---

119 P. Moser: Stand der Bauern, 311 – 312.

120 Siehe dazu etwa A.-M. Holenstein, J. Davis: Zerstörung durch Überfluss oder A. Bänziger: Entwicklungsland Welt – Entwicklungsland Schweiz.

121 M. Black: Oxfam the First 50 Years, 69.

122 M. Hilton: Politics of Expertise. Eine Ausnahme findet sich bei K. J. Kuhn: Entwicklungspolitische Solidarität, 229.

123 L. Zürcher: ‚Das Brot des Lebens‘, 52.

> child of the Congo was new, so too was the image of the 'progressive farmer' leaving hunger behind on the basis of a sum well within the reach of anyone's comprehension.[124]

Der Kleinbauer war, wie Black bemerkt, eine für jeden westlichen Bürger einfach greifbare Figur. Und: Das Bild des Kleinbauern wurde, wie bereits jenes des hungernden afrikanischen Kindes, in einem immer aggressiver werdenden Werbeumfeld genutzt. Mit der Figur des Kleinbauern war nun auch die EvB auf dem Boden der Realität angekommen, der sich die professionellen NGOs im Bereich Marketing und Fundraising europaweit stellen mussten. Die reine Entwicklungshilfe – versinnbildlicht durch das hungernde Kind – hatte sie noch kritisiert und als zu simpel verworfen. Nun, in der zweiten Phase, gekennzeichnet durch eine erweiterte Neudefinition der Entwicklungshilfe, die sich in den 1970er-Jahren unter den NGOs durchsetzen sollte, war die EvB an vorderster Front mit dabei. Sie hatte sich, ohne dies zu reflektieren, in einen bereits fahrenden, internationalen Zug gesetzt: Seit den 1980er-Jahren waren „Hungerbilder" generell in Werbekampagnen von Entwicklungsorganisationen im Rückzug.[125] Die Neudefinition der Entwicklungshilfe als Selbsthilfe, als Entwicklungszusammenarbeit, setzte keine Hungersnot, keinen Krieg oder sonstige akuten Ereignisse voraus. Die Entwicklungszusammenarbeit war im Gegensatz zur Entwicklungshilfe ein kontinuierlicher, langfristiger Prozess. Sie war eine Grundlagenarbeit, die in jedem Entwicklungsland und jederzeit erfolgen konnte. Da sie kein Ereignis voraussetzte, war sie planbar. Für die Hilfswerke genau wie für die staatlichen Entwicklungsministerien war der Übergang von der Entwicklungshilfe zur Entwicklungszusammenarbeit die Bedingung ihres Organisationswachstums. Das Bild des Kleinbauern versinnbildlicht die Professionalisierung der Entwicklungszusammenarbeit in der westlichen Welt und ein Geschäftsmodell, das zumindest im Westen zahlreiche Arbeitsplätze geschaffen und erhalten hat.[126] Während sich die EvB in ihrem Selbstbild als eine vom Staat unabhängige Instanz sah, deren Aufgabe darin bestand, die schweizerische Entwicklungszusammenarbeit kritisch zu begleiten, sind die parallel verlaufenden Entwicklungen ihrer Konzeptänderung und der Aufbau der DEZA[127] sowie die wiederkehrende Zusammenarbeit mit der späteren DEZA unübersehbar. Sie reihen sich ein in die für Grossbritannien beobachtete Forschung, die den Aufbau professioneller NGOs als komplementär zum Ausbau staatlicher Leistungen sieht.[128] Bereits im September 1972 wird Anne-

124 M. Black: Oxfam the First 50 Years, 80.
125 C. Gerlach: Bilder des Hungers, 29.
126 Siehe dazu etwa W. R. Easterly: The White Man oder R. Vaubel: Bureaucracy at the IMF.
127 D. Waldburger, L. Zürcher, U. Scheidegger: Im Dienst der Menschheit.
128 M. Hilton: Politics of Expertise.

Marie Holenstein dem Bundesrat zur Wahl in die Kommission für technische Zusammenarbeit vorgeschlagen.[129] Daraufhin wurde die EvB etwa 1973 in das Vernehmlassungsverfahren zum Zuckerbeschluss oder 1974 in jenes zum Bundesgesetz über die internationale Entwicklungszusammenarbeit und humanitäre Hilfe eingebunden.[130] Dieses Gesetz von 1976, auf dem der Ausbau der DEZA in den folgenden Jahrzehnten beruhte, hat die EvB stark mitgeprägt.[131] Zum anderen haben ihre Vertreterinnen und Vertreter Kurse veranstaltet für DEZA-Mitarbeiterinnen und Mitarbeiter und sich mit diesen auch eingehend unterhalten.[132] So berichtet etwa Strahm 1976 beiläufig in einer Notiz an seinen Kollegen vom Westschweizer EvB-Komitee: „Ich hatte diese Woche ein vierstündiges Gespräch mit zehn Mitarbeitern des Dienstes für Technische Zusammenarbeit über mein Finanzhilfe-Papier."[133] Ende der 1970er-Jahre bestand ein impliziter Konsens, wonach der Kleinbauer die gemeinsame Schnittmenge von Politik und öffentlicher Entwicklungszusammenarbeit war. Dieser Konsens wurde auch von der EvB getragen.

4.3 Das Ende der Modernisierung: Allianz mit den Gewerkschaften, gegen Staudämme

In der „Erklärung von Bern" hatte es 1968 geheissen, dass sich die Schweizer Bevölkerung darauf einstellen müsse, auf „Privilegien zu verzichten".[134] Im Sinne der UNCTAD-Doktrin, auf die sich die Erklärung bezieht, bedeutete dies, in eine faire Konkurrenz zu den Ländern des Südens zu treten und auf den Schutz der Binnenwirtschaft durch Einfuhrzölle und andere protektionistische Instrumente zu verzichten. „Privilegien aufgeben" hiess – implizit auf die spätere Pulverkaffee-Aktion angewendet –, dass die Schweizer Bevölkerung sich darauf einstellen sollte, dass ihr Pulverkaffee in Zukunft nicht aus einer Nestlé-Fabrik in Vevey,

---

129 SozArch, EvB, Ar 430.10.1. Schweizer Komitee 1970 – 1973, Stellvertreter des Delegierten für technische Zusammenarbeit, Eidgenössisches Politisches Departement, an Anne-Marie Holenstein, 8.9.1972.

130 SozArch, EvB, Ar 430.10.1. Schweizer Komitee 1970 – 1973, Anne-Marie Holenstein, Georges Rossier an Eidgenössisches Volkswirtschaftsdepartement, 4.10.1973.

131 R. Spörri: Einfluss der Erklärung von Bern.

132 A.-M. Holenstein-Hasler, R. Renschler, R. H. Strahm: Entwicklung heisst Befreiung, 235.

133 SozArch, EvB, Ar 430.12.1. Comité romand : Rudolf Strahm an François [de Vargas] und Mario [Carera], 21.12.1976.

134 Punkt 5, Die Erklärung von Bern, https://www.publiceye.ch/fileadmin/files/documents/Ueber_uns/EvB_1968_0.pdf (28.3.2018). Siehe auch SozArch, EvB, Ar 430.25.1. EvB, Anfangszeit: Die Erklärung von Bern, März 1968.

sondern aus einem Staatsbetrieb in Tansania kommen würde, und dass auch die Dividenden und Steuereinnahmen für eine solche Produktion nicht mehr in der Schweiz, sondern in einem Land des Südens anfallen würden. Diese Erkenntnis, dass auch Arbeiter um ihre Arbeitsplätze konkurrierten, wurde bereits in Punkt 5 der Erklärung angesprochen und war daraufhin immer wieder ein Thema in internen Papieren. Trotzdem ging diese Erkenntnis auf dem kommenden Weg, den die Bewegung ging, verloren. Die ökonomisch korrekte Beobachtung der kurzfristigen Wirkung offener Märkte wurde ersetzt durch ein widersprüchliches, falsch verstandenes sozialistisches Verständnis von Solidarität unter Arbeitern oder Bauern. Die in den 1970er-Jahren stärker werdende Kritik an multinationalen Konzernen und an der Weltbank brachte auch eine neue Konzentration auf Kleinbauern und Arbeiter mit sich. Wie erwähnt, unterschied die Bewegung auch stärker zwischen der einheimischen Elite und der Unterschicht, dies als Folge der Militärcoups und Korruptionsskandale in vielen gerade eben unabhängig gewordenen Entwicklungsländern.[135] Während eine Solidarität zwischen Kleinbauern in Nord und Süd suggeriert wurde, der jedoch faktisch die Unterstützung der Agrarwirtschaft in Milliardenhöhe im Wege stand, wurde auch eine Solidarität zwischen Arbeitern heraufbeschworen, der ebenfalls ab Mitte der 1970er-Jahre ein neu erwachter und neuartiger nationaler oder europäischer Protektionismus im Wege stand.[136] Ähnlich einem Think-Tank, definitiv dem akademisch-ökonomischen Einwand entzogen, definierte die Dritte-Welt-Bewegung nicht nur den Agrar-, sondern auch den Industrieprotektionismus neu: Nationaler Protektionismus war nun nicht mehr ein Privileg wohlhabender Westler, sondern legitimer Schutz einer globalen Arbeiterschaft – der „vom Wachstum überfahrenen urbanen Massen".[137] Nach einer kurzen, von der UNCTAD von 1964 eingeflüsterten ökonomischen Pause wurde der alte sozialistische Slogan „Arbeiter aller Länder vereinigt Euch" wieder aktuell – wenn auch in neuer, ökonomisch inkorrekter Form.

Ende der 1970er-Jahre stiessen die Gewerkschaften zur Dritte-Welt-Bewegung hinzu. Die Widersprüchlichkeit, die im neuen Konzept zum gerechten Handel steckte, wurde damit verfestigt. Im gleichen Zug zementierten die Gewerkschaftsführer jedoch den Verlust ihrer Basis. Während sich die Gewerkschaftsspitzen gemeinsam mit dem erstarkenden NGO-Sektor für Dritte-Welt-Anliegen einzusetzen begannen, trug die Basis dies nicht mit: „Unsere Leute [...] empfinden

135 R. Gildea, J. Mark, A. Warring: Europe's 1968, 193.

136 SozArch, EvB, Ar 430.17.6. Handakten Regula Renschler: Kinder und Dritte Welt (II), Ar 430.91.2. Handakten Regula Renschler: Nachlieferung 2009, Teil 2. Lehrerfortbildung/Kurse Kanton Bern, Lektionenreihe „Drei Dörfer", 1975–1978. J. N. Bhagwati: Protectionism, 1.

137 R. H. Strahm: Beziehungen Schweiz Dritte Welt.

die Dritte-Welt-Länder und ihre Arbeitskräfte als Konkurrenz und Bedrohung des eigenen Arbeitsplatzes", erklärte etwa ein Gewerkschaftssekretär 1981 im Rahmen der Gründung des Solifonds gegenüber den Medien.[138] Die Basis durchschaute die Widersprüchlichkeit der vermeintlichen Solidarität.

Die stets fragile Zusammenarbeit zwischen der Dritte-Welt-Bewegung und den Gewerkschaften muss auf zwei Ebenen betrachtet werden. Zum einen auf jener der wirtschaftlichen Konjunktur, zum anderen auf der diskursiven Ebene, die Widersprüche übertünchte und so politische Allianzen zwischen Dritte-Welt-NGOs und den Gewerkschaften möglich machte. Als die Verfasser der „Erklärung von Bern" 1968 an die Schweizer Öffentlichkeit traten, herrschte überhitzte Hochkonjunktur auf dem Arbeitsmarkt, die Gewerkschaften waren auf dem Höhepunkt ihres politischen Einflusses und verfügten über politische Verhandlungsmacht, da Arbeitskräfte knapp waren.[139] Als die erste Generation der EvB verkündete, die Schweiz müsse in Zukunft Privilegien aufgeben, schien dies für die Gewerkschaften nicht sonderlich bedrohlich zu sein. Nach der Wirtschaftskrise von 1973 und mit der zunehmenden Auslagerung von Schweizer Industriearbeitsplätzen ins Ausland änderten sich jedoch die Vorzeichen für die Gewerkschaften. Der Erhalt und die Schaffung von Arbeitsplätzen im Industriesektor wurden bei jeder politischen Vorlage, welche die EvB bekämpfte, zur Klippe, die sie mit den Gewerkschaften im Schlepptau diskursiv umschiffen musste. So formulierte die EvB in einem internen Positionspaper ihr politisches Hauptziel zu Beginn der 1980er-Jahre wie folgt: „Versuchen, mit den Gewerkschaften ins Gespräch zu kommen: Ziel: Verhindern, dass entwicklungspolitische und gewerkschaftliche Kreise einander entgegenwirken."[140]

In den 1970er-Jahren fand in der Schweiz ein tiefgreifender wirtschaftlicher Umbruch statt. Während der Industriesektor zahlreiche Arbeitsplätze abbaute oder nicht selten in Entwicklungsländer verlagerte, erstarkte der Dienstleistungssektor.[141] Für die traditionell im Industriesektor verhafteten Gewerkschaften bedeutete dieser wirtschaftliche Strukturwandel jedoch ein Schwinden ihres Wirkungsbereichs.[142] Die Kritik an den multinationalen Konzernen, die ihre Arbeitsplätze auslagerten, und an den Bretton-Woods-Institutionen, die solche

138 K. B., Produktionsverlagerung ins Ausland: Konkurrenzangst gegen Solidarität, Basler Zeitung, 2.6.1981.

139 Halbeisen, Patrick et al.: Wirtschaftsgeschichte der Schweiz im 20. Jahrhundert (Basel 2012) 910 – 911.

140 SozArch, EvB, Ar 430.11.5. Entwurf für die Weiterarbeit im Bereich der Wirtschaftspolitik, Termin: Mai – bis Ende 1984.

141 Halbeisen, Patrick et al.: Wirtschaftsgeschichte der Schweiz im 20. Jahrhundert, 123.

142 Ebd., 910 – 911.

privaten Auslanddirektinvestitionen förderten, war somit für die Gewerkschaften naheliegend. Ebenfalls naheliegend war eine Affinität zur marxistisch-leninistischen Haltung, wonach Privatinvestitionen in Ländern des Südens abgelehnt wurden. 1978 erstellte Rudolf Strahm eine Projektskizze für einen „Kampffonds für die Arbeiter in der Dritten Welt", der die „Abbkopplungsthese" zugrunde lag. Die bisherige Entwicklungszusammenarbeit des Bundes bezeichnete Strahm darin als „Rekolonisationsvorgang".[143] Die Skizze sah eine Solidarität zwischen Peripherie und Peripherie vor, das heisst zwischen den verbliebenen oder entlassenen Industriearbeitern in der Schweiz und der neuen Schicht der Industriearbeiter in den Entwicklungsländern. Der „Kampffonds" sollte eine Gegenmacht zu den schweizerischen Konzernen in den Entwicklungsländern aufbauen und nach dem Konzept der *self-reliance* (der Abkopplung) den Aufbau einer heimischen Industrie aus eigenen nationalen Ressourcen fördern. Konkret sollte er Streiks in Fabriken von Schweizer Konzernen in Entwicklungsländern unterstützen. Im Arbeitsprogramm des Schweizerischen Gewerkschaftsbundes stand zwar offiziell, dass dieser eine solidarische Wirtschaftsordnung auch mit Einbussen für die Industrieländer anstrebe. Faktisch verlockte jedoch die Idee, ein Instrument zu schaffen, das eine Opposition zur bürgerlichen Aussenwirtschaftspolitik des Bundes darstellte, und somit der Privatwirtschaft mit ihren Auslanddirektinvestitionen den Kampf anzusagen. Der von Strahm skizzierte Kampffonds sollte 1983 als Stiftung unter dem Namen Solifonds entstehen, mit einem als Konzession an die Machbarkeit allerdings offen formulierten Stiftungszweck, der Streiks in Schweizer Filialen nicht direkt benannte.[144]

Die Gründung des Solifonds besiegelte somit die ablehnende Haltung gegenüber den privaten Auslanddirektinvestitionen im Süden in einem sehr breiten linken, sozialdemokratischen und christlich-tiermondistischen Lager. Während Ende der 1970er-Jahre noch als Gegenkonzept die Abkopplung vorgebracht wurde, verschwand in den 1980er-Jahren überhaupt der Anspruch auf Modernisierung in der Dritten Welt. Diese Ablehnung nahm den Umweg über die aus politischen Gründen geäusserte Kritik an Modernisierungsprojekten. Auftakt war die im Rahmen der Anti-Apartheid-Bewegung europaweit geäusserte Kritik an den südafrikanischen, rhodesischen und portugiesischen Regierungen und deren Investitionen sowie an Aufträgen an multinationale Firmen.[145] Bereits 1970 formierte die EvB in der Schweiz erstmals Widerstand gegen ein grosses Staudammprojekt. Es ging um den Cabora Bassa Damm in Mosambik. Das Land war

143 B. Graf: Gewerkschaften und Dritte Welt.

144 S. Howald: Dieses kostbare Gut.

145 The Cabora Bassa Dam [Titel der Ausgabe], The Internationalist, Nr. 2, Januar bis Mai 1971.

damals noch eine portugiesische Kolonie und grenzte an das Apartheid-Regime Südafrikas. Die EvB-Komitee-Mitglieder André Biéler, Lukas Vischer und insbesondere Pierre Bungener, Direktor des Institut africain in Genf, erarbeiteten eine öffentliche Stellungnahme der EvB gegen die Schweizer Beteiligung am Staudamm.[146] Dass Jean Ziegler 1970 als SP-Nationalrat in einer seltenen Zusammenarbeit mit der EvB eine Anfrage an den Bundesrat zum Cabora Bassa Damm richtete, markierte zudem die politische Note dieser Angelegenheit.[147]

Anfang der 1980er-Jahre wählte die EvB die Verhinderung des Baus von Wasserkraftwerken durch Schweizer Industrieunternehmen offiziell zum Thema ihres Pfeilers Wirtschaftspolitik. „Projektgigantismus" und „Mammutprojekte" seien eine „Fehlentwicklung", die „auf den Schultern der ärmsten Bevölkerung" laste, hiess es in einem internen Papier. Wiederum zeigt sich hier die implizite Überschneidung mit dem Neokonservatismus röpkescher Prägung; man erinnere sich: Röpke verabscheute „Industrie-Giganten".[148] Mit „Öffentlichkeitsarbeit, Lobbying, Information, mehr Tagespolitik auf institutioneller Ebene" wollte die EvB in den 1980er-Jahren die Beteiligung von Schweizer Firmen an Kraftwerkprojekten in der Dritten Welt verhindern. Die Gründe für die Kritik an Staudämmen verschoben sich.[149] Der Staudamm sollte in den 1980er-Jahren zum Symbolbild der industriebasierten Modernisierung werden, sozusagen ein Gegenbild des Handarbeit leistenden Kleinbauern auf dem Land. Wiederum fügte sich die EvB hier in eine internationale Bewegung und Entwicklung ein, die 1985 in der Gründung einer internationalen NGO zur Verhinderung von Staudammprojekten mündete.[150] Erneut wird hier eine Kontinuität sichtbar: Im 19. Jahrhundert war die Verwirklichung eines Gegenbildes zur Industriestadt Basel in den ländlichen südlichen Missionsfeldern ein wichtiger Antrieb der Basler Mission.[151] Die Vehemenz, mit der die EvB gerade Staudämme herausgriff und ihr ideales Bild des Südens daran mass, wird nicht nur vor dem Schweizer Hintergrund augenfällig, wo Staudämme und Wasserkraftwerke einen bedeutenden Anteil an der Elektri-

146 A.-M. Holenstein-Hasler, R. Renschler, R. H. Strahm: Entwicklung heisst Befreiung, 51. SozArch, EvB, Ar 430.25.3. Mappe 4: Cabora Bassa-Staudamm 1970, Stellungnahme EvB.

147 A.-M. Holenstein-Hasler, R. Renschler, R. H. Strahm: Entwicklung heisst Befreiung, 50.

148 SozArch, EvB, Ar 430.11.5. Entwurf für die Weiterarbeit im Bereich der Wirtschaftspolitik, Termin: Mai –bis Ende 1984. Röpke, Wilhelm: Die Schweiz im Strome der Weltwirtschaft, in: Schweizer Monatshefte 39/6 (1960) 477–488.

149 SozArch, EvB, Ar 430.11.5. Entwurf für die Weiterarbeit im Bereich der Wirtschaftspolitik, Termin: Mai –bis Ende 1984. Siehe dazu das Konvolut „Kraftwerke" in: SozArch, EvB, Ar 430.63.1. Kraftwerke/Staudämme 1984–1986. Sowie Ar 430.63.2. Ludwig-Institut/Jari-Projekt in Brasilien 1979–1982.

150 Die NGO International Rivers, siehe http://www.internationalrivers.org (13.9.2017).

151 A. Franc: Wie die Schweiz zur Schokolade kam, 241–242.

fizierung des Landes und der darauffolgenden Industrialisierung und Wohlstandssteigerung leisteten. Die EvB hat auch, wie die neuere Forschung aufzeigt, die Bedeutung von Staudämmen als Symbol der Modernisierung für Länder des Südens nicht Ernst genug genommen.[152]

Doch die Diskussion um Staudämme verhindert den Blick auf die eigentliche Neuausrichtung, welche die wirtschaftspolitische Haltung der EvB zu Beginn der 1980er-Jahre vornahm. Sie war fundamental, aber dennoch subtil, und muss deshalb an dieser Stelle genauer ausgeführt werden. Wie erwähnt ging ein Konzeptwandel vonstatten, der sich an den Fair-Trade-Produkten ablesen lässt: Während in einer ersten Aktion industriell hergestellter Pulverkaffee aus Tansania verkauft wurde, waren es später in Handarbeit gefertigte Jutetaschen und schliesslich die klassischen tropisch-kolonialen Agrarrohstoffe Kaffeebohnen, Bananen und Tee. Die EvB als NGO hatte den Verkauf von Produkten allerdings 1977 outgesourct und konzentrierte sich nun auf eine andere, wirtschaftspolitische Ebene. Sie war zu einem intellektuellen Think-Tank geworden und produzierte ein paraakademisches Weltbild, das die Entwicklung im outgesourcten Produktebereich konzeptuell begleitete. Bei der Betrachtung der Entwicklung der wirtschaftspolitischen Haltung der EvB wird offensichtlich, dass sich ihr Bild der Entwicklungsländer als Rohstofflieferanten verändert hatte. Bereits 1968 waren die Initianten der Erklärung davon ausgegangen, dass Entwicklungsländer faktisch Rohstofflieferanten waren. Sie zogen aus dieser Tatsache jedoch andere Schlüsse als das Personal der unterdessen professionalisierten NGO zu Beginn der 1980er-Jahre. Diese Reaktion auf die Rolle der Entwicklungsländer als Rohstofflieferanten und die entsprechenden Schlussfolgerungen machen den Unterschied bzw. den Konzeptwandel der Bewegung zwischen 1964 und 1984 aus. Die Initianten von 1968 gingen davon aus, dass die Entwicklungsländer dem Fallstrick der Rohstoffproduktion, der zu einer zunehmenden Verschlechterung ihrer realen Austauschverhältnisse und somit zu einer Öffnung der Schere zwischen Nord und Süd führen würde, entkommen müssten. Sie hingen der Utopie an, dass die Entwicklungsländer schon bald eine verarbeitende Industrie aufbauen und die Wertschöpfungskette ins Land holen würden. So forderten sie die Schweizer Industriekonzerne auf, dieser Entwicklung nicht im Wege zu stehen, sondern ihr im Gegenteil Vorschub zu leisten und in verarbeitende Industriebetriebe vor Ort zu investieren.

1984 war die Haltung des EvB-Teams eine andere: Für die Angestellten der NGOs war der Rohstoffkauf von Schweizer Konzernen in der Dritten Welt eine

152 Miescher, Stephan F.: Building the City of the Future. Visions and Experiences of Modernity in Ghana's Akosombo Township, in: The Journal of African History 53/3 (2012) 367–390.

statische Tatsache, die sich nicht verändern liess. Die Vorstellung, dass sich an dieser Situation in Zukunft etwas ändern könnte, sowie die Vorstellung, dass sich an dieser Situation etwas ändern *sollte* und eine industrielastige Modernisierung stattfinden müsse, war verschwunden. Zu Beginn der 1980er-Jahre beschränkte sich die EvB darauf, über die Schweizer Konzerne zu „recherchieren" und die Situation, von der sie nun annahm, dass sie statisch-unveränderlich war, kritisch zu begleiten. Die Situation der Entwicklungsländer als Rohstofflieferanten sollte nicht grundlegend geändert, sondern einzig verbessert werden. Dies war die subtile, aber fundamentale Konzeptänderung. 1983, als das EvB-Team intern besprach, welche wirtschaftspolitischen Schwerpunkte zu setzen seien, hegte es für das kommende Jahr 1984 die folgenden Pläne:

> Projektarbeit 1984:
>
> Information: RB [Rundbrief] Beilage Nr. 1 über Handel. Versuch, UTC und Volkart unter die Lupe zu nehmen. Thema Rohstoffe.[153]

Wie einfallslos, müde und wissenschaftlich schwach war die EvB in diesem Schicksalsjahr 1983 geworden! Einzig das Abspulen der altbekannten Leier kam ihr in den Sinn. Die beiden bekannten Schweizer Kolonialhandelsgesellschaften UTC und Volkart waren ein Jahrhundert nach ihrer Gründung, während des goldenen Zeitalters der Globalisierung in den 1950er-und 60er-Jahren, noch einmal zu einer kurzen wirtschaftlichen Blüte gekommen.[154] Doch bereits in den 1970er-Jahren hätten aufmerksame Beobachter erkannt, dass die Tage der klassischen Kolonialhandelsgesellschaften gezählt waren, und Mitte der 1980er-Jahre war das Schicksal der beiden Gesellschaften, die beide in den 1990er-Jahren faktisch aufgelöst wurden, besiegelt. Das müde Team der EvB fiel auch symbolisch in die Kolonialzeit zurück. Rohstoffe und Schweizer Kolonialhandelsgesellschaften: So sah die Vorstellung der EvB aus, die ihre Arbeit mit den Entwicklungsländern damals charakterisierte. Dabei hätte ein wacher und wissenschaftlich geschulter Blick erkannt, dass gerade der Niedergang und Rückzug westlicher Firmen – insbesondere in Afrika – die 1980er-Jahre prägte, was sogar auf jene Unternehmen zutraf, die seit Jahrzehnten Handel trieben mit dem Süden und viel Kapital im

153 SozArch, EvB, Ar 430.11.5. Entwurf für die Weiterarbeit im Bereich der Wirtschaftspolitik, Termin: Mai – bis Ende 1984.

154 Dejung, Christof: Die Fäden des globalen Marktes. Eine Sozial- und Kulturgeschichte des Welthandels am Beispiel der Handelsfirma Gebrüder Volkart 1851 – 1999 (Köln 2013), A. Franc: Wie die Schweiz zur Schokolade kam.

Rücken hatten.[155] Der sogenannte *Washington consensus* war denn auch eine Antwort auf die in den 1980er-Jahren ausbleibenden Investitionen in verarbeitende Betriebe in Staaten Lateinamerikas und insbesondere Afrikas.[156] Anstatt diesen Rückzug der westlichen Konzerne aus Entwicklungsländern zu erkennen, zu kommentieren und eine entwicklungspolitische Haltung der Schweiz dazu zu entwerfen, fiel die EvB in koloniale Muster zurück: die Kritik an den wenigen bekannten, sichtbaren und überhaupt noch verbleibenden Firmen im Süden und an deren Rohstoffhandel.

4.4 Parlamentarier im Dienste der Erklärung von Bern

Es ist auffällig, wie unpolitisch die Erstunterzeichner der „Erklärung von Bern" waren. Wie schon erwähnt, trat 1968 die Kirche, bzw. ihre Vertreter wie Pfarrer und Theologieprofessoren, noch als eigene Kraft im Staat auf. Die Verflechtung der Dritte-Welt-Bewegung mit der nationalen Politik kam erst später und spiegelt eine langsame „Entkirchlichung" und ein Einfliessen des ursprünglich kirchlich gebundenen Dritte-Welt-Engagements in die Politik wider.[157] Manche Namen, die in den frühen Akten der EvB auftauchen, sollten erst in den 1980er- oder sogar 90er-Jahren auf nationaler Ebene politisch bekannt werden. So engagierte sich etwa die Juristin Lilian Uchtenhagen im Frühling 1969 für die Bekanntmachung der „Erklärung von Bern".[158] Erst ein Jahr später sollte sie für die SP in den Gemeinderat der Stadt Zürich gewählt werden, 1983 sollte ihre Nichtwahl in den Bundesrat für Aufsehen sorgen.[159] Uchtenhagen gehörte auch dem Vorstand der OS3 an.[160] Ähnliches gilt für den Zürcher Rechtsanwalt Moritz Leuenberger, der die EvB rechtlich vertrat, lange bevor er 1995 in den Bundesrat gewählt wurde.[161]

155 J. Toye, R. Toye: UN and Global Political Economy, 257, N. Stettler: Basler Handelsgesellschaft.

156 J. Toye, R. Toye: UN and Global Political Economy, 260.

157 U. Hofmann: Innenansichten eines Niedergangs, 262.

158 A.-M. Holenstein-Hasler, R. Renschler, R. H. Strahm: Entwicklung heisst Befreiung, 142.

159 Baertschi, Christian: Uchtenhagen, Lilian, in: Marco Jorio (Hg.): Historisches Lexikon der Schweiz (Basel 2002–2014) http://www.hls-dhs-dss.ch/textes/d/D3318.php (19.9.2016).

160 Siehe den Eintrag der Claro Fair Trade AG im Handelsregister des Kantons Bern auf http://www.zefix.ch.

161 SozArch, EvB, Ar 430.11.5 Einschreiben des Advokaturbüros Leuenberger Meier Gsell Mona an das Verwaltungsgericht des Kantons Zürich, 19.10.1983. Siehe auch M. Kalt: Tiersmondismus in der Schweiz, 423–427. Bürgi, Markus: Leuenberger, Moritz, in: Marco Jorio (Hg.): Historisches Lexikon der Schweiz (Basel 2002–2014) http://www.hls-dhs-dss.ch/textes/d/D33679.php (16.1.2008).

Derweil wurde der frühere Sekretär des Westschweizer Komitees der EvB, Mario Carera, Leuenbergers persönlicher Mitarbeiter.[162] Noch stärker gilt diese Beobachtung für Ruth Dreifuss, die 1980 als einfaches SP-Mitglied und Mitarbeiterin der DEZA-Vorgängerorganisation Rudolf Strahm bei der Gründung des Solifonds unterstützte.[163] Die Verankerung Dreifuss' nicht nur in der Gewerkschaftsbewegung, sondern auch in der sehr breiten bürgerlich-christlichen Dritte-Welt-Bewegung liefert ein weiteres erklärendes Puzzleteil für ihre plötzliche Wahl in den Bundesrat 1993. Auch Rudolf Strahm, der die EvB so gewichtig geprägt hatte, sollte erst nach seinem Weggang von der EvB der SP beitreten und 1991 in den Nationalrat gewählt werden.[164] So ist denn auch auffällig, dass die Bewegung im Umkreis der EvB in den Anfangsjahren kaum mit dem 1967 für die SP in den Nationalrat gewählten Afrikaspezialisten Jean Ziegler zusammenarbeitete. Ziegler, der von 1967 bis 1983 sowie auch später für eine weitere Periode dem Nationalrat angehörte, war von Beginn weg als kompromissloser Vertreter der Anliegen der afrikanischen, asiatischen und lateinamerikanischen Länder bekannt. Allerdings vertrat er stets eine ebenso kompromisslos sozialistische Position, ungeachtet der heterogenen politischen Systeme in Ländern des Südens.[165]

Der Kontakt zwischen den Initianten und ersten Aktivistinnen und Aktivisten der EvB auf der einen und Ziegler auf der anderen Seite fand zunächst auf wissenschaftlicher Ebene statt. Ziegler gehört zu den seltenen Schweizer Wissenschaftlern, die in den 1960er-Jahren zu und in Afrika geforscht und zu den ersten in der Schweiz, die sich dazu ausserhalb der klassischen, noch im Kolonialismus verhafteten Völkerkunde etabliert hatten.[166] So gehörte er ab 1965 zum Dozentenstab des Institut africain in Genf und stand in regem Austausch mit Roy Preiswerk und Pierre Bungener, und zwar noch bevor die „Erklärung von Bern" aufgesetzt wurde.[167] In den 1970er-Jahren trafen sich die Leute aus dem Umfeld des Instituts jeweils am Samstagabend in Preiswerks Haus. Zu diesen Gästen gehörte nicht nur Ziegler, sondern etwa auch der ghanaische spätere UNO-Generalsekretär Kofi Annan, der damals am Institut universitaire des hautes études internationales studierte.[168] Bereits in den 1960er- und erst recht in den 70er-

---

162 Siehe dazu Mario Careras Lebenslauf auf der Webseite der SP Schweiz (https://www.sp-ps.ch/sites/default/files/.../cv_carera2012.pdf) (13.9.2017).

163 S. Howald: Dieses kostbare Gut, 18.

164 Siehe dazu Rudolf Strahms Biografie auf der Webseite des Eidgenössischen Parlaments (https://www.parlament.ch/de/biografie?CouncillorId=219) (13.9.2017).

165 J. Wegelin: Jean Ziegler, 134–135

166 Ebd., 100.

167 Ebd., 80.

168 Ebd., 147.

Jahren bewegte sich Jean Ziegler auf internationalem Parkett, während die Deutschschweizer Dritte-Welt-Aktivisten in Bern und Zürich im nationalen Umfeld verhaftet blieben. Dies sollte sich sowohl auf politischer wie auch auf publizistischer Ebene zeigen.

Ziegler lehrte auch Entwicklungssoziologie an der Universität Bern, wo er 1967 die *venia legendi* für Soziologie der Entwicklungsländer erhielt.[169] In Bern zählte Rudolf Strahm zu seinen Studenten aber auch zahlreiche andere Personen, die später schweizweit bekannt wurden.[170] Durch seine Berner Vorlesungen führte Ziegler in den späten 1960er- und 70er-Jahren eine ganze Generation Schweizer Akademikerinnen und Akademiker in die Entwicklungssoziologie ein.[171] Er konnte seine Studierenden jedoch nicht dazu bewegen, ihm in seiner Radikalität zu folgen. So wenig Ziegler 1964 die zwar keynesianischen, aber doch grundsätzlich marktwirtschaftlichen Forderungen Prebischs unterstützte, so wenig machte er in den 1970er-Jahren den ideellen Wandel hin zum von Kleinbauern betriebenen biologischen Landbau mit. So blieb Ziegler im schweizerischen Parlamentsbetrieb auf eigentümliche Weise stets die zentrale, herausragende und einsame Figur für die Anliegen der ärmeren Staaten im globalen Süden.[172]

Doch auch in den Anfangsjahren, nach der Übergabe der „Erklärung von Bern" an den Bundesrat, ist der Name Ziegler merkwürdig absent. Zu bürgerlich und zu national begrenzt scheint die Bewegung um die EvB für Ziegler gewesen zu sein. Als die Aktivistinnen und Aktivisten im Umfeld der EvB etwa 1970 die Konferenz im Bundeshaus in Bern planten, scheint Ziegler weder bei der Organisation involviert gewesen zu sein noch später der Konferenz beigewohnt zu haben. Die grundsätzlich marktwirtschaftliche Haltung der Erklärung von 1968, die lediglich die Umsetzung der Prebisch-Singer-Anliegen forderte, sowie das baldige Umschwenken der Bewegung auf grüne bzw. landwirtschaftliche Anliegen dürfte Erklärung genug sein für das Fehlen Zieglers im Schweizer Fair-Trade-Diskurs. Doch es gab dafür auch noch weitere, persönliche Gründe. So plante Ziegler zu Beginn der 1970er-Jahre eine Publikation zu Entwicklungsfragen, zu der Rudolf Strahm und der Journalist und spätere Sekretär des Schweizerischen Gewerkschaftsbundes Beat Kappeler Artikel beisteuerten. Als 1976 Zieglers Buch „Une Suisse au-dessus de tout soupçon" herauskam, erkannten Strahm und Kappeler mit Erstaunen ihre eigene Arbeit wieder.[173] Somit ist die frühe publi-

169 Siehe dazu das Verzeichnis der Dozenten der Universität Bern (http://biblio.unibe.ch/digibern/dozenten_uni_bern.pdf) (24.4.2018).

170 A.-M. Holenstein-Hasler, R. Renschler, R. H. Strahm: Entwicklung heisst Befreiung, 118.

171 J. Wegelin: Jean Ziegler, 76–79.

172 Ebd., 134–135.

173 Ebd., 67. Wobei Strahm als Mitarbeiter auf dem Buchdeckel genannt wird.

zistische Arbeit Strahms und auch Kappelers in das Werk Zieglers eingeflossen. Gleichzeitig fand hier aber auch bereits die offizielle Trennung statt: Strahms und Kappelers Texte waren bereits 1974 in der von der EvB herausgegebenen Publikation „Schweizer Kapital und Dritte Welt" erschienen.[174] Damit hatte sich die EvB klar zur eigenen Kraft ohne zieglerschen Sukkurs gemacht. Diese Anekdote zeigt auf, wie nah sich Ziegler und die „Jugendfraktion" der EvB intellektuell zu Beginn der 1970er-Jahre noch standen. In den Jahren darauf sollten sie sich jedoch nicht nur thematisch voneinander entfernen, sondern – aufgrund von Zieglers Plagiat – auch persönlich.[175]

Wichtiger für die weitere Entwicklung der Schweizer Fair-Trade-Bewegung waren andere Politiker. Die wichtigste Kontaktperson für die EvB war Walter Renschler, der 1967 bis 1987 als SP-Nationalrat und zweimal als Präsident der Kommission für auswärtige Angelegenheiten wirkte.[176] Nach 1968 amtierte er als Vizepräsident des säkularen Hilfswerks Helvetas, gemeinsam mit Ruth Dreifuss sass er im Stiftungsrat des 1981 gegründeten Solifonds.[177] Er und Regula Renschler, ab 1974 EvB-Sekretärin, waren nach 1962 mehrere Jahre verheiratet und verbrachten 1966 gemeinsam ein Jahr in Afrika.[178] Walter Renschler war promovierter Ökonom und in der Bundespolitik in der Entwicklungspolitik aktiv. Er wurde unterstützt von seiner Kollegin Lilian Uchtenhagen, die 1971 in den Nationalrat gewählt wurde. Auffällig ist, dass sie beide promovierte Ökonomen waren und damit wie Rudolf Strahm zur Generation der aktivistischen Wirtschaftswissenschaftler der Zeit um 1968 zählten. Doch anders als Ziegler waren Nationalräte wie Renschler oder Uchtenhagen nicht alleinige und kompromisslose Advokaten der Dritten Welt. Zwar hatte sich Renschler bereits während des Studiums für die Dritte Welt interessiert und Afrika bereist, trotzdem machte die Entwicklungspolitik nur einen kleinen Teil seiner Agenda aus. Renschler wurde später wie Ruth Dreifuss insbesondere als Gewerkschaftsvertreter national bekannt. Rudolf Strahm wiederum sollte das Thema Entwicklungspolitik mit dem Ende des Nord-Süd-Dialogs und dem Anbruch der „conservative counterrevolution" zu Beginn der 1980er-Jahre richtiggehend an den Nagel hängen und sich neuen Themen zuwenden.[179]

174 Kappeler, Beat; Strahm, Rudolf H.: Schweizer Kapital und Dritte Welt (Zürich 1974).
175 J. Wegelin: Jean Ziegler, 67.
176 Degen, Bernard: Renschler, Walter, in: Marco Jorio (Hg.): Historisches Lexikon der Schweiz (Basel 2002 – 2014) http://www.hls-dhs-dss.ch/textes/d/D6546.php (19. 8. 2010).
177 S. Howald: Dieses kostbare Gut, 25.
178 A.-M. Holenstein-Hasler, R. Renschler, R. H. Strahm: Entwicklung heisst Befreiung, 88.
179 J. Toye, R. Toye: UN and Global Political Economy, 254.

Bezeichnend ist somit, dass die EvB nicht über eine eigentliche Vertreterin bzw. einen Vertreter in der Bundespolitik verfügte, sondern thematisch so breit gefächert war, dass sie bei verschiedenen Bundespolitikerinnen und -politikern Anknüpfungspunkte fand. So war etwa der Zürcher EVP-Nationalrat Heinrich Schalcher Stiftungsratspräsident des Fibl und setzte sich in der Bundespolitik stark für die biologische Landwirtschaft ein.[180] Wie bereits erwähnt, ging die EvB auch gleich von Beginn weg eine „unheilige Allianz" mit dem Republikaner James Schwarzenbach ein, als es darum ging, das Gesetz über die Entwicklungszusammenarbeit zu prägen.[181] Während es sich bei der Zusammenarbeit zwischen Schwarzenbach und Strahm um eine offen deklarierte Zusammenarbeit handelte, pendelte sich der implizite Konsens zwischen den Vertretern der Dritte-Welt-Bewegung – welche das Konzept *Small is beautiful* vertraten – und den konservativen Vertretern der Landwirtschaft sowie den Gegnern eines Beitritts der Schweiz zu europäischen oder internationalen Organisationen in der Folge ein. Das Resultat war eine die Schweiz prägende „unheilige Allianz linker Entwicklungspolitiker und der nationalen Rechten".[182] Wie erwähnt brachte die Dritte-Welt-Bewegung anlässlich der interkonfessionellen Konferenz 1970 im Bundeshaus ihre Vorbehalte gegenüber dem Beitritt der Schweiz zu internationalen Organisationen vor:

> Die Schweiz sollte keine handelspolitischen Abmachungen mit anderen Industrieländern treffen, welche die Absatzbedingungen in der Schweiz von nicht-subventionierten Produkten aus Entwicklungsländern erschweren.[183]

So formulierte die Dritte-Welt-Bewegung bereits kurz nach 1968 eine nationale politische Haltung, die dazu führte, dass in den kommenden Jahrzehnten ein impliziter politischer Konsens mit der nationalkonservativen, auf politische Neutralität und landwirtschaftliche Autarkie beharrenden Bewegung bestand. Diese „unheilige Allianz" zeigte sich wie vorne erwähnt erstmals in der Zusammenarbeit mit James Schwarzenbach im Rahmen der Ausarbeitung des Bundesgesetzes über die internationale Entwicklungszusammenarbeit und humanitäre Hilfe, das 1976 zur Abstimmung kam.[184] Sie trat weiter zutage bei der Referendumsabstimmung über den Bundesbeschluss betreffend ein Abkommen zwi-

180 U. Eichenberger: Ökologie und Selbstbestimmung.

181 Siehe dazu Kapitel 3.6: „Weniger nehmen": Abschied von der Makroökonomie.

182 C. W., „Soziale Befreiung" gegen Entwicklungszusammenarbeit, NZZ, 29.5.1981.

183 H. Schmocker, M. Traber: Schweiz-Dritte Welt, 109.

184 Siehe dazu in der Systematischen Rechtssammlung des Bundes das Bundesgesetz über die internationale Entwicklungszusammenarbeit und humanitäre Hilfe vom 19.3.1976 (https://www.admin.ch/opc/de/classified-compilation/19760056/index.html) (13.9.2017)

schen der Schweiz und der Internationalen Entwicklungsorganisation (IDA) über ein Darlehen von 200 Millionen Franken, die im selben Jahr vom Volk abgelehnt wurde, und sie sollte Ende der 1970er-Jahre und zu Beginn der 1980er-Jahre bei Volksinitiativen wie der Futtermittelinitiative oder der Kleinbauerninitiative neu zum Tragen kommen.[185] Die Bewegung hat ihre ablehnende Haltung gegenüber internationalen Organisationen zu Beginn der 1980er-Jahre sogar noch verstärkt. Zur Frage des Beitritts der Schweiz zur EWG liess die EvB 1971 ihre erste Auftragsstudie erstellen. Darin wurde etwas utopisch gefordert, dass die Schweiz nur der EWG beitreten solle, falls sie sich darin als Anwältin der Entwicklungsländer positionieren würde.[186] Ebenfalls forderte die Bewegung 1970 im Bundeshaus ursprünglich noch, die Schweiz solle sich an zusätzlichen Aufstockungen der IDA beteiligen.[187] Diese Uneinigkeit sollte sich in den folgenden Jahren zu einer klaren Ablehnung des Schweizer Beitritts sowohl zu europäischen wie auch zu Bretton-Woods-Institutionen verdichten. In der Abstimmung über das Darlehen der Schweiz an die IDA gab die EvB 1976 – genau wie die meisten Schweizer Hilfswerke – noch Stimmfreigabe durch, und nur die Schweizerische Arbeitsgruppe für Entwicklungspolitik, die Safep, die radikalere Gruppierung der „Jugendfraktion", empfahl ein klares Nein.[188] Die offiziellen Hilfswerke gaben sich im politischen

185 Siehe dazu auf der Webseite der Schweizerischen Bundeskanzlei Rubrik „Volksabstimmungen", Bundesbeschluss vom 20.6.1975 betreffend ein Abkommen zwischen der Schweiz und der Internationalen Entwicklungsorganisation (IDA) über ein Darlehen von 200 Millionen Franken, abgelehnt am 13.6.1976 (https://www.admin.ch/ch/d/pore/va/19760613/index.html) sowie die Rubrik „Volksinitiativen", Eidgenössische Volksinitiative „gegen übermässige Futtermittelimporte und Tierfabriken sowie für bestmögliche Nutzung des einheimischen Bodens", zurückgezogen für einen indirekten Gegenvorschlag am 28.10.1983 (https://www.admin.ch/ch/d/pore/vi/vis130.html) und Eidgenössische Volksinitiative „für ein naturnahes Bauern – gegen Tierfabriken (Kleinbauern-Initiative)", abgestimmt am 4.6.1989 (https://www.admin.ch/ch/d/pore/vi/vis167.html) (14.4.2018).

186 A. Wagner: EWG und Dritte Welt.

187 H. Schmocker, M. Traber: Schweiz-Dritte Welt, 92.

188 SozArch, EvB, Ar 430.62.8. IDA: Rundbrief 1976/1, Beilage, EvB, Ar 430.62.8. IDA: safep Rundbrief 1 und 2/1976, Mai 1976. In den Jahren darauf sollte sich die Bewegung jedoch klar auf den Nichtbeitritt der Schweiz zu den Bretton-Woods-Institutionen einigen. So ergriffen die Hilfswerke 1991 gemeinsam das Referendum gegen den Beitritt der Schweiz zu den Bretton-Woods-Institutionen Weltbank und Internationaler Währungsfonds. Siehe Bosshard, Peter: Internationaler Währungsfonds (IWF), in: Marco Jorio (Hg.): Historisches Lexikon der Schweiz (Basel 2002 – 2014) http://www.hls-dhs-dss.ch/textes/d/D26208.php (24.1.2007). Der seit Beginn der 1970er-Jahre bestehende implizite Konsens, die „unheilige Allianz" zwischen dem tiersmondistisch-grünen und dem nationalkonservativen Lager, sollte in seinem ganzen Ausmass 1992, bei der Abstimmung über den Beitritt der Schweiz zum EWR, zu Tage treten, als die Grüne Partei die Nein-Parole beschloss und damit gemeinsam mit der nationalkonservativen Schweizerischen Volkspartei einen Abstimmungserfolg herbeiführte. Siehe Brassel-Moser, Ruedi: Grüne

Prozess vorsichtig. Sie versuchten, eine Zusammenarbeit mit der politischen Rechten zu vermeiden und beschlossen unter anderem auch deshalb etwa bei der Abstimmung über den Kredit an die IDA Stimmfreigabe.[189] Doch die Basis liess sich dadurch nicht beirren. So schrieb ein Ehepaar, das sich für die Anliegen der EvB stark machte, 1980 in Bezug auf die damalige Abstimmung in einem Leserbrief: „Es ist nun höchste Zeit, dass der Bundesrat und namentlich unsere Parlamentarier in Bern die wahre Einstellung vieler Bürger endlich zur Kenntnis nehmen und ihre Politik darnach richten."[190] Ende der 1970er-Jahre, nicht zuletzt im Zuge der Diskussionen um und der darauffolgenden Ablehnung des IDA-Kredits durch eine Mehrheit der Stimmbürgerinnen und Stimmbürger, setzte sich an der Basis der Bewegung die Ablehnung des Beitritts der Schweiz zu internationalen Organisationen und der implizite, auf dem gemeinsamen Nenner des Kleinbauern beruhenden Konsens durch, der in der Folge die schweizerische Aussenpolitik prägen sollte.

4.5 Für Protektionismus und Autarkie, gegen Freihandel und Grosskonzerne: das Fair-Trade-Konzept zu Beginn der 1980er-Jahre

Mit dem Anbruch der 1980er-Jahre trat das „neue", paraakademische Fair-Trade-Konzept, das sich in den 1970er-Jahren herausgebildet hatte, seinen institutionellen Siegeszug an. Von aussen sichtbar war dies etwa in der Aktion M-Frühling, an der nebst der Frauenfelder „Bananenfrau" Ursula Brunner auch die EvB-Sekretärin Anne-Marie Holenstein als Migros-Genossenschafterinnen beteiligt war.[191] Der Schweizer Supermarkt Migros war nicht nur genossenschaftlich organisiert, sondern unterhielt mit dem Gottlieb-Duttweiler-Institut in Rüschlikon sogar einen eigenen Think-Tank, der Raum für Diskussionen und Publikationen bot.[192] Brunner, unterdessen FDP-Grossrätin im Kanton Thurgau, kandidierte für einen Sitz in der Verwaltungsdelegation des Migros-Genossenschaftsbundes.[193] Holenstein steuerte einen Artikel für die Publikation *M-Frühling. Vom Migrosaurierer zum menschlichen Mass* bei, die mit dem deutschen Begriff „menschliches

Parteien, in: Marco Jorio (Hg.): Historisches Lexikon der Schweiz (Basel 2002–2014) http://www.hls-dhs-dss.ch/textes/d/D17413.php (28.7.2015).

189 SozArch, EvB, Ar 430.62.8. IDA: Rundbrief 1976/1, Beilage.

190 SozArch, EvB, Ar 430.62.8. IDA: R. und W. B., Leserbrief an den „Beobachter", 17.5. 1980.

191 B. Mahler: ‚umdenken – umschwenken', 75.

192 Ebd.

193 Ebd., 75.

Mass“ wiederum sowohl an E.F. Schumacher wie unbeabsichtigt an Wilhelm Röpke anknüpfte.[194] Doch auch intern, innerhalb der verschiedenen Dritte-Welt-Organisationen, erfolgten institutionelle Prozesse, die erst Jahre später für die Öffentlichkeit sichtbar wurden. Wie weiter oben gezeigt, befragte auch die OS3 ihre Mitglieder 1979 brieflich, ob sie sich eine kommerzielle Ausweitung auf die Grossverteiler vorstellen könnten.[195] Auch intern fanden in der EvB erste Schritte in Richtung einer institutionellen Festigung des Fair-Trade-Konzepts statt. So gab Anne-Marie Holenstein im Namen der EvB 1980 erstmals ein juristisches Kurzgutachten in Auftrag, das die Einführung eines entwicklungspolitischen Labels prüfen sollte.[196] Die EvB führte ab 1980 die Kampagne „Globaler Supermarkt und Hunger“ durch, und die Koordinatorengruppe der Kampagne diskutierte die Idee, ein Gütezeichen oder eben ein „Schlechtezeichen“ zu lancieren.[197] Wie die in den 1970er-Jahren entstandene Dominanz der Idee der „Peripherie im Inland“ in diesem Kontext zum Tragen kam und wie die ursprünglichen Slogans *The Limits to Growth* und *Small is beautiful* nun, zu Beginn der 1980er-Jahre, in den Umweltschutz übersetzt wurden, zeigen die von der Arbeitsgruppe ausgearbeiteten Kriterien, welche einem „Güte- oder Schlechtezeichen“ zugrundeliegen sollten:

> 3. Kriterien für Verleihung des Güte- oder Schlechtezeichens
>
> 1. Ökologie
> 2. Soziale Faktoren (in IL und EL)
> 3. Gesundheit[198]

Die Ökologie, der Umweltschutz, war 1980 zum Hauptpunkt des Programms geworden, das die EvB verfolgte. Die Entwicklungsländer (EL) werden erst in Punkt 2 genannt, aber nur in Verbindung mit der Idee der „Peripherie im Inland“: Unterdessen konnten die Entwicklungsländer kaum mehr erwähnt werden ohne

194 A.-M. Holenstein: Jute statt Plastik.

195 SozArch, Claro,1010.12. OS3 Gründung: Mario Carera, OS3 bald im breiteren Handel?, November 1979.

196 SozArch, EvB, Ar 430.41.1. Textilien, Mappe 3: Koordinatorengruppe Aktion Globaler Supermarkt und Hunger. Aktion „Label“-Zeichen/Aktion Gütezeichen-Schlechtezeichen, Anne-Marie Holenstein, 30.5.1980, Fragenkatalog.

197 SozArch, EvB, Ar 430.41.1. Textilien, Mappe 3: Koordinatorengruppe Aktion Globaler Supermarkt und Hunger. Aktion „Label“-Zeichen/Aktion Gütezeichen-Schlechtezeichen, Anne-Marie Holenstein, 30.5.1980, Fragenkatalog.

198 SozArch, EvB, Ar 430.41.1. Textilien,. Mappe 3: Koordinatorengruppe Aktion Globaler Supermarkt und Hunger. Aktion „Label“-Zeichen/Aktion Gütezeichen-Schlechtezeichen, Anne-Marie Holenstein, 30.5.1980, Fragenkatalog.

Hinweis auf die „Armen“ im Inland bzw. im Industrieland (IL). Als Ausblick auf die Entwicklung der kommenden Jahrzehnte ist auch Punkt 3 spannend, also das Kriterium „Gesundheit“. Hier wird auf eine andere Art sichtbar, worüber Al Imfeld kurze Zeit später schreiben würde: „Zwischen Kopf und Bauch geht da anderes vor.“[199] Die Idee des gerechten Nord-Süd-Handels war vom Kopf in den Bauch gerutscht. Aus dem politischen Bürger, dem erweckten Christen, der bereit war, „Privilegien aufzugeben“, war in den 1970er-Jahren der politische Konsument geworden, der ungeniessbaren Pulverkaffee kaufte. Nun, 1980, noch bevor eine neoliberale Ära auf internationaler politischer Ebene so richtig in Gang gekommen war, trat im Fair-Trade-Konzept der Dritte-Welt-Bewegung der Individualismus, „die Eigeninteressen mittelständischer Hausfrauen“, der „Rückzug ins Private“ zum Vorschein.[200] Wie ein grobschlächtiger erster Prototyp des *homo oeconomicus* aus dem methodologischen Individualismus der 1950er-Jahre gebärdete sich der Fair-Trade-Konsument der 1980er-Jahre als jemand, der gemäss Bauchgefühl seinen Eigennutzen maximierte. Seine eigene Gesundheit, seine Umwelt und sehr bald auch schon sein eigener Genuss und die gute Qualität der Fair-Trade-Produkte durften nicht vernachlässig werden, und der Aufpreis, mit dem er sein schlechtes Gewissen beruhigte, war dabei so klein, dass er nicht ins Gewicht fiel. Kein Wunder lesen sich die ersten juristischen Studien zur Einführung eines entwicklungspolitischen Labels im Rückblick wie gründliche Fehleinschätzungen, stützten sich die sehr genau und sorgfältig arbeitenden beiden Juristen doch auf Literatur und Dokumente der 1970er- und 60er-Jahre. So erachtete der erste Jurist die Einführung eines „Güte- oder Schlechtezeichens“ als juristisch hochproblematisch. Insbesondere bei einem „Schlechtezeichen“ rechnete er mit Klagen der entsprechenden Hersteller.[201]

1981 verfassten zwei von der OS3 beauftragte Ökonomen eine Studie, in der sie die Idee eines „Labels“ diskutierten und die entsprechenden Kriterien erarbeiteten.[202] Nachdem die Schweiz im Juni 1981 den Konsumentenschutzartikel angenommen hatte, gab Hans Ott, der eigentlich beim katholischen Hilfswerk Brot für Brüder arbeitete, aber auch dem Verwaltungsrat der OS3 angehörte, den Auftrag zu einer weiteren, grösser angelegten Studie, die von Brot für Brüder fi-

199 A. : Die „Erklärung von Bern“ in der Krise.

200 K. J. Kuhn: Entwicklungspolitische Solidarität, 419, A.-M. Holenstein-Hasler, R. Renschler, R. H. Strahm: Entwicklung heisst Befreiung, 289.

201 SozArch, EvB, Ar 430.41.1. Textilien, Mappe 3: Adrian Stahel an EvB, 18.8.1980 Kurzgutachten [zur Einführung eines Güte-Schlechte- oder Labelzeichens in der Schweiz].

202 Stetter, Hilmar; Vatter, Thomas: Importförderung, entwicklungspolitisch begriffen (Sonceboz 1981).

nanziert wurde.[203] Darin brachte der Autor, ein Basler Jurist, zwar keine juristischen Bedenken mehr an, da er lediglich ein „Label" und nicht mehr ein wertendes Güte- oder Schlechtezeichen zu untersuchen hatte. Doch aufgrund der ihm zur Verfügung gestellten Unterlagen, die zu Teilen noch aus der Feder von Rudolf Strahm und aus den 1970er-Jahren stammten, kam er zu einem Schluss, der aus heutiger Sicht überrascht:

> Entwicklungspolitisch sind die Nahrungsmittelimporte umstritten. [...] Kaffee, Tee und Reis [...] erweisen sich für ein Label ebenfalls als wenig geeignet. [...] Obwohl naheliegend, ist die Einführung eines Labels bei Nahrungsmitteln als eher ungünstig zu betrachten. Ein Label erscheint bei Non-Food-Artikeln eher geeignet.[204]

Der Jurist Christoph Lanz hatte in sechs Monaten und gegen Bezahlung eine nüchterne, wissenschaftliche Studie verfasst. Er stützte sich dabei nicht nur auf interne Dokumente der OS3, sondern auch etwa auf eine Studie des International Trade Center (ITC) in Genf zu Anliegen von Entwicklungsländern bezüglich Exportförderung. Das ITC entstand 1964 als Bindeglied zwischen der UNCTAD und dem GATT und hatte den Auftrag, Studien zur Förderung des Aussenhandels von Entwicklungsländern zu generieren.[205] In der von Lanz verwendeten Studie äusserten die Vertreter von Entwicklungsländern auch zwei Jahrzehnte nach der ersten UNCTAD-Konferenz 1964 weiterhin den Wunsch, verarbeitete Produkte zu exportieren. Zudem nahm Lanz Rudolf Strahm, der bei der Gründung der Genossenschaft die Kriterien für die Importförderung der OS3 ausgearbeitet hatte, beim Wort:

- möglichst arbeitsintensiv
- mit den lokalen Gegebenheiten angepasste Technologie
- in kleinindustriellen Werkstätten oder Betrieben
- Material aus lokalen Rohstoffen
- das Produkt soll der einheimischen Kultur entsprechen
- das Produkt darf die lokale Versorgung mit Gütern (oder Nahrungsmittel) nicht gefährden
- die Produktion sollte möglichst dezentral und genossenschaftlich organisiert sein
- Produktion möglichst umweltschonend

203 SozArch, EvB, Ar 430.41.1. Mappe 3: Ein entwicklungspolitisches Label – Chancen und Probleme, Ch. Lanz, 1983. Siehe dazu auf der Webseite der Schweizerischen Bundeskanzlei die Rubrik „Volksabstimmungen", den Bundesbeschluss vom 10.10.1980 über die Volksinitiative „zur Absicherung der Rechte der Konsumenten" (Gegenentwurf) (https://www.admin.ch/ch/d/pore/va/19810614/) (14.4.2018).
204 SozArch, EvB, Ar 430.41.1. Mappe 3: Ein entwicklungspolitisches Label – Chancen und Probleme, Ch. Lanz, 1983.
205 Siehe zum ITC http://www.intracen.org/default.aspx (9.3.2018).

- Produktion möglichst energiesparend
- Produktion unter humanen Arbeitsbedingungen
- möglichst viele soziale Sicherheiten
- Möglichkeit zu gewerkschaftlicher Tätigkeit
- Möglichkeit zur Berufsbildung im Betrieb selbst
- Anstreben längerfristiger, regelmässiger Exporte[206]

Lanz setzte den von der OS3 geprägten Begriff des „idealen Produkts aus einem 3. Welt-Land" – für das die Kriterien erarbeitet wurden – in Anführungszeichen. Damit zeigte er, dass er das Bedürfnis der damaligen Bewegung nach einem „idealen Produkt" hinterfragte und jenes nach Idealität an sich zur Diskussion stellte. Er riet zwar nicht von der Einführung eines „entwicklungspolitischen Labels" ab, doch brachte er Vorbehalte an, die an die Dokumente aus den Anfangszeiten der EvB erinnern und in den individualistischen 1980er-Jahren ungehört verhallten: Unter dem Titel „Das entwicklungspolitische Kriterium" schrieb Lanz: „Meines Erachtens stellt sich hier mit diesem Kriterium die Kardinalsfrage des ganzen Projekts." Und:

> Leistet hier ein Label somit nicht einer falschen Entwicklung, nämlich der Förderung eines Handelsaustausches, dessen Gewinn letztlich den Falschen zugute kommt, Vorschub? Wir kommen nicht darum herum, den Welthandel als eine Tatsache zu betrachten. Aber wir müssen alles daran setzen, dass er unter möglichst gerechten Bedingungen abläuft. Ein Label wäre ein Mittel dazu. Dies schliesst die fortdauernde Kritik an den herrschenden Zuständen nicht aus, im Gegenteil.[207]

Lanz hatte luzide erfasst, dass gerade die „fortdauernde Kritik an den herrschenden Zuständen", wie sie in der Erklärung von 1968 und im Vorfeld dazu erfolgt war, Gefahr lief, von einem kommerziellen Label und einem „idealen Produkt" verdrängt zu werden. Der spätere Siegeszug des „Labels" sollte mit einem Verschwinden der „Kritik an den herrschenden Zuständen" einhergehen bzw. genauer: mit dem oben ausgeführten Konzeptwechsel zu einer statischen Sicht des Südens (und des Nordens). Das Label sollte im Gegenteil die herrschenden Zustände, nämlich die Rolle der Kleinbauern im Süden als Rohstofflieferanten, beschönigen und zementieren. Die Bewegung sehnte sich nach einem „Ideal", das sich schliesslich im Kleinbauern und seinem begrenzten Warenkorb an tropischen Nahrungsrohstoffen manifestieren sollte. Diese „Idealisierung", die der

206 SozArch, EvB, Ar 430.41.1. Mappe 3: Ein entwicklungspolitisches Label – Chancen und Probleme, Ch. Lanz, 1983.

207 SozArch, EvB, Ar 430.41.1. Mappe 3: Ein entwicklungspolitisches Label – Chancen und Probleme, Ch. Lanz, 1983.

Jurist Lanz 1983 voraussah, sollte sich bewahrheiten und zu Beginn des 21. Jahrhunderts vom Afrika-Ökonom Paul Collier kritisiert werden:

> But the problem with it [Fair Trade], as compared with just giving people the aid in other ways, is that it encourages recipients to stay doing what they are doing – producing coffee. A key economic problem for the bottom billion is that producers have not diversified out of a narrow range of primary commodities. [...] They get charity as long as they stay producing the crops that have locked them into poverty.[208]

Sukkurs erhielt Collier ausgerechnet vom bekanntesten britischen Fair-Trade-Pionier Roy Scott, der 1973 für Oxfam die Alternative Importgesellschaft Bridge aufgebaut hatte. Scott, der Ende der 1970er-Jahre frustriert Oxfam verlassen hatte, nannte das Fair-Trade-Konzept im 21. Jahrhundert „rigmarole", Geschwätz:

> Bizarre isn't it, you get countries away from cash crops by arguing value should stay with the producer – and now we have the wonderful rigmarole about how great all these food products are – all that is going on is we in Europe import the raw materials and do all the processing.[209]

Dieses „Geschwätz", diese Idealisierung eines eigentlich kolonial-statischen Schicksals („to stay doing what they are doing") und das Abdriften des Fair-Trade-Konzepts der NGOs, das zuerst der akademischen Ökonomie verpflichtet war, in ein eigenes, paraakademisches Konzept, oder gar der Rückfall in koloniale Muster, werden in dieser Kritik überdeutlich. Interessant ist wiederum, dass dieses paraakademische Fair-Trade-Konzept in keiner Weise der Küche einer kleinen, marginalisierten Gruppe entsprang, sondern im Gegenteil einem breiten und impliziten Konsens in der Bevölkerung entsprach. Dieser implizite Konsens sollte sich in der Schweiz wiederholt in angenommenen oder knapp angenommenen Volksabstimmungen und eidgenössischen Volksinitiativen oder Referenden zu den Themen Landwirtschaft, Umweltschutz und internationalen Organisationen zeigen. Während die erste Generation der EvB um den Prebisch-Berater Christoph Eckenstein und den frisch diplomierten Ökonomen Rudolf Strahm noch die jüngsten wirtschaftswissenschaftlichen Resultate und Debatten vertreten hatte, fand der Abschied von der Makroökonomie gleichzeitig mit einer Einbettung der Bewegung in die gesellschaftliche Mitte statt.

Für die Beobachtung, dass das neue Fair-Trade-Konzept in der gesellschaftlichen Mitte eingebettet war, spricht auch, dass die Geschichte der Einführung des Labels durch die offiziellen institutionellen Trennlinien hindurchmäandriert und

---

208 P. Collier: The Bottom Billion, 163.
209 M. Anderson: History of Fair Trade, 227.

im Rückblick als ein Gemeinschaftswerk der Dritte-Welt-Bewegung als Ganzes angesehen werden muss. Im Anschluss an die ersten Ujamaa-Pulverkaffee-Verkäufe durch die AG3W und die EvB, die Bananenverkäufe der Frauenfelder Frauengruppe, das Entstehen von Dritte-Welt-Läden sowie die 1977 von der EvB initiierte Gründung der OS3 gab wiederum die EvB 1980 den Auftrag zu einem ersten juristischen Gutachten. Darauf folgte eine Studie der OS3. Dass die nächste Studie, die im Lauf des Jahres 1982 entstand, offiziell von Brot für Brüder finanziert wurde, kann mit den Finanzproblemen erklärt werden, die die EvB damals hatte, aber auch damit, dass das Hilfswerk zu den Trägern der OS3 gehörte. Das Konzept, das dem von den Hilfswerken zehn Jahre später lancierten Gütesiegel zugrunde lag, war in einer gemeinschaftlichen Diskussion, in zahlreichen Sitzungen, Tagungen, Workshops, in Korrespondenzen und Gesprächen entstanden. Es wurde beeinflusst von der internationalen paraakademischen Literatur, beinhaltete aber auch einen Schuss helvetisches Identitätsempfinden. Wie sehr sich die frühe Fair-Trade-Bewegung der Schweiz als einheitliche Gruppe sah, kommt denn auch in der ersten Informationsbroschüre zum Ausdruck, welche die OS3 nach der Gründung 1977 drucken liess:

> In der Schweiz begann es 1973–75 mit dem Verkauf von mehreren Tonnen Pulverkaffee aus Tansania und von gerechter bezahlten Bananen in einigen Orten der Ostschweiz. [...] Seit 1974 entstanden gleichzeitig rund 30 Dritte Welt-Läden. Mit der Genossenschaft OS3 haben diese Aktionen nun eine breitere organisatorische Basis erhalten.[210]

Nachdem die Fair-Trade-Bewegung und die Umweltbewegung zusammengefunden hatten, stiessen Ende der 1970er-Jahre auch noch die Gewerkschaften dazu. Zu Beginn der 1980er-Jahre war somit eine neue, schlagkräftige Bewegung geboren. So nahmen 1980 rund 3 000 Leute an einer Konferenz der verschiedenen entwicklungspolitischen Organisationen, dem entwicklungspolitischen Symposium in Bern, teil und demonstrierten eindrücklich die „Mobilisationskraft der Szene".[211] „Eine neue Lobby" titelte die „Basler Zeitung", und die NZZ beobachtete eine „unheilige Allianz linker Entwicklungspolitiker mit der nationalen Rechten".[212] Gemäss dem Urteil der NZZ war der Einfluss der „neuen Lobby" im nationalen Parlament gerade aufgrund ihrer „unheiligen Allianz" mit der sich in dieser Zeit formierenden nationalkonservativen Bewegung bedeutend.

210 SozArch, Claro 1010.2. OS3: Informationsbroschüre, 1.11.1977.

211 S. Howald: Dieses kostbare Gut, 20.

212 Heinz Däpp, Neue Lobby, Basler Zeitung, 2.6.1981, C. W, „Soziale Befreiung" gegen Entwicklungszusammenarbeit, NZZ, 29.5.1981.

Gleichzeitig wurde auch das *Alternative Trading* schleichend aufgegeben und es kam – so überraschend dies auch klingen mag – mit dem „Massenkonsum von Kleinbauernkaffee" zu einer Annäherung an die Privatwirtschaft bzw. an die multinationalen Konzerne.[213] Für kurze Zeit war die EvB selbst ein Unternehmen gewesen: Für den Einkauf des Ujamaa-Kaffees musste sie sich mit Zollformalitäten und Buchhaltung herumschlagen.[214] Solange die NGOs Alternativen Handel propagierten und selber betrieben, waren sie den multinationalen Konzernen gegenüber weniger feindlich eingestellt. Erstens glaubte man damals noch tatsächlich daran, eine alternative Weltwirtschaft aufbauen zu können.[215] Zweitens sass die EvB als Verkäuferin von Produkten sogar mit den Grosskonzernen im selben Boot. Die Energie wurde in den 1970er-Jahren darauf verwendet, das eigene Unternehmen zu gestalten, und nicht dazu, Kritik an anderen zu üben. Parallel zum Outsourcen des Unternehmertums an eine eigenständige Firma begann in der EvB der Feldzug gegen die multinationalen Konzerne. Der Nestlé-Prozess der AG3W von 1974 bis 1976, in den sowohl Rudolf Strahm wie der spätere Bundesrat Moritz Leuenberger als Rechtsanwalt der Aktivisten involviert waren, hatte den Auftakt zum „anticorporatism" gegeben.[216] Es folgte 1978 die Publikation der „Multi-Papers".[217] Von da an sollte sich die Kritik an multinationalen Unternehmen zur Kernkompetenz der EvB entwickeln. Je mehr sich die Möglichkeit eines alternativen Wirtschaftssystems auflöste und dieses auch von seinen Verfechtern aufgegeben wurde, umso intensiver wurde die Kritik an den multinationalen Unternehmen und umso mehr standen diese unter Beobachtung; auch die an sie gestellten Forderungen vermehrten sich. Die NGOs speisten sich zunehmend aus dem „anticorporatism" anstatt Alternativen vorzugeben. Je mehr sie eine Alternative verwarfen, umso stärker waren sie in ihrem Bestehenszweck abhängig von den multinationalen Unternehmen.

Interessanterweise wurde aus dieser ursprünglichen Kritik an privaten Grosskonzernen eine generelle Kritik an grossen, supranationalen Institutionen. Die Kritik an den Multis wurde gepaart mit der Kritik an der EWG und jener an den Bretton-Woods-Institutionen, wie der IDA.[218] Bereits 1971 meldete die EvB gegen

213 R. Quaas: Fair Trade, 357.

214 Siehe dazu SozArch, EvB, Ar 430.27.1. Kaffee Ujamaa 73–77.

215 SozArch, EvB, Ar 430.10.2. Rudolf Strahm, Entwicklungspolitische Bewusstseinsbildung – Thesen für die zukünftige Arbeit, undatiert.

216 T. Sasson: Milking the Third World.

217 Erklärung von Bern, Vereinigung für Solidarische Entwicklung: Die ‚Multi-Papers'.

218 SozArch, EvB, Ar 430.11.1. Mappe 4: Pressecommuniqué zum EWG-Beitritt der Schweiz, Ar 430.62. Internationaler Währungsfonds (IWF)/Weltbankgruppe, Ar 430.62.8. Mappe 1: Kampagne gegen den Kredit an die IDA 1976.

einen Beitritt der Schweiz zum EWG entwicklungspolitische Bedenken an, 1976 stellte sie sich gegen einen Schweizer Kredit an die IDA, Mitte der 1980er-Jahre begann sie ihre Energie auf die Verhinderung des Beitritts der Schweiz zu den Bretton-Woods-Institutionen zu verwenden. Die fortlaufenden Kampagnen gegen den Bau von Staudämmen, welche die unheilvolle Verquickung der internationalen Organisationen, der multinationalen Unternehmen und der Regierungen der Industriestaaten symbolisierten, illustrieren diese Entwicklung sehr gut. Hier wurden die Bretton-Woods-Institutionen als Komplizen des *big business* gesehen. Die Bewegung warf den Bretton-Woods-Institutionen vor, Staudämme bzw. die Stromzufuhr von jenen Grosskonzernen sicherstellen zu wollen, die sich in Entwicklungsländern Profite erhofften. Sie warf den Bretton-Woods-Institutionen und Multis vor, Menschenrechte, Umweltschutz und traditionelle Wirtschaftsformen zu missachten. Das Umweltschutzargument wurde ebenso benutzt wie das Argument des menschlichen Masses *(Small is beautiful)*, wobei das Ziel faktisch darin bestand, eine protektionistisch-nationale Volkswirtschaft in der Schweiz und die Autarkie der Entwicklungsländer in der Dritten Welt zu propagieren. Bereits 1975 äusserten die schweizerischen Hilfswerken in der Debatte um ein eidgenössisches Gesetz über die Entwicklungszusammenarbeit Misstrauen gegenüber wirtschaftlichen Beziehungen zwischen Nord und Süd:

> Zunächst geht es darum, alle Beziehungen – vor allem wirtschaftlicher Natur – zu den Entwicklungsländern zu unterbinden, die einer eigenständigen Entwicklung der Dritten Welt abträglich sind.[219]

Dieses Misstrauen hatte sich in eine gänzliche Ablehnung des Handels ausgewachsen. Aus Sicht der Bretton-Woods-Institutionen und der akademischen Ökonomie war das Problem zu Beginn der 1980er-Jahre jedoch genau andersrum gelagert. Die Politik des *import substitution investment* war insbesondere in afrikanischen Ländern, aber auch teilweise in Lateinamerika oder Indien gescheitert.[220] Südliche Ökonomen wie etwa Deepak Lal sprachen sich für eine liberale Aussenwirtschaftspolitik in diesen Ländern aus.[221] Einzig in asiatischen Ländern, die – wie Dani Rodrik aufgezeigt hat – im Vorfeld eine sehr egalitäre Einkommensverteilung aufwiesen, hat das *import substiution investment* ein starkes Wirtschaftswachstum ausgelöst und aus vormals armen Entwicklungsländern wirtschaftliche Konkurrenz erwachsen lassen.[222] Rodriks Forschung kommt der

219 A. Bänziger: Entwicklungsland Welt – Entwicklungsland Schweiz, 11.
220 P. Plickert: Wandlungen des Neoliberalismus, 245.
221 G. Austin: The Developmental State, 54.
222 Ebd., 56.

Kritik aus der Dritte-Welt-Bewegung entgegen, dass Wirtschaftswachstum einzig einer lokalen Elite zugute komme, indem er aufgezeigt hat, dass das Vorhandensein von „wealthy elites" Wirtschaftswachstum durch *import substitution investment* schlicht vereitelt hat.[223]

Internationale Konzerne hatten sich nach Zwangsnationalisierungen und Militärputschen aus manchen Entwicklungsländern zurückgezogen. Die alteingesessene Basler Handelsgesellschaft, um nur ein Schweizer Beispiel zu nennen, hatte trotz jahrzehntelanger Geschäftserfahrung in Afrika derartige Verluste eingefahren, dass sie sich in den 1980er-Jahren nach über einem Jahrhundert praktisch aus dem Afrika-Geschäft zurückzog.[224] Das Problem waren aus Sicht der neoliberalen Ökonomen, die zu Beginn der 1980er-Jahre sowohl an den Universitäten wie auch bei den Bretton-Woods-Institutionen die Deutungshoheit gewannen, das Ausbleiben von Investitionen in Entwicklungsländer und die entsprechende Wachstumsschwäche, ausbleibende Innovationen und fehlendes Know-how, fehlende Spin-offs und zu wenig Beschäftigungsmöglichkeiten für gut Ausgebildete.[225] Toye und Toye kritisieren allerdings, dass sich in den 1980er-Jahren bei den UN-Organisationen wie auch bei den Bretton-Woods-Institutionen die Ansicht durchsetzte, dass es den Entwicklungsländern einzig wegen interner Probleme wirtschaftlich schlecht gehe. Insbesondere den hohen Protektionismus der Entwicklungsländer selbst als Folge des Dogmas der *infant industry protection* monierten die internationalen Organisationen als internes Problem.[226]

In den 1960er-Jahren hatten die Aktivistinnen und Aktivisten immer wieder das Thema Arbeitslosigkeit in der Dritten Welt und die dringende Notwendigkeit des Wirtschaftswachstums als Bedingung für die Schaffung von Arbeitsplätzen betont. Fast schon apokalyptisch schrieb der Wirtschaftsethiker Arthur Rich in einer Studie für den ÖRK 1965: „Millionen junger Arbeitsloser [in den Entwicklungsländern] sind bereit, sich fanatischen Ideologien, die nach Gewalt rufen, hinzugeben."[227] Die ökonomische Machbarkeit des *full employment* hatte noch bis in die 1970er-Jahre auch die Dritte-Welt-Aktivisten geprägt. Doch hatte die Bewegung ihre eigenen Anliegen vergessen und das Thema Arbeitslosigkeit verschwand (zumindest für den Fall der Entwicklungsländer) von der Agenda. Gerade Entwicklungsländer, die viel in die Ausbildung investiert hatten, erlebten einen starken Braindrain, der nicht nur auf politische Instabilität zurückzuführen war, sondern auch schlicht auf mangelnde Beschäftigungsmöglichkeiten für

---

223 Ebd.
224 N. Stettler: Basler Handelsgesellschaft.
225 J. Toye, R. Toye: UN and Global Political Economy, 260.
226 Ebd., 261
227 A. Biéler: Gottes Gebot.

Ärztinnen und Ärzte, Ingenieurinnen und Ingenieure. Insbesondere in Ländern, die sozialistische Verstaatlichungen, Militärcoups oder beides hinter sich hatten, blieben in den 1980er-Jahren Investitionen von privaten multinationalen Unternehmen trotz Auflagen der Bretton-Woods-Institutionen aus.[228] Gleichzeitig waren multinationale Grosskonzerne – im Gegensatz zu kleinen und mittleren Unternehmen – die privaten Akteure, die sich das Risiko von Investitionen in Entwicklungsländern überhaupt leisten konnten. Daher unterstützten die Bretton-Woods-Institutionen in Entwicklungsländern grosse Staudammprojekte, die das Investitionsklima, das sich beispielsweise durch eine gesicherte Stromzufuhr verbesserte, fördern sollten. Doch die Basis der Dritte-Welt-Bewegung wünschte sich grundsätzlich kein Wachstum in Entwicklungsländern, ebenso wenig wie die Errichtung von neuen Industrien oder sonstige Veränderungen der traditionellen Wirtschaft. Sie sah daher die wachstumsfördernde Wirkung von Investitionen multinationaler Unternehmen in den Entwicklungsländern nicht als etwas Positives, sondern betrachtete die Aktivitäten der multinationalen Unternehmen als nachteilig und, als weiterer negativer Punkt, als Imperialismus.[229] So wurden die Bretton-Woods-Institutionen und die multinationalen Unternehmen zur Zielscheibe der Kritik der Bewegung. Diese Haltung wurde 1981 im „Entwicklungspolitischen Manifest für die 80er Jahre" anlässlich des schweizerischen Symposiums der Solidarität am 31. Mai 1981 in Bern schriftlich festgehalten:[230]

> Wir sehen vor, den schweizerischen Beitritt zum Internationalen Währungsfonds (IWF) gegebenenfalls mit einem Referendum zu verhindern, wenn die Schweiz unsere entwicklungspolitischen Anliegen nicht berücksichtigt. [...] Wir planen konkrete Recherchen und Aktionen zu jener Geschäftspraxis schweizerischer multinationaler Konzerne in Entwicklungsländern, die nicht zur Befriedigung der Grundbedürfnisse beiträgt, sondern als Ausplünderungspolitik zu bezeichnen ist.[231]

„The Age of Alternatives", wie die britische Dritte-Welt-Aktivistin Maggie Black das Jahrzehnt der 1970er-Jahre genannt hatte, war vorüber. Das Jahrzehnt, in dem die Utopie eines alternativen Handelssystems, eines alternativen Lebensstils, noch real erschienen war, war Geschichte. Vorbei war auch die Zeit, in der die westliche Dritte-Welt-Bewegung sich mit alternativen Entwicklungsformen für Entwicklungsländer beschäftigt hatte. Die entwicklungspolitische Bewegung der 1980er-

228 J. Toye, R. Toye: UN and Global Political Economy, 260.

229 Dezentrale: Alternativ-Katalog 3, 569, R. H. Strahm: Beziehungen Schweiz Dritte Welt.

230 SozArch, EvB, Ar 430.26.1. Mappe 2: Entwicklungspolitischen Manifest für die 80er Jahre, 1981.

231 SozArch, EvB, Ar 430.26.1. Mappe 2: Entwicklungspolitischen Manifest für die 80er Jahre, 1981. Siehe auch K. J. Kuhn: Entwicklungspolitische Solidarität, 346.

Jahre – „resigniert, schuldig, ausgeliefert, machtlos“ – hatte keine Alternative mehr zu präsentieren.[232] Sie verlegte sich stattdessen aufs „Verhindern“ und auf „Recherchen“ über die „Ausplünderungspolitik“ von Schweizer Firmen in Entwicklungsländern. Wie erwähnt, sollten sich diese „Recherchen“ aufgrund der Überschaubarkeit der Schweizer Investitionen in Entwicklungsländern durchaus als machbar erweisen.

Die implizite Alternative, welche die Bewegung der 1980er-Jahre präsentierte, war die Autarkie. Nicht alternative Wirtschafts- und Handelsmodelle sah sie für die Dritte Welt vor, sondern schlicht gar keine: „Wir sind der Meinung, dass jedes Land seinen eigenen Weg ohne ausländische Beeinflussung gehen soll.“[233] Damit war die Ausgrenzung der „untersten Milliarde“, wie sie Paul Collier beschreiben sollte, aus dem Welthandel bereits zu Beginn der 1980er-Jahre für „linke Entwicklungspolitiker“ ideell unter dem Euphemismus des „eigenen Wegs“ besiegelt.[234] Die zustimmend-unterstützende Haltung der Fair-Trade- und Dritte-Welt-Bewegung zum westlichen Protektionismus war nun intellektuell fundiert. Und dies nicht nur für den Agrarprotektionismus, sondern auch für die Überreste des Industrieprotektionismus, der in der Schweiz nicht einmal von bürgerlicher Seite gestützt wurde.[235] So ist der Schwerpunkt auf die Landwirtschaft und den Kleinbauern im Manifest von 1981 noch nicht ersichtlich, wogegen sich ein eher sozialistischer Schwerpunkt auf den Arbeiter feststellen lässt: „Die Arbeiterinnen und Arbeiter in der Dritten Welt werden gezwungenermassen zu Lohndrückern der Arbeiterinnen und Arbeiter in der Schweiz.“[236]

In diesem Sinne erlebte das Nationale zu Beginn der 1980er-Jahre ein Comeback.[237] Die Umweltbewegung und die Bewegung, die nach dem Slogan *Small is beautiful* leben wollte und sich für biologische Landwirtschaft und Kleinbauern im Inland einsetzte, beförderte eine Moralisierung der einheimischen Wirtschaft als „natürlich“. Durch die durchaus reaktionär-konservative Biobewegung bekam die Aufforderung, inländische Produkte zu kaufen (das Begehren stammte aus den Zeiten der Wirtschaftskrise der 1930er-Jahre), einen neuen

232 SozArch, EvB, Ar 430.26.1. Mappe 2: Entwicklungspolitischen Manifest für die 80er Jahre, 1981.

233 SozArch, EvB, Ar 430.26.1. Mappe 2: Entwicklungspolitischen Manifest für die 80er Jahre, 1981.

234 C. W., „Soziale Befreiung“ gegen Entwicklungszusammenarbeit, NZZ, 29.5.1981.

235 R. Weder, S. Wyss: Do Vertical Linkages.

236 SozArch, EvB, Ar 430.26.1. Mappe 2: Entwicklungspolitischen Manifest für die 80er Jahre, 1981.

237 T. Scheidegger: Vom ‚Schweizerbauern‘.

Sinn.[238] Zu Beginn der 1980er-Jahre tauchte das Schweizer Kreuz etwa auf Unterlagen der Kleinbauern-Vereinigung auf und wurde von der Fair-Trade-Bewegung kommentarlos akzeptiert. Das „Unbehagen im Kleinstaat" war einem moralisch fundierten Vorrang des Lokalen – und damit der Schweiz – gewichen, und einem Wohlbehagen in der Kleinheit, was faktisch dem Nationalismus Vorschub leistete.[239]

Für die Entwicklungsländer waren die tropischen, ehemals kolonialen Rohstoffe übriggeblieben, wobei – wie die Beispiele Bananen oder Zucker zeigen – sogar diese kritisch hinterfragt wurden.[240] Darauf hatte die OS3 bereits bei der Gründung fokussiert, darauf wollte sich die EvB nun in ihrer Wirtschaftspolitik konzentrieren. Die ursprüngliche Idee, dass diese Rohstoffe im Herkunftsland verarbeitet werden sollten, verschwand, und einzig die Kritik an den noch verbliebenen Rohstofffirmen der Schweiz blieb übrig.

238 O. Kühschelm: Sagen, Zeigen, Tun.
239 1986 empfahl die EvB gar ein „JA" zum Zuckerbeschluss, der von den Stimmberechtigten wuchtig verworfen wurde. Das „NEIN" der Bevölkerung wurde als wichtige Richtungsweisung gegen die Überschusswirtschaft und für produktivitätsunabhängige Direktsubventionen gesehen. Die EvB hob sich damit sogar von den anderen schweizerischen Entwicklungsorganisationen ab. P. Moser: Stand der Bauern, 310.
240 K. J. Kuhn: Entwicklungspolitische Solidarität, 264, P. Moser: Stand der Bauern, 310.

5 Von „Trade, not Aid“ zu „Weniger nehmen“

5.1 Die Professionalisierung der Fair-Trade-Bewegung

Die Geschichte der Wandlung der Idee eines gerechten Nord-Süd-Handels in der Dritte-Welt-Bewegung ist in erster Linie eine Geschichte der Entakademisierung und der Professionalisierung. Mit dem Übergang von der ehrenamtlichen und aktivistischen Bewegung von Akademikern zu professionellen Strukturen fand gleichzeitig ein Abschied vom Grundsatz der Wissenschaftlichkeit statt. Dieser Grundsatz hatte für die Aktivistinnen und Aktivisten der Anfangszeit unausgesprochen Gültigkeit, da es sich bei ihnen zu einem grossen Teil um Professoren und Universitätsdozenten gehandelt hatte. In den ersten Jahren der Professionalisierung setzte sich Rudolf Strahm noch aktiv und mühsam für die akademischen Grundlagen der Kampagnen ein. „Zu dieser Zeit fühlten wir uns verpflichtet, jeder politischen Aktion auch eine wissenschaftliche Fundierung zu geben“, schrieb er und weist mit seiner Formulierung „zu dieser Zeit“ darauf hin, dass die wissenschaftliche Fundierung in der Folge vernachlässigt wurde.[1] Doch bereits Strahm entfernte sich in seiner Zeit als Sekretär der EvB von seinen wissenschaftlichen Wurzeln. Nach seinem Weggang gab es innerhalb der Bewegung niemanden, der aktiv den akademischen Rückhalt gefordert hätte. Wie aufgezeigt, haben Naturwissenschaftlerinnen und -wissenschaftler den Abschied von der akademischen Makroökonomie und den Widerspruch zwischen wirtschaftlicher Entwicklung und Umweltschutz mit ihrem Engagement übertüncht. Die Abkopplung des kleinen Fachbereiches *development studies* von der ursprünglichen Verankerung in der Entwicklungsökonomie kreierte zudem dort eine kleine Gruppe von Experten, die einen Kulturbegriff portierten, der die Widersprüchlichkeit von Entwicklungshilfe und Neoprotektionismus als Wertepluralität interpretierte und Mitte der 1970er-Jahre auch direkt die UNCTAD kritisierte.[2] Mit der Professionalisierung der spontanen Bewegung folgte auch ein aktives und konstantes Suchen nach Betroffenheit, nach Themen und Kampagnen, um die professionelle Organisation am Leben zu erhalten. Damit verlor sich die spontane Bewegung, die auf Forderungen der in der UNCTAD zusammengeschlossenen Entwicklungsländer lediglich reagiert hatte. Die aktive Rolle der Entwicklungsländer und das Verständnis der frühen Dritte-Welt-Bewegung, als Advokat dieser Länder im Norden aufzutreten, verschwand. Die westliche Dritte-Welt-Bewegung wurde zum professionellen Sektor, der auf der Spendergunst im Westen basierte.

1 A.-M. Holenstein-Hasler, R. Renschler, R. H. Strahm: Entwicklung heisst Befreiung, 127.

2 A. Bänziger: Entwicklungsland Welt – Entwicklungsland Schweiz, 34.

https://doi.org/10.1515/9783110667516-009

Die Entwicklungsländer wurden für NGOs zur Folie, die sie der Spenderin oder dem Spender präsentierten.[3]

Die Professionalisierung der Bewegung führte auch zur Bildung von Allianzen. Mittels Diskursbrücken einerseits, aber auch mit einer mittelfristig grundlegenden Änderung ihres Konzepts ging die Bewegung Allianzen ein mit der Umweltbewegung, den Gewerkschaften, den inländischen Kleinbauern, Konsumentenverbänden und Frauengruppen. Eine Brücke zur breiten Gruppe der kirchlich engagierten Bürgerlichen war gar nicht mehr nötig, da Letztere bereits von Beginn weg zur Basis der EvB gehört hatten. Eine radikal-sozialistische, linke Befreiungsbewegung war nie Teil der Fair-Trade-Bewegung gewesen, daher musste sich Erstere auch nicht von einer solchen entfernen. Das merkwürdige Aussenstehen des sozialistischen Nationalrats Jean Ziegler zeigt dies auf.

Spätestens Ende der 1970er-Jahre repräsentierte die Fair-Trade-Bewegung als Teil einer grösseren sozialen Bewegung, zu der auch die Bio-Bewegung gehörte, eine breite Bevölkerungsschicht. Dies zeigt sich etwa in der Lancierung des Vereins M-Frühling durch Migros-Genossenschafterinnen und -genossenschafter ab 1979.[4] Nachdem die EvB ihre Fair-Trade-Verkäufe 1977 an eine private Firma outgesourct hatte, wurde sie zu einem paraakademischen Think-Tank. Sie produzierte vor allem Informationen, bildete aus und trat im gesellschaftlichen und politischen Diskurs als intellektuelle Vertreterin der Bio- und Fair-Trade-Bewegung auf.[5] Die aus den Zeiten der Ehrenamtlichkeit der 1960er-Jahre stammende moralische Autorität wurde zum Startkapital, das in die professionelle Zukunft führte.

Gemäss Körber ist genau diese moralische Autorität das Kapital der NGOs. Die moralische Autorität ist nicht nur die Grundlage für Spenderinteressen, sondern die Basis der eigentlichen Aktivität der NGO.[6] Dank ihrer moralischen Autorität kann eine NGO die öffentliche Meinung beeinflussen und wird zu einem bedeutenden, noch viel zuwenig untersuchten Akteur im demokratischen Prozess.[7] So können NGOs die Reputation von Konzernen schädigen oder Parlamentsentscheide beeinflussen. Diese moralische Autorität wird zunächst in einer aktivistischen, ehrenamtlichen Phase aufgebaut. Im Falle der EvB folgte darauf eine halb ehrenamtliche Phase, in der die ersten Vertreterinnen und Vertreter zwar ein kleines Einkommen erhielten, sich aber weit über ihre Bezahlung hinaus enga-

3 M. Hilton: Politics of Expertise, 256, siehe auch A. Müller, F. Rauh: Wahrnehmung und mediale oder M. Jennings: ‚Almost an Oxfam in Itself'.

4 B. Mahler: ‚umdenken – umschwenken'.

5 K. J. Kuhn: Entwicklungspolitische Solidarität, 257, P. Moser: Stand der Bauern, 311–312.

6 A. Körber: The Political Economy. Siehe auch M. Hilton: Politics of Expertise, 56.

7 Ebd., 254.

gierten und von ehrenamtlichen Mitarbeitern unterstützt wurden. Darüber hinaus erweckten die ersten, bezahlten Angestellten auch weiterhin einen ehrenamtlichen Eindruck. Die frühen NGO-Angestellten mussten die professionellen Strukturen und ein professionelles Verhalten noch erarbeiten. Die Tatsache, dass die professionelle NGO mit ihren bezahlten Angestellten aus einer spontanen sozialen Bewegung entstand und weiterhin in dieser Bewegung verankert war, verlieh der NGO zudem moralische Autorität. Die NGOs stellen ihre moralische Autorität gerne dadurch her, dass sie ihre eigene Geschichtsschreibung pflegen. Gerne verweisen hochprofessionelle NGOs auf ihre Ursprünge in einer sozialen, ehrenamtlichen Bewegung, in den Graswurzeln.[8]

Interessanterweise lässt sich gemäss Hilton bei vielen NGOs nach einer ersten Aufbauphase ein personeller Wechsel feststellen. Gemäss dem typischen Muster einer NGO traten die charismatischen, eigenwilligen Aufbauarbeiter der 1960er- und 70er-Jahre nach einiger Zeit verärgert zurück oder wurden verdrängt, um einer professionellen Struktur Platz zu machen.[9] Im Falle der EvB machten die ehrenamtlich arbeitenden Pfarrer und Theologieprofessoren bereits zu Beginn der 1970er-Jahre freiwillig den Frauen und den Jungen Platz, die zwar angestellt und bezahlt waren, sich aber noch als Aktivistinnen und Aktivisten verstanden und es als selbstverständlich erachteten, für den Bruchteil eines marktüblichen Lohns bis zur Erschöpfung zu arbeiten. Als Rudolf Strahm 1978 die EvB verliess, musste er gleich durch zwei Nachfolger ersetzt werden, da er bis zu 70 Stunden pro Woche gearbeitet hatte.[10] 1982 kündigte Anne-Marie Holenstein, 1985 Regula Renschler. Orchestriert wurden beide Abgänge durch vorangegangene interne „Spannungen“.[11] Die Kündigung von Anne-Marie Holenstein fiel zusammen mit rigorosen Sparmassnahmen aufgrund des finanziellen Verlustes der von ihr geleiteten, mehrjährigen Kampagne „Hunger ist ein Skandal“.[12] Hilton nennt dieses bei mehreren NGOs festzustellende Muster *founder's syndrome*, das Gründer-Syndrom.[13] Während die schillernden Gründer intern oft einer professionellen Angestelltengruppe Platz machen mussten, waren diese Persönlichkeiten weiterhin wichtig für den Fokus auf die „Gründungsmythen“. Die moralische Autorität der NGO, die durch die „Gründungsmythen“ symbolisiert wird, bildet die Entscheidungsgrundlage für die Spender. Dies umso mehr, als Hilton im Rahmen des

---

8 Ebd., 56.
9 Ebd., 68.
10 A.-M. Holenstein-Hasler, R. Renschler, R. H. Strahm: Entwicklung heisst Befreiung, 204.
11 Ebd., 206.
12 SozArch, EvB, Ar 430.90.1. Jahresberichte 1978–2003. EvB: Jahresbericht 1983, S. 14. K. J. Kuhn: Entwicklungspolitische Solidarität, 268–269.
13 M. Hilton: Politics of Expertise, 68.

DANGO-Projekts für Grossbritannien festgestellt hat, dass NGOs zunehmend Kirchen und politische Parteien ersetzen.[14] Spontane Bewegungen und die daraus entstehenden professionellen NGOs boten auch in der Schweiz ein „Auffangbecken" in der Zeit der massenhaften Kirchenaustritte der 1960er-Jahre und der Politikverdrossenheit der 1980er-Jahre.[15] In diesem Sinne spricht Hilton von *pressure groups*, also zivilgesellschaftlichen Bewegungen, die sich ausserhalb bzw. am Rande des politischen Prozesses für gewisse Anliegen einsetzen. Mit *pressure group* benutzt Hilton lediglich ein Synonym des politökonomischen Fachbegriffs *special interest groups*. Wie im DANGO-Projekt festgestellt wurde, ist in Grossbritannien die Zahl der Mitglieder von Kirchen und politischen Parteien genau wie die Wahlbeteiligung rückläufig, während NGOs Mitglieder gewinnen. Gemäss Studien hat das öffentliche Vertrauen in die Regierungen abgenommen, jenes in NGOs jedoch zugenommen.[16] Dies ist aber eine deskriptive Beobachtung. Die Frage ist nun, ob die NGOs profitiert haben von einem abnehmenden Vertrauen in die Regierung oder ob sie dieses Misstrauen und ihre eigene moralische Autorität aktiv aufgebaut haben. Was den Fair-Trade-Konsum angeht, stellt Anderson jedenfalls fest: „It is clear that ethical consumers did not emerge but were shaped through the campaigns and experience of alternative trade pioneered by NGOs."[17] Malinowski und Sedlmaier vertreten die These, dass die Kulturrevolution von 1968 erheblich dazu beigetragen hat, einen neuen Konsumententypus zu schaffen.[18] Trentmann weist wiederum darauf hin, dass Kampagnen für ethischen Konsum Jahrzehnte vor 1968 an der Tagesordnung waren und aufgrund ihrer teilweise umgekehrten politischen Stossrichtung von der Forschung übersehen worden seien.[19]

Während NGOs oft weiterhin für die Spender den Anschein einer uneigennützigen sozialen Bewegung erwecken, haben sich die Vorzeichen aus politökonomischer Sicht fundamental geändert. Das Personal der professionellen NGOs besteht nun aus bezahlten Angestellten, deren Einkommen von der Gunst der Spender abhängt. Auch ist davon auszugehen, dass die Vertreter der NGOs analog zu Unternehmern und Bürokraten wenn nicht das Wachstum, so doch zumindest

14 M. Hilton: A Historical Guide, 326.

15 U. Hofmann: Innenansichten eines Niedergangs, 262.

16 M. Hilton: A Historical Guide, 326.

17 M. Anderson: Fair Trade: NGOs, 236.

18 Malinowski, Stephan; Sedlmaier, Alexander: ‚1968' als Katalysator der Konsumgesellschaft. Performative Regelverstösse, kommerzielle Adaptionen und ihre gegenseitige Durchdringung, in: Geschichte und Gesellschaft 32/2 (2006) 238–269, 239.

19 F. Trentmann: Before Fair Trade.

den Erhalt ihrer Organisation und damit ihrer eigenen Stelle zum Ziel haben.[20] Ausgehend von dieser Annahme scheint es nur eine logische Folge, dass die EvB, nachdem sie von einer sozialen Bewegung in eine professionelle NGO überführt wurde, ihr Konzept dahingehend änderte, dass es eine möglichst breite Gruppe von Spenderinnen und Spendern ansprach. Eine Bedingung für ihr Organisationswachstum bestand darin, dass sie ihre Ideologie von umstrittenen Punkten befreite und sich auf die kleinste gemeinsame Schnittmenge konzentrierte, die ihre zahlreichen potentiellen Spendergruppen hatten. Der Kleinbauer im In- und Ausland füllte diese gemeinsame Schnittmenge aus.

Der Aktivismus der 1960er-Jahre wurde für die professionellen NGOs zum Produkt. Eine selbstkritische Hinterfragung der eigenen Rolle, des eigenen Wachstums und der Grösse der Organisation wurde im Rahmen dieses Strukturwandels für eine professionell funktionierende Entwicklungs-NGO zur Unmöglichkeit. Nicht nur die Selbstreflexion als professionelle NGO, auch die grundsätzliche Systemkritik, die zur Kritik an der Spenderin oder am Spender geführt hätte, wurde zur Unmöglichkeit. Denn die Kritik an der Spenderin und dem Spender hätte zum Ausbleiben der Spenden und damit zur Abschaffung der NGO selbst geführt. Die System- und Selbstkritik, wie sie im Manifest von 1968 geäussert worden war, brachte für die professionelle NGO nur Nachteile. Das neue Fair-Trade-Konzept des Kleinbauern hingegen bot der NGO zahlreiche Vorteile. Es ging von einem utopisch-statischen Bild des Kleinbauern aus, das auf einer jahrhundertealten, wenn nicht biblischen Moralvorstellung des Menschen als einem sesshaften Bauern auf seinem Ackerland beruhte. Dieses Bild des Kleinbauern war universell, es konnte beliebig für die Schweiz wie für die Dritte Welt eingesetzt werden. Zudem beinhaltete die Konzentration auf den Kleinbauern die Repetition des ewiggleichen, statischen Bildes der Feldarbeit. Damit konnte die NGO gerade in Zeiten rasanter wirtschaftlicher Veränderungen, Innovationen und Wachstumsphasen ein Erkennungsmerkmal vorweisen, das nicht mit den faktischen wirtschaftlichen Veränderungen in der Dritten Welt, etwa dem industriellen Aufschwung in asiatischen Ländern, Schritt halten und sich verändern musste. So erfolgte eine Rückkehr in koloniale Muster: Der Süden nahm die schicksalshafte und unveränderbare Rolle des Rohstofflieferanten ein, der Norden jene des paternalistischen Almosengebers. Der freiwillige Aufpreis für Fair-Trade-Produkte nahm wiederum den christlichen Topos des gerechten Preises *(iustum pretium)* auf, der nicht im Wettbewerb zwischen Gleichberechtigten, sondern moralisch-

20 G. Kirsch: Neue Politische Ökonomie, 397. Historisch siehe R. Quaas: Fair Trade, 239, K. J. Kuhn: Entwicklungspolitische Solidarität, 419 oder M. Jennings: ‚Almost an Oxfam in Itself'.

normativ gebildet wurde.[21] Vergessen ging das von der ersten Ujamaa-Kampagne vorgebrachte Argument, der tansanische Pulverkaffee sei für den Schweizer Konsumenten billiger als Nescafé.[22]

Durch die Trennung der ursprünglichen Bewegung in professionelles Personal und passive Unterstützerinnen und Unterstützer der NGO veränderte sich auch die Vorstellung von der Rolle, welche die Schweizer Bevölkerung spielen sollte. Genau wie die professionellen NGOs in ihrem Diskurs Entwicklungsländer wieder zu passiven Idealkonstrukten zurückstuften, degradierten sie den politischen Bürger wieder zum passiven Spender und Konsumenten. Von der Schweizer Bevölkerung wurde nicht mehr erwartet, dass sie sich aktiv mit akademischer Handelstheorie auseinandersetzte und eigene Privilegien zugunsten der Bevölkerung in Entwicklungsländern aufgab. Die professionelle NGO setzte nun auf den kopflosen Bauchentscheid der Konsumentinnen und Konsumenten, die vor dem Supermarktregal aufgrund ihres schlechten Gewissens einen Fair-Trade-Aufpreis auswählen sollten. Die Nachfrage nach Fair Trade wurde von den professionellen NGOs, wie Anderson bemerkt, aktiv geschaffen.[23] Erst das Vorhandensein der Fair-Trade-Produkte im Supermarktregal kreierte die Dichotomie zwischen fair und unfair, liess die Produkte ohne Gütesiegel als unfair erscheinen. Die ursprüngliche Idee der EvB-Arbeitsgruppe, ein „Schlechtezeichen“ einzuführen, hatte sich erübrigt.[24]

Betrachtet man die Landschaft der verschiedenen Schweizer Hilfswerke und Organisationen, war die Rolle der EvB als Think-Tank insbesondere in den 1970er-Jahren zentral. Denn von Seiten der akademischen Ökonomie war keinerlei Sukkurs für das neue Konzept zu erwarten, im Gegenteil: Indem die NGOs langsam eine paraakademische Lehre aufbauten, vertiefte sich der Graben zwischen der akademischen Ökonomie und der Fair-Trade- bzw. der Bio-Bewegung. Unterstützung erhielten Think-Tanks durch vereinzelte Wissenschaftlerinnen und Wissenschaftler anderer Fachbereiche – im Falle der EvB etwa durch den Politologen Gilbert Rist –, welche wiederum die Ökonomie als ideologische Pseudowissenschaft verurteilten und die Nichtbeachtung ökonomischer Studien wissenschaftlich guthiessen.[25] Die konsequente Ausblendung der akademischen Ökonomie sowie der Aufbau eines paraakademischen Wissenschaftsbetriebs zum

21 H. D. Kurz: Geschichte des ökonomischen Denkens, 12–23.

22 SozArch, EvB, Ar 430.27.1. Kaffee Ujamaa 73–77: Plakat.

23 M. Anderson: Fair Trade: NGOs, 236.

24 SozArch, EvB, Ar 430.41.1. Textilien, Mappe 3: Koordinatorengruppe Aktion Globaler Supermarkt und Hunger. Aktion „Label“-Zeichen/Aktion Gütezeichen-Schlechtezeichen, Anne-Marie Holenstein, 30.5.1980, Fragenkatalog.

25 G. Rist: L'économie ordinaire.

Thema Fair Trade war nötig, um in den 1970er- und 80er-Jahren das Paradox der zunehmenden Entwicklungshilfe und des abnehmenden Handels mit den ärmsten Ländern sowie das weitere Öffnen der Wohlstandsschere zu übertünchen. Allerdings machte auch die Wirtschaftskrise von 1973 die ursprüngliche Forderung der „Erklärung von Bern“, in der Schweiz Arbeitsplätze und Wirtschaftsleistung zugunsten von Entwicklungsländer aufzugeben, nun schwieriger. Die von den NGOs als Ersatz vorgebrachte Kritik an Tätigkeiten der multinationalen Konzerne mit Sitz in der Schweiz und Filialen in Entwicklungsländern hatte einen angenehmen Nebeneffekt: der implizite Einsatz für den Verbleib der Produktion und der Arbeitsplätze im Inland. Als der Glaube an die Möglichkeit eines alternativen Handelssystems allmählich und schleichend aufgegeben wurde, entstand zwischen NGOs und multinationalen Firmen, die nun zu Partnern wurden, überraschenderweise eine Symbiose. Die NGOs kritisierten zwar multinationale Konzerne, doch vermochten sie keine Alternative zu bieten, so dass sie anstatt des Aufbaus eines alternativen Handelssystems lediglich Auflagen an die Konzerne stellten. Damit lieferten sie den Grosskonzernen die westlichen Kunden- und Konsumentenwünsche frei Haus. Zu diesen Wünschen gehörte nicht nur die Zertifizierung von Endprodukten, sondern auch die Produktion im Inland. Malinowski und Sedlmaier nennen dies eine Verzahnung von Unternehmenskultur und Gegenkultur bis zur Ununterscheidbarkeit.[26]

Durch die Professionalisierung der NGOs hatte sich denn auch die Kritik verlagert. Nicht die eigene Nation, sondern supranationale Organisationen wurden jetzt kritisiert. Die Bewahrung der lokalen Produktion und der Arbeitsplätze im Inland wurde teilweise direkt, teilweise indirekt zu einem Hauptanliegen der NGOs; ein Anliegen, das sie sowohl in die nationale Politik wie zu den multinationalen Konzernen transportierten. Die Frage des Schaffens von Wachstum, von Arbeitsplätzen und Diversifikation in den Entwicklungsländern verschwand durch das Primat des Kleinbauern aus der Agenda. Der Arbeitslosigkeit in Entwicklungsländern, in den 1960er-Jahren das prädominante Thema in der Entwicklungsökonomie wie auch unter den frühen Aktivistinnen und Aktivisten, sollte, wenn sie in den späteren 1970ern überhaupt thematisiert wurde, mit dem Argument des Kleinbauerntums zu begegnen sein.

Nach einer Entstehungs- und Aufbauphase des NGO-Bereichs in den 1960er- und 70er-Jahren fand nach etwa 1975 die professionelle Organisationsentwicklung und das Wachstum statt. Dies galt nicht nur für NGOs, sondern auch für den Alternativen Handel, der zunehmend kommerziell organisiert war. So schrieb etwa die Schweizer OS3 1979: „Um die Wirkung von OS3 zu verstärken, wird

---

26 S. Malinowski, A. Sedlmaier: ‚1968‘ als Katalysator, 246.

Wachstum, wird Ausweitung nötig sein."[27] Quaas beschreibt, wie auch die westdeutsche alternative Importgesellschaft GEPA zu Beginn der 1980er-Jahre sich Wachstum und die Erschliessung neuer Märkte zum Ziel setzte und sich in diesem Prozess auf einen von Kleinbauern in biologischem Landbau hergestellten Rohkaffee eingrenzte.[28] Die faktische Entwicklung der NGOs und der von ihnen gegründeten Firmen stand somit in Widerspruch zur Wachstumskritik, die sie ab Mitte der 1970er-Jahre diskursiv äusserten. Mit dem Wachstum verbunden war, dass die nun professionell agierenden NGOs kommerzielle Dienstleistungen, etwa die Entwicklung von Lehrmitteln, anboten sowie Firmen wie etwa die OS3 gründeten. Hilton beobachtet: „many NGOs have developed from amateur and voluntarist roots to becoming highly professionalised and even business-oriented organisations."[29]

Diese Entwicklung wurde gerade im Fall der EvB auch resigniert reflektiert. Das *founder's syndrome* setzte bei der EvB nach 1980 ein. Nachdem Strahm 1978 noch schwarze Zahlen hinterlassen hatte, fuhr insbesondere die Kampagne „Hunger ist ein Skandal" Jahr für Jahr Verluste ein.[30] 1982 schlug ein Verlust von 86 000 Franken zu Buche.[31] Die idealistisch-utopische Arbeitsweise hatte zu Abnützungserscheinungen und Kündigungen geführt. 1983 waren die Aktivistinnen und Aktivisten der 1970er-Jahre nicht nur müde, sie standen auch vor dem finanziellen Kollaps und mussten rigorose Sparmassnahmen ergreifen, um die Organisation EvB zu retten.[32] Al Imfeld, der neben Rudolf Strahm zu den jungen Aktivisten der Anfangsjahre gehört hatte, fand klare Worte:

> Eine Organisation wie die EvB wird trotz aller Ideale und heroischer Aufopferung der Mitarbeiter auf die Borstigkeit des Menschen-Tiers stossen. Vordergründig steht man Wortlaut zu den Prinzipien wie ‚keine Arbeitsteilung', ‚Gleichstellung der inhaltlichen und administrativen Arbeit', ‚Lohngleichheit', ‚eigene Einschätzung der Bedürftigkeit', etc. Aber im Alltag treten Widersprüche auf.[33]

„Borstigkeit des Menschen-Tiers" bedeutete in Al Imfelds poetischer Ausdrucksweise ein Eingeständnis dessen, was in der Politischen Ökonomie methodologi-

---

27 SozArch, Claro 1010.12. OS3 Gründung: Mario Carera, OS3 bald im breiteren Handel?, November 1979.

28 R. Quaas: Fair Trade, 240.

29 M. Hilton: A Historical Guide, 347.

30 SozArch, EvB, Ar 430.90.1. Jahresberichte 1978–2003. EvB: Jahresberichte 1979 bis 1984.

31 SozArch, EvB, Ar 430.90.1. Jahresberichte 1978–2003. EvB: Jahresbericht 1982, Revidierte Jahresrechnung der Erklärung von Bern, Deutsche Schweiz.

32 SozArch, EvB, Ar 430.90.1. Jahresberichte 1978–2003. EvB: Jahresbericht 1983, S. 14.

33 A. Imfeld: Die „Erklärung von Bern" in der Krise.

scher Individualismus genannt wird oder mit dem Sprichwort „Jeder ist sich selbst am nächsten" aus der römischen Literatur überliefert ist.[34] Die einzelnen Angestellten hatten nach einer idealistischen Anfangsphase weder Kraft noch Lust, schlecht entlohnte Arbeit zu leisten. „Die EvB kennt zwei heikle Gebiete innerhalb des Sekretariats: Organisation der Arbeit und Entlohnung", bestätigt Al Imfeld die Ergebnisse der britischen DANGO-Forschung auch für den Fall der EvB.[35] Zudem war die EvB wie manche andere NGO zu dieser Zeit aufgrund der hohen Schulden schlicht gezwungen, die Organisation zu professionalisieren.[36] Mit dem Begriff „Eigengesetzlichkeiten" machte Al Imfeld wiederum eine Konzession an die Politische Ökonomie, welche ausgehend vom methodologischen Individualismus schlicht davon ausgeht, dass der Mensch sich als Individuum, als *homo oeconomicus*, verhalten wird und dass sich das Verhalten der Menschen im Kollektiv fast gesetzmässig voraussagen lässt.[37] Dies versuchte Al Imfeld hier auszudrücken:

> Aber zwischen Kopf und Bauch geht da anderes vor. Wie soll sich jemand beim Lohn ehrlich und dennoch frei selbst einschätzen? Schämt sich der Idealist nicht seiner Forderung und schimpft tief innerlich im Geheimen doch über seine Ausbeutung? Ist es nicht falsch von gleichem Lohn zu reden in einem System, das anders gelagert ist? Erhält eine Bürokraft den landesüblichen Lohn und der Professionelle gleicht sich diesem Niveau an, dann haben eben nicht beide Seiten gleichviel beigetragen und die Last ist einseitig – und nicht gleich verteilt. Früher oder später entstehen Magengeschwüre und Kopfweh.[38]

„Magengeschwüre und Kopfweh", dies war das *founder's syndrome*, die Standortbestimmung der Organisation EvB zu Beginn der 1980er-Jahre. Eine Konzession an die „Eigengesetzlichkeiten" und die „Borstigkeit des Menschen-Tiers" war unausweichlich, um die Organisation zu sanieren und zu retten.

5.2 Die Wachstumskritik überrollt Fair Trade: der Widerspruch wird übertüncht

Die Organisation EvB musste sich zu Beginn der 1980er-Jahre nochmals in einer weiteren Phase professionalisieren und war gezwungen, in Zukunft sowohl genug wie auch beständig Spenden einzunehmen. Die Konzentration ihres Konzepts der Nord-Süd-Gerechtigkeit auf eine Schnittmenge, in der sich eine möglichst breite

---

34 Siehe dazu erklärend G. Kirsch: Neue Politische Ökonomie, 19.
35 A. Imfeld: Die „Erklärung von Bern" in der Krise.
36 N. J. Crowson, M. Hilton, J. McKay: NGOs in Contemporary Britain.
37 A. Imfeld: Die „Erklärung von Bern" in der Krise.
38 Ebd.

Schicht potentieller Spender traf, war somit zu Beginn der 1980er-Jahre die einzige Möglichkeit, die Organisation zu retten und zu erhalten. Doch wollte man den Wandel des Fair-Trade-Konzepts einzig durch die Professionalisierung der Dritte-Welt-Bewegung und als Reaktion auf die Präferenzen der Spenderinnen und Spender erklären, würde dies zu kurz greifen. Im Sinne Rodriks kann das seit den 1970er-Jahren beobachtete Paradox, Hilfe zu leisten statt Handel zu treiben, nicht allein durch die simple utilitaristische Vertretung von Eigeninteressen erklärt werden, sondern muss auch mit der Rolle der übergeordneten „Idee" analysiert werden:[39] Die ursprüngliche, von Prebisch und Singer vertretene dynamische Idee eines gerechten Nord-Süd-Handels wurde offensichtlich von der Wachstumskritik und vom Umweltschutz verdrängt. In der sozialen Bewegung im Umfeld der neu entstandenen NGOs wurde der Begriff „Nehmen" allmählich uminterpretiert. In den UNCTAD-Jahren nach 1964 setzte sich innerhalb der Dritte-Welt-Bewegung für kurze Zeit eine Überlappung mit den Wirtschaftswissenschaften und dadurch eine positive Besetzung des Begriffs „Nehmen" durch. Die Entwicklungsländer warfen dem Norden vor, nicht genug zu nehmen, nämlich einzig tropische Rohstoffe. Ziel, so die UNCTAD-Forderung, sollte ein „Mehr nehmen" sein, daher auch die Forderung nach *Trade, not Aid*. In Zukunft sollten die westlichen Länder nicht nur tropische Rohstoffe, sondern sämtliche Rohstoffe sowie auch verarbeitete Produkte importieren. Allerdings hatte diese Forderung in der westlichen Dritte-Welt-Bewegung nicht Bestand. Schon etwa 1970, an der interkonfessionellen Konferenz im Bundeshaus, übte die schweizerische Dritte-Welt-Bewegung erstmals Kritik am „Nehmen" von Fluchtgeldern aus Entwicklungsländern. Der EvB-Slogan „Es kommt weniger darauf an, mehr zu geben, als weniger zu nehmen" bezog sich zunächst einzig auf Fluchtgelder aus Entwicklungsländern und zielte auf den Finanzplatz Schweiz ab.[40] Doch bereits im Rahmen der Welternährungskrise 1974 sollte der Aspekt des „Wegnehmens" von Nahrung dazukommen. Ab Mitte der 1970er-Jahre verstand die Bewegung den Begriff „Nehmen" allumfassend negativ. Ziel war die lokale, kleinbäuerliche, autarke Produktion, die mit dem Konsumverzicht einherging. Handel, der durch den Begriff „Nehmen" gemeint war, erhielt eine negative Note. Damit war der Abschied von der akademischen Makroebene des internationalen Handels auch diskursiv besiegelt. Der Diskurs der NGOs betraf nun die Mikroebene des Konsums und der einzelnen Produkte. Die Kommerzialisierung und Annäherung an die Betriebswirtschaftslehre und an das Marketing ging einher mit dem Abschied von der Volkswirtschaftslehre und damit mit der Ablösung von der Forderung, dass die Industrie-

---

39 D. Rodrik: When Ideas Trump Interests.

40 A.-M. Holenstein-Hasler, R. Renschler, R. H. Strahm: Entwicklung heisst Befreiung, 37–38.

staaten zugunsten der Entwicklungsländer auf protektionistische Privilegien verzichten sollten.[41] Stattdessen begleitete nun eine paraakademische, statische Vorstellung von Nord-Süd-Gerechtigkeit die Kommerzialisierung des Fair Trade.

Das akademisch-volkswirtschaftliche UNCTAD-Konzept der 1960er-Jahre brachte, wie oben erwähnt, für professionelle NGOs Nachteile mit sich und liess sich schlecht verkaufen. Es beinhaltete den Imperativ, im Norden Privilegien aufzugeben, sah einen massiven Strukturwandel und somit grosse Veränderungen vor. Die Prebisch-Singer-These war kompliziert, akademisch, abstrakt und zu weit oben auf der Theorieebene. Dies machte das akademisch-ökonomische Konzept anstrengend und zeitraubend. Insbesondere aber bot es keine Möglichkeit, innert kurzer Zeit oder auch nur mittelfristig die eigenen westlichen Schuldgefühle abzubauen. Das neu entstandene wachstumskritische Konzept von Fair Trade, das zu Beginn der 1980er-Jahre „in Kraft trat“, brachte hingegen nur Vorteile. Es liess sich auf eine einfache, verständliche Botschaft reduzieren, die nun in ein Gütesiegel für Supermarktprodukte gefasst werden sollte. Es erforderte keine tiefgreifenden Veränderungen im Alltag und schon gar keinen umwälzenden Strukturwandel. Im Gegenteil, es trug eine konservative Botschaft in sich: Das Althergebrachte sollte bewahrt und Veränderungen sollten bekämpft werden. Insbesondere die Möglichkeit der Personifizierung eines Kleinbauern mit Foto oder Namen bot auch die Chance, Schuldgefühle in Form eines modernen Ablasshandels zu besänftigen. Das Konzept erwartete von der Bevölkerung nicht, dass sie denken oder sich engagieren sollte, sondern sah lediglich vor, dass die Konsumentinnen und Konsumenten zur richtigen Kaffeepackung greifen sollten. Mit dem Kauf bzw. dem ethisch korrekten Konsum war die Sühne abgeschlossen.

Der Fokus auf den Kleinbauern vermittelte der Spenderbasis, dass man sich für den Schutz indigener Kulturen einsetzte, brachte aber auch eine Rückkehr kolonialer Herablassung mit sich. Nach 1964 herrschte eine Aufbruchphase, in der die Dritte-Welt-Bewegung für den Süden und den Norden einen einheitlichen Wertmassstab anwandte. Interessanterweise wurde dieses Werte- und Weltbild von einer Gruppe Ökonomen vorgebracht, die oft entweder selbst aus dem Süden

---

41 Seit Beginn der 2000er-Jahre befasst sich der Bereich *business ethics* der Betriebswirtschaftslehre mit Fair Trade und benutzt diesen Begriff für den ethischen Konsum zertifizierter Produkte. Parallel dazu nutzen Volkswirtschafter den Begriff Fair Trade weiterhin zur Beschreibung gerechter Nord-Süd-Verhältnisse im Rahmen der WTO-Verhandlungen. Siehe dazu beispielhaft für *business ethics* etwa Andorfer, Veronika; Liebe, Ulf: Research on Fair Trade Consumption. A Review, in: Journal of Business Ethics 106/4 (2012) 415–435, zur Volkswirtschaft J. E. Stiglitz, A. Charlton: Fair Trade for All.

oder aus Osteuropa stammten.[42] Es galt implizit ein einheitliches Wertesystem der Moderne, mit dem Ziel einer einheitlichen Zivilisation bzw. Modernisierung durch Industrialisierung. Für die Dritte-Welt-Aktivisten im Westen war diese Sichtweise eine „Offenbarung", wie Black schreibt: „It was a revelation. This was because 'living standards' had not been the window on these societies through which most observers had previously been looking."[43]

Die Wirtschaftswissenschaften der 1960er-Jahre hatten den ursprünglich theologisch oder völkerkundlich geschulten Dritte-Welt-Aktivisten eine neue Sichtweise beschert. Für kurze Zeit war das Ziel der Dritte-Welt-Bewegung im Westen, dass die Länder und Menschen im Süden aufholen und zum Norden aufschliessen sollten. Dies bedingte, dass die Länder und Menschen im Norden ihre Privilegien aufgeben und beispielsweise Produkte aus Ländern des Südens auf ihren Märkten zulassen und kaufen sollten. Das Weltbild dieser kurzen Aufbruchphase der 1960er-Jahre kannte keinen Kulturrelativismus, sondern, wie gesagt, ein einheitliches Wertesystem. Interessanterweise brachte gerade diese Einheitlichkeit auch einen Aufruf zu massiven Strukturveränderungen im Norden und Süden mit sich. Eine „Revolution" hatte Raúl Prebisch gefordert.[44] Diese neue Sichtweise bedingte Offenheit und sehr viel Mut, aber auch den Willen zur Veränderung vor der eigenen Haustür. Es bedingte, dass Strukturen nicht mehr geschützt und bewahrt werden konnten, sondern völlig dem Einfluss der Entwicklung in anderen Weltregionen preisgegeben waren. Diese Vorstellung entsprach wahrlich einem Bild, das im Geiste der Aufbruchjahre vor 1968 entstanden war, einem Bild der Progressivität, der Dynamik, der grundsätzlichen, unvorhersehbaren Veränderung im Fluss. Es war die „Dynamik der Hoffnung", wie Jacques Rossel schrieb, und Bob Dylan prophezeite: „The things they are a-changing".[45]

Diese Vorstellung des Anspruchs aller Kulturen auf Wohlstand und Modernisierung muss diskutiert werden bezüglich ihrer Vor- und Nachteile für die Armutsbekämpfung. Der Vorteil dieser Vorstellung eines universellen Anspruchs auf Wohlstand war, dass nicht zwischen Nord und Süd unterschieden wurde: Kein als Wertepluralität getarnter Kulturrelativismus konnte eine Benachteiligung des Südens legitimieren. Ihr Nachteil war, dass die Modernisierung als absoluter Wert

---

42 Darunter Raúl Prebisch aus Argentinien, Celso Furtado aus Brasilien, Michael Kalecki aus Polen oder W. Arthur Lewis aus der karibischen Insel St. Lucia. Hans W. Singer war wiederum jüdisch und hatte aus Deutschland fliehen müssen. J. Toye, R. Toye: UN and Global Political Economy, 4–5.

43 M. Black: Oxfam the First 50 Years, 68.

44 Bodleian Library, Oxford. Oxfam archive, MS, Oxfam. COM/3/1/12. Folder 3: Haslemere Declaration, S. 4.

45 Siehe dazu Kapitel 1.2. Die Mission übt Selbstkritik: Jacques Rossel.

gesetzt wurde. Der kulturelle Wert lange gewachsener volkswirtschaftlicher Strukturen und die Bedeutung dieser Strukturen für den Einzelnen und die Gesellschaft hatten keinen Platz in der Gleichung. Sowohl im Süden wie im Norden sollte die Modernisierung althergebrachte Strukturen grundlegend und ungehemmt zerstören. Diese Radikalität war der Aufbruchsphase der 1960er-Jahre zu eigen, und sie wurde sowohl von den linken Vertreterinnen und Vertretern der Prebisch-Singer-These wie von der radikal-neoliberalen Chicagoer School geprägt. Auch wurde sie von der aufgeschlossenen, christlich-bürgerlichen Mitte in der Schweiz, wie hier gezeigt wurde, vorsichtig portiert. Die althergebrachten, kolonialen Strukturen in Ländern des Südens wurden sowohl von Vertretern aus dem Süden, wie Prebisch, als auch von der westlichen Dritte-Welt-Bewegung als ungerecht und daher als nicht schützenswert empfunden. Die Strukturen im Norden galten ebenfalls als kolonial und deshalb nicht als bewahrenswert. Doch diese Schumpetersche Haltung der schöpferischen, ja heilsam-erlösenden Zerstörung sollte von kurzer Dauer sein.[46] Die schweizerische Dritte-Welt-Bewegung begann nur einige Jahre nach dem Manifest von 1968, den kulturellen Wert der schweizerischen Landwirtschaft zu entdecken und sich für diesen einzusetzen. Gleichzeitig wurde das Modernisierungsparadigma auf internationaler Ebene durch den Slogan *Small is beautiful* in Frage gestellt. Die Antithese zum Modernisierungsparadigma war somit, dass sowohl im Norden wie im Süden gewisse volkswirtschaftliche Strukturen, allen voran die Landwirtschaft, ihren eigenen, kulturellen Wert hatten und nicht der Zerstörung im Zuge der Modernisierung anheimfallen sollten.

Die Wertepluralität, die „pluralité des mondes“, wurde zum Argument für die Erhaltung herkömmlicher Strukturen und das Aufhalten der Modernisierung im Süden.[47] Der Zivilisationspfad der Industrieländer wurde relativiert und nicht als einzig gültiger Wertmassstab genommen. Die „pluralité des mondes“ galt als Argument gegen den Ethnozentrismus. Die Frage stellt sich jedoch, inwiefern diese Wertepluralität tatsächlich eine Antithese oder Synthese war – bzw. inwiefern sie nicht einfach ein Rückschritt zu bestehenden kolonialen Denkmustern bedeutete. Denn die Aufwertung herkömmlicher volkswirtschaftlicher Strukturen in Ländern des Südens aus kulturellen Gründen hob den Imperativ der Modernisierung auf. Mit dem Argument der kulturellen Pluralität konnte jegliche volkswirtschaftliche Differenz zwischen Norden und Süden legitimiert werden: Aus Armut wurde Kultur.

---

46 H. D. Kurz: Geschichte des ökonomischen Denkens, 84.
47 P. Bungener, J. Grinevald: La pluralité des mondes.

Die Abkehr von der abstrakten, unpersönlichen Volkswirtschaft und die Hinwendung zur Kultur transportierte zudem das Bild des Kleinbauern in die westliche Dritte-Welt-Bewegung. Dieses Stereotyp war, wie gezeigt, auch marketingstrategisch von Nutzen. Kuhn beobachtet etwa für die „Hunger ist ein Skandal"-Aktion der EvB, im Rahmen welcher Anne-Marie Holenstein erstmals die Idee eines Gütesiegels lancierte, eine marketingorientierte Spendensammlung, die sich an karitativen Motiven orientierte.[48] Bleibt man bei der Argumentation der Marketingstrategie, lässt sich beobachten, dass der Kleinbauer keine Neueinführung war, sondern eine Rückkehr zum altbekannten Marketing der Missionen symbolisierte. Die Bilder von Kleinbauern auf den Broschüren und Packungen der Fair-Trade-Produkte gleichen auffällig verschiedenen Figuren auf sogenannten „Nickneger"-Kassen, die bis in die 1960er-Jahre bei den christlichen Missionen in Gebrauch waren. Auch die personalisierten Geschichten von Kleinbauern in den Broschüren der Hilfswerke, die Fair Trade unterstützten, können durchaus als Weiterführung der Missionsliteratur gesehen werden. Tatsächlich ersetzte die Zeitschrift „Der Auftrag" fliessend die langjährige Zeitschrift der Basler Mission, den „Evangelischen Heidenboten".[49] Es müsste genauer untersucht werden, wie und ob sich die Fair-Trade-Bilder von Kleinbauern von der *bibliothèque coloniale* unterscheiden, der nicht die Andersartigkeit, sondern die Überlegenheit der westlichen Zivilisation und teilweise der weissen Rasse zugrunde lag.

Auch die Rückkehr zum Primat der Umwelt – die Vorrang hat vor dem Menschen – kann als Rückkehr in koloniale Muster interpretiert werden. Dabei standen nicht etwa die negativen Folgen der Umweltverschmutzung für die Bevölkerung der Dritten Welt auf dem Plan. Ziel des Umweltschutzes der Dritte-Welt-Bewegung der 1970er-Jahre war die Umwelt an sich und vor Ort: die Luft, der Wald, die Pflanzen und insbesondere die Tiere. Auf eigentümliche Weise begann die Fair-Trade-Bewegung in den 1970er-Jahren, den Tierschutz in ihr Programm aufzunehmen.[50] Fast ruckartig wurde der Einsatz für die politisch souveränen Staaten im Süden, die auf dem Weg zur wirtschaftlichen Gleichstellung mit dem Norden waren, mit jenem gegen Schweinemasten und Legehennenfabriken in Westeuropa vertauscht. Die Menschen in der Dritten Welt und ihr an der UNCTAD geäussertes Bedürfnis nach Wirtschaftswachstum schienen bedeutungslos geworden zu sein. Einzig der Kleinbauer hatte als Bewahrer der Biodiversität noch

---

48 K. J. Kuhn: Entwicklungspolitische Solidarität, 398.

49 Kooperation evangelischer Kirchen und Missionen, Verein Mission gemeinsam tun, Mission 21: Auftrag.

50 So finanzierte etwa der Tierschutzverband eine von der EvB vertriebene Studie, A.-M. Holenstein, J. Davis: Zerstörung durch Überfluss, 5.

seine berechtigte Funktion. Die Stadt, die der EvB-Erstunterzeichner Jacques Rossel 1967 noch als Ort der Schönheit und der Hoffnung besungen hatte, wurde unter dem Einfluss der Wachstumskritik zum Moloch, vor dem die Bevölkerung der Dritten Welt bewahrt werden sollte.

5.3 „Déjeuner en paix“: der Rückzug ins Private oder das Ende eines Protestzeitalters

Die Autoren des DANGO-Projekts, die den Aufstieg der NGOs in Grossbritannien nach 1945 untersucht haben, kommen zu einem interessanten Schluss. Sie stellen den Aufstieg der privaten NGOs in den Kontext der Privatisierung unter der neoliberalen Premierministerin Margaret Thatcher. Sie stellen fest, dass NGOs in dieser Zeit zu technokratischen Expertenorganisationen wurden, die auf privater Basis soziale Dienstleistungen anboten, die der Wohlfahrtsstaat zwar wünschte, aber aufgrund der neoliberalen Politik nicht selbst bereitstellte.[51] Diesen Aufstieg der technokratischen und sehr professionellen Expertenorganisationen stellten die Autoren der Studie wiederum in den Kontext der Politikverdrossenheit, was mit dem Ende des Protestzeitalters und dem Rückzug ins Private zusammenfiel. Sie stellten fest, dass der Protest bzw. die politische Einmischung von den NGOs übernommen wurde. Diese kreierten „The Protest Business“ und nahmen der Bevölkerung gegen Bezahlung eines Mitgliederbeitrags oder gar einer einmaligen Spende die Mühen des nächtelangen Diskutierens, der Proteste und der politischen Einmischung ab.[52]

Eine ähnliche Entwicklung fand in der Schweiz statt.[53] Der Rückzug ins Private zeichnete sich bereits zu Beginn der 1970er-Jahre ab. Neu gegründete, landwirtschaftliche Kommunen auf dem Land boten den abgekämpften Aktivisten eine Rückzugsmöglichkeit von den Protesten auf den Strassen der Grossstadt.[54] In einem weiteren Schritt ergab sich durch den Konsum der entsprechenden ökologischen und fairen Produkte eine noch einfachere und bequemere Möglichkeit, ökologische und solidarische Anliegen umzusetzen. Die NGOs übernahmen somit den aktiven Part des Protestes, lenkten diesen aber in Bahnen. Die NGO selbst schwächte ihre Positionen ab, schwenkte auf eine Mitteposition ein oder entzog sich geradezu der politischen Diskussion. Kuhn beobachtet für

51 M. Hilton: Politics of Expertise.

52 Ebd., 55, A. G. Jordan, W. A. Maloney: The Protest Business.

53 B. Mahler: ‚umdenken – umschwenken‘, 79.

54 S. Bittner: Jenseits der Kleinfamilie, 26.

das Jahrzehnt der 1980er, dass entwicklungspolitische Organisationen wie die EvB bezüglich der politischen Dimensionen ihrer Tätigkeit zurückhaltender wurden.[55] Während die Angestellten der NGO EvB in den 1970er-Jahren durchaus am Gesetzgebungsprozess teilgenommen und diesen verfolgt hatten, wandten sie sich nun nicht mehr direkt an die Schweizer Bürgerinnen und Bürger als politische Subjekte, sondern an die Konsumentinnen und Konsumenten. Die Pulverkaffee-Aktion stellte hier einen ersten Übergang dar, es folgten die Jutesack-Aktion (welche gar nicht mehr auf die Handelspolitik hinwies), Aktionen zum Tourismus (der ökonomisch gesehen ebenfalls ein Konsumgut darstellt) sowie Ende der 1970er-Jahre Kochbücher. Unmerklich übernahm die Dritte-Welt-Bewegung den Fokus auf den Konsum, den sie eigentlich kritisierte.[56] Stimmig liess sich gemäss Malinowski und Sedlmaier die Kulturrevolution der 68er in den Wandlungsprozess des postindustriellen Kapitalismus einordnen.[57]

Die ökologischen und entwicklungspolitischen Überlegungen in der konstanten Beschäftigung mit dem eigenen Konsumverhalten verschleierten dabei die Widersprüchlichkeit. Die Beschäftigung mit dem fairen Handel war vom Kopf in den Bauch gerutscht. Die politische Bewusstseinsbildung wich der Beeinflussung der unbewussten Konsumentscheide. Auch bezüglich jener Bereiche, in denen die EvB zu Beginn der 1980er-Jahre weiterhin die politische Bürgerin bzw. den Bürger ansprach, stellte sie fest, dass ihren Anstrengungen kaum Erfolg beschieden würde, wenn sie die Bürger nicht über die „Gefühlsebene“ – und somit über das Bauchgefühl – ansprechen konnte.[58] In einer Standortbestimmung zur zukünftigen Arbeit der EvB im Bereich Wirtschaftspolitik, der ja ursprünglich das ausschliessliche Thema des Manifests gewesen war, wird mit Ernüchterung konstatiert:

> Allerdings scheinen die Aktions- bzw. die Mobilisierungsmöglichkeiten auf dem Gebiete der Wirtschaftspolitik ungemein viel schwieriger. Der Anschluss an die unmittelbare Gefühls-

---

55 K. J. Kuhn: Entwicklungspolitische Solidarität, 398.

56 B. C. Schär, R. Ammann, T. Färber, S. Bittner, M. Hofer, Y. Niederhäuser, V. Sperisen, M. Griesshammer, R. Fischer, M. Schär, R. Schär, E. Vaudan: Bern 68, 8.

57 S. Malinowski, A. Sedlmaier: ‚1968‘ als Katalysator, 239.

58 In einer empirischen Studie von 2007 haben Psychologen belegt, dass Identifikation mit Opfern und eine entsprechende Spendebereitschaft über die Gefühlsebene in stärkerem Masse erfolgt als über Information in Form von statistischen Daten. Siehe dazu Small, Deborah A.; Loewenstein, George; Slovic, Paul: Sympathy and callousness. The impact of deliberative thought on donations to identifiable and statistical victims, in: Organizational Behavior and Human Decision Processes 102/2 (2007) 143–153.

> ebene oder die eigene Praxis (wie bei Ernährung, Lektüre, Tourismus, usw.) ist nicht so direkt machbar.[59]

Auch örtlich hatte eine Verlagerung stattgefunden: Die Schweiz sollte nicht mehr an der Grenze, in der Zollpolitik, „Privilegien aufgeben", einzig im Dritte-Welt-Laden und bald schon im Supermarkt sollten die Konsumentinnen und Konsumenten einen kleinen Aufpreis bezahlen. Auch die ausführliche Informationsarbeit, die „Bewusstseinsbildung", die ursprünglich das wichtigste Ziel des Verkaufs von Fair-Trade-Produkten wie dem Ujamaa-Kaffee und der Jutetasche ausgemacht hatte, wurde auf ein kleines wortloses Symbol im Supermarkt reduziert. Damit wandelte sich auch die Rolle des Dritte-Welt-Ladens. Dieser wurde vom wichtigen Versammlungsort und Resonanzraum der Bewegung zum überflüssigen und ineffizienten Tante-Emma-Laden zurückgestuft. Die Aufgaben der Weltläden als Informationsvermittler übernahmen in den 1980er-Jahren die professionellen NGOs. Noch zu Beginn der 1970er-Jahre hatte der Raum des Weltladens an sich eine bewusstseinsbildende Funktion erfüllt:

> Ideally, the shop would offer not just the possibility to obtain goods and information, but also provide a space for debate, meetings, and a duplicating machine. A typical monthly bulletin published by a world shop in the 1970s included information on the shop's activities and informed readers about issues concerning the global economy and the situation of developing countries.[60]

Der Weltladen war nur solange nötig, wie die Bewegung noch bewusst eine ehrenamtlich-aktivistische Graswurzelbewegung war. Mit der Verlagerung des Aktivismus hin zu bezahlten Angestellten von NGOs fiel die Notwendigkeit des Weltladens als dezentraler Begegnungsraum weg.

Die 1980er-Jahre sahen eine Aufteilung der Dritte-Welt-Bewegung in kommerzielle, in Staat und Gesellschaft eingebettete NGOs auf der einen Seite und kleine, gewaltbereite Gruppierungen auf der anderen Seite. Auch in der Schweiz waren zu Beginn der 1980er-Jahre Sachbeschädigungen und Hausbesetzungen an der Tagesordnung. Ursprung mancher Sachbeschädigungen und Anschläge der 1980er-Jahre war auch der Protest gegen ungerechte wirtschaftliche Nord-Süd-Beziehungen.[61]

---

59 SozArch, EvB, Ar 430.11.5. Entwurf für die Weiterarbeit im Bereich der Wirtschaftspolitik, Termin: Mai –bis Ende 1984.

60 Dam, Peter Van: Moralizing Postcolonial Consumer Society, 235.

61 K. Karcher: Sisters in Arms, K. Karcher: Violence.

Das starke Schuldgefühl der 68er-Generation, das die Auseinandersetzung mit der Nord-Süd-Frage und die Bestrebungen hin zu einem gerechten Handel mit dem Süden angetrieben hatte, war in den 1980er-Jahren einer Alternativlosigkeit und Anspruchshaltung gewichen. Sehr schön spiegelt sich die Mentalität der Politikverdrossenheit und des Rückzugs ins Private im Song „Déjeuner en paix" wider, der 1991 herauskam und die 1980er-Jahre atmosphärisch einfing.[62] Der von Stephan Eicher gesungene und vom französischen Schriftsteller Philippe Djian stammende Text handelt von einem Mann, der beim Frühstück die Zeitung liest und darauf wartet, dass seine Geliebte aufwacht. Als sie zum Frühstück kommt, möchte sie nichts über den Zustand der Welt wissen, sondern „in Frieden frühstücken". Die Politikverdrossenheit der 1980er-Jahre hatte die Bahn frei gemacht für die Kommerzialisierung der Fair-Trade-Produkte. Der ab 1992 in Schweizer Supermärkten erhältliche, fair zertifizierte Kaffee und bald darauf auch Zucker, Honig, Schokoladenpulver oder Orangensaft erlaubten es der Generation der 1980er-Jahre, fortan ihr Frühstück in Frieden zu geniessen.[63]

Vor allem aber setzte zu Beginn der 1980er-Jahre eine „Müdigkeit" ein, die der Politikverdrossenheit Vorschub leistete. Al Imfeld fing die Stimmung sprachlich exakt ein:

> Werden die Engagierten ihres Bewusstseins müde? Kann jemand wie die EvB die Bürgerklagen auf nimmermüde Weise durchalten? Und kann man sich nicht mit Kampf gegen den Hunger übersättigen? Zeitgeist: Müdigkeit.[64]

Auch die NZZ zitierte 1981 genüsslich Vertreter der Dritte-Welt-Bewegung, die Leuten in den eigenen Reihen vorwarfen, sie seien „müde, ängstlich und lendenlahm geworden".[65] Die Resignation und Müdigkeit der Schweizer Dritte-Welt-Bewegung zu Beginn der 1980er-Jahre ordnete sich wiederum ein in einen europaweit spürbaren Verlust der elektrisierenden Betroffenheit von 1968 und in den Übergang in eine gleichgültige Pseudopolitisiertheit. Der junge französische Philosoph Pascal Bruckner fing diese Stimmung 1983 mit seinem Essay „Le sanglot de l'homme blanc" ein.[66] Ausgerechnet bei Jean Zieglers Hausverlag Seuil in Paris, der 1976 Zieglers „Une Suisse au-dessus de tout soupçon" gedruckt hatte, erschien Bruckners Dekonstruktion der Dritte-Welt-Bewegung mit ihrem hausge-

62 Siehe dazu Stephan Eichers Album „Engelberg" (1991).

63 Siehe dazu etwa auf der Webseite des Schweizer Grossverteilers Coop die Rubrik „Labels" (http://www.coop.ch/de/labels/guetesiegel/max-havelaar/philosophie.html) (13.9.2017).

64 A. Imfeld: Die „Erklärung von Bern" in der Krise.

65 C. W., „Soziale Befreiung" gegen Entwicklungszusammenarbeit, NZZ, 29.5.1981.

66 P. Bruckner: Le sanglot.

machten, zutiefst europäisch-christlich diffusen Schuldgefühl. Das Jahr 1983 stellte sich sozusagen als Negativ des Jahres 1968 heraus, indem Bruckner, als wende er sich direkt an die EvB, für eine nochmalige Neufassung des Solidaritätsbegriffs plädierte. Er warf den Dritte-Welt-Aktivistinnen und -Aktivisten der vergangenen Jahre vor, sie seien weinende Kinder mit unreflektierten Schuldgefühlen gegenüber dem Süden. Und er forderte die Dritte-Welt-Bewegung auf, erwachsen zu werden und – wie es auch Jacques Rossel mit Rückgriff auf Max Weber später formulieren sollte – Verantwortung zu übernehmen, denn: „Le tiers-mondisme, on l'a vu, entretient une confusion constante entre culpabilité et responsabilité [...].“[67]

Auch die Dritte-Welt-Bewegung der Bundesrepublik Deutschland verlor gemäss Ruben Quaas Mitte der 1980er-Jahre Visionen und Utopien. Wie Quaas beobachtet, hatte auch in Deutschland die Dependenztheorie an Rückhalt verloren, das Umweltproblem machte Wirtschaftswachstum nicht mehr tragfähig und es mangelte an Entwürfen, wie das globale Wohlstandsgefälle zu überwinden sei.[68] Während die Dritte-Welt-Bewegung müde, abgenutzt, losgesagt von den akademischen Wirtschaftswissenschaften und gefangen in Bruckners Schuldgefühlen eine Metamorphose in professionelle NGOs mit klar formulierten Aufgaben in der Dienstleistungsgesellschaft der 1980er-Jahre durchmachte, nahm gemäss Toye und Toye gleichzeitig der Nord-Süd-Dialog, wie er in den 1960er-Jahren fordernd und hoffnungsvoll begonnen hatte, auch auf der Bühne der internationalen Handelsvereinbarungen ein Ende.[69] Entwicklungsländer wie Tansania, die in den 1960er- und zu Beginn der 1970er-Jahre für die Dritte-Welt-Aktivistinnen und -Aktivisten der Industrieländer Sehnsuchtsorte gewesen waren und einen dritten Weg dargestellt hatten – und im Fall von Tansania zahlreiche junge Menschen mit „Tanzaphilia“ angesteckt hatten –, waren zu Beginn der 1980er-Jahre verarmt, hochverschuldet und politisch instabil.[70] Gleichsam wandelte sich die Sahara, bis in die 1970er-Jahre „Sehnsuchtsort für westliche Zivilisationskritiker“, zum Synonym für Dürre und Hungerkatastrophen.[71] Die Aufbruchstimmung, die kurz nach der Unabhängigkeit den selbstbewussten und fordernden Nord-Süd-Dialog getragen hatte, machte einer Verdrossenheit aufgrund der gescheiterten Wirtschaftspolitik Platz.[72] In den Informationstexten der OS3 wird die Hoffnung in

67 Ebd., 293.
68 R. Quaas: Fair Trade, 271.
69 J. Toye, R. Toye: UN and Global Political Economy, 4.
70 Ebd., 257.
71 F. Rauh: Tierkadaver im Wüstensand, 155.
72 R. Quaas: Fair Trade, 270, macht dieselbe Beobachtung für die Bundesrepublik Deutschland.

Tansania aufgegeben und das Experiment eines afrikanischen Sozialismus als gescheitert betrachtet, auch wenn die Firma den tansanischen Pulverkaffee weiterhin im Sortiment führte.[73] Auch die ärmsten Entwicklungsländer, wovon die meisten auf dem afrikanischen Kontinenten zu finden waren, verlegten sich darauf, Hilfe zu verlangen. Die Möglichkeit, innerhalb des GATT- oder des UN-Systems Marktzugang einzufordern, nahmen sie nicht mehr wahr und wurden zum „sleeping dog“.[74]

73 K. J. Kuhn: Fairer Handel und Kalter Krieg, 41. Heute wird derselbe Pulverkaffee unter dem neuen Namen Baraza geführt, ebd., 40.
74 M. Elsig, P. Stucki: Low-Income Developing Countries.

Schlussbetrachtung: vom Handel zur Hilfe

„Die Schweiz wird in Zukunft auf gewisse Privilegien verzichten müssen", forderte die „Erklärung von Bern" 1968. Die Aktivistinnen und Aktivisten im Umfeld der Bewegung erkannten, dass die Dritte Welt eine Anwaltschaft in den Industrieländern brauchte. Dies war das Ziel der Überführung der sozialen Bewegung, die sich im Zusammenhang mit dem Manifest von 1968 konstituiert hatte, in eine ständige Organisation. So entstand die heute noch aktive, professionelle schweizerische Entwicklungs-NGO EvB (seit 2016 Public Eye). Ihre Genese steht jedoch exemplarisch für eine Entwicklung, die wir auch in anderen europäischen Ländern, insbesondere in Grossbritannien und in den Niederlanden, beobachten können. Überall in Westeuropa formierten sich in den Jahren vor 1968 soziale Bewegungen, welche die Umsetzung der UNCTAD-Vorgaben forderten. Überall in der westeuropäischen Dritte-Welt-Bewegung gingen die ursprünglichen Forderungen der UNCTAD nach Marktzugang und Modernisierung verloren und machten einer Duldung, wenn nicht sogar Unterstützung des europäischen Neoprotektionismus, insbesondere im Agrarbereich, Platz.

Wie kam die paradoxe Situation zustande, dass wir heute Hilfe leisten statt Handel treiben? Wie war es möglich, dass genau das Gegenteil eintrat von dem, was die UNCTAD 1964 und die EvB 1968 gefordert hatten? Wie konnte sich das Dogma ins Gegenteil verkehren, ohne dass dies in der Dritte-Welt-Bewegung auf Widerstände gestossen wäre? Wie in dieser Arbeit aufgezeigt wurde, machte es die Figur des Kleinbauern möglich, dass das ursprüngliche Konzept auf den Kopf gestellt wurde und eine paradoxe Situation entstand, die von der Dritte-Welt-Bewegung mitgetragen wurde.

In der Schweiz nahm die Umweltbewegung im Vergleich mit Grossbritannien oder der Niederlande sehr früh und sehr stark Einfluss auf die Dritte-Welt-Bewegung. Die beiden Lager können teilweise gar nicht auseinanderdividiert werden. Zudem setzte die Umweltbewegung Mitte der 1970er-Jahre ein, als der Impuls, der durch die „Erklärung von Bern" entstanden war, bereits wieder an Stärke eingebüsst hatte. Die Umweltbewegung hat sich die Dritte-Welt-Bewegung einverleibt und mit dem Primat des Umweltschutzes deren Grundfesten erschüttert und deren Stossrichtung geändert. Sie hat die eigentlichen Wertvorstellungen der Dritte-Welt-Bewegung, die sie bis heute prägt, in eine andere Richtung gelenkt.

Die westlichen Staaten haben in den 1970er-Jahren und in der Folgezeit generell neoprotektionistische Gesetze eingeführt und insbesondere einen massiven Agrarprotektionismus aufgebaut. Gleichzeitig zur handelspolitischen Ausgrenzung erfolgte eine massive Erhöhung der Entwicklungshilfe für die ärmsten Länder. Die westlichen Gruppierungen, die 1968 noch anwaltschaftlich in den

https://doi.org/10.1515/9783110667516-010

Industrieländern für die Dritte Welt eingetreten waren, setzten sich schon bald für die biologische Landwirtschaft in ihren eigenen Staaten ein. Das Bild der Kleinbauernkooperativen, die in Dritte-Welt-Ländern als politische Akteure und Gegner rechter Militärdiktaturen auftraten, vereinfachte diesen Übergang diskursiv und trug ihn mit. Gleichzeitig reduzierten die Vertreter eines gerechten Handels ihren Einsatz, den sie für die Dritte Welt leisteten, auf den Kleinbauern und forderten für diesen im Rahmen des Gütesiegelsystems eine Verknüpfung aus genereller Entwicklungshilfe und besserer Bezahlung für dessen tropische Nahrungsrohstoffe. Diese Kombination, die von Organisationen wie der EvB gefordert und gefördert wurde, beinhaltete also die öffentliche, das heisst staatliche, von NGOs kritisch observierte Entwicklungshilfe sowie einen freiwilligen Beitrag der westlichen Konsumentinnen und Konsumenten beim Kauf eines tropischen Produkts. Der Fokus auf den Kleinbauern hatte beabsichtigte und unbeabsichtigte Folgen. Ursprünglich auch politisch motiviert, bereitete die Figur des Kleinbauern aber auch den Weg für die Kooperation mit der Umweltbewegung und liess den fairen Handel für die eigene Bevölkerung weniger systembedrohend erscheinen.

Indem der Blickwinkel auf die Figur des Kleinbauern reduziert wurde, geriet die Diskriminierung sämtlicher anderer Bevölkerungsschichten in Entwicklungsländern durch den westlichen Neoprotektionismus in Vergessenheit. Die Ausgrenzung der ärmsten Entwicklungsländer aus dem westlich dominierten Welthandelssystem wurde für die Dritte-Welt-Bewegung und ihre Anhängerinnen und Anhänger unsichtbar. Doch auch der Kleinbauer in Entwicklungsländern wurde durch den westlichen Agrarprotektionismus geschädigt. Er konnte seine nicht tropischen Produkte nicht mehr in den Westen verkaufen und seine Wettbewerbsfähigkeit wurde durch subventionierte Importe aus dem Westen untergraben.

Im Falle der Handelsbarrieren gegenüber nicht tropischen Produkten aus der Produktion des Kleinbauern wurde das Problem von Seiten der Dritte-Welt-Organisationen nie benannt. Es existierte gar nicht als Problem, denn das Primat des Umweltschutzes setzte die lokale Produktion voraus. Im Gegenteil: Dritte-Welt-Organisationen setzten sich *trotz* des Primats der regionalen und saisonalen Produktion für Importe tropischer Produkte aus kleinbäuerlicher Produktion ein. Aus Sicht der Bewegung hob man sich also durchaus von der Bio-Bewegung ab, indem man sich immerhin für den Transport und den Import gewisser Produkte aus dem Süden stark machte.

In den 1960er-Jahren nahmen die westlichen Entwicklungs-NGOs die Forderungen der UNCTAD auf und portierten diese. In meiner Doktorarbeit habe ich aufgezeigt, dass bereits im 19. und in der ersten Hälfte des 20. Jahrhunderts christliche Bewegungen versuchten, in Europa Absatzmärkte für die Produkte aus ihren Missionsfeldern zu schaffen.[1] Im Licht dieser Beobachtung war der Einsatz von Dritte-Welt-NGOs für die Anliegen der UNCTAD in den 1960er-Jahren keine Zäsur, wie man sie von den Bewegungen dieser Zeit hätte erwarten können. Wie in dieser Arbeit dargelegt wurde, fand die überraschendere und für uns interessantere Entwicklung in den 1970er-Jahren statt. In dieser Zeit brachte die Dritte-Welt-Bewegung ihre Konsum- und Wachstumskritik vor. In dieser Arbeit wird aufgezeigt, wie gewisse Anliegen der Umweltschutzbewegung innerhalb der Dritte-Welt-Bewegung entstanden und so eine spätere, grossflächige thematische Überlappung von Dritte-Welt- und Umweltbewegung vorwegnahmen. Mit der Übernahme der Konsum- und Wachstumskritik kam die Dritte-Welt-Bewegung von den Forderungen der ersten UNCTAD im Jahr 1964 und von der wirtschaftswissenschaftlichen Grundlage ab. Insbesondere wandelte sich die Haltung der Bewegung gegenüber privaten Direktinvestitionen westlicher Firmen in Entwicklungsländer. Hatten die frühen Aktivisten in den 1960er-Jahren noch mehr private Direktinvestitionen im globalen Süden gefordert und die Ausgestaltung der Rahmenbedingungen diskutiert, so änderte sich diese Haltung in der ersten Hälfte der 1970er-Jahre in eine pauschale Ablehnung multinationaler Firmen und deren Aktivitäten in Entwicklungsländern. Die Bewegung begann, ein paraakademisches Konzept von Fair Trade zu entwickeln und zu propagieren, das immer weniger auf wirtschaftswissenschaftlichen Grundlagen basierte. Die Wegbereiter des Fair Trade haben der Makroökonomie ein Verständnis von Kultur bzw. Entwicklung gegenübergestellt, welches das globale Wohlstandsgefälle mit einer Pluralität der Werte erklärte und somit akzeptierte.

Diese Arbeit hat aufgezeigt, wie Dritte-Welt-NGOs den Neoprotektionismus ignoriert und in gewissen Fällen sogar aktiv gefordert haben. Die „unheilige Allianz" zwischen der Dritte-Welt-Bewegung und der nationalkonservativen Rechten zieht sich seit Mitte der 1970er-Jahre wie ein roter Faden entlang wichtiger Eckpfeiler der Schweizer Geschichte. In den 1980er-Jahren waren die Dritte-Welt-NGOs bei einem Konzept angelangt, das weder die Modernisierung der Entwicklungsländer noch den Marktzugang für deren nicht tropische Produkte vorsah. An die Stelle abstrakter ökonomischer Modelle war das Idealbild des Kleinbauern getreten. Erst dieses neue und fundamental andere Konzept legte die Basis für den Fair Trade, den wir zu Beginn des 21. Jahrhunderts kennen. Zu Beginn der 1980er-Jahre begann die Dritte-Welt-Bewegung, die sehr komplexe, akademisch fundierte Handelstheorie und die Implikationen der 1949 eingebrachten Prebisch-Singer-These auf ein kleines Symbol zu reduzieren. Die Vorgeschichte dieses Symbols bzw. die vorgängige Wandlung der Idee der Nord-Süd-Gerechtigkeit weist darauf

1 A. Franc: Wie die Schweiz zur Schokolade kam.

hin, dass das heutige Konzept der Zertifizierung weiterhin gesellschaftlich debattiert werden sollte.

Die Tatsache, dass sich das Fair-Trade-Konzept so stark verändert hat, während sich die Dritte-Welt-Bewegung professionalisierte, wirft wiederum die Frage auf, welchen Nutzen diese Konzeptänderung den unterdessen professionellen NGOs brachte. Der ursprüngliche Grundsatz, dass Entwicklungsländern nicht (nur) mit Hilfe, sondern durch Teilhabe an einem gerechten Welthandel geholfen werden soll, wurde im Prinzip stets beibehalten. NGOs wie die EvB, die sich nicht auf eigentliche Hilfe, sondern auf Information und Überwachung einer gerechten Weltwirtschaft spezialisiert hatten, waren gegenüber Entwicklungshilfe im Sinne von Almosen stets kritisch eingestellt. Alleine damit zeigten sie sich gegenüber ihren Mitgliedern als kritische Beobachter der Entwicklungspolitik. Ausgerechnet die Kritik an der Hilfe als Almosen und eine vage Erinnerung an den Slogan *Trade, not Aid* wurden zu Promotoren des Gütesiegels.

Annex: Die „Erklärung von Bern"

Die Erklärung von Bern[1]

Die Schweiz und die Entwicklungsländer
Ursprünglicher Text von 1968
Diese Erklärung wurde an zwei Zusammenkünften in Gwatt (14. Januar 1968) und in Bern (10. März 1968) ausgearbeitet

1. Eine Herausforderung an unsere Generation

Unter denen, die heute täglich in unserer Welt geboren werden, ist eine grosse Zahl von Menschen, die, nach statistischen Prognosen, sich nicht werden satt essen können, die weder eine Schule besuchen noch einen Beruf werden erlernen können und denen somit die menschlichen Elementarrechte nicht zugute kommen werden. Wir gehören wohl zur ersten Generation, die das Ausmass dieser Not erkennt, die aber zugleich auch über die Mittel verfügt, um ihr begegnen zu können. Wir, die wir zu den Begünstigten in der Welt gehören, versäumen unsere erste Pflicht, wenn wir nicht alles, was uns nur möglich ist, tun, um den Kampf gegen Hunger und Elend zu führen, der zugleich der Kampf für die Rechte und Würde des Menschen ist.

2. Was bisher geschah, war nicht umsonst

Private Hilfswerke (weltlicher oder kirchlicher Herkunft) leisten in der Dritten Welt bereits eine Arbeit, deren Bedeutung viel grösser ist, als die Zahl der Mitarbeiter und der eingesetzten Mittel vermuten lässt. Unter schwierigen Umständen sammeln sie Erfahrungen, die bisweilen auch enttäuschend ausfallen. Dennoch sind die Leistungen dieser Hilfswerke sowohl Modelle beruflicher und gewerblicher Entwicklung wie auch Neuansätze im Rahmen bisheriger Wirtschafts- und Sozialordnungen und damit Hoffnungszeichen inmitten eines Klimas oft resignierten Fatalismus. Dankbar anerkennen wir auch, dass christliche Missionare die Hilfe an die Entwicklungsländer sozusagen erfunden haben – meist ohne sich dessen bewusst gewesen zu sein.

1 https://www.publiceye.ch/fileadmin/files/documents/Ueber_uns/EvB_1968_0.pdf (28.3. 2018). Siehe auch SozArch, EvB, Ar 430.25.1. EvB, Anfangszeit: Die Erklärung von Bern, März 1968.

https://doi.org/10.1515/9783110667516-011

3. Die heutige Hilfe genügt jedoch nicht

Heute ist zu der privaten Hilfe glücklicherweise auch die Entwicklungshilfe der Staaten gekommen. Die eidgenössischen Räte haben einschlägigen Krediten zugestimmt und Fachleute eingesetzt. Die Öffentlichkeit muss aber für zukünftige Erhöhungen dieser Kredite vorbereitet und gewonnen werden. Weniger als monatlich ein Franken pro Kopf unserer Bevölkerung ist, verglichen mit der Grösse der Aufgabe, noch kein ausreichender Beitrag.

4. Zweideutigkeit der Handelsbeziehungen

Für Waren aus den Entwicklungsländern muss ein gerechter Preis bezahlt werden, damit die dort geleistete Arbeit besser entlöhnt werden kann. Um das zu erreichen, dürfen wir in den Ländern der Dritten Welt nicht ökonomische Strukturen stützen, die auf weite Sicht die Entwicklung dieser Länder nur hemmen können. Sonst macht die zur Zeit den Entwicklungsländern auferlegte Art und Weise unserer Handelsbeziehungen jene Hilfe wiederum zunichte, die wir ihnen andererseits zukommen lassen. Die Konferenz der UNO für den Handel und Entwicklungshilfe (UNCTAD) hat die Komplexität dieser Zusammenhänge und Mechanismen deutlich herausgearbeitet.

5. Die notwendigen politischen Umstellungen

Unsere Politik muss in all diesen Punkten modifiziert werden, und zwar möglichst so, dass daraus für unsere Wirtschaft keine allzu jähen Erschütterungen resultieren. Die Schweiz wird in Zukunft auf bestimmte Privilegien verzichten müssen. Die öffentliche Meinung muss sich dessen bewusst werden, damit sie in der Lage sein wird, konkrete politische Entscheidungen zu treffen. Sie muss sich darauf vorbereiten, die ökonomischen Strukturen unseres Landes im Hinblick auf unsere Mitverantwortung für die Welt von morgen zu verändern.

6. Ein schweizerisches Institut für die Probleme der Dritten Welt

Wir schlagen vor, ein Institut zu schaffen zum Studium der Probleme, die sich unserem Land durch die Situation in der Dritten Welt stellen und zur Koordination aller bisherigen und neu zu unternehmenden Anstrengungen in diesem Bereich. Zur Aufgabe dieses Instituts gehört auch die bessere Information unserer Öffentlichkeit.

7. Die Wahl zwischen Leben und Tod

Wir sollten so weit kommen – dies unser Fernziel – für den Kampf gegen Hunger und Elend einen Teil jener Summen aufzubringen, die Jahr für Jahr in der ganzen Welt für Rüstungszwecke bewilligt werden. Das forderten bereits die Konferenz „Kirche und Gesellschaft“ des Weltrates der Kirchen (1966) und die Enzyklika „Populorum Progressio“ (1967). Dasselbe wurde 1964 dem Schweizerischen Evangelischen Kirchenbund vorgeschlagen. Diese Umstellung der Budgets müsste nach internationalem Plan und kontrolliert durchgeführt werden können. Die Umstellung aber muss erfolgen! Auf die Dauer können wir auf unserem Planeten, wie gesagt wurde, nicht gleichzeitig das Leben und den Tod finanzieren.

8. Es ist Zeit, die Dritte Welt in unsere Lehrpläne aufzunehmen

In der Erziehung und im öffentlichen Unterricht aller Stufen muss den Problemen der Dritten Welt genügend Zeit und Aufmerksamkeit eingeräumt werden, damit die Jugend nach ihrem aktiven Beitrag (z. B. auch im beruflichen Engagement) im Kampf gegen Hunger und Elend fragen lernt, der zugleich der Kampf für die Rechte und die Würde des Menschen ist.

9. Noch fehlt der Wille zum Handeln

Die Tragweite all dieser Probleme ist heute vielen Menschen bewusst geworden, nachdem bedeutende Persönlichkeiten in aller Welt, darunter auch unsere kompetentesten Volkswirtschafter, nicht müde geworden sind, immer wieder auf sie hinzuweisen. Was vor allem noch fehlt, ist der Wille, etwas zu tun und eine persönliche Verpflichtung einzugehen, durch die, wenn sie von einer grösseren Zahl von Schweizern mit übernommenen wird, ein gemeinsamer nationaler Wille sich formen könnte.

10. Ein konkretes Zeichen

Aus diesem Grunde haben sich die Unterzeichner dieser Erklärung entschlossen, während drei Jahren vom Zeitpunkt ihrer Unterschrift an jeden Monat 3% ihres Einkommens nach freiem Ermessen einem oder mehreren (weltlichen oder kirchlichen) Hilfswerken zukommen zu lassen, die für die Dritte Welt arbeiten. Dabei wissen sie nur zu gut, dass diese individuellen Beiträge bei weitem nicht genügen können, dass vielmehr Lösungen auf nationaler und internationaler Ebene gesucht werden müssen. Mit ihrer bescheidenen Verpflichtung möchten die Unterzeichner jedoch bezeugen, dass sie gewillt sind, anzufangen und gleichzeitig auf allen Ebenen nach ihren Möglichkeiten zu handeln.

11. Christen und Nicht-Christen sind solidarisch

Wenn die heute reichen Völker grösstenteils von der jüdisch-christlichen Tradition geprägt worden sind, so verdanken sie ihre Entwicklung und ihren sozialen Fortschritt zum Teil dieser geistigen Befreiung, zum andern Teil aber auch den oft miserablen Bedingungen, unter denen andere Völker für sie haben arbeiten müssen. Heute können die Christen nicht länger für sich allein reich bleiben wollen, ohne damit Verrat am Evangelium zu begehen; sie müssen bewusst und aus freiem Willen der eigenen Prosperität eine Grenze ziehen, damit alle Menschen – und nicht zuletzt die Christen selbst! – ihre menschliche Berufung verwirklichen können. Viele Nicht-Christen, die oft leidenschaftlicher als die Christen für soziale Gerechtigkeit gekämpft haben, sehen heute in diesem Kampf den Sinn ihres Lebens.

12. Wir möchten unseren Behörden Mut machen

Die Unterzeichneten legen dieses Manifest dem Bundesrat vor, wobei sie sich auf die Zustimmung von 1080 Personen aus der ganzen Schweiz berufen können, die sich verpflichtet haben, 3% ihres Einkommens während drei Jahren vom Zeitpunkt der Unterzeichnung an weltlichen oder kirchlichen Hilfswerken zukommen zu lassen, die für die Dritte Welt arbeiten. Sie möchten durch diese persönliche Verpflichtung die Dringlichkeit des Appells unterstreichen, den sie an den Bundesrat richten. Sie möchten mit Zustimmung an die wiederholten und entschiedenen Stellungnahmen des Bundesrates in dieser Sache erinnern. Sie bitten den Bundesrat, alles zu tun, was die Schweiz aus ihrem Skeptizismus und unentschiedenem Zögern hinsichtlich der Hilfe für die Dritte Welt herausführen kann, zugleich aber auch alles in seiner Macht Stehende zu unternehmen, um im eigenen Lande die schlimmsten sozialen Ungleichheiten zu beheben (eine Aufgabe, der sich die Unterzeichneten ebenfalls verpflichtet wissen). Auch in der Schweiz partizipieren noch lange nicht alle auf angemessene Weise an der nationalen Prosperität.

13. Aufruf an das Schweizervolk

Nachdem diese Erklärung im Dezember 1968 dem Bundesrat unterbreitet worden ist, wird jedermann mit dem nachstehenden Abschnitt zur Unterzeichnung eingeladen. Dabei verpflichtet sich der Unterzeichner nicht zum vornherein, 3 %

seines Einkommens einem Hilfswerk für die Dritte Welt zuzuwenden. Zu diesem Prozentsatz haben sich die Initianten der Erklärung zwar verpflichtet, aber in der Meinung, dass in einer späteren Phase die Höhe der Abgabe ins freie Ermessen jedes Unterzeichners zu stellen sei, damit niemand durch gewichtige materielle Gründe davon abgehalten werde, seine Unterschrift zu geben. Das Resultat dieses Aufrufes wird zu gegebener Zeit den Behörden mitgeteilt und veröffentlicht.

Quellen- und Literaturverzeichnis

Archivquellen

Archiv für Zeitgeschichte, Zürich (AfZ)
Schweizerischer Handels- und Industrie-Verein, 1870–2003, Vorort-Archiv, Handakten Gerhard Winterberger

Bodleian Library, Oxford (Bodleian Library)
Oxfam records, Information Department correspondence 1950–2001, Publications

Institut für Wirtschaftspolitik, Universität Köln
Nachlass Wilhelm Röpke, Korrespondenz Gerhard Winterberger

Schweizerisches Bundesarchiv, Bern (BAR)
BAR E 6351 (G) 1987/9 Bd. 87. Diverse Schreiben zwischen der Handelsabteilung, der Oberzolldirektion und dem Vorort

Schweizerisches Sozialarchiv, Zürich (SozArch)
claro fair trade AG (Ar Claro)
Erklärung von Bern (EvB Ar 430)

Schweizerisches Wirtschaftsarchiv, Basel (CHSWA)
Dokumentensammlung: Biomarkt und Fairer Handel (Vo G III 6)

Social Science Library, Oxford
Pamphlete der Haslemere Group

Publizierte Quellen

Amacher, Paul: Hilfe für technisch unterentwickelte Länder (Zollikon 1959).
Bänziger, Andreas: Entwicklungsland Welt – Entwicklungsland Schweiz (Basel 1975).
Biéler, André: La pensée économique et sociale de Calvin (Genève 1959).
Biéler, André: Gottes Gebot und der Hunger der Welt. Calvin, Prophet des industriellen Zeitalters. Grundlage und Methode der Sozialethik Calvins (Zürich 1966).
Biéler, André: Der Wahnwitz des Wachstums. Vom Warnruf der Wissenschaftler zum Appell der Kirchen (Freiburg i.Üe. 1974).
Black, Maggie: Oxfam the First 50 Years. A Cause for our Times (Oxford 1992).
Bruckner, Pascal: Le sanglot de l'homme blanc. Tiers-Monde, culpabilité, haine de soi (Paris 1983).
Bungener, Pierre: Problèmes dans la relation entre les occidentaux et les peuples du Tiers Monde, in: Pierre Bungener, Jacques Grinevald (Hg.): La pluralité des mondes. Théories et pratiques du développement (Genf 1975) 9–30.

https://doi.org/10.1515/9783110667516-012

Bungener, Pierre; Grinevald, Jacques (Hg.): La pluralité des mondes. Théories et pratiques du développement (Genf 1975).
Carson, Rachel: Silent Spring (Boston 1962).
Dezentrale (Hg.): Alternativ-Katalog 2 (Porrentruy 1976).
Dezentrale (Hg.): Alternativ-Katalog 3 (Porrentruy 1978).
Dumas, André: Der Krieg in Algerien (Zollikon 1958).
Eckenstein, Christoph; Gurtner, Bruno: Den Dialog erkämpfen. Industrieländer und Dritte Welt (Genf 1977).
Erklärung von Bern, Vereinigung für Solidarische Entwicklung (Hg.): Die 'Multi-Papers': Erfahrungen und Folgerungen. Dokumentation zum Rundbrief 1978/3 (Bern 1978).
Farner, Konrad: Marxistisches Salz für christliche Erde, christliches Salz für marxistische Erde. Aufsätze von einem Marxisten im Auftrag von Christen für Christen geschrieben (Zürich 1971).
Fornallaz, Pierre: Die ökologische Wirtschaft. Auf dem Weg zu einer verantworteten Wirtschaftsweise (Aarau etc. 1986).
Friedman, Milton: Capitalism and Freedom (Chicago 1962).
Friedman, Milton; Friedman, Rose D.: Free to Choose. A Personal Statement (New York 1980).
Friedman, Milton; Friedman, Rose D.: Two Lucky People. Memoirs (Chicago 1998).
Frisch, Max: Homo faber. Ein Bericht (Frankfurt am Main 1957).
Geiger, Max: Calvin, Calvinismus, Kapitalismus (Basel und Stuttgart 1969).
George, Susan: How the Other Half Dies. The Real Reasons for World Hunger (Harmondsworth 1976).
Gotthelf, Jeremias: Sämtliche Werke in 24 Bänden (Erlenbach-Zürich 1922–1977).
Haberler, Gottfried: International Trade and Economic Development (Cairo 1959).
Hayek, Friedrich August von: The Constitution of Liberty (Chicago 1960).
Holenstein, Anne-Marie: Jute statt Plastik, in: Migros-Genossenschafts-Bund (Hg.): M-Frühling. Vom Migrosaurier zum menschlichen Mass (Bern 1980) 185–198.
Holenstein, Anne-Marie; Davis, Joan: Zerstörung durch Überfluss. Überentwicklung – Unterentwicklung am Beispiel unserer Ernährung (Basel 1977).
Holenstein-Hasler, Anne-Marie; Power, Jonathan: Hunger. Die Welternährung zwischen Hoffnung und Skandal (Frankfurt am Main 1976).
Holenstein-Hasler, Anne-Marie; Renschler, Regula; Strahm, Rudolf H.: Entwicklung heisst Befreiung. Erinnerungen an die Pionierzeit der Erklärung von Bern (1968–1985) (Zürich 2008).
Jolly, Richard: A Short History of IDS. A Personal Reflection, in: IDS Bulletin, Discussion paper 388 (2008).
Kappeler, Beat; Strahm, Rudolf H.: Schweizer Kapital und Dritte Welt (Zürich 1974).
Keynes, John Maynard: The General Theory of Employment, Interest and Money (London 1936).
Kooperation evangelischer Kirchen und Missionen; Verein Mission gemeinsam tun; Mission 21: Auftrag (1967-) Basel.
Künzli, Arnold: Vietnam. Wie es dazu kam (Zürich 1965).
Lappé, Frances Moore: Diet for a Small Planet (New York 1971).
Lappé, Frances Moore; Fowler, Cary; Collins, Joseph: Food First. Beyond the Myth of Scarcity (Houghton 1977).
Marti, Kurt: Totensonntag? Predigt zum sechsten Gebot, (Du sollst nicht töten! 2 Mose 20, 13.) (Zürich 1967).

Matter, Mani; Vatter, Ben; Zurbriggen, Silvan: Mani Matter – Liederbuch (Basel 2015).
Meadows, Donella Hager; Meadows, Dennis L.; Randers, Jørgen; Behrens, William W. (Hg.): The Limits to Growth. A Report for the Club of Rome's Project on the Predicament of Mankind (London 1972).
Nizon, Paul: Diskurs in der Enge. Aufsätze zur Schweizer Kunst (Bern 1970).
Power, Jonathan: Development Economics (London 1971).
Power, Jonathan; Holenstein, Anne-Marie: World of Hunger. A Strategy for Survival (London 1976).
Preiswerk, Roy: La protection des investissements privés dans les traités bilatéraux (Zürich 1963).
Preiswerk, Roy: Zur afrikanischen Identitätskrise. Ein Überblick anhand der neueren Literatur, in: Schweizer Monatshefte 51/7 (1971) 486–495.
Preiswerk, Roy: Entwicklungshilfe als Kulturbegegnung (Stein, Nürnberg 1972).
Preiswerk, Roy; Galtung, Johan (Hg.): Le Savoir et le Faire. Relations interculturelles et développement (Paris, Genf 1979).
Preiswerk, Roy; Perrot, Dominique: Ethnocentrisme et histoire. L'Afrique, l'Amérique indienne et l'Asie dans les manuels occidentaux (Paris 1975).
Preiswerk, Roy; Rist, Gilbert: A contre-courants. L'enjeu des relations interculturelles (Lausanne 1984).
Rich, Arthur: Die Anfänge der Theologie Huldrych Zwinglis (Zürich 1949).
Rist, Gilbert: Wie Weisse Schwarze sehen. Wie Schweizer Hilfswerke die Dritte Welt sehen (Basel 1979).
Rist, Gilbert: Le développement. Histoire d'une croyance occidentale (Paris 2007).
Rist, Gilbert: L'économie ordinaire entre songes et mensonges (Paris 2010).
Rist, Gilbert: The Delusions of Economics. The Misguided Certainties of a Hazardous Science (London 2011).
Röpke, Wilhelm: Die Gesellschaftskrisis der Gegenwart (Erlenbach-Zürich 1942).
Röpke, Wilhelm: Die Schweiz im Strome der Weltwirtschaft, in: Schweizer Monatshefte 39/6 (1960) 477–488.
Röpke, Wilhelm: The Social Crisis of our Time (New Brunswick (N.J.) 1992).
Rossel, Jacques: Dynamik der Hoffnung. Eine zeitgemässe Studie zum Thema Christ und Welt (Basel 1967).
Rossel, Jacques: Ein Leben in ökumenischer Weite. Erinnerungen (Frankfurt am Main 2009).
Roten, Iris von: Frauen im Laufgitter. Offene Worte zur Stellung der Frau (Bern 1958).
Schmid, Karl: Unbehagen im Kleinstaat. Untersuchungen über Conrad Ferdinand Meyer, Henri-Frédéric Amiel, Jakob Schaffner, Max Frisch, Jacob Burckhardt (Zürich 1963).
Schmocker, Hans; Traber, Michael (Hg.): Schweiz-Dritte Welt. Berichte und Dokumente der Interkonfessionellen Konferenz in Bern (Zürich, Freiburg 1971).
Schumacher, Ernst Friedrich: Small is Beautiful. A Study of Economics As If People Mattered (London 1973a).
Schumacher, Ernst Friedrich: Es geht auch anders. Jenseits des Wachstums, Technik und Wirtschaft nach Menschenmass (München 1974).
Schumacher, Ernst Friedrich: Small is Beautiful. Economics As If People Mattered (New York 1975).
Schumacher, Ernst Friedrich: Small is Beautiful. Die Rückkehr zum menschlichen Mass (München 2013b).

Schumacher, Ernst Friedrich; McRobie, George: Die Rückkehr zum menschlichen Mass. Alternativen für Wirtschaft und Technik (Reinbek bei Hamburg 1977).
Senghaas, Dieter: Weltwirtschaftsordnung und Entwicklungspolitik. Plädoyer für Dissoziation (Frankfurt am Main 1977).
Senghaas, Dieter; Alavi, Hamza: Kapitalistische Weltökonomie. Kontroversen über ihren Ursprung und ihre Entwicklungsdynamik (Frankfurt am Main 1979).
Senghaas, Dieter; Amin, Samir: Peripherer Kapitalismus. Analysen über Abhängigkeit und Unterentwicklung (Frankfurt am Main 1974).
Stetter, Hilmar; Vatter, Thomas: Importförderung, entwicklungspolitisch begriffen (Sonceboz 1981).
Stocker, Paul: Grundlagen zu den Leitlinien für die Berggebietsförderung (Bern 1972).
Stocker, Paul: Leitlinien für die Berggebietsförderung (Bern 1973).
Strahm, Rudolf H.: Effektiver Zollschutz der Schweiz und die Entwicklungsländer. Untersuchungen über den effektiven Zollschutz der Schweiz auf Produkten der Entwicklungsländer und über die Auswirkungen des schweizerischen Gewichtszollsystems, in: Aussenwirtschaft 26/4 (1971) 436–450.
Strahm, Rudolf H.: Industrieländer – Entwicklungsländer. Graphische Tabellen und Kommentare zur wirtschaftlichen Abhängigkeit der Armen Welt. Ein Werkbuch zur Eigeninformation und für den politischen Unterricht (Stein, Nürnberg 1972).
Strahm, Rudolf H.: Beziehungen Schweiz Dritte Welt: Imperialismus? Gastvorlesung an der Universität Bern (Bern 1974).
Strahm, Rudolf H.: Überentwicklung – Unterentwicklung. Werkbuch mit Schaubildern und Kommentaren über die wirtschaftlichen Mechanismen der Armut (Stein, Nürnberg 1975).
Stucki, Lorenz: Das heimliche Imperium. Wie die Schweiz reich wurde (Bern 1968).
Vischer, Lukas: Überlegungen nach dem Vatikanischen Konzil (Zürich 1966).
Vischer, Lukas (Hg.): Listening to Creation Groaning. Reports and Papers from a Consultation on Creation Theology organized by the European Christian Environmental Network at the John Knox International Reformed Center from March 28 to April 1st, 2004 (Genf 2004).
Vischer, Lukas; Furler, Frieder; Mettler, Armin: Max Geiger zur Erinnerung ([Schweiz] 1979).
Wagner, Antonin: EWG und Dritte Welt. Die entwicklungspolitischen Implikationen eines EWG-Beitritts der Schweiz (Zürich 1971).
Weber, Max: Politik als Beruf. Zweiter Vortrag (München 1919).
Wildbolz, Eduard: Atomwaffen für die Schweiz? (Zollikon 1958).
Winterberger, Gerhard: Schweizerische Eigenart und europäische Integration, in: Schweizer Monatshefte 40/5 (1960) 456–468.
Winterberger, Gerhard: Umstrittene Agrarpolitik im Industriestaat, in: Schweizer Monatshefte 45/6 (1965) 516–532.
Winterberger, Gerhard: Politik und Wirtschaft. Ausgewählte Reden und Aufsätze (Bern 1980).
Ziegler, Jean: Une Suisse au-dessus de tout soupçon (Paris 1976).

Darstellungen

Anderson, Matthew: Fair Trade: NGOs and Fair Trade: the Social Movement behind the Label, in: N. J. Crowson, Matthew Hilton, James McKay (Hg.): NGOs in Contemporary Britain. Non-State Actors in Society and Politics since 1945 (Basingstoke 2009) 222–241.

Anderson, Matthew: A History of Fair Trade in Contemporary Britain. From Civil Society Campaigns to Corporate Compliance (London 2015).
Andorfer, Veronika; Liebe, Ulf: Research on Fair Trade Consumption. A Review, in: Journal of Business Ethics 106/4 (2012) 415–435.
Austin, Gareth: The Developmental State and Labour-intensive Industrialization: 'Late Development' Reconsidered, in: Economic History of Developing Regions 25/1 (2010) 51–74.
Austin, Gareth: Capitalism and the colonies, in: Larry Neal (Hg.): The Cambridge History of Capitalism (Cambridge 2014) 301–347.
Badinter, Elisabeth: Der Konflikt. Die Frau und die Mutter (München 2010).
Baertschi, Christian: Uchtenhagen, Lilian, in: Marco Jorio (Hg.): Historisches Lexikon der Schweiz (Basel 2002–2014) http://www.hls-dhs-dss.ch/textes/d/D3318.php (19.9.2016).
Bairoch, Paul: Economics and World History. Myths and Paradoxes (New York etc. 1993).
Baldi, Marino; Beglinger, Lukas: Die Schweiz und die Organisation für wirtschaftliche Zusammenarbeit und Entwicklung (OECD), in: Richard Senti, Andreas R. Ziegler (Hg.): Die Schweiz und die internationalen Wirtschaftsorganisationen (Zürich 2005) 27–46.
Baldwin, Richard E.: Regulatory Protectionism, Developing Nations and a Two-Tier World Trade System (London 2000).
Barrelet, Jacques: Preiswerk, Roy, in: Marco Jorio (Hg.): Historisches Lexikon der Schweiz (Basel 2002–2014) http://www.hls-dhs-dss.ch/textes/d/D44848.php (18.2.2010).
Baumann, Werner; Moser, Peter: Bauern im Industriestaat. Agrarpolitische Konzeptionen und bäuerliche Bewegungen in der Schweiz 1918–1968 (Zürich 1999).
Baumann, Werner; Moser, Peter: Agrarpolitik, in: Marco Jorio (Hg.): Historisches Lexikon der Schweiz (Basel 2002–2014) http://www.hls-dhs-dss.ch/textes/d/D13789.php (16.8.2012).
Bhagwati, Jagdish: Trade Liberalisation and 'Fair Trade' Demands: Addressing the Environmental and Labour Standards Issues, in: World Economy 18/6 (1995) 745–759.
Bhagwati, Jagdish N.: Protectionism (Cambridge (Mass.) 2000).
Bittner, Stefan: Jenseits der Kleinfamilie – Kommunen in Zürich, in: Erika Hebeisen, Elisabeth Joris, Angela Zimmermann (Hg.): Zürich 68. Kollektive Aufbrüche ins Ungewisse (Baden 2008) 18–27.
Blaser, Klauspeter: Barth, Karl, in: Marco Jorio (Hg.): Historisches Lexikon der Schweiz (Basel 2002–2014) http://www.hls-dhs-dss.ch/textes/d/D10517.php (29.11.2002).
Bosshard, Peter: Internationaler Währungsfonds (IWF), in: Marco Jorio (Hg.): Historisches Lexikon der Schweiz (Basel 2002–2014) http://www.hls-dhs-dss.ch/textes/d/D26208.php (24.1.2007).
Brassel-Moser, Ruedi: Grüne Parteien, in: Marco Jorio (Hg.): Historisches Lexikon der Schweiz (Basel 2002–2014) http://www.hls-dhs-dss.ch/textes/d/D17413.php (28.7.2015).
Brodbeck, Thomas: Bewahren und beharren – die Schweiz an der UNCTAD. Die erste UNCTAD-Konferenz 1964 in Genf, das allgemeine Präferenzensystem und die Schweiz, in: Peter Hug, Beatrix Mesmer (Hg.): Von der Entwicklungshilfe zur Entwicklungspolitik (Bern 1993) 319–332.
Bürgi, Elisabeth; Meyer, Matthias; Ferrarini, Benno: Agricultural Exports as Engine of Growth for Developing Countries? A Case Study on International Trade in Tobacco (Bern 2003).
Bürgi, Markus: Farner, Konrad, in: Marco Jorio (Hg.): Historisches Lexikon der Schweiz (Basel 2002–2014) http://www.hls-dhs-dss.ch/textes/d/D22745.php (17.11.2004).

Bürgi, Markus: Leuenberger, Moritz, in: Marco Jorio (Hg.): Historisches Lexikon der Schweiz (Basel 2002–2014) http://www.hls-dhs-dss.ch/textes/d/D33679.php (16.1.2008).
Bürgi, Markus: Lieberherr, Emilie, in: Marco Jorio (Hg.): Historisches Lexikon der Schweiz (Basel 2002–2014) http://www.hls-dhs-dss.ch/textes/d/D6480.php (5.1.2011).
Burgin, Angus: The Great Persuasion. Reinventing Free Markets since the Depression (Cambridge 2012).
Collier, Paul: The Bottom Billion. Why the Poorest Countries are Failing and What Can Be Done About It (New York 2007).
Collier, Paul: The cultural foundations of economic failure. A conceptual toolkit, in: Journal of Economic Behavior & Organization 126 (2016) 5–24.
Crowson, N. J.; Hilton, Matthew; McKay, James (Hg.): NGOs in Contemporary Britain. Non-State Actors in Society and Politics since 1945 (Basingstoke 2009).
Dam, Peter Van: It's Not Just About Europe, Sugar. Contesting Global Economic Relations, 1964–1974. Conference paper, Fourth European Congress on World and Global History (2014).
Dam, Peter Van: The Limits of a Success Story: Fair Trade and the History of Postcolonial Globalization, in: Comparativ 25/1 (2015) 62–77.
Dam, Peter Van: Moralizing Postcolonial Consumer Society: Fair Trade in the Netherlands, 1964–1997, in: International Review of Social History 61/02 (2016) 223–250.
Dam, Peter Van: Goodbye to Grand Politics. The Cane Sugar Campaign and the Limits of Transnational Activism, 1968–1974, in: Contemporary European History 28/4 (2019) 518–534.
Decker, Stephanie: Corporate Political Activity in Less Developed Countries: The Volta River Project in Ghana, 1958–66, in: Business History 53/7 (2011) 993–1017.
Degen, Bernard: Gewerkschaften, in: Marco Jorio (Hg.): Historisches Lexikon der Schweiz (Basel 2002–2014) http://www.hls-dhs-dss.ch/textes/d/D16481.php (17.2.2015).
Degen, Bernard: Renschler, Walter, in: Marco Jorio (Hg.): Historisches Lexikon der Schweiz (Basel 2002–2014) http://www.hls-dhs-dss.ch/textes/d/D6546.php (19.8.2010).
Degen, Bernard: Salin, Edgar, in: Marco Jorio (Hg.): Historisches Lexikon der Schweiz (Basel 2002–2014) http://www.hls-dhs-dss.ch/textes/d/D29928.php (23.8.2010).
Dejung, Christof: Die Fäden des globalen Marktes. Eine Sozial- und Kulturgeschichte des Welthandels am Beispiel der Handelsfirma Gebrüder Volkart 1851–1999 (Köln 2013).
Dercon, Stefan; Gollin, Douglas: Agriculture in African Development. Theories and Strategies, in: Annual Review of Resource Economics 6/1 (2014) 471–492.
Dettwiler, Walter: Preiswerk, Wilhelm, in: Marco Jorio (Hg.): Historisches Lexikon der Schweiz (Basel 2002–2014) http://www.hls-dhs-dss.ch/textes/d/D29906.php (18.2.2010).
Dols, Chris; Ziemann, Benjamin: Progressive Participation and Transnational Activism in the Catholic Church after Vatican II: The Dutch and West German Examples, in: Journal of Contemporary History 50/3 (2015) 465–485.
Easterly, William Russell: The White Man's Burden. Why the West's Efforts to Aid the Rest have done So Much Ill and So Little Good (Oxford 2006).
Eichenberger, Ursina: Ökologie und Selbstbestimmung. Das Forschungsinstitut für biologischen Landbau (Oberwil, CH) 1970–1984 im Kontext der ökologischen Alternativenbewegung, Lic. phil. I (Zürich 2012).
Eigenmann, Anina: Mit Lobby-Arbeit zum Erfolg? Chancen und Grenzen einer Handlungsstrategie für die 'Soziale Käuferliga der Schweiz', in: Gisela Hürlimann, André

Mach, Anja Rathmann-Lutz, Janick Marina Schaufelbuehl (Hg.): Lobbying. Die Vorräume der Macht (Zürich 2016) 155–168.

Elsig, Manfred; Stucki, Philipp: Low-Income Developing Countries and WTO Litigation: Why Wake Up the Sleeping Dog?, in: Review of International Political Economy 19/2 (2012) 292–316.

Etemad, Bouda; Humbert, Mathieu: La Suisse est-elle soluble dans sa 'postcolonialite'?, in: Schweizerische Zeitschrift für Geschichte 64/2 (2014) 279–291.

Evenson, R. E.; Gollin, D.: Assessing the Impact of the Green Revolution, 1960 to 2000, in: Science 300/5620 (2003) 758–762.

Feitknecht, Thomas: Die Förderung der jungen Schweizer Literatur, in: Karl-Schmid-Stiftung, Wohnmuseum Bärengasse (Hg.): Das Unbehagen im Kleinstaat Schweiz. Der Germanist und politische Denker Karl Schmid (1907–1974) (Zürich 2007) 87–104.

Ficker Stähelin, Daniel: Karl Barth und Markus Feldmann im Berner Kirchenstreit. 1949–1951 (Zürich 2006).

Fischer, Rahel; Schär, Manuel: 'Es gab auch eine andere Schweiz': Rudolf Strahm, in: Bernhard C. Schär, Ruth Ammann, Thomas Färber, Stefan Bittner, Markus Hofer, Yves Niederhäuser, Vera Sperisen, Marc Griesshammer, Rahel Fischer, Manuel Schär, Renate Schär, Evelyne Vaudan (Hg.): Bern 68. Lokalgeschichte eines globalen Aufbruchs – Ereignisse und Erinnerungen (Baden 2008) 156–162.

Fischer, Rahel; Schär, Manuel: Tausende Hungertote – ist die Schweiz mitschuldig? Internationale Solidarität in Bern: Die Arbeitsgruppe Dritte Welt, in: Bernhard C. Schär, Ruth Ammann, Thomas Färber, Stefan Bittner, Markus Hofer, Yves Niederhäuser, Vera Sperisen, Marc Griesshammer, Rahel Fischer, Manuel Schär, Renate Schär, Evelyne Vaudan (Hg.): Bern 68. Lokalgeschichte eines globalen Aufbruchs – Ereignisse und Erinnerungen (Baden 2008) 145–154.

Franc, Andrea: Neoliberalism as Spiritual Defence. The Swiss Group and the Early History of the Mont Pelerin Society, Working Paper (Berlin 2016).

Franc, Andrea: Wie die Schweiz zur Schokolade kam. Der Kakaohandel der Basler Handelsgesellschaft mit der Kolonie Goldküste (1893–1960) (Basel 2008).

Franc, Andrea: Wie der Vorort zum Agrarlobbyisten wurde. Die Abstimmungskampagne für das 'Schoggigesetz' im Herbst 1975, in: Gisela Hürlimann, André Mach, Anja Rathmann-Lutz, Janick Marina Schaufelbuehl (Hg.): Lobbying. Die Vorräume der Macht (Zürich 2016) 139–151.

Franc, Andrea: Agricultural Protectionism on the Neoliberal Agenda? The Approach of the Director of the Swiss Business Federation to Agriculture, in: Rural History 29/1 (2018) 81–98.

Francillon, Roger: Ramuz, Charles Ferdinand, in: Marco Jorio (Hg.): Historisches Lexikon der Schweiz (Basel 2002–2014) http://www.hls-dhs-dss.ch/textes/d/D16054.php (16.12.2011).

Gerlach, Christian: Fortress Europe: the EEC in the World Food Crisis, 1972–1975, in: Kiran Klaus Patel (Hg.): Fertile Ground for Europe? The History of European Integration and the Common Agricultural Policy since 1945 (Baden-Baden 2009) 241–256.

Gerlach, Christian: Bilder des Hungers. Überlegungen zu Fotografie und Literatur, in: Angela Müller, Felix Rauh (Hg.): Wahrnehmung und mediale Inszenierung von Hunger im 20. Jahrhundert (Basel 2014) 19–34.

Gerlach, Christian: Famine Responses in the World Food Crisis 1972 – 5 and the World Food Conference of 1974, in: European Review of History 22/6 (2015) 929 – 939.
Gildea, Robert; Mark, James; Warring, Anette: Europe's 1968. Voices of Revolt (Oxford 2013).
Goldschmidt, Nils: Hermann Schumacher – nur ein weiterer Erbe Schmollers oder der erste Ordoliberale?, in: Historische Schulen 11 (2005) 53 – 93.
Graf, Barbara: Gewerkschaften und Dritte Welt. Die Gründung des Solifonds 1978 – 1983, in: Peter Hug, Beatrix Mesmer (Hg.): Von der Entwicklungshilfe zur Entwicklungspolitik (Bern 1993) 585 – 608.
Griesshammer, Marc: Unruhe an der Uni: Studentischer Protest im Forum Politicum, in: Bernhard C. Schär, Ruth Ammann, Thomas Färber, Stefan Bittner, Markus Hofer, Yves Niederhäuser, Vera Sperisen, Marc Griesshammer, Rahel Fischer, Manuel Schär, Renate Schär, Evelyne Vaudan (Hg.): Bern 68. Lokalgeschichte eines globalen Aufbruchs – Ereignisse und Erinnerungen (Baden 2008) 99 – 115.
Hagemann, Harald: Dismissal, Expulsion, and Emigration of German-Speaking Economists after 1933, in: Journal of the History of Economic Thought 27/04 (2005) 405 – 420.
Hagemann, Harald: European Émigrés and the 'Americanization' of Economics, in: The European Journal of the History of Economic Thought 18/5 (2011) 643 – 671.
Halbeisen, Patrick et al.: Wirtschaftsgeschichte der Schweiz im 20. Jahrhundert (Basel 2012).
Hauser, Heinz; Gedult von Jungenfeld, Martin: Die Schweiz und die Bretton-Woods-Institutionen (IMF und Weltbank), in: Richard Senti, Andreas R. Ziegler (Hg.): Die Schweiz und die internationalen Wirtschaftsorganisationen (Zürich 2005) 75 – 106.
Headey, Derek; Fan, Shenggen: Anatomy of a Crisis: the Causes and Consequences of Surging Food Prices, in: Agricultural Economics 39 (2008) 375 – 391.
Hebeisen, Erika; Joris, Elisabeth; Zimmermann, Angela (Hg.): Zürich 68. Kollektive Aufbrüche ins Ungewisse (Baden 2008).
Hilton, Matthew: Prosperity for All. Consumer Activism in an Era of Globalization (Ithaca 2009).
Hilton, Matthew (Hg.): A Historical Guide to NGOs in Britain. Charities, Civil Society and the Voluntary Sector since 1945 (Basingstoke 2012).
Hilton, Matthew: International Aid and Development NGOs in Britain and Human Rights since 1945, in: Humanity: An International Journal of Human Rights, Humanitarianism, and Development 3/3 (2012) 449 – 472.
Hilton, Matthew: The Politics of Expertise. How NGOs Shaped Modern Britain (Oxford 2013).
Hofmann, Urs: Innenansichten eines Niedergangs. Das protestantische Milieu in Basel von 1920 bis 1970 (Baden 2013).
Holl, Hanns Peter: Gotthelf, Jeremias, in: Marco Jorio (Hg.): Historisches Lexikon der Schweiz (Basel 2002 – 2014) http://www.hls-dhs-dss.ch/textes/d/D11835.php (17. 9. 2010).
Howald, Stefan: Dieses kostbare Gut der Solidarität. 25 Jahre Solifonds, Solidaritätsfonds für soziale Befreiungskämpfe in der Dritten Welt (Zürich 2008).
Huber, Samuel: Handelshemmnisse gegenüber Entwicklungsländern. Schwierigkeiten bei der Umsetzung von Zollpräferenzen am Beispiel von auf Handwebstühlen hergestelltem Gewebe aus Indien, Proseminararbeit (Basel 2014).
Hubler, Lucienne: Bairoch, Paul, in: Marco Jorio (Hg.): Historisches Lexikon der Schweiz (Basel 2002 – 2014) http://www.hls-dhs-dss.ch/textes/d/D44592.php (26. 12. 2001).
Hubler, Lucienne: Bergier, Jean-François, in: Marco Jorio (Hg.): Historisches Lexikon der Schweiz (Basel 2002 – 2014) http://www.hls-dhs-dss.ch/textes/d/D44591.php (22. 12. 2011).

Jennings, Michael: 'Almost an Oxfam in Itself': Oxfam, Ujamaa and Development in Tanzania, in: African Affairs 101/405 (2002) 509–530.
Jordan, A. G.; Maloney, William A.: The Protest Business? Mobilizing Campaign Groups (Manchester 1997).
Josling, Tim; Anderson, Kym; Schmitz, Andrew; Tangermann, Stefan: Understanding International Trade in Agricultural Products: One Hundred Years of Contributions by Agricultural Economists, in: American Journal of Agricultural Economics 92/2 (2010) 424–446.
Jost, Hans Ulrich: Politik und Wirtschaft im Krieg. Die Schweiz, 1938–1948 (Zürich 1998).
Kalt, Monica: Tiersmondismus in der Schweiz der 1960er und 1970er Jahre. Von der Barmherzigkeit zur Solidarität (Bern 2010).
Karcher, Katharina: Sisters in Arms. Militant Feminisms in the Federal Republic of Germany since 1968 (New York 2017).
Karcher, Katharina: Violence for a Good Cause? The Role of Violent Tactics in West German Solidarity Campaigns for Better Working and Living Conditions in the Global South in the 1980s, in: Contemporary European History 28/4 (2019) 566–580.
Khorana, Sangeeta: The Developmental Relevance of Tariff Rate Quotas as a Market Access Instrument: An Analysis of Swiss Agricultural Imports, in: Estey Centre Journal of International Law and Trade Policy 9/2 (2008) 101–124.
Kindleberger, Charles Poor: American Business Abroad. Six Lectures on Direct Investment (New Haven 1969).
Kirsch, Guy: Neue Politische Ökonomie (Stuttgart 2004).
Klein, Naomi: No Logo. No Space, No Choice, No Jobs (London 2000).
Kocher, Hermann: Rich, Arthur, in: Marco Jorio (Hg.): Historisches Lexikon der Schweiz (Basel 2002–2014) http://www.hls-dhs-dss.ch/textes/d/D10797.php (3. 6. 2010).
Kolev, Stefan; Commun, Patricia (Hg.): Wilhelm Röpke (1899–1966). A Liberal Political Economist and Conservative Social Philosopher (Heidelberg 2018).
Köppli, Marcel: Protestantische Unternehmer in der Schweiz des 19. Jahrhunderts. Christlicher Patriarchalismus im Zeitalter der Industrialisierung (Zürich 2012).
Körber, Achim: The Political Economy of Environmental Protectionism (Cheltenham, UK, Northampton, MA 2000).
Kreis, Georg: Der 'Stadt-Land-Gegensatz': ein fragwürdiges Erklärungsmuster, in: Pascal Maeder, Josef Mooser (Hg.): Wozu noch Sozialgeschichte? Eine Disziplin im Umbruch (Göttingen 2012) 89–110.
Krier, Jean-Marie: Fair Trade 2007: New Facts and Figures from an Ongoing Success Story (Culemborg 2007).
Kristol, Irving: Neoconservatism. The Autobiography of an Idea (New York 1995).
Kuhn, Konrad J.: 'Das Produkt als Aufhänger für Information und Schulungsarbeit'. Die Entwicklungspolitische Konsumentenaktion 'Jute statt Plastic', 1976–1979, in: Traverse 12/3 (2005) 27–39.
Kuhn, Konrad J.: Fairer Handel und Kalter Krieg. Selbstwahrnehmung und Positionierung der Fair-Trade-Bewegung in der Schweiz 1973–1990, Lic. phil. I (Zürich 2005).
Kuhn, Konrad J.: Entwicklungspolitische Solidarität. Die Dritte-Welt-Bewegung in der Schweiz zwischen Kritik und Politik (1975–1992) (Zürich 2011).

Kuhn, Konrad J.: Im Kampf gegen das 'heimliche Imperium', in: Patricia Purtschert, Barbara Lüthi, Francesca Falk (Hg.): Postkoloniale Schweiz. Formen und Folgen eines Kolonialismus ohne Kolonien (Bielefeld 2012) 267–287.

Kuhn, Konrad J.; Elmer, Sara; Speich Chassé, Daniel (Hg.): Handlungsfeld Entwicklung. Schweizer Erwartungen und Erfahrungen in der Geschichte der Entwicklungsarbeit (Basel 2014).

Kuhn, Thomas K.: Geiger, Max, in: Marco Jorio (Hg.): Historisches Lexikon der Schweiz (Basel 2002–2014) http://www.hls-dhs-dss.ch/textes/d/D10628.php (26.5.2015).

Kuhn, Thomas K.: Vischer, Lukas, in: Marco Jorio (Hg.): Historisches Lexikon der Schweiz (Basel 2002–2014) http://www.hls-dhs-dss.ch/textes/d/D10895.php (31.7.2013).

Kühschelm, Oliver: Sagen, Zeigen, Tun. Die Inszenierung patriotischen Konsums in Österreich und der Schweiz während der 1920er und 1930er Jahre, in: X. Franz Eder, Oliver Kühschelm, Christina Linsboth (Hg.): Bilder in historischen Diskursen (Wiesbaden 2014) 195–219.

Kupper, Patrick: Die '1970er Diagnose': Grundsätzliche Überlegungen zu einem Wendepunkt der Umweltgeschicht, in: Archiv für Sozialgeschichte 43 (2003) 325–348.

Kurz, Heinz D.: Post Scriptum, in: Heinz D. Kurz (Hg.): Klassiker des ökonomischen Denkens (München 2008–2009) 373.

Kurz, Heinz D.: Geschichte des ökonomischen Denkens (München 2013).

Le Comte, Guy: Ziegler, Jean, in: Marco Jorio (Hg.): Historisches Lexikon der Schweiz (Basel 2002–2014) http://www.hls-dhs-dss.ch/textes/d/D33772.php (26.2.2014).

Lengwiler, Martin: Langer Schatten der Historischen Schule: Wirtschaftswissenschaften in Basel, in: Uni Nova 114 (2010) 20–23.

Lenzin, René: Schweizer im kolonialen und postkolonialen Afrika. Statistische Übersicht und zwei Fallbeispiele, in: Gérald Arlettaz (Hg.): Die Auslandschweizer im 20. Jahrhundert (Bern etc. 2002) 299–325.

Mahler, Beat: 'umdenken – umschwenken'. Zur Genese grün-alternativer Konzepte in der Schweiz 1970–1980 am Beispiel der Aktion 'Migros-Frühling', Lic. phil. I (Zürich 2005).

Malinowski, Stephan; Sedlmaier, Alexander: '1968' als Katalysator der Konsumgesellschaft. Performative Regelverstösse, kommerzielle Adaptionen und ihre gegenseitige Durchdringung, in: Geschichte und Gesellschaft 32/2 (2006) 238–269.

Marion, Gilbert: Biéler, André, in: Marco Jorio (Hg.): Historisches Lexikon der Schweiz (Basel 2002–2014) http://www.hls-dhs-dss.ch/textes/d/D11049.php (29.11.2012).

McMahon, Darrin M.; Moyn, Samuel: Interim Intellectual History, in: Darrin M. McMahon (Hg.): Rethinking Modern European Intellectual History (Oxford 2014) 3–12.

Miescher, Stephan F.: Building the City of the Future. Visions and Experiences of Modernity in Ghana's Akosombo Township, in: The Journal of African History 53/3 (2012) 367–390.

Misteli, Samuel: Der UNCTAD-Moment. Die Entstehung des Nord-Süd- Konflikts und die Politisierung des Schweizer Entwicklungsdiskurses, in: Konrad J. Kuhn, Sara Elmer, Daniel Speich Chassé (Hg.): Handlungsfeld Entwicklung. Schweizer Erwartungen und Erfahrungen in der Geschichte der Entwicklungsarbeit (Basel 2014) 185–212.

Moser, Peter: Der Stand der Bauern. Bäuerliche Politik, Wirtschaft und Kultur gestern und heute (Frauenfeld 1994).

Moser, Peter: 'Privilegierter Volksstand' oder 'Untergang des Bauerntums'? Die staatliche Agrarpolitik der 50er/60er Jahre, in: Mario König (Hg.): Dynamisierung und Umbau. Die Schweiz in den 60er und 70er Jahren (Zürich 1998) 51–64.

Moser, Peter: Schweizerische Vereinigung zum Schutz der kleinen und mittleren Bauern (VKMB), in: Marco Jorio (Hg.): Historisches Lexikon der Schweiz (Basel 2002–2014) http://www.hls-dhs-dss.ch/textes/d/D16465.php (27.11.2012).
Moyo, Dambisa: Dead Aid. Why Aid is Not Working and How There Is a Better Way for Africa (New York 2009).
Muller, Jerry Zucker: Capitalism and the Jews (Princeton, N.J. 2010).
Müller, Angela; Rauh, Felix (Hg.): Wahrnehmung und mediale Inszenierung von Hunger im 20. Jahrhundert (Basel 2014).
Nerlich, Daniel; Hofstetter, Philipp: Schweizerischer Handels- und Industrieverein (SHIV), in: Marco Jorio (Hg.): Historisches Lexikon der Schweiz (Basel 2002–2014) http://www.hls-dhs-dss.ch/textes/d/D16467.php (24.3.2016).
Nobs-Margairaz, Monique: L'Institut africain de Genève (1962–1973). Une contribution à la problématique du développement (Genève 1993).
Ohne Autor: An Addictive Lullaby. Can Aid spur Development?, in: The economist (15.1.2004).
Pagotto-Uebelhart, Jan: Ott, Heinrich, in: Marco Jorio (Hg.): Historisches Lexikon der Schweiz (Basel 2002–2014) http://www.hls-dhs-dss.ch/textes/d/D33700.php (28.11.2013).
Patel, Kiran Klaus (Hg.): Fertile Ground for Europe? The History of European Integration and the Common Agricultural Policy since 1945 (Baden-Baden 2009).
Perrenoud, Marc: Jolles, Paul R., in: Marco Jorio (Hg.): Historisches Lexikon der Schweiz (Basel 2002–2014) http://www.hls-dhs-dss.ch/textes/d/D14856.php (13.2.2007).
Perrenoud, Marc: Lindt, August R., in: Marco Jorio (Hg.): Historisches Lexikon der Schweiz (Basel 2002–2014) http://www.hls-dhs-dss.ch/textes/d/D14864.php (24.1.2008).
Peter-Kubli, Susanne: Schwarzenbach, James, in: Marco Jorio (Hg.): Historisches Lexikon der Schweiz (Basel 2002–2014) http://www.hls-dhs-dss.ch/textes/d/D6678.php (24.10.2012).
Petersen, Tim: Die Sozialethik Emil Brunners und ihre neoliberale Rezeption, in: Hamburg Institute of International Economics (HWWI) Working Paper (2008).
Piuz, Anne-Marie: Babel, Antony, in: Marco Jorio (Hg.): Historisches Lexikon der Schweiz (Basel 2002–2014) http://www.hls-dhs-dss.ch/textes/d/D31455.php (9.11.2001).
Plickert, Philip: Wandlungen des Neoliberalismus. Eine Studie zu Entwicklung und Ausstrahlung der 'Mont Pèlerin Society' (Stuttgart 2008).
Pritchett, Lant: Divergence, Big Time, in: Journal of Economic Perspectives 11/3 (1997) 3–17.
Purtschert, Patricia; Lüthi, Barbara; Falk, Francesca (Hg.): Postkoloniale Schweiz. Formen und Folgen eines Kolonialismus ohne Kolonien (Bielefeld 2012).
Quaas, Ruben: Fair Trade. Eine global-lokale Geschichte am Beispiel des Kaffees (Köln 2015).
Rauh, Felix: Tierkadaver im Wüstensand. Zur Visualisierung des Hungers in der Sahelzone 1973/74, in: Angela Müller, Felix Rauh (Hg.): Wahrnehmung und mediale Inszenierung von Hunger im 20. Jahrhundert (Basel 2014) 155–176.
Rempe, Martin: Entwicklung im Konflikt. Die EWG und der Senegal 1957–1975 (Köln 2012).
Ribi Forclaz, Amalia: Humanitarian Imperialism. The Politics of Anti-Slavery Activism, 1880–1940 (Oxford 2015).
Rodrik, Dani: One Economics – Many Recipes. Globalization, Institutions, and Economic Growth (Princeton 2007).
Rodrik, Dani: Das Globalisierungs-Paradox. Die Demokratie und die Zukunft der Weltwirtschaft (München 2011).

Rodrik, Dani: When Ideas Trump Interests: Preferences, Worldviews, and Policy Innovations, in: Journal of Economic Perspectives 28/1 (2014) 189 – 208.
Rodrik, Dani: Economics Rules. Why Economics Works, When It Fails, and How to Tell the Difference (Oxford 2015).
Rytz, Stephan: Rossel, Jacques, in: Marco Jorio (Hg.): Historisches Lexikon der Schweiz (Basel 2002 – 2014) http://www.hls-dhs-dss.ch/textes/d/D10806.php (5. 1. 2012).
Sasson, Tehila: Milking the Third World? Humanitarianism, Capitalism, and the Moral Economy of the Nestlé Boycott, in: The American Historical Review 121/4 (2016) 1196 – 1224.
Saunders, Clare: British Humanitarian, Aid and Development NGOs, 1949–Present, in: N. J. Crowson, Matthew Hilton, James McKay (Hg.): NGOs in Contemporary Britain. Non-State Actors in Society and Politics since 1945 (Basingstoke 2009) 38 – 58.
Schär, Benz H.R.: Marti, Kurt, in: Marco Jorio (Hg.): Historisches Lexikon der Schweiz (Basel 2002 – 2014) http://www.hls-dhs-dss.ch/textes/d/D10749.php (17. 2. 2017).
Schär, Bernhard C.: '1968' als wiederbelebte bürgerliche Revolution, in: Bernhard C. Schär, Ruth Ammann, Thomas Färber, Stefan Bittner, Markus Hofer, Yves Niederhäuser, Vera Sperisen, Marc Griesshammer, Rahel Fischer, Manuel Schär, Renate Schär, Evelyne Vaudan (Hg.): Bern 68. Lokalgeschichte eines globalen Aufbruchs – Ereignisse und Erinnerungen (Baden 2008) 6 – 13.
Schär, Bernhard C.: Bauern und Hirten reconsidered. Umrisse der 'erfundenen Schweiz' im imperialen Raum, in: Patricia Purtschert, Barbara Lüthi, Francesca Falk (Hg.): Postkoloniale Schweiz. Formen und Folgen eines Kolonialismus ohne Kolonien (Bielefeld 2012) 315 – 331.
Schär, Bernhard C.; Ammann, Ruth; Färber, Thomas; Bittner, Stefan; Hofer, Markus; Niederhäuser, Yves; Sperisen, Vera; Griesshammer, Marc; Fischer, Rahel; Schär, Manuel; Schär, Renate; Vaudan, Evelyne (Hg.): Bern 68. Lokalgeschichte eines globalen Aufbruchs – Ereignisse und Erinnerungen (Baden 2008).
Schär, Manuel: Strukturveränderungen statt Entwicklungshilfe? Rezeption und Diffusion der Dependenztheorie in der schweizerischen Entwicklungspolitik 1968 – 1978, Lic. phil. hist. (Bern 2007).
Scheidegger, Tobias: Vom 'Schweizerbauern' zum Produzenten authentischer Swissness: Historische Annäherung an Bilder der bäuerlichen Schweiz im aktuellen Nahrungsmittel-Marketing, in: Yann Decorzant (Hg.): Made in Switzerland. Mythen, Funktionen, Realitäten (Basel 2012) 137 – 157.
Schlatter, Wilhelm; Witschi, Hermann: Geschichte der Basler Mission. Mit besonderer Berücksichtigung der ungedruckten Quellen (Basel 1916 – 1970).
Schoch, Max: Brunner, Emil, in: Marco Jorio (Hg.): Historisches Lexikon der Schweiz (Basel 2002 – 2014) http://www.hls-dhs-dss.ch/textes/d/D10450.php (13. 11. 2012).
Schwab, Andreas: Landkooperativen Longo maï. Pioniere einer gelebten Utopie (Zürich 2013).
Senti, Richard: WTO. Die heute geltende Welthandelsordnung (Zürich 2014).
Sidler, Roger: Künzli, Arnold, in: Marco Jorio (Hg.): Historisches Lexikon der Schweiz (Basel 2002 – 2014) http://www.hls-dhs-dss.ch/textes/d/D45420.php (3. 12. 2009).
Sidler, Roger: Arnold Künzli. Kalter Krieg und 'geistige Landesverteidigung', eine Fallstudie (Zürich 2006).
Silberschmidt, Max: Das Schweizerische Institut für Auslandforschung, 1943 – 1981 (Zürich 1981).
Slobodian, Quinn: Foreign Front. Third World Politics in Sixties West Germany (Durham 2012).

Slobodian, Quinn: The World Economy and the Color Line: Wilhelm Röpke, Apartheid, and the White Atlantic, in: Jan Logemann (Hg.): More Atlantic Crossings? European Voices in the Postwar Atlantic Community (Washington, D.C. 2014) 61–87.

Slobodian, Quinn: Globalists. The End of Empire and the Birth of Neoliberalism (Cambridge, Massachusetts 2018).

Small, Deborah A.; Loewenstein, George; Slovic, Paul: Sympathy and callousness. The Impact of Deliberative Thought on Donations to Identifiable and Statistical Victims, in: Organizational Behavior and Human Decision Processes 102/2 (2007) 143–153.

Solchany, Jean: Wilhelm Röpke, l'autre Hayek. Aux origines du néolibéralisme (Paris 2015).

Speich Chassé, Daniel: Die Erfindung des Bruttosozialprodukts. Globale Ungleichheit in der Wissensgeschichte der Ökonomie (Göttingen 2013).

Spoerer, Mark: Fortress Europe in long-term Perspective: Agricultural Protection in the European Community, 1957–2003, in: Journal of European Integration History 16/2 (2010) 143–155.

Spörri, Renate: Der Einfluss der Erklärung von Bern auf den Bund: Von den Anfängen in der ökumenischen Bewegung 1968 bis zum Bundesgesetz über Entwicklungszusammenarbeit und humanitäre Hilfe 1976, in: Peter Hug, Beatrix Mesmer (Hg.): Von der Entwicklungshilfe zur Entwicklungspolitik (Bern 1993) 550–569.

Stettler, Niklaus: Basler Handelsgesellschaft, in: Marco Jorio (Hg.): Historisches Lexikon der Schweiz (Basel 2002–2014) http://www.hls-dhs-dss.ch/textes/d/D43012.php (3.7.2002).

Stiglitz, Joseph E.; Charlton, Andrew: Fair Trade for All. How Trade Can Promote Development (Oxford 2005).

Suter, Lotta: In aller Welt zu Hause. Al Imfeld – eine Biographie (Zürich 2005).

Tietz, Christiane: Karl Barth. Ein Leben im Widerspruch (München 2019).

Toye, John; Toye, Richard: The Origins and Interpretation of the Prebisch-Singer Thesis, in: History of Political Economy 35/3 (2003) 437–467.

Toye, John; Toye, Richard: The UN and Global Political Economy: Trade, Finance, and Development (2004).

Trentmann, Frank: Before Fair Trade. Empire, Free Trade and the Moral Economies of Food in the Modern World, in: Alexander Nützenadel (Hg.): Food and Globalization. Consumption, Markets and Politics in the Modern World (Oxford 2008) 253–276.

Van Merriënboer, Johan: Mansholt. A Biography (Brüssel 2011).

Vaubel, Roland: Bureaucracy at the IMF and the World Bank: A Comparison of the Evidence, in: The World Economy 19/2 (1996) 195–210.

Wackwitz, Stephan: Ein unsichtbares Land. Familienroman (Frankfurt am Main 2003).

Waldburger, Daniele; Zürcher, Lukas; Scheidegger, Urs: Im Dienst der Menschheit. Meilensteine der Schweizer Entwicklungszusammenarbeit seit 1945 (Bern 2012).

Weder, Rolf; Wyss, Simone: Do Vertical Linkages Limit Protectionism? Switzerland in the Multifibre Arrangement, in: The World Economy 36/10 (2013) 1261–1277.

Wegelin, Jürg: Jean Ziegler. Das Leben eines Rebellen (Zürich 2011).

Weibel, Andrea: Manser, Bruno, in: Marco Jorio (Hg.): Historisches Lexikon der Schweiz (Basel 2002–2014) http://www.hls-dhs-dss.ch/textes/d/D48227.php (5.3.2018).

Wilkins, Mira: The Emergence of Multinational Enterprise. American Business Abroad from the Colonial Era to 1914 (Cambridge, Mass 1970).

Wolf, Walter: Für eine sozial verantwortbare Marktwirtschaft. Der Wirtschaftsethiker Arthur Rich (Zürich 2009).

Wyss, Oliver: Sozialismus ohne Wachstum und Technologie? Die Linke in der Schweiz und die Umweltfrage 1968–1990, Dissertation (Bern 2014).

Zürcher, Lukas: 'Das Brot des Lebens'. Biblische Metaphorik und die Mediatisierung des Hungers in Afrika (1900–1970), in: Angela Müller, Felix Rauh (Hg.): Wahrnehmung und mediale Inszenierung von Hunger im 20. Jahrhundert (Basel 2014).

www.ingramcontent.com/pod-product-compliance
Ingram Content Group UK Ltd.
Pitfield, Milton Keynes, MK11 3LW, UK
UKHW041453071026
15587UKWH00010B/1016

9 783110 663556